인구·여론·가족

KINDAITEKI TOCHI NO TANJO

by Takashi Sakagami

© 1999 by Takashi Sakagami

Originally published in Japanese by Iwanami Shoten, Publishers, Tokyo, 1999.

This Korean language edition published in 2019

by Greenbee Publishing Co., Seoul

by arrangement with the proprietor c/o Iwanami Shoten, Publishers, Tokyo

트랜스 소시올로지 24

인구·여론·가족 : 근대적 통치의 탄생

발행일 초판 1쇄 발행 _ 2019년 5월 20일

지은이 사카가미 다카시 ㅣ **옮긴이** 오하나

펴낸이 유재건 ㅣ **펴낸곳** (주)그린비출판사 ㅣ **주소** 서울시 마포구 와우산로 180, 4층

전화 02-702-2717 ㅣ **팩스** 02-703-0272 ㅣ **이메일** editor@greenbee.co.kr ㅣ **등록번호** 제2017-000094호

ISBN 978-89-7682-485-1 93920

이 도서의 국립중앙도서관 출판시도서목록(CIP)은 서지정보유통지원시스템 홈페이지(http://seoji.nl.go.kr)와 국가자료
공동목록시스템(http://www.nl.go.kr/kolisnet)에서 이용하실 수 있습니다.(CIP제어번호: CIP2019011893)

철학이 있는 삶 **그린비출판사** www.greenbee.co.kr

트랜스 소시올로지 024
Trans Sociology

인구·여론·가족

근대적 통치의 탄생

사카가미 다카시 지음

오하나 옮김

그린비

근대적 통치의 두 가지 문제 영역

이 책의 주제는 프랑스혁명을 사이에 둔 100년간의 프랑스 사회를 대상으로 하면서 근대적 통치의 형성에 관련된 두 가지 문제 영역을 검토하는 것이다. 이 과정에서 특히 지식과 사회질서의 관계에 초점을 두었다. 지식과 사회질서의 관계에 주목하는 이유는 근대로의 이행 속에서 '앎'과 '통치' 사이에 긴밀한 결속이 생겨나 새로운 형태의 지식이, 즉 사회의 모든 것을 관찰 조사하고 그에 따라 민중의 습속에 작동해서 조정과 변혁을 꾀하는 지식이 성장하기 때문이다.

근대적 통치는 행정의 합리화를 의미하는데, 그를 위해서는 국가의 현황을 정확히 알아야 한다. 이것이 제1의 문제 영역이다. 17세기 후반 영국에서 생긴 '정치산술'은 이 문제 영역에 대한 최초의 접근이었다. 윌리엄 페티William Petty는 『아일랜드의 정치적 해부』에서 "정치체의 균형과 구성 조직 및 비율을 모르고 정치를 처리하는 것은 노파나 돌팔이 의사의 치료처럼 불확실"하며 "비교급이나 최상급의 언어가 아니라 수·중량·척도의 언어를 사용"하여 국토, 주민 수, 산업 등 국력을 구성하는 요소를 아는 것이 합리적 통치 기술의 기초라고 말하였다. 정치산술은 18세기 중엽 프랑스에

소개되어 합리적 통치를 위한 새롭고 유익한 지식으로 받아들여졌다. 정치 산술은 "인민을 통치하는 기술에 도움이 되는 연구"이며 "유능한 장관은 거기에서 농업의 완성, 국내외의 통상, 식민지, 지폐의 유통과 사용을 위한 결론을 이끌어 낼 수가 있다"라고 드니 디드로Denis Diderot는 『백과전서』에서 말한 바 있다('정치산술'Arithmétique Politique 항목).

1장에서는 인구에 관한 담론을 대상으로 이러한 형태의 지식 형성을 검토하였다. 실재 인구는 인류의 탄생과 함께 존재하나, 유럽에서 인구가 정치체의 기초로서 중요한 정치적 대상이 되고, 이러한 인식을 위한 노력을 기울이게 된 것은 17세기 이후라 하겠다. 특히 18세기 중엽 프랑스에서 전개된 인구 감소론은 인구를 정치체의 근본 문제로 등장시키는 데 큰 역할을 하였다. 프랑수아 케네François Quesnay는 인구를 모든 부의 원천으로 보는 인구주의자의 주장을 본말전도라고 비판하였으나, 결코 국가의 번영에 대해 인구가 갖는 의의를 부정한 것은 아니었다. 케네가 말하는 문제는 인구를 다른 방식으로 생각하는 것이며, 인구가 부의 운동에 따라 규정됨을 밝히는 것이었다. 인구를 부의 생산과 순환이라는 운동 속에 포섭하는 데 성공했을 때 경제학은 성립될 것이었다.

한편 인구 감소론은 그 진위를 밝히는 정치산술가들의 노력을 불러일으켰다. 그들의 노력을 통해 일정 기간 지역을 정하면 주민 수와 출생 및 사망 수 등 사이에 규칙성과 항상성이 존재함이 밝혀졌다. 그들의 노력은 집합체로서 인간을 인식하는 첫걸음이었으며 확률과 통계는 이를 위해 가장 유효한 방법이라고 받아들여졌다. 마르키 드 콩도르세Marquis de Condorcet는 이 방향에서 '정신 정치과학'을 과학으로 확립하려 시도했으며('사회수학' mathématique sociale), 드니 프랑수아 도낭Denis François Donnant은 1805년 "통계학은 지금 대부분 무시되고 있으나 언젠가 사회질서를 개선하는 데 가장 바람직한 영향을 줄 것"이라고 썼다.[1]

어떤 접근에서든 인구, 즉 집합체로서 인간의 생과 사는 군주의 의지나 개인의 의지와 독립된 규칙성을 띠고 운동한다는 것이 밝혀졌다. 그리고 인구가 다양한 요인으로 규정됨이 밝혀짐에 따라 금지나 장려라는 직접적 방책이 아니라 인구의 증감에 간접적으로 작용하는 방책과 제도가 정비된다. 미셸 푸코Michel Foucault가 말하는 '생명을 대상으로 하는 정치'(바이오폴리틱biopolitics)[2]의 정치화精緻化가 나온 것이다.

한편 근대적 통치의 성립 과정은 국민국가의 형성 과정이기도 하였다. 이를 위해서는 새로운 국가의 주체인 국민을 창출해야 했다. 국민의 창출이라는 어려운 과제, 이것이 두 번째 문제 영역이며, 2장 이하는 넓은 의미에서 이 문제 영역을 고찰했다.

그간 국민이라는 말은 "같은 법 아래 살며 같은 언어를 쓰고, 같은 나라, 지방의 전 주민"이라는 의미로 쓰이다가 18세기 중엽부터 사회의 필수적인 통일 원리라는 적극적인 의미를 띠기 시작했다. 이 시대에 국민적 성격이나 국민적 이익 등의 관념이 자주 쓰이게 되는데, 그것은 국민이 성격과 이해관계를 지닌 능동적 존재임을 의미했다. 더욱이 고등법원은 국왕과 대립 관계가 심화되는 과정에서 국민의 대표로 발언하며 행동하게 된다. 폴 앙리 디트리히 돌바크Paul Henri Dietrich d'Holbach는 다음과 같이 말했다. "왕은 국민의 아버지가 아니다. 국민이 왕의 아버지다. 왕이 국민을 만드는 것이 아니라 국민의 합의야말로 왕을 만든다."[3] 돌바크의 의견을 다수의 의견으로 보는 것은 경솔할 수 있으나, 국왕은 '모든 신민의 아버지'이며 국왕 외에는 국민을 대표하는 존재가 없다는 절대왕정의 원리가 흔들리기 시작했음은 분명했다. 이리하여 국민은 왕권에 대항하는 원리로 등장하는데, 그

---

1 D. F. Donnant, *Théorie élementaire de la statistique*, Paris: Imprimerie de Valade, 1805, p.vi.
2 M. フーコー, 『性の歴史 1: 知への意志』, 田村俶 訳, 新潮社, 1986, 5章.
3 P. H. T. D. d'Holbach, *Système social*(1773), Paris: Fayard, 1994, p.246.

실체를 선명히 제기한 이는 에마뉘엘 조제프 시에예스Emmanuel Joseph Sieyés 였다. 국민의 존속은 유용노동에 달려 있고, 모든 유용노동에 종사하는 자는 제3신분이므로, 제3신분이 국민의 전부라고 주장하는 『제3신분이란 무엇인가』는 '국민'의 선언이며, 이것이 프랑스혁명을 이끄는 원리가 되었다.

시에예스는 제3신분이 국민이라고 말하였으나, 앙시앵레짐 속에서 촌락공동체의 주민, 동업조합의 일원, 국왕의 신하로 살아온 인민을 새로운 국가의 주권자인 국민으로 바꾸기는 쉽지 않았다. 프랑스혁명의 혁명가들은 이 변혁을 '재생'이라 부르며 모든 장에서 이를 활용하였다. 2장에서는 국민적 통일의 세 계기를 가려냄으로써 프랑스혁명기 국민의 창출 문제를 검토하였다.

국민이라는 관념의 형성과 전개는 여론opinion publique과 축을 같이한다. 이들은 모두 왕권 대항논리로서 등장하고 성장하였기 때문이다. 3장은 이 점에 착안하여 고등법원과 왕권의 대립을 축으로 여론 관념의 사회사적 고찰에 할애했다. 위르겐 하버마스Jürgen Habermas의 『공론장의 구조 변동』이래 시민적 공공권의 성립과 여론(공론)의 탄생을 연결지어 시민적 공공권으로 불리는 담론을 여론(공론)이라고 보는 관점이 널리 받아들여졌다. 나는 시민적 공공권의 성립이 계몽 시대의 특색이며 그 논의가 여론 형성에 기여하였음을 부정하지 않지만, 이러한 관점으로는 여론이라는 관념이 힘을 갖게 되는 비밀을 풀 수 없다고 본다. 화폐가 상품의 대립 관계 안에서 탄생하듯, 여론 관념은 담론의 대립 관계 안에서 결과로 형성된다는 것이 나의 입론이다. 고등법원과 왕권 대립의 전개를 상세히 기술한 것은 이를 위해서다. 오해를 피하기 위해 말해 두자면, 고등법원의 주장이 여론이라는 말은 아니다. 쌍방의 대립이 깊어 가는 가운데 초월적인 심급으로서 여론이라는 관념이 성립한다는 것이다. 그리고 이 점이야말로 여론 관념의 초월성과 그에 기초한 힘의 비밀이 있음을 말하고자 한다. 여론 관념의 비밀에 다가가기 위해서는 이를 실체로서가 아닌 담론의 관계로 파악할 필요가 있다.

잘 다스려진 가족은 '국가의 모델'이며 가장권은 주권과 같다는 것이 전통적 가족관이지만, 프랑스의 가족질서는 18세기에 들어 균열을 보인다. 사생아와 고아의 증가, 비행 등의 문제를 일으킨 가족 구성원을 수감해 달라고 요청하는 봉인영장이 빈발되는 모습을 통해 그 징후를 엿볼 수 있다. 4장은 봉인영장을 중심으로 가족질서의 동요를 검토하였다. 프랑스혁명은 절대적인 가장권을 축으로 가족질서를 시민적 관계와 가까운 관계에 기초한 가족질서로 변혁하고자 하였다. 그러나 이는 가족질서와 국가질서의 단절을 말하는 게 아니다. 오히려 가족은 좋은 공화국의 시민을 키우기 위해 불가결한 장치로 평가받게 된 것이다. 좋은 아버지, 좋은 자식, 좋은 형제, 좋은 배우자가 아니면 좋은 시민이 될 수 없다고 「인간과 시민의 권리 선언」(1795)은 말한다. 프랑스혁명으로 인해 빈곤에 대한 공적부조는 중요한 과제가 되었지만 여기에서도 가족은 빈민에 대한 규율화의 중요 장치로 여겨졌다. 가정은 빈곤의 원인이 되는 무사려와 방종을 교정하는 장치였다. 가족은 '국가모델'로부터 '좋은 국민', '좋은 노동자'를 육성하기 위한 이데올로기 장치의 자리를 대신하게 된 것이다. 5장은 이들 문제를 검토하였다.

18세기 초부터 19세기 중엽까지는 크게 볼 때 '농업적 정주 양식'에서 '공업적 정주 양식'으로 이행하는 시기였다. 이 이행 과정에서 일자리를 찾아 농촌에서 도시로 인구이동이 일어난다. 그들 대부분은 걸인이나 부랑자로 도시에 체류하며 '위험한 계급'을 형성했다. 일하는 노동자의 생활도 미발달한 공업화로 인해 불안정할 수밖에 없어 번번이 소란을 치르곤 했다. 도시질서의 유지는 19세기 전반에 걸쳐 큰 문제였다. 6장에서는 파리 경찰을 중심으로 도시의 질서 유지 장치 문제를 검토하였다. 5장의 주제가 가정과 공장의 규율화에 있다면, 이 장에서는 도시 거리에 대한 규율화를 주제로 삼았다.

이러한 고찰 속에서 내가 염두에 둔 것은 사회질서의 형성과 지식의 관계이다.

일반적으로, 한 사회 안에는 세 가지 수준의 지식이 존재한다. 가령 이론적 내지 체계성을 기준으로 잡으면, 상층에는 그 사회에서 '철학' 혹은 '과학'으로 인지된 체계적이고 이론적인 지식이 존재한다. 하층에는 이론적이지도 체계적이지도 않으나 일상생활을 꾸리는 데 강력한 지식, 곧 산 지식의 층위가 있다. 그리고 둘 중 전자, 즉 이론지理論知에 기초하여 후자인 생활지生活知와 그 토대인 일상생활을 관찰하고 그에 작동해 개혁과 조정을 꾀하고, 동시에 이러한 실천 속에서 이론지의 변혁을 야기하거나 그 자체가 이론화와 체계화 수준을 높여 이론지가 되는 지식의 층이 존재한다. 푸코가 '앎의 수준'이라고 부른 것이다.[4] 이 지식은 이론적이기보다 실천적 내지 기술적이며, 그 성격을 볼 때 행정이나 사회제도와 이어진다. 말하자면 의사나 개화된 행정관이 주체일 것이다. 계몽의 시대는 지적 혁신의 시대이며 이론지의 대변혁이 생겨났으나 그에 눈을 빼앗겨 이러한 층의 지식의 성장과 전개를 놓쳐서는 안 된다. 이러한 층의 지식은 정치와 지식을 결부시켜 통치의 합리화와 민중의 규율화를 실현하는 데 중요한 역할을 해냈다. 인간과 사회의 변혁이 과제인 근대국가 성립기에 이러한 층의 지식 확립이 강하게 요청된 것은 흔하다고 할 수 있다. 시에예스와 콩도르세를 중심으로 '1789년 협회'는 이러한 층의 지식을 '사회적 기술'이라 부르며 그 확립을 꾀했다.

동시에 이러한 층의 지식은 인간과 사회에 관한 사실의 관찰에 기초하므로, 그것을 생산하기 위해 많은 사실을 관찰하고 수집하는 네트워크와

---

4 M. Foucault, "Titres et travaux", *Dits et Ecrits*, vol. 1, Paris: Gallimard, 1994, p.843.

수집된 사실을 분류하고 정리하는 기관이 필요하다. 이러한 종류의 국가 기관의 성립은 계몽의 시대에 많은 지식인과 관료에 의해 구상되었고, 정보 수집의 네트워크는 유행병을 조사한 의학위원회 및 장 앙투안 샤프탈 Jean Antoine Chaptal이 행한 국세조사國勢調査, 더 나아가 19세기에 진행된 사회 조사 속에서 행정기구의 원조를 얻어 부분적이긴 해도 실현되었다. 이러한 층의 지식은 지적 생산양식 면에서도 새로운 성질을 띤다.

앞서 기술한 두 가지 문제 영역은 결부돼 있으나, 아주 거칠게 말하자면 영국에서는 정치의 국민화와 민주화가 선행한 뒤 행정의 합리화가 뒤따랐으며, 독일에서는 반대로 행정의 합리화가 선행하였다. 그에 반하여 프랑스혁명은 두 가지 문제 영역을 일거에 해결하려고 하였다. 이로 인해 프랑스혁명은 어려운 과제를 맡게 되어 두 문제 영역이 응축된 양상으로 전개되었다. 따라서 프랑스혁명이 중심이 된 시대에 초점을 둠으로써 근대국가의 성립과 관련된 두 가지 문제 영역을 더욱 선명하게 볼 수 있을 것이다.

오늘날까지 근대의 문제성, 그중에서도 국민국가의 문제성은 다양하게 조명되어 왔다. 그 문제성을 다소 이론적이고 역사적으로 고찰해 그것이 성립되는 시점에서 문제를 생각하면 유익할 것이다. 어느 철학자의 말처럼 현재의 본연의 성격을 파악하기 위해서는 과거를 통해 미래를 구상하는 일이 불가결하기 때문이다. 이 책은 그를 위한 하나의 시도이다.

차례

| 일러두기 |

1 이 책은 阪上孝, 『近代的統治の誕生—人口·世論·家族』(岩波書店, 1999)를 완역한 것이다.

2 본문의 주석은 모두 각주로 표시했으며, 옮긴이 주는 주석 뒤에 '—옮긴이'라고 표시했다.

3 원서에서 권점으로 강조한 것은 고딕체로 표기했으며, 홑화살괄호(〈 〉)로 묶어 강조한 것은 권점으로 표시했다.

4 신문·잡지 등의 정기간행물, 단행본, 전집 등에는 겹낫표(『 』)를, 기사·논문·단편·영화·노래 제목 등에는 낫표(「 」)를 사용했다. Ibid.는 논문은 정자로, 책은 이탤릭으로 표기했다.

5 외국 인명이나 지명, 작품명은 2002년에 국립국어원에서 펴낸 '외래어 표기법'을 따르되, 관례가 굳어서 쓰이는 것들은 관례를 따랐다.

인구 · 여론 · 가족

1장 · 인구라는 대상

1. 인구 감소론

"나는 이러한 문제에 대하여 가능한 한 정확히 계산한 끝에 오늘날 지상에 존재하는 인간은 지난 시대에 비해 겨우 10분의 1밖에 없다는 사실을 발견했다. 놀랍게도 지상의 인구는 나날이 줄고 있으며 이 상태가 이어지면 천년 안에 지상에서 아무도 살지 않게 될 것이다."

1721년 『페르시아인의 편지』의 편지 112에서 다소 불길한 예언을 쓴 이는 몽테스키외Montesquieu이다.[1] 나아가 그는 편지 122까지 인구 감소의 원인을 연이어 고찰하였다. 지난날과 오늘의 인구수가 크게 다른 것은 습속의 변화 때문이며 이슬람교의 일부다처제, 기독교의 이혼 금지가 인구 증가를 저해한다고 논한(편지 114) 뒤, 편지 122에서 인구와 정치의 관계를 다루며 일련의 논의를 결론지었다. 온화한 정치로 시민의 자유와 평등 그리고 안전이 확보된 나라에서는 사람들이 안심하고 결혼과 출산을 하므로

---

1 モンテスキュー, 『ペルシャ人の手紙』(1721), 根岸国孝 訳, 筑摩書房, 1960, 104頁.

인구가 증가한다. 스위스와 네덜란드는 그 좋은 예다. 반대로 전제적 권력 속에서는 부의 극단적인 불평등과 장래에 대한 불안 때문에 사람들이 결혼과 출산을 주저한다. 게다가 빈곤으로 인해 유아사망률이 증가하므로 인구는 감소한다. "인간도 식물과 같아서 잘 키우지 못하면 결코 잘 증식하지 않는다. 가난한 나라에서 인간은 멸망하거나 때로 퇴화까지 한다. 프랑스는 이 모든 것의 훌륭한 실례를 제공할 수 있다."[2]

나아가 『법의 정신』(1748)은 23편 「주민 수와 관계되는 법」에서 인구 증감에 관련된 다양한 요인을 들며 로마공화국 이후 유럽 인구가 계속 감소 중이며, 유럽 나라들은 인구 증가를 조장하는 법률이 필요하다(26장)고 말한다. 28장 '인구 감소는 어떻게 구제할 수 있나'에서는, 전쟁과 페스트 같은 특수한 원인으로 인구가 감소할 경우 치료 수단이 있으나 "인구 감소가 오랜 시간에 걸쳐 내면적 결함과 나쁜 정치에서 비롯될 경우 그 해악은 치료가 거의 불가능하다"라고 결론짓는다. 여기서 몽테스키외는 치료가 불가능한 상태에 처한 나라로 전제정치 때문에 황폐해진 나라와 성직자 지배 때문에 황폐해진 나라를 드는데, 프랑스가 전자의 실례로 언급된 것은 분명하다. 몽테스키외에게 인구 감소는 프랑스 전제정치의 폐해를 보이는 지표에 다름 아니었다.

'종'種으로서 인간의 생사 문제, 즉 인구 문제는 몽테스키외뿐 아니라 18세기 프랑스 지식인들이 관심을 보인 화제였다. 프랑스국립인구연구소의 문헌 조사에 따르면 콜베르 시대부터 프랑스혁명까지 150년간 출판된 인구 관련 서적은 2800권으로, 전체 서적의 15퍼센트에 달했다.[3]

특히 1750년대에 들어서자 계몽 지식인들이 인구 감소 문제를 앞다투

---

2 モンテスキュー, 『ペルシャ人の手紙』(1721), 113頁.
3 J.-C. Perrot, "Les économistes, les philosophes et la population", ed. J. Dupâquier, *Histoire de la population française*, vol. 2, Paris: PUF, 1988, p. 500.

어 제기한다. 유럽 국가 대부분이 인구가 감소 중이며, 프랑스에서 샤를 9세 시대(1560~1574년)에 1900만 명이던 인구가 100년 후 루이 14세 시대에는 1700만 명으로 감소하였으며, 인구가 모든 부의 원천인 만큼 이는 중요한 문제라고 주장하는 빅토르 리케티 드 미라보Victor Riquetti de Mirabeau의 책 『인간의 벗, 혹은 인구의 이론』이 1756년에 출판되어 그 후 3년간 20쇄를 찍는 등 큰 호응을 얻었다. 이와 같은 인구 감소의 원인을 성직자의 독신 제도나 전쟁 및 해외 이민이라고 보는 논의도 많으나, 그러한 논의로는 인구 증가 원리를 이해하지 못한다. 미라보는 인구 감소의 진정한 원인이 "농업 쇠퇴와 몇몇 주민의 사치 및 과소비" 때문이라고 주장하였다.[4] 인구가 부의 원천이라는 미라보의 주장──포퓰라시오니즘[5]──을 본말전도라고 거세게 비판한 케네도 프랑스의 인구 감소를 주장한 점에서 미라보 못지않게 격렬하였다. 1650년경 2400만 명이던 프랑스 인구는 18세기 초 1950만 명으로 감소하였고, 심지어 현재는 스페인 계승전쟁으로 인해 1550만 명으로 떨어졌다는 것이다.[6]

이러한 인구 감소론은 실제 관찰에 기초한 논의는 아니었다. 이는 대개 낭트칙령의 폐지(1685년)에서 유래된 다수 위그노[7]의 국외 탈출, 잇단 전쟁, 200만 명이 사망했다고 전해지는 1693~1694년 대기근, 140만 명이 사망

---

4 V. R. de Mirabeau, *L'ami des hommes, ou traité de la population*(1756), Aalen: Scientia Verlag, 1970, p.12.
5 포퓰라시오니즘의 특질은, 인구를 모든 부의 원천이자 국가가 번영하는 원천으로 보고, 결혼과 다산의 장려, 외국으로의 이주 금지 등 직접적 수단으로 인구 증가를 꾀한다는 점에 있다. 이는 중상주의 시대에 힘을 가진 주장이지만, 18세기 중엽에도 여전히 힘을 가졌다. 케네는 포퓰라시오니즘을 논리적 전도라고 비판했지만, 국가가 번영하는 중요 요인이 인구임을 부정한 것은 전혀 아니었다. 실제로 케네는 인구가 3분의 1 감소하면 부는 3분의 2 감소한다고 했다(F. Quesnay, "Grains"(1757), *François Quesnay et la physiocratie II*, Paris: INED, 1958, p.506). 케네가 문제시한 것은, 인구가 모든 규정에 앞서는 원인이 아니라 다양한 원인, 특히 부에 의해 항상 이미 규정되어 있으므로 인구 증가를 위한 직접적인 수단은 무효하다는 점이었다.
6 Quesnay, "Hommes"(1757), *François Quesnay et la physiocratie II*, p.513.
7 위그노(Huguenot)는 프랑스 칼뱅파 신교도를 말하는데, 1517년 종교개혁 후 신자 수가 증가하면서 가톨릭과 대립하여 위그노전쟁이 발발했다. — 옮긴이

했다고 전해지는 1709~1710년 대기근으로 대표되는 어두운 기억, 빈번히 전해지는 농촌 인구의 유출 정보(4절 참조)에 근거했다. 실제로 인구조사가 실시되지 않은 이 시대에 어떻게 사실로 입증된 논의가 가능했을까? 인구 감소 주장자들의 목표는 실제에 의거한 설명이 아니라, 인구 감소를 가져온 사회 정치적 원인을 도출하여 개혁을 호소하는 데 있었다. 몽테스키외는 치유할 수 없을 만큼 인구 감소를 가져오는 전제정치와 성직자의 지배가, '이코노미스트'는 곡물 거래 규제 때문에 황폐화된 농촌 인구의 감소가 문제였다. 또한 다른 논자에게는 퇴폐한 습속, 피임 기술의 보급, 기독교에서 명하는 이혼 금지 등이 문제였다. 그러나 어떤 논의에서도 인구 감소는 프랑스 정치사회의 병리와 그 개혁의 시급성을 드러내는 지표였다. '인구'는 특히나 정치적 대상이었다.

이들이 주장한 인구 감소론은 오류였다. 후에 보게 되듯 장 조제프 익스피Jean-Joseph Expilly와 장 바티스트 모오Jean-Baptiste Moheau는 정치산술 추계에 따라 프랑스 인구는 인구 감소론의 주장보다 훨씬 많음을 밝혔으며, 최근 역사인구학의 추계에 따르면 18세기 초반 2150만 명이던 프랑스 인구는 1740년 2460만 명으로 증가했다. 그러나 인구 감소론은 인구를 중요한 정치적 대상이자 사회적으로도 중요한 인식 대상으로 등장시켜 통치와 지식의 관계를 크게 바꾸었다. 인구 감소론이 경제학과 통계학이 형성되는 촉매 역할을 한 것이다. 인구 감소론의 인식은 오류였으나 학문적으로 풍부한 결실을 가져왔다.

인간의 생과 사에 관하여 당대인들이 주목한 또 하나의 화제는 평균여명 문제다. 인구 감소론이 사회와 정치에 대한 위기감의 표출인 데 반하여, 이 문제는 종신연금, 그중에서도 당시 유행한 톤틴연금을 둘러싼 관심에서 직접 비롯되었다. 톤틴연금은 5세 간격의 조로 묶인 가입자가 각 조에 따른 납부금을 부어 같은 조의 가입자가 사망하면 당사자가 받을 연금을 살아 있는 나머지 이들에게 배분하는 방식을 띤다. 이는 오늘날 생명보험과 반대되는 생존게임으로, 장수에 대한 투자였다. 평균여명에 관한 지식은 톤틴연금의 납부금을 결정하는 데 필요했고 가입자에게도 중대한 관심사였다.

평균여명의 계산은 이미 영국의 정치산술가가 하고 있었는데, 존 그랜트John Graunt는 1662년 런던의 『사망표』 분석에 기초하여 100명 중 6세까지 사는 자는 예순네 명, 16세까지 사는 자는 마흔 명 등의 여명표를 작성하였다. 천문학자 에드먼드 핼리Edmund Halley는 1693년 더욱 정확한 평균여명표를 작성하기도 했다. 이들 작업을 통해 프랑스 최초의 평균여명표를 작성한 사람이 바로 앙투안 데파르슈Antoine Deparcieux이다. 『인간 수명의 확률에 관한 시론』(1746)에서 데파르슈는 연령별 사망 수를 정확히 알 수 있는 톤틴연금 보고서를 바탕으로 연령별 평균여명표를 작성하였다. 예를 들어 1689년과 1696년 톤틴연금 가입자의 사망표에 기초하여 3세의 평균여명은 47년 8개월, 20세는 40년 3개월, 50세는 20년 5개월 등이었다.[8]

데파르슈는 인류의 보편적인 평균여명표를 작성하는 데 주력했다. 그는 톤틴연금의 사망표와 별도로 종교단체 다섯의 사망표를 두고 이들 사이에서 현저한 유사성 내지 공통성이 있음을 찾아냈다. "이 공통성은 내 예상을 뛰어넘었다."[9] 조르주 루이 르클레르 드 뷔퐁Georges-Louis Leclerc de Buffon의 관심도 이와 같았다. 뷔퐁에 따르면 톤틴연금의 가입자는 부유한 계급에 속하며 건강과 장수에 자신 있는 자들이므로 연금가입자를 '인간' 대표로 보는 것은 문제가 있었다. 그는 데파르슈의 작업을 비판하며 자신도 상세한 평균여명표를 작성하여 『박물지』에 실었다. 뷔퐁에 따르면 인간의 수명은 인종이나 시대와 상관없이 동물과 마찬가지로 성장하기까지 드는 기

---

8 A. Deparcieux, *Essai sur les probabilités de la durée de la vie humaine*(1746), Paris: EDHIS, 1973, table 13.
9 *Ibid.*, pp.74~75.

간의 6~7배, 즉 90~100년이다. 죽음은 인류에 보편적인 생명량의 감소이며, 평균여명표는 그 점진적 감소를 나타내는 것이었다. 그들에게 평균여명표를 작성하는 일은 종으로서 인간을 아는 것에 다름 아니었다.[10]

그런데 인구조사가 진행됨에 따라 지역별로 평균여명에 큰 차이가 있음이 밝혀졌다. 예를 들어 파리에서는 남성보다 여성 사망률이 높은데 지방에서는 반대라든지, 10세에서 40세 사이 사망률은 파리보다 지방이 더 높았다. 인류의 보편적인 수명이 있다고 가정해도 그것을 아우를 수 없는 조건, 영양 과다 혹은 부족, 가혹한 노동, 대기오염, 질병, 유해한 습속 등 다른 조건이 작용하기 때문이다. 이들 조건은 많은 경우 도시생활과 농촌생활이 건강에 미치는 영향이 차이 나기 때문으로 간주되었다. 뷔퐁의 고찰을 몇 가지 보면, 그중 하나로 파리에서 흔한 유모 양육과 영아 유기 풍조를 들 수 있다(4장 참조). 농촌의 유아사망률이 파리에 비하여 높은 이유는 파리에서 가까운 농촌으로 보내져 유모에게 양육되는 아동의 사망률이 높기 때문이다. 10세부터 40세의 경우 파리보다 지방 쪽 사망률이 높으며 그 원인은 농촌의 빈약한 식단과 과중한 노동에 있다. 또한 파리에서 남성보다 여성 사망률이 낮은 데 비하여 지방은 반대인데, 그 원인은 농촌의 과중한 노동과 다산에 있다. 1719년에는 혹한이나 기근이 없었음에도 파리의 사망자가 평균 5000명이나 웃도는 2만 4151명에 달했는데, 이는 비정상적 투기 붐을 만들어 낸 존 로John Law의 '시스템'으로 인해 많은 이들이 지방에서 파리로 몰려들었기 때문이다.[11] 이렇듯 평균여명표의 작성은 인류 보편의 생명량을 밝히려는 의도와는 달리 그에 영향을 주는 지방적 차이와 역사적 조건을 인식하게 만들었다.

---

10 헬리가 평균수명표의 작성에서 인구 유입이 많은 런던이 아닌 브로츠와프를 고른 것도 그 편이 인류의 보편적인 평균수명을 아는 모델이 된다고 생각했기 때문이다.
11 西川祐子,「地球と人類の発見」, 樋口謹一 編, 『空間の世紀』, 筑摩書房, 1990, 239~246頁.

인구 감소론을 통해 촉발된 인구 추계와 평균여명표의 작성으로 인구, 즉 집단으로서 인간이 인식 대상으로 등장했다. 분명히 개인의 생과 사는 다양한 우연에 좌우되는 개별적 사건이다. 그러나 "이 대량의 우연에서 인류라는 무리에 공통의 운명이 생긴다".[12] 인간이 겪는 사상事象을 대량의 현상으로 다루며 규칙성을 발견하는 일이야말로 인구 추계와 평균여명표의 과제였다. 더욱이 인구 추계는 기존의 한정된 지식에서 전체와 미래를 추측하는 과학이며, 사실의 관찰에 기초하여 인간과 사회의 인식을 개척할 것이라고 사람들의 기대를 모았다.

이 시대의 진리관에서 지성 바깥의 실재에 관한 진리는 개연적 진리로 인식되었다.[13] 예를 들어 기하학처럼 지성 안의 관념이 대상인 진리는 연역에 따른 명제의 엄밀한 연쇄를 따라 얻게 되는 명증적 진리이다. 이에 비해 지성 외부의 실재에 관한 진리는 관찰을 통하여 과거로부터 미래를 추측하여 얻는데, 여기에는 개연성이 끼어들 수밖에 없다. 그렇지만 자연과학은 개연성이 높은 현상이 대상이므로 그 진리는 '확실성'certitude을 가질 수 있다. 이에 비하여 인간에게 발생하는 사상은 자연현상보다 개연성이 훨씬 낮으므로 '정신 정치과학'의 확실성은 낮다고 생각되었다. 콩도르세는 이러한 상황에 있는 '정신 정치과학'의 확실성을 높여 과학이라는 이름에 걸맞은 지식으로 만들려면 많은 사실을 수집해 개연성의 정도를 아는 일, 즉 확률과 통계를 응용해야 한다고 보고 '사회수학'의 확립을 구상한다.[14] 그러

---

12 J.-B. Moheau, *Recherches et considérations sur la population de la France*(1778), noted by E. Vilquin, Paris: PUF, 1994, p.141.
13 그렇다고 이 영역의 진리가 중요하지 않다는 것은 아니다. 오히려 그 중요성은 점차 커져 이들 영역에 대한 관심은 날로 더해 갔다. 디드로는 이러한 변화를 첨예하게 관찰하여 『자연의 해석에 관한 단상』(1753)에 다음과 같이 썼다. "사람들의 관심이 박물학이라든지 도덕 및 실험물리학으로 향하는 것을 보면, 우리는 과학에 대한 근본적 변혁의 시대에 들어서고 있다고 단언하고 싶을 정도이다"(中川久定, 『ディドロ』(人類の知的遺産 41), 講談社, 1985, 246頁).
14 콩도르세는 「달랑베르에의 추도 연설」에서 말한다. "그는 아마도 단순하고 정확하게 정의된 관념으로 구성된 논증적인 진리에 익숙했기 때문에 다른 차원의 진리, 더 복잡한 관념을 대상으로 그것을 둘러싼

나 인간과 사회에 관한 학문에 수학을 응용하는 문제의식을 콩도르세만 갖지는 않았다. 인구 추계와 평균여명의 측정은 이 방향에서 첫발을 내딛는 첨단 분야로서,[15] 인간과 사회에 관한 학문 중에서 전략적 위치를 띠었다.

여기서 우리 주제는 인구라는 대상을 갖는 학문의 의미를 검토하는 일이다.

2. 주권과 셈

주지하다시피 아리스토텔레스는 국가(폴리스)와 가정(오이코스)을 준별하였다.

국가는 '최고선'을 위한 윤리적 공동체임에 비하여, 가정은 단순한 생존이 목적인 조직체일 뿐이다. 지배를 보더라도, 국가는 모든 시민이 정치에 참여하는 데 반해 가정은 단 한 사람에 의해 다스려진다. 이와 같이 국가와 가정의 본질적 차이에 기초하여 가정을 다스리기 위한 지식인 가정술家政術, oikonomia과 국가 통치에 관한 지식인 국정술國政術, politia은 근본부터 달랐으며, 가정술은 국정에 비할 것이 못 되었다. 가정술은 "대수로운 것이 아니"었고 "스스로 힘쓰지 못하는 자는 모두 지배인에게 그 일을 맡기고 자신은 정치에 맡겨지거나 학문에 빠지거나 한다".[16]

논의에서는 정의를 만들어 새로운 관념을 만드는 일까지도 목적으로 해야 하는 차원의 진리에 그리 마음이 동하는 일은 없었다. …… 그는 어떻게 행동해야 하는지를 가르치는 과학의 경우 더 큰 개연성 혹은 더 작은 개연성으로 만족할 수 있다는 점, 진정한 방법이란 엄밀히 논증된 진리를 찾는 것보다 개연적인 명제 사이에서의 선택에 있다는 점, 특히 그 개연성을 아는 데 있다고는 보지 않았다"(M. J. A. N. de Caritat Marquis de Condorcet, "Eloge pour D'Alembert", Œuvres de Condorcet, vol.3(1847), Stuttgart-Bad Cannstatt: Friedrich Frommann Verlag, 1968, p.79). '사회수학'에 관해서는 베이커의 논고가 유익하다. K. M. Baker, Condorcet, From Natural Philosophy to Social Mathematics, Chicago: University of Chicago Press, 1975, pp.330~342.

15 "인간의 생과 사가 통계적으로 연구되기 시작한 것은 계몽사상의 가장 혁명적이면서 동시에 가장 등한시되어 온 측면 중 하나이다"(J. マクマナーズ, 『死と啓蒙』, 小西嘉幸他 訳, 平凡社, 1989, 105頁).

16 アリストテレス, 『政治学』, 山本光雄 訳, 岩波書房, 1961, 47頁.

그에 비하여 주권 관념에 따라 국가론의 새 지평을 연 장 보댕Jean Bodin
은 국가 통치와 가정ménages 통치를 동형으로 보았다. 보댕에 따르면 "국가
란 다수의 가정과 그것들에 공통된 내용을 주권에 따라 정당하게 통치하는
것"이다.[17] 한편 가정은 "한 가장에게 복종하는 무리와 그들의 공통 관심사
에 대한 정당한 통치"이다.[18] 그러므로 국가와 가정은 구성원을 공통된 내
용으로 통치한다는 점에서 동형이다. 국가 통치와 가정 통치의 동형성에
기초하여 "잘 다스려진 가정은 국가와 진정 닮았으며 가정의 권력은 주권
과 유사하다. 이처럼 가정의 올바른 통치는 국가 통치의 진정한 모범"과 같
았다.[19]

통치에서 국가와 가정이 동형이라면 가정학과 정치학을 무관하다고 볼
수 없다. "크세노폰과 아리스토텔레스는 공연히 가정과 정치를 갈라놓았
다. 이러한 분할은 주요 부분을 전체에서 갈라놓지 않고는 불가능하다."[20]
보댕에게 가정학의 지식은 국가에 관한 학문의 불가결한 부분이므로, "우
리가 따라야 할 법학자와 입법자들이 국가에 관한 법률과 법령을 신분 단
체나 가정에 관한 것과 동일한 학문으로 논하는 것"은 합당한 일이다.[21] 아
리스토텔레스의 관점에서 형용모순인 '이코노미폴리틱'이라는 용어는 앙
투안 드 몽크레티앵Antoine de Montchrétien이 창안했다고 하나, 그 길은 보댕
이 개척했다고 볼 수 있다.

보댕은 이러한 관점에서 『국가론』 6권에서 "국가에 공통되는 내용의 통
치", 즉 재정·영토·토지세·화폐 등의 관리를 논하며 1장을 호구조사censure
에 할애한다. 호구조사는 주민 수와 신민의 재산을 파악하기 위해 이뤄지

17 J. Bodin, *Six livres de la république*(1593), Paris: Fayard, 1986, vol.1, p.27.
18 *Ibid.*, vol.1, p.39.
19 *Ibid.*, vol.1, p.40.
20 *Ibid.*, vol.1, p.39.
21 *Ibid.*, vol.1, p.39.

는데, 이것이 통치에 미치는 효용은 "믿을 수 없을 만큼 무한하다".[22] 신민의 재산을 장악해야 국가 재정을 확보함은 물론, 연령별·신분별 인구를 파악해야만 비로소 사람을 얼마나 군대에 징용하고 식민지에 보내며 공적인 토목공사에 동원할지 알 수 있다. 식량 공급도 인구에 대한 인식 없이는 불가능하다. 보댕은 인구의 인식이야말로 통치에서 빠질 수 없는 토대라고 주장했다.

그러나 보댕은 호구조사의 필요와 효용을 국가 재정에 국한해 말하지 않았다. 호구조사라는 말에서도 알 수 있듯, 보댕은 로마의 감찰관 제도를 모범으로 삼았기에 습속의 감독도 이에 포함하였다. 오히려 보댕은 여기에 역점을 두었다는 편이 적절할 것이다. 배반이나 과도한 음주, 도박과 성적 방종 등은 국가에 해악을 가져오는 악덕인데, 이를 막을 방책은 엄격한 법보다 습속을 바로잡는 데에서 찾아야 할 터였다. 부랑자나 게으른 자는 해악을 직접 끼침과 동시에 근면한 신민을 나태라는 악덕에 끌어들이는데, "감찰 말고는 이러한 기생충을 구제할 수단이 없다".[23] 요컨대 악덕은 호구조사로 습속을 단속하는 편이 법보다 유효했다. 게다가 오늘날 습속을 감독할 필요는 날이 갈수록 늘고 있다. 일찍이 가장이 가족에게 절대 권력을 지녔으며, 이 권력으로 양호한 습속을 유지하기는 가능했으나, "오늘날은 이러한 일이 사라진 지 오래"이기 때문이다. "부모를 모독하는 아이, 잘 다스리지 못한 부부 관계, 장인에 대한 경멸에서 어떤 정의를 바랄 수 있을까."[24] 보댕에게 감찰관 제도는 가족질서의 위기를 관리하는 국가 존속에 불가결한 제도였다.

이처럼 보댕은 습속을 감독하는 데 중점을 두면서도, 인구조사가 국가

---

22 J. Bodin, *Six livres de la république*(1593), vol.6, p.13.
23 *Ibid.*, vol.6, p.14.
24 *Ibid.*, vol.6, p.23.

통치에 얼마나 필요하며 유익한지 말하였다.[25] 당대 많은 정치가들이 그의 주장을 받아들여 인구조사가 통치에 필요함이 널리 인정되었다.

인구조사가 실시되면서 집권적인 국가와 행정조직의 성장이 함께 진행되었다. 특히 장 바티스트 콜베르Jean Baptiste Colbert는 인구조사를 열렬히 추진하여 오랫동안 조정이 되지 않아 인구비에 맞지 않게 된 소금세gabelle를 합리적으로 배분하기 위해 1664년 인구조사를 꾀했다. 그는 국왕 칙명으로 각 주에 파견된 관리들에게 "소금세의 새로운 할당액을 더 공정하게 주민 수에 비례하도록, 소금세 대장을 인두세taille 대장과 대조하게 했고, 더 나아가 각 교구별 또는 공동체의 주민 수를 간결하게 알릴 것"[26]을 명했다. 그 결과 상송 형제Adrien Sanson and Guillaume Sanson에 의해 『소금세 지도』로 공표되지만, 당대 인구조사는 기술이 조잡하고 조직도 갖추지 않아 부분적이고 부정확한 결과를 얻는 데 그쳤다.

이처럼 결과는 미비했으나, 인구에 관한 인식은 국가를 통치하는 군주에게 반드시 필요한 지식이 되었다. 1694년 루이 14세의 황태자의 교사 프랑수아 페늘롱François Fénelon은 자신의 제자 부르고뉴 공에게 이렇게 말하였다. "우리 국민의 구성원 수를 아십니까? 남자가 몇이고, 여자가 몇이고, 농민이 몇이고, 직인이 몇이며, 법률가가 몇이며, 신부와 수도사가 몇이고, 귀족과 군인이 몇인지 아십니까? 양의 수를 모르는 양치기를 사람들은 어떻게 평가할까요?"[27] 더욱이 페늘롱은 "왕이 인민 수를 헤아리기란 실로 쉬운 일입니다. 단지 뜻하기만 하면 됩니다"라고 하였으나, 인구조사의 실행

---

25 다윗은 인민의 수를 셈하였기에 신이 벌하였다고 하는 『구약성서』(「역대기 상」 21장)의 기술을 기초로, 인구조사가 신을 모독하는 행위라는 관념을 강하게 지녔다. 보댕도 이를 잘 의식하여 다윗의 과오는 인구를 셈해서가 아니라 인구를 조사할 때 1인당 2드라크마(drachma)의 은화를 신에게 헌납하라는 신의 명령을 잊어서라고 했다(Ibid., vol.6, p.10).

26 G. Gabourdin and J. Dupâquier, "Les sources et les institutions", ed. J. Dupâquier, Histoire de la population française II, Paris: PUF, 1988, p.30.

27 J. Dupâquier and M. Dupâquier, Histoire de la démographie, Paris: Perrin, 1985, p.78.

은 계속된 난점 때문에 나폴레옹에 의한 1801년 국세조사까지 기다려야 하였다.

3. 셈의 기술

17세기 후반 인구를 인식하는 방법에 관한 두 혁신이 생겨났다. 하나는 페티와 그랜트의 정치산술이며, 다른 하나는 세바스티앵 르 프르스트르 드 보방Sébastien Le Prestre de Vauban이 제창한 인구조사 기술이다. 전자는 기존 수에 적절한 계수를 곱하여 미지수를 추측하는 방법으로, 18세기 후반 프랑스에서 익스피와 모오의 작업을 필두로 하는 인구 추계의 근간이 되었다. 후자는 적절한 분류 항목을 갖춘 통일적 조사표에 따라 인구에 관해 가능한 한 정확한 데이터를 수집하는 기술로, 19세기 이후 실시된 국세조사의 원형이 되었다.

먼저 정치산술 중에서도 특히 그랜트의 『사망표에 관한 자연적 및 정치적 관찰』(1662)을 검토해 보자. 17세기 런던에서 페스트가 주기적으로 창궐해,[28] 매주 사망자 수와 사인을 보도하는 『사망주보』가 살롱의 화젯거리가 되고, 페스트 유행기에는 전지轉地의 필요 여부와 예상 거래를 판단하는 근거로 자주 구독되었다. 그러나 그랜트는 『사망주보』가 이러한 개인적 용도 말고도 이용 가치가 더 크다고 말했다. "통치술 내지 참된 정치학의 목적은 신민을 평화롭고 풍요롭게 살게 하는 데 있다."[29] 그러나 그를 위해서는 '국

---

28 페스트의 유행에 대해서는 村上陽一郎, 『ペスト大流行』, 岩波新書, 1983을, 17세기 런던에서의 페스트 유행에 대해서는 D. デフォー, 『疫病流行記』, 泉谷治 訳, 現代思潮社, 1967을 참조. 또 당시 런던 시민의 페스트에 관한 대응의 증언으로는 臼田昭, 『ピープス氏の秘められた日記』, 岩波新書, 1982를 참조.
29 J. Graunt, "Natural and Political Observations mentioned in a following index, and made upon the Bill of Mortality"(1662), ed. C. H. Hull, *The Economic Writings of Sir William Petty*, Cambridge: Cambridge University Press, 1899, vol.2, p.395[久留間鮫造 訳『死亡表に関する自然的及政治的諸観察』, 栗田書店, 1941, 237頁].

내의 토지와 일손'을 정확히 알아야 한다. 이를 위해 각 교구마다 발행되는
『사망주보』에 기재된 세례 수, 매장 수, 사인별 사망자 수를 활용할 수 있다
고 그랜트는 생각하였다.

　『사망주보』에서 이러한 지식을 추출하기 위해서는 기재된 데이터의 신
빙성을 확인해야 한다. 교구에서 사망자가 나오면, 그 교구의 시종에게 연
락받은 검시인(보통 직무상의 선서를 마친 노파)이 시체를 검증하고 여타 조
사를 통해 어떤 병이나 사고로 사망하였는지 살펴서 교구 서기에게 보고한
다. 교구 서기가 매주 화요일 지난 한 주의 매장과 세례 기록을 정리하면 목
요일에 『사망주보』가 발행된다.[30] 사인을 "무지하고 부주의한 검시인"[31]이
판별하기에 결과는 잘못되거나 부정확할 수밖에 없다. 따라서 『사망주보』
에 적힌 숫자를 활용하기 위해서는 우선 그 진위를 검토해야 한다.

　예를 들어 '구루병'rickets은 1634년 사망표에 처음으로 등장하는데, 이
것이 새로운 병인지, 기존의 병을 새로 이름 붙인 것인지 검증하려는 노력[32]
에서 그 일례를 볼 수 있다. 그랜트는 이 병에 관해 '잘 아는 사람'에게 얻은
지식, 그리고 해마다 구루병과 간 비대증livergrown, 비장병spleen이 사망표
에 똑같이 분류되는 사실로 미루어 구루병과 간 비대증이 닮았음을 찾아냈
다. 이와 함께 앞뒤 햇수에서 간 비대증에 의한 사망자 수를 비교하여 그것
이 대부분 일치함을 발견하여 구루병이 새로운 병이라고 결론지었다. 요컨
대 서로 닮은 병에 따른 사인의 혼동 가능성을 인정해, 이 병에 의한 사망자
수를 수년간 비교하여 그 수치의 신뢰도를 측정했다. 그랜트는 『사망표에
관한 자연적 및 정치적 관찰』 중 많은 부분을 데이터 비판에 할애하는데, 이

30　Ibid., p.346[앞의 책, 98頁]. 『사망주보』에 대해서는 C. H. Hull ed., *The Economic Writings of Sir William Petty*, Cambridge: Cambridge University Press, 1899, vol.1, pp.lxxx~xci를 참조.

31　Graunt, "Natural and Political Observations", p.347[『死亡表に関する自然の及び政治の諸観察』, 102頁].

32　Ibid., pp.357~358[앞의 책, 127~130頁].

점에서 그의 작업에 대한 독자성을 볼 수 있다.

이렇게 『사망주보』를 교구와 연도별로 비교 검토한 결과, 그랜트는 사망자 수가 분명히 과소평가된 사인 몇 가지를 밝혀낸다.

일례가 매독이다. 일상 대화에서 미루어 볼 때 많은 이들이 매독에 걸린 것으로 보임에도 그에 따른 사망자 수가 매우 적은 것[33]을 수상히 여긴 그랜트는 이를 조사한 결과, 병원 내 사망자 외에는 사인이 대체로 궤양이나 종양으로 분류되고, 매독에 의한 사망자는 모두 매독환자 수용시설이 집중된 두 교구의 보고에서 나온 것을 확인했다. 게다가 매독 사망자 대부분은 몸이 여위고 수척해져 죽으므로, 의학 지식이 없는 검시인이라면 특유의 징후를 보지 못하는 한 정확한 사인을 판정하기 어렵다. 게다가 가족은 사망자의 명예를 생각해서 사인을 숨기고 싶어 한다. "검시인 노파는 술까지 걸쳐 눈이 침침해진 데다 수당도 두 배나 찔러 받고 나면, 그 증세가 결핵 때문인지, 소모증이나 영양불량 때문인지, 아니면 남성 성기 감염 때문인지 제대로 판정할 수 없다."[34] 그랜트는 이렇듯 매독에 따른 사망자 중 많은 부분이 분명 다른 사인으로 분류되었다고 생각했다.

그 밖에도 그랜트는 1625년 페스트의 사례를 든다. 사망표에 따르면 같은 해 페스트에 의한 사망자 수는 3만 5417명이고, 다른 병으로 인한 사망자 수는 1만 8848명인데, 그 전후 수년 동안 통상 매장 수는 7000~8000건이었으므로 약 1만 1000명의 페스트 사망자가 다른 병으로 인한 사망자로 분류되었음이 틀림없다. 또한 이 1만 1000명을 3만 5417명에 더하여 모든 매장 수 가운데 비율로 따지면 약 4대 5가 되는데, 이 비율은 페스트가 크게

---

33 그랜트가 작성한 사망표에 따르면, 1629~1636년, 1647~1660년 런던의 사망자 수 22만 9250명 중 매독에 의한 사망자 수는 392명에 지나지 않는다.
34 Graunt, "Natural and Political Observations", pp.356~357[『死亡表に関する自然的及政治的諸観察』, 126頁].

번졌던 1603년과 1636년의 수치와 거의 맞아떨어진다는 점에서도, 페스트로 인한 사망자가 실제보다 과소평가되었다고 그랜트는 추정한다.[35] 이 부분에 대한 그랜트의 계산은 상당히 거칠어 그 연유를 알 수 없는 부분도 있지만, 다른 해와 비교하여 기재된 숫자의 적부를 가리는 방법은 일관된다.

통상 연도와 비교해 기재된 수치의 신빙성을 가리는 또 하나의 사례는 1642년 이후의 세례 수이다. 1642년까지 세례 수는 매장 수와 거의 같지만, 1648년의 세례 수는 6544건으로 매장 수 9283건의 3분의 2, 1659년의 세례 수(5670건)는 매장 수(1만 4720건)의 3분의 1을 웃도는 데 그친다. 이렇게 다른 원인은 청교도 혁명에서 비롯된 '혼란과 변혁' 때문에 세례 기록이 부정확해진 탓[36]이라고 그랜트는 말한다. 통상 연도의 숫자를 산출하여 그와 비교해 문제가 된 사상事象의 크기를 추측하는 방법은 그랜트가 개발했으며, 100년 뒤 모오와 익스피의 인구 추계는 이 방법을 더욱 정밀하게 응용한 것이다.

이처럼 『사망주보』의 사인별 사망자 수가 정확하다고 할 수 없지만, 그랜트는 많은 경우 사인에 관해서 상식적 분류만으로 충분하다고 말한다. 그가 애초에 구하려 한 것은, 각 사인에 대한 개별적 정보가 아니라 만성병과 급성병(페스트 제외) 사망자 수, 페스트 사망자 수, 유아 사망자 수 등 런던이라는 도시의 인구 동태와 관련된 정보였기 때문이다. 그러므로 만일 유아가 사망했을 경우, 유아라는 카테고리만 명확히 정의한다면 사인이 장내 가스, 치열齒熱, 경련 등 무엇으로 분류되든 크게 문제되지 않았다. 중요한 것은 어릴 때 죽은 사람 수를 아는 일이기 때문이다. 혹은 "심한 두통으

---

35 Ibid., pp.364~365[앞의 책, 147~148頁]. 실제로 가족 안에서 페스트 사망자가 나올 경우 가족은 격리를 피하기 위하여 검시인에게 뇌물을 주고 사인을 속이는 일이 잦았다(Ibid., p.365 참조).
36 그랜트는 세례자 수는 매장자 수보다 부정확하다고 말하며 그 이유로 ① 세례가 필요하지 않은 종교상의 의견 차, ② 목사가 세례 자격에 대해 엄격할 경우, ③ 세례 수수료가 필요한 점을 들고 있다.

로 고생하다 죽은 자는 의사가 위장병 때문이라고 소견을 내도 두통으로 죽었다고 보고하면 된다. 또 누군가가 급사했다면 그것이 표 안에서 급사나 뇌졸중 등 어떤 사유로 보고되든 크게 문제되지 않는다".[37] 급성질환으로 죽은 점이 중요하기 때문이다. 이리하여 대부분 "검시인은 가장 중요한 징후를 알려 주는 것만으로 충분하다".[38]

이처럼 자료를 비판하면서 그랜트는 1629~1636년, 1647~1660년의 사망자를 여든한 가지 사인별로 분류한 일람표를 작성했다. 『사망주보』는 교구마다 개별 작성되어 양식이나 사인 분류가 중구난방인 데다 연도에 따라서 다르게 기술되었기 때문에 이를 런던 전체의 통일된 일람표로 정리하기까지는 상당한 노력이 들었을 것이다. 실제로 그랜트는 난삽하게 기록된 주보를 일람표로 간결하게 요약한 것을 자기 작업의 중요한 성과로 꼽았다.[39]

여기에서 그랜트는 그의 '상점商店 산술'에 따라 작성한 사망표를 분석하면서 만성병에 의한 사망자가 모든 매장 수의 일정 비율을 늘 차지한다는 점, 유아사망률이 높으며 신생아 중 36퍼센트가 6세 전에 죽는다는 점, 남녀의 출생 비율이 14 대 13이라는 점, 런던의 인구 증가가 외부로부터의 인구 유입에 의존한다는 점 등 흥미로운 결과를 도출했다. 또한 결핵이나 결석 등 만성병은 "그 땅의 통상적 성질을 나타내며 이에 따라 [모든 매장 수중] 만성병의 비율은 그 나라가 장수하기 좋은지 여부를 판단하는 기준"[40]이며, 장기간 인구동태를 고찰하는 데 그랜트는 페스트와 같은 급성병보다 만성병 쪽이 중요하다고 본 점에 주목하자. 일어나는 현상의 장기적 규칙

---

37 Graunt, "Natural and Political Observations", p.348[앞의 책, 105頁].
38 Ibid., p.348[앞의 책, 104頁].
39 Ibid., p.320[앞의 책, 92頁].
40 Ibid., p.350[앞의 책, 108頁].

성 내지 경향성이야말로 중요하다고 보는 그의 방법적 태도를 알 수 있기 때문이다.

그랜트가 행한 런던의 인구 추계로 돌아가 보자. 그랜트가 택한 방법의 핵심은 몇 가지 경로로 런던의 가족 수를 추정하는 데 있다. 그중 하나는 런던의 연간 출생 수에서 가족 수를 추정하는 방법이다. 즉 가임 여성(16~40세)이 아이를 2년에 한 명 이상 낳는다고 생각할 수 없으므로, 가임 여성 수는 어림잡아 출생 수의 두 배로 추정한다. 이 시기 런던의 연간 출생 수는 1만 2000명이므로, 가임 여성 수는 2만 4000명으로 추정한다. 다음으로 연령 폭을 볼 때 성인 여성(16~76세)은 가임 여성의 두 배로 보고 그만큼의 가족 수, 즉 4만 8000가족이 있음을 추정한다. 또 한 가지는 사망 수로부터 추정하는 방법이다. 즉 런던 시내 몇몇 교구의 사망표에서 매년 열한 가족에 대해 사망자가 세 명 나온다는 결과를 통해, 이 시기 연간 사망자 수 1만 3000명에 3분의 11을 곱하면 가족 수는 약 4만 8000(정확히는 4만 7667)으로 계산할 수 있다. 이때 일가족을 부부와 세 자녀 그리고 피고용인 셋 내지 동거인으로 가정하면 런던 성내 구역의 인구는 38만 4000명으로 계산할 수 있다는 것이다.[41]

보다시피 그랜트의 추계는 가정하고 또 가정하는 방식으로 이루어진다. 게다가 그 가정은 그랜트 스스로 "어림짐작이 과하다"라고 했듯 근거가 충분하지도 않다. 그러나 사망표로부터 얻은 출생 수와 사망 수에 부분적으로나마 관찰을 통해 얻은 객관적 계수 혹은 합리적 추론에 기초한 계수를 곱하여 인구를 추정하는 수법, 몇몇 방법으로 구한 숫자를 비교해 그 신뢰도를 확인하는 것은 그랜트가 새롭게 고안해 낸 새로운 방법이었다.

---

41 Ibid., pp.383~385[앞의 책, 205~207頁]. 이 계산에서는 웨스트민스터 등 교외의 7개 교구가 빠져 있다. 그랜트는 그들 7개 교구의 인구를 같은 계산법으로 산출하고 더하여 런던의 인구를 46만 명으로 보고, 다른 곳에서는 이 수치를 채용했다.

앞서 언급했듯 콜베르 시대에 몇 가지 인구조사가 행해졌으나 이것들은 기술과 조직의 결함 때문에 결과가 정확할 수 없었다. 한 가지 이유는 조사 카테고리의 부정확한 규정에 있다. 예를 들어 조사자에 따라 주민habitant을 개인 또는 여러 세대로 각기 이해했고, 세대feu라는 말 또한 한 세대 또는 여러 세대의 집합인 집의 의미와 혼동하였다. 당연하게도 그 결과는 부정확할 수밖에 없었다.[42] 또 한 가지 이유는 조사 조직이 정비되지 못한 점에 있다. 조사를 직접 담당한 자는 지방 장관의 하위 관리들이었으나, 그들은 여러 교구를 담당하느라 조사를 직접 나설 수 없었다. 그러니 그들은 교구 내 사제에게 협력을 부탁할 수밖에 없었는데, 정부의 관리도 아닌 그들에게 이를 강제할 수는 없었다. 다윗은 주민 수를 세어 신에게 벌을 받았다는 성서의 가르침이 정부의 명령보다 강력하였다.

이들 결함을 극복하여 정확한 결과를 얻으려 조사 기법을 개발한 이가 보방이다. 보방은 기본적으로, 왕의 위대함은 신민 수로 가늠할 수 있다고 생각했다. 또한 조세개혁을 위해서도 인구조사는 반드시 필요하다고 여겼다. 보방은 1686년 「인구조사 시행을 위해 일반적으로 용이한 방법」[43]에서 인구를 정확히 인식하기 위해 잘 정의된 항목으로 구성된 획일적 표로 전국에서 동시에 조사해야 한다고 역설한다. 그가 작성한 조사표는 〈표 1〉과 같다.

이들 항목 중에서 우선 눈길을 끄는 것은 당시의 재정에 관한 상용어인 세대feu를 쓰지 않은 점이다. 세대라는 말이 집과 가족을 혼동시켜 조사 결과도 부정확해지기 때문이다. 보방은 세대 대신 집과 가족을 명확히 구별

---

42 E. Esmonin, *Études sur la France des 17ᵉ et 18ᵉ siècles*, Paris: PUF, 1964, p. 255.
43 에스모냉이 다소 과장되게 '인구조사의 방법서설'이라 부르는 이 소책자는 에릭 빌캥에 의해 재록되었다(E. Vilquin, "Vauban inventeur des recensements", J.-P. Bardet et al., *Annales de démographie historique 1975*, Paris: Mouton, 1975, pp. 245~257).

〈표 1〉 보방이 작성한 조사표 개요

S. N 교구		Fr. 거리								
집	가장의 성명, 신분	남	여	연장 남자	연장 여자	연소 남자	연소 여자	여자 하인	남자 하인	가족 구성
1	르 콩트 백작 각하 (영주)	1	1	2	0	0	0	6	2	12
1	필베르 드 롬 예하 (사제)	1	0	0	0	0	0	1	1	3
1	기욤 뷔알 예하 (조임사제)	1	0	0	0	0	0	1	1	3
1	장 프레버 씨 (시참사)	1	1	2	1	3	1	1	0	10
1	피에르 푸름 씨 (재무관)	1	0	1	0	0	2	2	1	7
	마티아스 씨 (교사)	1	1	2	1	3	1	0	0	9
1	클로드 드 샹 (자작농)	1	0	1	2	0	0	1	2	7
1	0	0	0	0	0	0	0	0	0	0
1	자크 뷰로 (선술집)	1	1	0	2	0	2	1	1	8
				(중략)						
합계 18	18가족	16	10	18	13	12	14	16	13	112

남성란에는 기혼 남성과 과부, 여성란에는 기혼 여성과 과부 수를 기입한다. 아이의 경우 결혼 가능 연령을 기준으로 연장 남자란에 14세 이상의 미혼 남자 수, 연장 여자란에 12세 이상의 미혼 여자 수, 연소 남자란에 14세 미만의 남자 수, 연소 여자란에 12세 미만 여자 수를 기입한다.

하여 한 집에 두 가족이 산다면 각 가장의 이름과 직업을 기입하고 빈집이면 가장란에 0을 기입했다. 보방은 이 조사에서 특히 이중 계산을 피하려했다. 예를 들어 아이 항목을 보면, 부모의 말을 그대로 받아 듣지 않고 기혼인지 미혼인지, 동거 중인지 아닌지를 소상히 밝히려 했다. 각 조사원이 전국에서 일제히 이 조사표를 가지고 거리마다 가가호호 방문 조사하여 일람표에 정리하고, 결과를 교구, 마을, 도시, 주 단위로 합쳐 왕국의 전체 인구를 명확히 파악할 것. 이것이 보방의 구상이었다. 더욱이 보방은 일람표에 면적, 토질, 운행 가능한 하천, 상공업, 가축 등에 대해 자세히 기술하고자 했다.[44]

---

44 S. L. P. Vauban, "Méthode générale et facile pour faire le dénombrement des peuples" (1686), Vilquin, "Vauban inventeur des recensements", pp.249~250.

보방은 『왕국의 십일세』에서 이 소책자의 내용을 전면적으로 재수록함과 동시에 중국에서 배운 조사 조직을 제안한다. 즉 100호에 한 사람씩 관리관capitaine을 두고, 그 아래 50호의 인구조사를 담당하는 대리관lieutenant을 두어 한 해 네 차례 정해진 날 각 호를 방문 조사한다는 것이다.[45] 보방의 제안은 꽤나 마니악하지만 전국에서 동시에 같은 조사표로 인구를 조사한다는 제안은 이후 국세조사의 기본이 되었다.

보방의 주장과 『왕국의 십일세』가 좋은 평가를 받았음에도, 보방 이후 여전히 정치산술 기법에 의한 인구 추계를 주장하는 이들을 중심으로 [모든 개인을 대상으로 한——옮긴이] 전체 인구조사의 유효성을 의심하는 목소리는 높았다. 슈발리에 데 포믈레Chevalier des Pommelles는 말한다. "한 사람씩 세는 인구조사는 일견 매우 쉬워 보이나 비용이 상당히 들 뿐 아니라 잘 생각해 보면 그 실행 가능성을 의심할 수밖에 없을 만큼 과정상 난점이 많다."[46] 가장 큰 난점은 조사에 대한 주민의 반감이었다. 인구조사가 증세나 징병의 전조로 인식됐기 때문이다. "인구조사에 대한 인민의 강한 반감으로 오슈 주의회는 1786년 인구조사를 중단할 수밖에 없었다. …… 인민에게 신뢰를 주고 인구조사에 관한 편견을 바로잡기 위해서는 긴 시간이 필요할 것이다."[47] 또한 인구조사를 위한 기관이나 인력이 없던 당시 상황에서는 교회 사제 등에게 조사를 맡길 수밖에 없었는데, 그들의 협력을 얻기도 힘들었다. 1776년 앙베르의 사제는 연간 출생 수와 매장 수를 보고하라는 오베르뉴 지방 장관의 요청에 다음처럼 답하였다. "귀하께서 매년 요구하시는 보고서를 제출하기가 너무나 저어됩니다. 궁정의 명령이 있으면 제

---

45 S. L. P. Vauban, "Dîme royale"(1707), ed. E. Daire, *Collection des principaux économistes I*(1845), Osnabrück: Otto Zeller, 1966, pp.139~146.

46 J. Chevalier des Pommelles, *Tableau de la population de toutes les provinces de France*(1789), Paris: EDHIS, 1973, p.45.

47 *Ibid.*, p.45.

출할 용의는 있사오나, 그렇지 않다면 응할 생각이 없습니다."[48] 그리하여 지방 장관은 이 회답을 받아들일 수밖에 없었다. 모오는 전체 인구조사의 난점과 그것이 지니는 부정확성을 지적하면서 국정 담당자들에게는 총 인구수를 아는 것이 필요하며 그것으로 충분하다고 말한다.[49] 이러한 총수를 쉽게 얻는 방법이야말로 정치산술을 더욱 정밀화한 인구 추계의 방법임에 다름 아니었다.

1770년에서 1780년대는 익스피, 모오, 루이 메상스Louis Messance 등의 인구 추계 문서가 잇달아 나와[50] 정치산술의 황금시대였는데, 그 계기는 앞서 기술한 인구 감소론의 유행[51]에서 찾을 수 있다. 『프랑스 인구의 신연구』의 저자 메상스는 다음과 같이 쓴다. "1756년 『인구의 벗』이라는 서적이 나오고 거의 모든 사람이 저자의 말에 기초하여 프랑스의 인구 감소를 믿었다. 당시 오베르뉴의 지방 총감이던 라 미쇼디에르Jean Baptiste François de La Michodière는 이 주장의 가치를 판단하기 위하여 해당 지역의 출생과 결혼, 사망을 1690년부터 1699년까지, 그리고 1744년부터 1756년까지 각각 조사케 했다. 그가 1757년과 1762년 리옹과 루앙의 총감을 지내면서도 그곳에서 같은 조사를 시행하였다. 나는 1759년 그의 관방官房 비서로 근무하였는데, 그는 나에게 특히 이 조사를 책임지게 하였다."[52]

이들 인구 추계는, 교구 기록에서 얻은 통상 해의 출생(세례) 수와 현재

---

48 Esmonin, *Études sur la France des 17ᵉ et 18ᵉ siècles*, p.253.

49 Moheau, *Recherches et considérations sur la population de la France*, p.65.

50 이 시기에 출판된 인구 연구 서적은 다음 콜렉션에서 볼 수 있다. A. Sauvy ed., *Les Principaux démographes français au XVIIIᵉ siècle*, Paris, 1973.

51 물론 모든 지식인이 인구의 감소를 인정한 것은 아니다. 볼테르는 『철학사전』에서 현대의 인구가 고대에 비하여 적다는 주장을 근거 없는 잠꼬대라고 비난하고, 프랑스는 인구가 조밀한 지방을 병합했음에도 주민 수는 병합 전보다 5분의 1 감소하였다고 말하는 『백과전서』의 '인구'(population) 항목의 기술에 대하여 "여기에 진실된 말은 한마디도 없다"라고 혹평하였데(ヴォルテール, 『哲學辞典』, 高橋安光 訳, 法政大學出版局, 1988, 532~539頁). 그러나 볼테르에게도 인구 감소론을 부정하는 확실한 근거가 있었던 것은 아니다.

52 L. Messance, *Nouvells recherches sur la population*(1788), Paris: EDHIS, 1973, p.4.

그 교구의 인구수 비율에 따라 얻은 계수를 전국의 교구 기록에서 구한 출생 수를 곱해 프랑스의 인구를 추계하는 것이다. 인간의 탄생은 개인 사정에 좌우되지만, 모오는 "자연의 질서에서는 우연을 누적시킴으로써 우연을 없애거나 줄일 수 있다. 사실의 수가 많아질수록 결과의 상이함은 작아진다"라고 했다.[53] 집단으로 고찰하면 통상의 조건에서는 일정 지역의 출생 수와 인구 사이에 꽤 높은 규칙성이 도출된다. 사망(매장) 수 및 혼인 수에 대해서도 마찬가지로 계수를 계산할 수 있지만, 출생 수에 의한 계수가 특히나 얻기 쉽고 신빙성도 높아서 주로 이를 바탕으로 추계되었다.

모오가 『프랑스 인구에 관한 연구와 고찰』(1778, 이후 『고찰』로 축약)에서 행한 추계를 보자. 파리 어느 교구의 10년간 출생 수는 684(1년간 68.4), 인구수는 1716명이므로 계수는 25가 조금 넘고, 루앙에서는 10년간 출생 수 2만 1972(1년간 2197.2), 인구는 6만 552명이므로 계수는 27이 조금 넘는다. 이러한 방식으로 모오는 계수를 평균 25.5로 잡고 1778년 프랑스의 인구를 2350만 명에서 2400만 명으로 추계한다. 사망(매장) 수 및 혼인 수를 바탕으로 해도 같은 계수를 얻을 수 있으므로 그에 따라 보정하여 더 정확히 추계할 수 있다. 같은 방식으로 메상스는 1766년에 계수를 25로 잡아 프랑스 인구를 2391만 명이라고 추계하였고, 익스피는 농촌 계수를 25, 도시 계수를 28.30으로 잡아 1752년부터 1778년의 인구를 약 2423만 명으로 추계하였다.[54] 계수는 저자에 따라 다소 차이 나고, 또 한 지역에서 상당히 단기간 고찰해 얻은 계수가 얼마나 전체를 나타내는지 의문이지만, 그들의 인구 추계는 오늘날 역사인구학의 측면에서도 대체로 정확하다는 평가를 받는

---

53 Moheau, *Recherches et considérations sur la population de la France*, p.70.
54 피에르 사뮈엘 뒤퐁 드 느무르(Pierre Samuel Du Pont de Nemours)는 이와 같은 인구 추계에 대하여 혹독하게 비판하였다. "국민과 국가의 참된 관심사는 그들이 얼마나 번영했는지 계산하는 것, 재생하는 부의 계산, 특히 자유롭게 처분할 수 있는 부의 계산이지 단순한 인구의 계산이 아니다(Esmonin, *Études sur la France des 17ᵉ et 18ᵉ siècles*, p.302).

다. 결국 그들의 노력으로 인구 감소가 사실이 아님이 드러난 것이다.

모오는 『고찰』이 단순한 사실의 수집이나 사실에 기초하지 않은 사변서가 아니라 "사실의 검증에서 원리의 확립으로, 사례에서 교훈으로, 경험에서 이론으로" 나아간 과학적 연구라고 긍지를 담아 썼다.[55] 집합체로서의 인간[56]을 다루는 과학적 방법을 제시하고 그 인식에 기초하여 합리적 행정을 만들어 내는 것이 바로 모오의 목표였다. 콩도르세는 모오의 저작에 대해 관찰된 사실이 한정되고 치우쳐 일반적인 결론을 도출할 수 없다며 수학자로서 방법상의 결함을 비판하였다.[57] 그러나 인간과 사회에 관한 사상에 수학을 적용하는 일이야말로 인간과 사회의 과학이 나아가야 할 방향이며 합리적 행정을 만드는 길이라며 모오와 뜻을 같이했다. 인구학은 이를 위한 전략적 위치를 점한다고 받아들여진 것이다.

모오는 인구 추계의 방법과 결과를 기술한 1부에 이어 2부에서 인구의 증감에 작용하는 자연적 및 사회정치적 원인을 논하고 인구 증가를 위한 지침을 제기하였다.[58] 인간은 다른 동물처럼 신체를 가진 존재이며, 풍토는 동물적 존재로서 인간의 최종심급에서 결정 요인이다. "풍토의 절대적인 법은 모든 법 중에서 제일이다. 그것은 자연의 근본적 질서에 기초

---

55 Moheau, *Recherches et considérations sur la population de la France*, p.54.
56 모오는 집단의 인간이야말로 연구 대상이며, 여기에 중요한 의의를 두었다. 인간이 만들어 낸 다양한 진보는 "집합한 인구의 업적이며, 인구는 분산될 때 그 활동이 소용없어진다"(*Ibid.*, p.51).
57 콩도르세가 1778년 『메르퀴르 드 프랑스』(*Mercure de France*)에서 행한 서평은 *Ibid.*, pp.531~534, 537~539에 수록되어 있다.
58 이 점에서 이 시대 출판된 많은 인구 추계와 다른 모오의 『고찰』의 특징이 드러난다. 메상스는 "각 주의 주민 수를 확정하는 기본적 사실에만 전념하기 위하여 소재로부터 이끌어 낼 수 있는 고찰은 삭제했다"(L. Messance, *Recherches sur la population*(1766), Paris: EDHIS, 1973, Avertissement)라고 썼지만 모오는 반대되는 선택을 한 것이다. 『고찰』의 진정한 저자가 모오인지 아니면 모오의 상사로 프로방스 지방총감을 지낸 진보적 관료 몽티용 남작인지 혹은 둘이 공저인지는 오래 논의된 문제이지만, 몽티용 설의 근거 중 하나는 『고찰』이 인구 추계뿐 아니라 2부에서 인구 증감의 원인을 '철학적'으로 논한다는 점에 있다. Esmonin, *Études sur la France des 17ᵉ et 18ᵉ siècles*; R. Le Mée, "Jean-Baptiste Moheau(1745~1794) et les Recherche ··· un auteur énigmatique ou mythique?", Moheau, *Recherches et considérations sur la population de la France*; E. Brian, "Moyens de connaître les plumes", Moheau, *Recherches et considérations sur la population de la France* 참조.

하여 세계 전체를 따르게 만든다. 군주의 법이 존중받기 위해서는 이 법에 합치되어야 한다."[59] 이처럼 모오는 기온, 대기나 물, 식품 등의 요인을 열거한다.

그러나 아무리 풍토의 법이 강력하다 해도 그것만이 인간을 규정하지는 않는다. "인간은 그 사려와 노동을 통해, 그 악의와 사려 없음를 통해 자연적 질서를 바꾸어 본디 상태를 개선하거나 악화시킨다. 우리가 사는 지구에 눈을 돌리면 온갖 곳에서 자연의 바람이 전복되고 인간의 제도가 자연적 영향을 이기는 것을 볼 수 있다."[60] 여기서도 인구를 규정하는 인간적 조건인 종교, 정치체, 민법과 형법, 조세, 직업, 습속 등의 요인이 열거된다.

여기에서 전개된 담론은 1부부터 이어진 것도 아니며 무질서하다. 많은 부분 몽테스키외가 『법의 정신』에서 말한 것을 반복하거나 수정한 데 그쳐 보인다. 그러나 이처럼 틀에 박힌 담론을 통해 습속이야말로 인구를 규정하는 인간의 지배적 요인임을 발견할 수 있다. "습속 없이는 다수의 인구를 바랄 수도 없다."[61] 아이를 기르기 위해서는 많은 수고와 비용이 들기 때문에 "계산의 정신은 결코 종의 증식으로 인도하지는 않을 것이다". 그러므로 인구를 증가시키기 위해서는 "이해관계를 넘는 동기, 즉 부의 경시, 사치의 단념, 성실한 감정의 원리에 따라 이 부담을 받아들이도록 결심할 필요가 있다. …… 이러한 감정은 습속의 결과이다".[62] 이렇듯 모오는 습속을 현실적 이해 관념을 초월하는 지속적인 심적 경향이라는 의미로 이해하고, 습속을 유지하는 관점에서 종교의 의의를 긍정했다.

습속을 지배적 요인으로 봄으로써 두 가지 귀결이 나온다. 하나는 습속

---

59 Moheau, *Recherches et considérations sur la population de la France*, p. 213.
60 *Ibid.*, p. 241.
61 *Ibid.*, p. 271.
62 *Ibid.*, p. 271.

을 통해 자연적 요인 및 사회적 요인이 인구에 간접적으로 작용한다는 점이다. 종교는 좋은 습속을 유지시켜 인구 증대에 기여할 것이며, 사치는 쾌락의 욕구를 키우고 습속을 망가뜨려 인구에 부정적 영향을 미칠 것이라는 등이다. 역으로는 이주 금지나 출산 장려 등 인구에 대한 직접적 방책은 무익하다는 뜻이다. "주권자는 간접적 방법으로만 신민에게 작용"할 수 있다.[63] 또 하나, 개인적 이해관계에 대한 관심의 고조가 습속을 없애 인구 감소로 이어질 것을 우려하는 보수적인 모오의 상을 볼 수 있다. 실제로 모오는 미라보나 케네 등의 인구 감소론을 부정하였으나 프랑스의 인구 증가에 대해서도 결코 낙관적이지 않았다.

4. 인구와 부

18세기에는 농업의 쇠퇴와 농촌 인구의 유출이 문제가 되었다. 특히 산지가 많고 경지가 적은 오베르뉴나 리무쟁 등 중앙 산악 지방, 사부아 등 알프스 지방, 피레네 지방의 인구 유출 문제는 심각했다.[64] "이 선거 관구의 주민은 극도로 곤궁하다. …… 이들 교구 주민 중 절반은 완전히 방치되어 스페

---

63 *Ibid.*, p.249.
64 조금 나중 시대의 일이나 19세기 초 인구 유출의 분포도를
   실어 둔다. 중앙 산괴 지대인 마르셰, 오베르뉴, 캉탈 지방이
   연간 1만 명 이상의 인구 유출을 보였고, 주변부인 알프스,
   피레네, 브르타뉴 지방에서는 연간 2000명에서 1만 명이 유
   출되고 있다.
   〈그림〉 19세기 초의 인구 유출 분포도(연간)
   ▦ 100~2000명 유출   ▥ 2000~1만 명 유출
   ▮ 1만 명 이상 유출
   출처: G. Mauco, *Les Migrations ouvrières en France au début du XIXe siècle d'après les rapports des préfets de l'Empire de 1808 à 1813*, Paris: Lesot, 1932.

인으로 이탈하고 있다."[65] "생플루르Saint-Flour 선거 관구의 가난한 이들은 파종을 마친 후, 즉 만성절 즈음이면 파리와 왕국의 여러 지방이나 스페인으로 흩어져 땜장이나 목수, 행상이 된다. 그들은 이듬해 봄이 되면 그간 번 돈을 가져오지만, 이는 모두 가족의 생계를 책임지거나 세금을 내는 데 쓴다."[66] "대토지를 보유한 소수 농민을 제외한 교구의 농민 대부분은 그들이 소유한 토지로 가족을 부양하고 유지하는 비용을 간신히 벌 뿐이라, 6개월, 9개월, 18개월 동안이나 고향을 떠나 일해야만 세금을 낼 수 있다."[67] "주민들은 대부분 자기 토지의 과중한 세금을 내기 위해 고향을 떠난다."[68] 이러한 조세 담당자들이 보고한 내용에는 부족한 징세액과 수금의 난항을 정당화하고 변명하기 위한 과장도 있을 터라 걸러 들어야겠지만, 이 지방의 주민 다수가 빈곤 때문에 고향을 등지고 외지 벌이를 나간 것은 틀림없다.[69]

무엇보다 이러한 인구 유출로 농촌 인구가 감소하였다고 결론지을 수는 없다. 반대로 18세기는 특히 유아사망률의 감소, 페스트 등 대규모 역병과 기근의 종언 등에 따라 농촌 인구가 증가했다. 앞선 언급처럼 프랑스의 인구가 18세기에 꾸준히 증가한 것은 농촌 인구의 증가 때문이었다. 18세기 프랑스의 경제는 발전하는 기조를 보였으나, 인구 증가에 걸맞은 성장은 아니었다. 따라서 인구 증가는 사회라는 피라미드 저변의 확대였다. 농촌의 인구 유출은 이 "무너지기 쉬운 삶"(A. 파르주)을 영위하는 사람들이 인구 압력 때문에 마을을 떠난 결과일 뿐이다. 일자리를 찾아 농촌에서 도

---

65 오베르뉴 지방총감의 1708년 보고. J.-P. Poussou, "Les mouvements migratoires en France et à partir de la France de la fin du au XVᵉ siècle au début du XIXᵉ siècle", *Annales de démographie historique 1970*, Paris: Mouton, 1970, p. 27.
66 오베르뉴 조세수입관의 1740년 보고. M. Leymarie, "Emigration et structure sociale en Haute-Auvergne à la fin du XVIIIᵉ siècle", *Revue de la Haute-Auvergne*, vol. 35, 1956, p. 301.
67 1789년 2월 오리야크 선거 관구 집회. Ibid., p. 301.
68 1782년 20분의 1세 관리관의 보고. Ibid., p. 302.
69 그러나 외지 벌이를 나가기 위해서는 여행경비 등이 필요하므로 이를 부담할 수 없는 자는 그 길마저 가로막혔다.

시로 향한 사람들은 불황과 흉작이 든 해에 증가하고 다른 해는 감소하였으나, 해가 갈수록 증가하여 더 먼 도시를 향하게 되었다.

이 시대 경제학자들은 농촌의 인구 유출에서 농업의 쇠퇴를 보았다. 그들은 이 문제를 인구와 부라는 관계의 문제, 도시와 농촌 사이 부와 인구의 순환 문제로 파악해 개선을 꾀했다.

이 문제에 관해 농업적 부와 인구의 관계를 고찰하며 논의의 공통된 문제 설정을 제공한 이가 리샤르 캉티용Richard Cantillon이다. 인구의 증감은 생활수단의 많고 적음에 따르는 것으로, 이때 생활수단의 생산은 토지와 노동으로 결정된다. 따라서 "토지는 그로부터 부를 이끌어 내는 원천 혹은 소재이다. 인간의 노동은 그 부를 만들어 내는 형식을 띤다. 그러므로 부 자체는 음식과 일상의 편리하고 쾌적한 물건에 다름 아니다".[70] 그런데 토지는 소수의 사람들이 소유하므로, 토지의 이용 방법은 지주의 의향과 취향 및 생활방식 등으로 결정된다. 토지를 얼마나 식량 생산에 할당하는지 결정해 최종적으로 인구의 증감을 결정하는 자는 지주인 것이다. "한 나라의 주민을 증대시키는 자연적이고 항상적인 방법은 그 나라 주민에게 일을 주어 주민을 부양하는 데 필요한 것을 생산하도록 토지를 활용"[71]해야 하는데, 이는 지주에 달려 있다. 인구의 증감은 지주가 결정하는 것이다.

다음으로 농업적 부의 순환에 관하여 캉티용은 지주가 토지 생산물의 3분의 1을 받고 차지농은 3분의 2(그 절반은 농업 경영 비용, 나머지는 '기업의 이윤')를 받는다고 상정한다. 농부와 직인의 지출이 생활의 필요에서 나오는 것임에 반하여 지주는 수입을 자유로이 지출할 수 있다. 따라서 지주는 "소비에서 일어날 수 있는 변화의 주역이다".[72] 부유한 차지농이나 우두

---

70 R. カンティロン, 『商業試論』, 津田内匠 訳, 名古屋大学出版会, 1992, 3頁.
71 앞의 책, 57頁.
72 R. カンティロン, 『商業試論』, 43頁.

머리 직인은 기업의 이윤을 자유롭게 처분할 수 있지만, "그들이 지출과 소비를 바꾸는 것은 언제나 귀족과 지주들을 본받을 때이다".[73] 이리하여 지주의 지출은 한 나라의 소비구조를 규정해 인구 증감에 영향을 미친다. 가령 지주가 외국 고가품을 선호해 구입하면 "그 거래 때문에 프랑스인의 식량 중 많은 토지 생산물이 빼앗겨 …… 그 나라 주민 수를 감소시킨다".[74] 캉티용은 『시론』 1부 15장에서 '한 나라의 인구 증감은 주로 지주들의 의향과 취향과 생활양식에 따라 결정된다'라는 표제를 달아 이를 설명했다.

그러나 캉티용은 다른 한편 인구 증감에 영향을 미치는 고용 창출에 관해 기업인의 역할을 중시한다. 기업인이란, 자신의 노동과 위험부담을 통해 시장에 상품을 공급해 자유로이 처분 가능한 기업의 이윤을 얻는 자로서, 차지농이나 제조업자, 상인 등을 꼽을 수 있다. 토지의 활용 방법을 정하는 자는 지주라고 캉티용은 말했다. 그러나 실제로 지주는 토지 생산물 중 3분의 1을 화폐로 받는 대신 차지농에게 농장을 경영하게 하고, 차지농은 농장을 "시장에서 가장 비싼 값에 팔릴 작물을 생산하기 위해 쓰려고 늘 생각"하므로,[75] 토지의 이용 방법을 실질적으로 결정하는 자는 차지농이다. 제조업자나 상인도 시장에서 가장 유리하게 상품을 제조하고 판매하려 한다는 점에서 같다. 그들은 시장을 겨냥한 기업 활동을 통해 고용의 변화와 창출에 실질적으로 영향을 주고, 이를 통해 인구의 증감 내지 이동에 영향을 미친다. 기업인의 활동은 불확실성과 파산이라는 위험이 따르나, 성공만 한다면 이윤도 크고 소비지출 면에서도 인구 증감에 영향을 미친다. 지주가 토지 소유자로서, 규모 있는 소비지출자로서 한 나라의 경제구조를 규정하고 인구 증감에 최종심급이 되어 결정한다면, 기업인은 지주에 의존하지만 소

---

73 앞의 책, 51頁.
74 앞의 책, 51頁.
75 앞의 책, 42頁.

비지출과 고용 창출에 의해 인구 증감에 현실적으로 기여한다.

이 점을 인구의 지리적 분포에서 고찰하면 다음과 같다. 캉티용의 상정에 따르면 차지농 및 농업 노동자는 경작지까지 교통 편의를 위해 마을에 사는 데 반하여, 부유한 지주는 도시 혹은 수도에 산다.[76] 따라서 도시나 수도에는 지주의 소비를 충족시키는 다수의 제조업자와 직인 및 상인이 모이게 된다. 그런데 "도시 주민은 시골 주민보다 형편이 좋고"[77] 직인의 노동은 숙련을 위해서는 시간과 비용이 들기 때문에 농부보다 높은 수당을 받는다. 또한 대도시에서 유통되는 화폐의 양과 유통 속도는 농촌보다 크고 빠르며 그에 따라 상품의 시장가격도 높으므로 상품과 인구는 도시로 움직인다. 다시 말해 도시는 사람들을 농촌에서 끌어들이는 힘이 있다. 다른 한편 어떤 마을의 모든 농부가 자식들을 모두 농부로 키운다면 경작지에 비해 농부가 많아져 마을에서 일부는 생활비를 벌 수 없게 될 것이다. 그들은 다른 곳으로 일을 구하러 가야 하는데, "대부분 도시에서 구한다".[78] 이는 마을의 직인도 마찬가지다. 일반적으로 자기 노동으로 생활비를 버는 자들의 수는 그들의 노동에 대한 수요에 비례하며, 이 점에서도 인구는 노동의 기회를 많이 공급할 수 있는 도시를 향해 이동하는 것이다.

캉티용은 이처럼 지주가 인구의 증감과 이동을 최종심급에서 결정짓는 요인이라 보고, 나아가 고용의 창출과 변경에서 기업인과 같은 역할을 한다고 보았다. 더욱이 그는 화폐의 양과 유통 속도 및 장래의 수입과 고용에 대한 전망이 결혼과 출산에 미치는 심리적 작용[79]을 함께 고려하여, 인구란

---

76 앞의 책, 7~14頁.
77 앞의 책, 31頁.
78 앞의 책, 16頁.
79 "인간은 대부분 지금 자신이 만족하는 삶의 방식으로 가족을 부양할 수 있다면 다른 바람 없이 결혼하기만을 바랄 것이다. …… 한 나라의 하층계급도 대부분 만일 그들이 바라는 가족 부양이 가능하다면 기쁘게 가정을 꾸릴 것이다"(앞의 책, 52~53頁).

이들 요인에 따라 중층적으로 결정된다고 보았다. 캉티용이 기업인의 역할을 중시한 것은 사물의 내적 가치를 '토지와 노동'에서 찾는 가치론과 호응하며, 이는 오늘날 이론적 깊이를 지닌다고 평가할 수 있는데,[80] 당시 논의는 케네를 중심으로 하는 경제학자들에 의해 '지주 주도론' 일원화로 진행되었다.

케네는 말한다. "토지 경작은 농민이 하며, 농업의 쇠퇴는 단지 농촌에 일손이 부족해서일 뿐이라고 도시의 주민은 순진하게 믿는다."[81] 그러나 인구는 부에 따라 증감하며, 농촌 인구가 감소한다면 그 이유는 농촌에 부가 부족해 농업으로 부유해질 길이 닫혀 있기 때문이다. "토지를 비옥하게 만들고 가축을 늘리며 사람들을 끌어들여 농촌 주민을 정착시켜 국민의 힘과 번영을 낳는 것은 차지농의 부"인데,[82] 그 부가 부족한 것이다. 이렇듯 현재 가장 큰 경제문제는 농촌의 자본 부족인데, 그 주요 원인은 곡물의 자유로운 거래가 여러 장애 때문에 방해받는 것(3장 참조)과 부가 도시로 일방적으로 유출되는 데 있다. "분별없는 사치에 의해 유지되는 제조업과 상업이 부와 인간을 대도시로 불러 모아, …… 농촌을 황폐하게 만들고 농업 경시를 불러일으킨다."[83] 따라서 이러한 사태에 책임을 져야 할 자는 "파리와 몇몇 대도시에 살며 왕국의 자금 수입의 대부분을 소비"[84]하는 영주와 지주이다.

그러나 농촌의 최대 문제가 자본 부족이니 절약해서 화폐를 축적하라고 결론내리는 것은 아니다. 절약에 의한 "화폐의 축적은 유통을 막고 생산

---

80 쓰다 다쿠미(津田內匠)는 캉티용이 "연역 논리의 지주론과 현실 논리의 기업가론을 강한 대비로 그려내어 경제의 기점으로서 지주 주도론을 확립하고 이후 기업 활동의 역학을 고찰하게 했다"라고 평가하며 캉티용의 기업가론을 중요하게 본다(앞의 책, 247~248頁).

81 F. Quesnay, "Fermiers" (1756), *François Quesnay et la physiocratie II*, Paris: INED, 1958, p.453.

82 Ibid., p.454.

83 Ibid., p.454.

84 Ibid., p.455.

물 가격을 내려 농업 경영의 이윤과 선납 증가의 가능성을 감소시킨다".[85] 따라서 이와 반대로 검약이 아닌 지방의 소비 확대야말로 중요하다. 이 점에서 지주는 농촌에 사는 것이 바람직하다. "소비가 생산에서 멀어지고, 운송과 비생산적 소비가 확대되며, 사치가 뿌리내리는 것은 전적으로 지주가 얼마나 도시에 사는가에 비례한다."[86] 또한 이 관점에서는 사치도 한 번에 뿌리 뽑을 수가 없다. 분명히 '장식적 사치'는 농산물을 거의 쓰지 않고 농산물의 수요를 감소시켜 농산물 가격을 내려 '순생산물'을 감소시키므로 농업 발전에 유해하다. 이에 비하여 '식량상의 사치'는 농산물 수요를 확대해 '안정된 가격'의 농산물을 정착하게 해 지주와 차지농의 수입을 증대시키므로 농업에 유익하다.

지주가 농촌에 사는 것이 농업의 진흥에 유익하다는 점은 많은 사람이 인정해도, 현실상 어렵다는 것 또한 잘 알고 있었다. 중농학파의 경우 제조업을 비생산적이라고 보고 중시하지 않았으나, 농촌의 자본 부족을 개선할 또 하나의 방책으로 공장제 수공업의 도시 집중 억제와 지방 분산을 들 수 있었다. 지방에 설치된 제조업의 이윤은 그 지방의 농산물 수요를 확대할 것이고, 공장제 수공업이 불러 모으는 직인도 그 지방에서 농산물을 사므로 해당 지방의 농산물 수요가 확대된다. 지방의 화폐 유통량은 증가하고 도시와 농촌의 화폐적 불균형도 다소나마 개선된다. 이리하여 공장제 수공업의 설립은 농촌의 부유화와 인구 증가에 공헌할 것이다. 자크 튀르고 Jacques Turgot는 말한다. "가난한 지방에 설치된 공장제 수공업은 농촌을 풍요롭게 하고 자원 없는 자들의 생활을 뒷받침하는 데 도움을 줄 것이다." 반대로 "수도에서 먼 지방에서, 공장제 수공업도 없이 보통의 농산물만 생산

---

85 F. Quesnay, "Du commerce"(1766), *François Quesnay et la physiocratie II*, p.846.
86 Ibid., p.847.

하고, 더욱이 수도로 이어지는 수로도 없는 경우 거기에서 유통되는 화폐는 수도에 비하여 놀랍도록 적으며, 비옥한 토지가 군주나 수도에 사는 지주에게 가져올 수입도 놀랍도록 적다".[87] 요컨대 농촌의 공장제 수공업 설립은 농촌에서 도시로의 부와 인구의 일방적인 흐름에 반하여 각 농촌으로 환류를 가져온다고 인식되었다.

18세기 프랑스는 농업적 정주사회의 동요 앞에 직면했다. 농촌에서 도시로의 인구 유입은 그 단적인 현상이었다. 모리스 가르댕Maurice Garden에 따르면 혁명 직전 리옹에는 지역 인구의 1퍼센트에 해당하는 1500명에서 2000명이 매년 유입됐다.[88] 이들 유입 인구는 도중에 걸인이나 부랑자가 되는 경우도 적지 않았으며, 도시에서 범죄와 사회불안으로 이어지는 불안정한 계층을 형성하였다. 농업적 정주인구에서 비어져 나온 비정주인구는 시대를 따라 계속 증가하여 당국은 여기에 걸인과 부랑자 단속령의 강화로 대응했지만, 그러한 방책이 유효할 리 없었다.[89] 혁명 직후인 1789년 7월 말부터 8월 초, 도적떼와 무장한 부랑자가 마을을 돌며 습격한다는 소문이 전 지역에 퍼졌지만, 이 '대공포'는 증대하는 비정주인구에서 비롯된 사회불안의 표현이었다. 18세기 중엽 사회사상의 중심으로 떠오른 인구와 부의 관계라는 문제는 농업적 정주사회의 동요에 관한 경제학적 고찰에서 비롯된 것이었다.

87 A.-R.-J. Turgot, "Sur la géographie politique"(1753), ed. G. Schelle, Œuvres du Turgot, vol.1, Paris: Felix Alcan, 1913, p.437.
88 M. Garden, "L'attraction de Lyon à la fin de l'Ancien Régime", Annales de démographie historique 1970, Paris: Mouton, 1970, p.209.
89 18세기 걸인, 부랑자 단속령의 주된 내용에 대해서는 4장 각주 14번 참조.

5. '프랑스를 아는 것'

사실의 관찰과 통계를 통한 사회 인식이 합리적 통치를 위한 필수 조건임
은 계몽 지식인과 계몽된 관료의 공통된 인식이었으나, 그 방향에서 실질
적 전진을 가져온 것은 1776년부터 시작된 의학적 조사이다. 1776년 4월,
내각은 가축과 사람에게 수년간 계속된 유행병에 대처하기 위해 의학위원
회를 설립하기로 결정하였다.[90] 위원회의 목적은 지방 의사와 통신망을 확
립하여 지방 의사들로부터 유행병의 동향과 시행된 치료법에 대한 정보를
모으는 한편, 그들에게 적절한 치료법을 지시하는 데 있었다. 요컨대 충분
한 의학 정보 없이 고립되어 의료에 종사하는 지방 의사를 전국적으로 조
직화해 역병의 유행을 막는 것이 과제였다. 이를 위하여 위원회의 총서기
펠릭스 비크다지르Félix Vicq-d'Azyr는 두 가지 계열의 질문표를 각지의 의사
에게 보내 정보 제공을 의뢰했다. 첫 번째 계열의 질문은 도시와 농촌의 위
치, 토양, 수질, 강우 기간, 수확 시기, 유행병의 임상적 징후, 검시 결과, 사
용된 약, 요양 체제 등의 항목으로 되어 있다. 두 번째 계열은 역병의 유행
과 깊은 관계가 있다고 여겨진 기온, 기후, 계절에 관한 질문이다. 수백 명
의 의사가 매달 질문표에 따라 보고서를 보냈다. 모든 정보에는 병자 수를
적고, 나아가 세례, 결혼, 매장 수가 기입된 경우도 있었다.[91] 이 조사는 기존
의 분류학적 의학과 구분되는 임상의학이 탄생하는 데 중요한 의미를 지니
며,[92] 동시에 조사의 네트워크를 만드는 데 커다란 역할을 해냈다.

혁명정부에 있어서 정확한 국정 인식은 초미의 긴급한 과제였다. 국고

---

90 A.-R.-J. Turgot, "Arrêt du Conseil instituant une Commission des épidémie et épizootie"(1776),
  Œuvres du Turgot, vol.5, Paris: Felix Alcan, 1923, pp.339~342.
91 J. Meyer, "Une enquête de l'Académie de médecine sur les épidémies(1774~1794)", *Annales ESC*,
  vol.21, no.3, Paris: Armand Colin, 1966, pp.735~737.
92 M. フーコー, 『臨床医学の誕生』, 神谷美恵子 訳, みすず書房, 1969, 2章.

를 전망할 수 있는 재원을 파악하는 문제는 무엇보다도 시급했으며, 혁명 정부는 앙투안 로랑 라부아지에Antoine Laurent Lavoisier에게 '프랑스 왕국의 부'에 대한 추계를 명했다. 구체제하의 비통일적이고 착종된 지방 행정조 직을 개혁하고 의원선거를 실시하기 위하여 행정구역 제도의 확립이 주요 과제였고, 이를 위해 각 지방의 인구와 지지地誌가 필요했다. '구걸근절위원 회'는 공적부조의 비용을 산출하기 위하여 각 지방의 빈곤자 수를 조사하 였다. 인구를 필두로 국정 인식과 통치의 결합이 시도된 것이다. 그러나 어지러운 혁명기에 체계적인 국세조사는 불가능했으며, 그 본격적 개시는 테르미도르 반동 후 내무성의 재건까지 기다려야 했다. 1797년 7월 내무 장관으로 취임한 프랑수아 드 뇌프샤토François de Neufchâteau는 재빨리 각 지방 지사에게 회람을 보내 농상공업, 해운과 교통 등 경제 상황을 보고하게 했다. 특히 1799년 4월 15일 회람은 각 지방의 지형과 농상공업 현황, 주민의 습속이 포함된 포괄적 조사를 요청하는 것이었다.[93]

그런데 '구걸근절위원회'의 보고 중 인구가 지닌 의의에서 중요한 변화가 나타났다. 인구 감소가 논의된 시기에 인구 증가는 국가 번영으로, 인구 감소는 쇠퇴의 징표로 해석되었다. 이에 반하여 자크 네케르Jacques Necker는 『프랑스의 재정행정에 대하여』(1784)에서 인구의 크기가 반드시 국가 번영의 지표라 할 수 없으며, 오히려 인구와 고용의 불균형에서 빈곤이 생기고, 그것이 대국의 숙명임을 시사하였는데, 이 점은 구걸근절위원회 보고를 통해 선명히 제기된다. "일국의 번영을 더 큰 인구에 빌려 표현해 온 모든 정치가가 20년이 넘도록 끊임없이 반복해 온 주장에 반해, 일자리나 풍부한 생산물이 없는 과잉 인구는 국가에 무거운 부담이 된다. …… 인구 증

---

93 M.-N. Bourguet, *Déchiffrer la France, La statistique départementale à l'époque napoléonienne*, Paris: éditions des archives contemporaines, 1988, pp.68~70.

가가 한 나라의 행복을 보증하기 위해서는 그것이 일자리 증가와 보조를 맞춰 나아갈 필요가 있다. 그러나 현재 프랑스는 이러한 균형 상태가 아니다."[94] 포퓰라시오니스트처럼 인구를 부의 제1원인으로 여기든, 반反포퓰라시오니스트처럼 인구가 부에 의해 규정된다고 여기든, 이전에 인구 증가는 나라가 번영하는 바람직한 요소였으나, 이제 고용을 초과하는 과잉 인구가 문제시되어 빈곤과 불행의 원인으로 비춰졌다.

인구 중심의 국세조사를 실행에 옮긴 것은 나폴레옹하에서 내무 장관을 지낸 샤프탈이다. "나는 사실만을 원한다. 이론을 확립하려는 생각 따위는 애초부터 없었다. 프랑스를 아는 것, 이것이 나아가야 할 목적이다."[95] 샤프탈은 최초로 국세조사를 실시하기 위하여 각 지방지사에게 보낸 공화국 9년 제르미날 19일자(1801년 4월 9일) 통지에 이렇게 썼다. 샤프탈에 의한 조사는 합리적 통치에 필요한 지식 획득이 제일 목적이지만, 동시에 그것은 국민교육의 수단이기도 하였다. 프랑스를 아는 것은 조국애를 키우는 것이기도 하기 때문이다. "이토록 아름다운 프랑스, 이토록 풍요롭고 행복한 땅, 이토록 섭리로 넘치는 우리 조국을 아무리 안다 하여도 끝내 다 알 수 없다. 연구할수록 이 나라에 대한 애정은 커질 것이다."[96]

샤프탈은 5장으로 된 전국의 일률적 조사표에 기초하여 각 지방지사에게 보고를 요청하였다. 각 지방의 지세와 기후(1장), 연령과 계층에 따른 인구 분포, 출생 수(2장), 구빈원, 재판과 감옥, 학교, 생활필수품의 가격(3장), 농작물의 종류별 경지면적과 농산물 양 등 농업에 관한 조사(4장), 양모, 제

94 C. Bloch and A. Tuetey, *Procès-verbaux et rapports du Comité de mendicité de la Constituante, 1790-1791*, Paris: Imprimerie nationale, 1911, pp. 311~312.
95 J. A. C. de Chaptal, "Circulaire du ministre de l'Intérieur aux préfets des départements"(1801), Bourguet, *Déchiffrer la France, La statistique départementale à l'époque napoléonienne*, p. 415.
96 Ibid., p. 413.

철, 면화, 베 등 제조업과 제조업별 인구조사(5장) 등 샤프탈은 각 조사 결과를 일람표에 정리하고, 거기에 포함되지 않은 세부 사항에 상세한 주를 부기하도록 요청했다. 국정을 정확히 아는 것이 중요하므로, 세부 사실에 파고들기를 꺼리지 말고 "일람표를 보충하여 그 요소들에 대한 지식을 충분히 갖출 문서를 부기해야 한다".[97]

조사표 2장은 인구를 다루는데, 여기서는 앙시앵레짐기에 통상 행해진 세대수가 아니라, 먼저 성별과 연령별로 개인을 센다. 사회가 개인의 집합체로 인식된 것이다. 다음으로 수입 원천에 따라 개인을 사회적으로 분류한다. 첫 번째 조사 대상은 토지 소유자의 수이다. 샤프탈은 "어떤 자격에 있어서든 토지 소유자 수를 확정 짓는 일이 매우 중요하다"라고 거듭 강조한다.[98] 이 강조가 테르미도르 반동 후 공화국 3년 헌법과 호응되는 점은 명백하다. 부아시 당글레Boissy d'Anglas는 이 헌법을 제안하는 연설에서 다음처럼 말한다. "우리는 가장 우수한 이에 의해 통치되어야 한다. 가장 우수한 이란 무엇보다 교육받고 법 유지에 각별히 관심을 지니는 이다. 그런데 그러한 이들은 아주 적은 예외를 제하면, …… 재산을 소유하므로 그 재산이 존재하는 국가와, 재산을 보호하는 법률, 재산을 유지하는 안녕과 결부된 사람들 사이에서 나올 수밖에 없다."[99]

토지 재산이 없는 자는 연금 소득자, 국가에 고용된 봉급 소득자, '산업적 내지 예술적 노동 말고 생활수단이 없는 자'로 나눌 수 있다. 마지막 항목은 포함 범위가 매우 넓어 산업가나 독립 수공업자 등은 물론 의사와 문학가, 법률가 등도 속한다. 이와 함께 일용직 노동자, 하인과 같은 '노동자'가 독립된 계급으로 설정된다. 그리고 마지막으로 걸인의 수가 수용소에

97 J. A. C. de Chaptal, "Circulaire du ministre de l'Intérieur aux préfets des départements" (1801), p. 449.
98 Ibid., p. 424.
99 河野健二, 『資料フランス革命』, 岩波書店, 1989, 537頁.

수용되어 있는지의 여부로 구별된 뒤에 조사된다. 거칠게 말하자면 이들 조사 항목이 능동 시민과 수동 시민을 구별하여 바람직한 사회상을 반영한 다는 점은 명백하다. 당연한 말이지만 조사 항목은 그 시대의 사회관을 반영하기 때문이다.

구빈원, 감옥, 학교 등을 다루는 3장에서 샤프탈은 "습속, 관습, 시민적 및 종교적 관습"에 관한 정보를 얻으려 했다. 이를 위하여 일람표에서 든 항목 외에도 시민생활에 관한 문서를 첨부할 것이 요청되었다. "모든 생활필수품의 가격, 노동임금을 알면 시민의 부 정도를 알 수 있다. 구빈원의 수용자 수에 대한 정확한 정보로 인해 여러분의 의견은 견고해진다. 나아가 여러분이 교육의 정도를 알고 범죄의 성질과 수, 소송 수 등을 안다면 여러분지역 주민의 도덕과 행복의 정도를 쉽게 알 수 있을 것이다."[100] 주민의 습속에 관한 조사는 앙시앵레짐기에도 기획되었으나, 샤프탈의 조사에서는 그역사적 변화와 원인 규명, 그중에서도 1789년과 1801년을 대비하여 혁명이 가져온 변화를 측정하는 데 주력한 점에 주의해야 한다. "사회의 모든 계급, 도시와 농촌 등에서 일어나는 일을 구별하면서 1789년의 생활양식의정확한 일람표를 작성하는 것이 중요하다. 이 점에 관한 한 세속적·종교적관습, 사적 습속 등 세부까지 아무리 세밀하게 기술한다 해도 결코 지나칠일은 없을 것이다."[101]

혁명이 가져온 변화를 검증하는 일은 이미 뇌프샤토도 관심을 가졌지만, 샤프탈에게는 조사의 주된 목적이었다. "현재 국민 한 사람의 진정한 상태를 확인하는 일이 가장 중요한 시기이다. 인간이 놓인 상황에 관하여 지난 10년간 일어난 큰 변화는, 서둘러 이 두 가지 중요한 시기를 신중히 비

---

100 Chaptal, "Circulaire du ministre de l'Intérieur aux préfets des départements", p.414.
101 Ibid., p.430.

교하여 확인하지 않으면, 이윽고 가장 신중한 눈으로 보아도 놓치고 말 것이다."[102] 이리하여 모든 조사 항목에 대해 1789년과 1801년을 대비할 것이 요구된다. 예를 들어 토지 소유자 수가 혁명 후 얼마나 증감했는지, 사생아 수는 어떻게 증감했는지 등이 설문에 부쳐지고, 공업 또한 1789년과 1801년 사이 생산량과 고용자 수가 비교되었다. 그러나 "혁명은 아마 프랑스의 모든 부분에 영향을 미쳤으나 어디에도 같은 방식으로 영향을 끼치지는 않았다. 혁명은 방데 주와 에스트 주에서, 내륙과 해안부의 여러 주에서 다른 결과를 만들어 냈다."[103] 그러므로 혁명이 만들어 낸 변화의 지역 차를 측정하는 것이 중요했으며, 혁명의 영향에 대해 각 지방 지사는 지방적 차이, 도시와 농촌 차이 등 사실에 기초하여 보고해야 했다. 이렇듯 샤프탈의 조사는 혁명이 가져온 역사적 변화와 지역 차를 시야에 포함하는 것이었다.

샤프탈의 조사는 일람표와 이를 보완하는 세부 기술에 의해 각 지방의 현황을 포괄적으로 파악하는 '백과전서'적 조사이며, 각 지사들은 추론이 아닌 관찰로 얻은 확실한 사실만 보고해야 했다. "나는 회답하지 않는 자보다 일반론이나 불확실한 사실에 기초하여 회답하는 자를 불만스럽게 여긴다. 오류보다 침묵 쪽이 천배는 낫다"라고 샤프탈은 말한다.[104] 이 임무는 지사―대다수가 정부로부터 임명받아 외부에서 온 자―가 홀로 해낼 일이 아니므로 많은 협력자가 필요했다. "여러분은 여러분 지방의 가장 계몽된 사람들, 즉 그 지위 덕에 매사를 가장 잘 보고 조국애 때문에 그 관찰 결과를 알리려는 의욕으로 넘치는 사람들에게 물을 수 있을 것이다."[105] 농업에 관해서는 농촌에 사는 지주, 공업 생산에 관해서는 교육받은 대상인, 인구

---

102 Chaptal, "Circulaire du ministre de l'Intérieur aux préfets des départements", p.448.
103 Ibid., p.423.
104 Ibid., p.415.
105 Ibid., p.416.

와 주민의 건강 상태에 관해서는 의사, 그 땅의 자연과 박물지에 관해서는 중앙학교 교사 등이 바로 그러한 이들이다. 장 클로드 페로Jean-Claude Perrot 에 따르면, 지방지사들의 회답에 기재된 협력자 267명은 주로 광산국 및 토목국 기사, 중앙학교 교사 등 고급 관료(35퍼센트), 지주나 명망가(23퍼센트), 지방 관료(19퍼센트), 의사와 자유 직업자(14퍼센트)이다.[106] 샤프탈의 국세조사는 전국 각지에 산재하는 지식인층을 조직하여 정보 제공자의 네트워크를 편성하는 계기가 되기도 하였다.

모든 지사가 회답한 것이 아니며 샤프탈의 요구대로 보고한 것도 아니었다. 그러나 지사와 그 협력자들은 조사표를 들고 지역을 순회하며 그 지역의 독자성과 지역 내 각 지방의 독자성을 나타내는 사실을 관찰하고 수집하였다. 그들은 해안 지역과 내륙 지역, 평야지대와 산악 지역, 도시와 농촌 등을 전통적으로 구별하면서 지역의 다양성, 주민의 습속 및 관습의 다양성을 기술하였다. 샤프탈의 국세조사는 '지방 통계의 황금시대'로 기록되었다.

6. 통치와 지식

인구는 계몽시대에 본격적으로 등장한 새로운 대상이었다. 그것은 먼저 당시 프랑스의 정치와 사회에 대한 비판을 내포하는 정치적 대상이고, 인구감소론은 그 중요한 계기였다. 그리고 인구가 정치적 대상이 됨에 따라 정치의 공준이 바뀌었다. 장 자크 루소Jean-Jacques Rousseau의 말처럼 국가는 "시민을 만들어 내고 보호하는 데 그치지 않고 생존도 신경을 써야" 하기

---

106 J.-C. Perrot, *L'age d'or de la statistique régionale française(an IV-1804)*, Paris: Société des Etudes Robespierristes, 1977, p.48.

때문이다.[107] '구걸근절위원회'는 생존권을 사회의 기초로 자리 잡게 하여 이 변화를 선명히 제기하였다. "모든 인간은 생존의 권리를 지닌다. 모든 사회의 기본이며 인간의 권리 선언 중 그에 걸맞은 위치를 요구함이 마땅한 이 근본적 진리가, 위원회로 하여금 부랑자를 근절시키도록 만드는 모든 법, 모든 제도의 기초여야 한다."[108] 실제로 의료, 공중위생, 사회보험 등 인구의 유지와 증가에 관련된 장치와 제도를 창출하고 정비하는 일이 근대국가의 중요한 의무가 되었다.

인구는 동시에 과학적 인식 대상이었다. 여기에서도 인구 감소론은 큰 역할을 하였다. 인구는 포퓰라시오니스트가 상정하는 단순 대상이 아닌, 생물적·경제적·문화적 요인 등에 의해 다양하게 중층 결정되는 대상으로 밝혀졌고, 인구 감소론은 그와 같은 인식 대상으로 인구를 등장시켰다. 중농학파는 부와 인구의 관계에 초점을 두어 인구의 운동을 부의 순환과 재생산의 관계로 파악하는 경제학을 탄생시켰다. 다른 한편 정치산술가들은 인간의 생과 사를 집단적 현상으로 고찰하여 거기에 규칙성과 항상성이 존재함을 밝혀 사회의 통계적 인식을 향한 길을 열었다. 모오는 이 고찰이 얼마나 새로운지 잘 알고 있었다. "인류를 구성하는 개인에 대한 검토는 여러 차례 이루어졌으나, 총체로서 인류에 대한 고찰은 거의 이루어지지 않았다."[109] 콩도르세를 필두로 계몽 지식인들에게 이 길은 사회에 관한 과학적 인식의 왕도였다. 통계학은 사실의 관찰과 수학에 기초하여 "사회체를 해부하는 기술"이며,[110] 인구학은 그 교두보를 세우는 것으로서 커다란 기대를 모았다.

---

107 J.-J. ルソー, 『政治経済論』(1755), 阪上孝 訳, 『ルソー全集 5』, 白水社, 1979, 86頁.
108 Bloch and Tuetey, *Procès-verbaux et rapports du Comité de mendicité de la Constituante, 1790-1791*, p.310(河野健二, 『資料フランス革命』, 岩波書店, 1989, 214頁).
109 Moheau, *Recherches et considérations sur la population de la France*, p.63.
110 Donnant, *Théorie élementaire de la statistique*, p.34.

인구조사 그리고 그와 불가분인 사회조사는 지식 생산에서도 새로운 양식을 가져왔다. 인간의 본성과 사회의 본질에 관한 철학자의 이론적 사유와는 별도로 행정관과 의사 및 지방의 지식인층 등의 협동 작업이 인간과 사회에 관한 지식의 중요한 생산양식으로 등장한 것이다. 7월왕정기에 노동자의 상태를 조사한 루이 르네 비예르메Louis René Villermé는 다음과 같이 썼다. "어디를 가든 행정관과 의사, 공장주 그리고 노동자가 나를 열심히 도와주었다. 그들의 조력으로 나는 모든 것을 보고 듣고 알 수 있었다. 그들은 앞다투어 정보를 제공해 주었다."[111] 19세기는 사회문제에 관한 조사를 중심으로 이러한 지식의 생산양식이 전개되었다.

그리고 마지막으로 인구는 통치와 과학의 이음매와 같았다. 앞서 언급했듯 인구에 대한 지식은 합리적 통치의 토대를 이루었다. 한편 그 지식을 생산하기 위해서는 행정의 관여가 불가결했다. 이리하여 인구라는 대상은 이중의 의미에서 지식과 질서의 결합을 만들어 냈다.

인구는 주권과 법에 의한 것과는 다른 사회 인식의 방법적 개념이자, 그로부터 다양한 정치적·이론적 실천이 생성되는 기반이었다. 그것은 주권과 법의 문제로 수렴되는 계몽기의 정치철학과 프랑스혁명의 그늘에 가려지기 쉬웠으나, 근대 국민국가의 성립과 전개를 생각할 때 빠질 수 없는 계기였다.

---

111 L. R. Villermé, *Tableau de l'état physique et moral des ouvriers employés dans les manufactures de coton, de laine et de soie*, (1840), Paris: EDHIS, 1979, vol. 1, p.iv.

2장 · 프랑스혁명과 국민의 창출

> 쇠사슬로 오랜 동안 고통받아 온 국민이 데모크라시를 수립하는 일은,
> 무에서 존재로 향하는 저 경이로운 이행을 위하여 자연이 치른 노력에 필적할 것이다.
> ── 자크 니콜라 비요 바렌(Jacques Nicolas Billaud Varenne),
> 공화국 2년 플로레알 1일의 연설

1. 프랑스혁명과 국민

'자유, 평등, 우애'뿐 아니라 '국민, 법, 왕'이 프랑스혁명 최초의 모토라는
점에서 보듯이 국민은 프랑스혁명을 이끌고 그 정당성을 떠받친 관념이다.
삼부회 소집을 위하여 작성된 많은 진정서에서도 권력은 국민에서 비롯되
며 국민의 이익이야말로 국정의 기초라고 주장한다. 루앙 시의 무역 상인
은 진정서에서 "단합한 국민만이 입법권을 가지며 그 법을 따라서만 통치
된다. …… 모든 조세는 국민의 동의 없이 징수할 수 없다"라고 썼으며, 파
리 시의 제3신분은 진정서에서 "모든 권력은 국민으로부터 나오며 국민의
행복을 위해서만 행사된다"라고 주장한다.[1] 프랑스혁명 직전에 쓰여 혁명
의 기본 노선을 제공한 시에예스는 『제3신분이란 무엇인가』에서 국민은 법
과 정부에 선행하여 모든 것을 만들어 내는 존재이며, 제3신분이야말로 국
민을 정확히 나타낸다고 말한다. 국민을 존재케 하고 번영하게 하는 유용

---

1 河野健二, 『資料フランス革命』, 岩波書店, 1989, 71頁, 79頁.

노동의 담당자들이 제3신분이기 때문이다. 그러므로 "[제3신분의] 대표자는 국민의회 전체를 구성하고 국민의 전권을 잡는 일"[2]이 가능하다. 시에예스의 이러한 주장에 의거하며 제3신분 대표자들은 1789년 6월 17일, 삼부회 명칭을 폐지하고 국민의회라는 이름을 내걸기로 결정한다.

국민이라는 관념이 전개되는 데 한 획을 그은 사건은 혁명 1주년을 기념하여 1790년 거행된 '연맹제'이다. 1789년 7월 말부터 8월 초에 걸쳐 도둑들이 무리 지어 마을을 다니며 습격한다는 소문('대공포')이 퍼지자 각지에서 민병 자위대가 조직되고, 나아가 공동으로 안팎의 적에 맞서기 위한 연맹이 퍼져 나갔다. 이 연맹 참가자들의 대표가 혁명 1주년을 기리기 위해 전국에서 파리로 결집한 것이 전국 연맹제다.[3] 이는 지방에서 수도를 향해 뻗어 간 거대한 혁명의 물결과도 같았다. 30만 명에서 40만 명으로 추산되는 전국 연맹제 참가자들은 그동안 서로 다른 언어와 관습과 지방적 장벽 때문에 쉽게 넘나들지 못했던 방방곡곡의 사람들과 한 목표로 파리를 향해 나아갔으며, 그 도정에서 낯선 이들과 만나 서로 소통하였다. 루이 블랑Louis Blanc은 다음과 같이 쓴다. "국내 1200에 달하던 경계선은 사라지고 산꼭대기도 낮아진 듯했으며, 오랜 세월 주민들을 갈라놓던 하천은 이제 모든 주민을 한데 묶는 움직이는 띠와 같았다."[4] 그것은 혁명이 자신들의 공통된 기원임을 확인하고, 혁명으로 다시 태어난 프랑스 국민의 공통된 정체성을 확립하는 사건이었다. 쥘 미슐레Jules Michelet가 감동적인 필치로 그린 "프랑스가 프랑스와 결혼한" 나날이었다.

전국 연맹제가 통일과 우애가 넘치는 축전이었다고 하여도, 말할 것도

---

2 河野健二, 『資料フランス革命』, 69頁.
3 1790년 7월 14일 정오 파리와 전국 각지에서 연맹제가 동시에 거행되었다. 이 동시성은 모두가 같은 것을 경험함으로써 국민으로서의 정체성을 확립하는 데 중요한 계기가 되었다.
4 F. フュレ · M. オズーフ, 『フランス革命事典』, 全2冊, 河野健二 · 阪上孝 · 富永茂樹 訳, みすず書房, 1995, 1卷 245頁.

없이 영원하지 못할뿐더러 혁명이 끝나는 것도 아니었다. 반대로 그 뒤 갈수록 삼엄한 대립과 힘겨운 투쟁의 나날이 이어졌다. 통일과 우애의 슬로건은 그 과정을 힘겹게 견디며 혁명을 방위하는 가운데 이를 가로막는 적을 발견해 타도하는 투쟁의 슬로건으로 바뀌었다. 이와 함께 '국민'은 아군과 적군을 엄격히 나누는 관념으로 기능하게 되었다. 루이 앙투안 생쥐스트Louis Antoine Saint-Just는 혁명의 공공연한 적만이 아니라 무관심한 자도 벌해야 한다고 말하기에 이르렀다. 그것은 혁명의 고유한 역학이었다.

또 한 가지 중요한 사건으로 1792년 9월 20일 발미 전투를 들 수 있다. 같은 해 4월 20일 오스트리아에 대한 선전포고 이후 프랑스군은 계속 패배하였지만, 이 전투에서 혁명군 사령관 프랑수아 크리스토프 켈레르망 François Christophe Kellermann은 '국민만세'를 외쳤고, 모든 병사가 이에 화답해 노래하며 돌격해 프로이센군을 무찔렀다. 전쟁이 정치의 연장이라면, '국민만세'의 함성은 국민이라는 새로운 정치 원리가 틀림없이 정착되었음을 나타내는 것이었다. 프로이센 측 통신원으로 당시 전장에 있던 괴테는 이때야말로 세계사의 새로운 시대로 길이 남을 날이라고 했다.

국민이라는 말은 원래 '태어남'을 의미했지만, 16세기경부터는 일정한 지역에 살며 공통의 언어와 관습을 가진 사람들의 집단이라는 뜻으로 쓰였다. 1694년판 아카데미 사전은 국민을 "같은 법 안에 살며 같은 언어를 쓰는 같은 국가, 같은 지방의 모든 주민"으로 정의한다. 『백과전서』의 '국민' nation 항목에서도, 국민들은 각각 고유한 성격을 가진다는 몽테스키외의 '국민의 일반적 성격'론을 따라, 국민을 "일정한 경계로 구획된 범위의 토지에 살며, 공통된 정치체에 따른 다수 인민을 나타내기 위해 쓰이는 말"로 정의한다. 이들 정의는 영토국가의 주민 안에 이미 **존재하는** 기반에 따라 국민을 규정하는 것이었다.

한편 다음 장에서 보게 되듯, 18세기 후반 들어 고등법원은 왕권에 대한 저항을 키워 이 저항을 근저로 국민의 관념을 끌어와 쓰는데, 그러면서 국민은 더 적극적인 의미를 띠게 된다. 1755년 11월 고등법원이 제출한 건언서는 스스로를 '국민의 전국회의'[5]라고 부르며, 법은 군주의 지고한 의지의 표현인 동시에 "국민의 자유로운 염원"이라고 말한다.[6] 국민은 군주와 구별되는 '염원'의 주체이며 고등법원이 그 대변자라는 것이다. 이는 "국민은 단체를 형성하지 않고 짐의 신체 속에 있다"라고 말한 루이 14세의 절대왕정 원리에 맞선 노골적 도전이었다. 루이 15세는 고등법원의 이러한 언동에 민감하게 반응했다. 그는 주권이 왕의 신체에만 있음을 잊어도 된다는 듯이 고등법원이 행동한다며 1755년 친림한 자리에서 고등법원 법관을 몹시 꾸짖는다. 고등법원이 국민을 군주와 별도의 단체로 자리매김하려 하지만, "국민의 권리와 이해관계는 짐과 한 몸이며 짐의 수중에만 있다".[7]

물론 고등법원에서 말하는 국민은 결코 주권적 존재가 아니고 평등한 권리를 지닌 개인으로 구성된 존재도 아니다. 이는 신분과 직업 단체 등 사단社團의 계층적 편성에 따라 구성되는 신분적 질서와 특권에 기초한 계층적 질서를 확인하는 데 그칠 뿐이었다. 1776년 튀르고에 의한 동업조합 폐지 기획에 반대하여 파리고등법원 차석 검사 앙투안 루이 세귀에르Antoine-Louis Séguier는 다음과 같이 말한다. "폐하의 신민은 모두 수없이 많은 사단으로 나뉘어 왕국 안에 다양한 신분을 형성했습니다. …… 이들 사단은 커다란 연쇄의 원으로 볼 수 있으며, 그 첫 번째 원이 국왕 폐하, 즉 국민이라는 단체를 구성하는 모든 수장, 최고 행정관인 국왕 폐하 수중에 있습니다."[8]

---

5 J. Flammermont, *Remontrances du Parlement de Paris au XVIIIe siècle*, 3 vols.(1888-1898), Genève: Mégariotis Reprints, 1978, vol.2, p.26.
6 *Ibid.*, vol.2, p.35.
7 *Ibid.*, vol.2, pp.557~558.
8 *Ibid.*, vol.3, pp.345~346.

보다시피 고등법원의 국민상國民像은 너무나 수구적이지만, 국민 관념이 왕권에 대한 저항의 근거로 제기되며 군주와 구별되는 '염원'과 목소리를 지닌다고 정의된 의의를 무시할 수 없다. 피에르 레타트Pierre Rétat에 따르면, 구체제에서 인민peuple이 수동적 존재로서 왕의 행위와 자애의 대상이었다면, 국민nation은 능동적 집합으로서 이해관계와 염원과 성격을 지닌 존재로 등장한다.[9] 고등법원이 왕권에 저항하는 과정에서 끌어 쓴 국민 관념도 그러한 성격을 띠는 것이었다.

크레티앵 기욤 라무아뇽 드 말제르브Chrétien-Guillaume Lamoignon de Malesherbes는 르네 니콜라 드 모푸René-Nicolas de Maupeou의 개혁 당시 제출한 건언서에서, 국민이 권리의 주체라는 한층 급진적인 주장을 편다. 왕권이 정당한 이유는 국민의 자유, 안전, 소유권을 보증하기 때문이며, "국민의 권리야말로 우리가 요구하는 유일한 권리"라고 말제르브는 말한다.[10] 여전히 주권자로서 국민은 등장하지 않았지만, 이 건언서는 국민의 권리 선언이라는 성격을 띠었다.

고등법원의 건언서와 말제르브의 건언서 모두 국민을 기존의 국왕-신하 관계에 기초하여 고찰하지만, 프랑스혁명 가운데 등장한 국민은 기존의 것이 아닌, 이상적 정치체의 조직 원리를 뜻했다. 이는 앙시앵레짐 속에서 화해할 수 없는 대립에 빠져 있던 시민사회와 국가를 결합하여 새로운 통일을 만들어 내기 위한 원리적이고 가치적인 관념이었다.[11] 게다가 이 원리

---

9 P. Rétat, "Roi, peuple(s), nation à la fin de l'Ancien Régime", eds. S. Rémi-Giraud and P. Rétat, *Les mots de la nation*, Lyon: Presse Universitaire de Lyon, 1996, pp.189~198.
10 C.-G. L. de Malesherbes, "Remontrances de 1775", E. Badinter, *Les "Remontrances" de Malesherbes, 1771-1775*, Paris: Flammarion, 1985, pp.151~152.
11 프랑스혁명에 있어 국민의 관념에 대해서는 우선 桑原武夫, 「ナショナリズムの展開」, 桑原武夫 編, 『フランス革命の研究』, 岩波書店, 1959; 西川長夫, 「フランス革命と国民統合」, 『思想』 789号, 岩波書店, 1990; *Actes du colloques, Patriotisme et nationalisme en Europe à l'époque de la Révolution et de Napoléon*, Paris: Societe des Etudes Robespierristes, 1970 등을 참조. 앙시앵레짐 속에서 시민사회와 국가의 대립에 대해서는 F. Furet, *Penser la Révolution française*, Paris:

내지 가치는 신과 같은 초월자에게 받는 것이 아니다. 시에예스가 국민 이전에는 자연법이 있을 뿐이라 말하는데, 이는 국민이 초월자 없이 인간의 본성으로만 구성됨을 뜻하는 것이었다. 마찬가지로 역사 또한 국민을 만들어 내는 원리가 아니다. 혁명가들에게 역사는 과거의 무지와 전제정치의 퇴적물일 뿐,[12] 과거의 오류를 알리는 타산지석으로 삼을 수는 있을지언정 새로운 결합 원리나 목적을 가져오는 것은 아니었다. 또한 시에예스에 따르면 "사회를 진정한 관점에서 자발적인 결합으로, 즉 권리에 있어 평범한 사람들의 자발적 집합으로 생각해야 한다. 이 점에서 역사가 이 가설에 맞는지 여부는 중요하지 않다. 우리는 **있던 일**이 아니라 **있어야 할 일**을 말하고 있기 때문이다".[13]

국민이 왕과 같은 초월자나 과거의 전통을 배제하며 설립되어야 한다는 말은, 국민이 자기 설립적이며 그 설립 원리를 제 안에 갖는다는 뜻이다. 그렇다면 이 원리는 인간과 사회적 결합에 대한 근거를 탐구함으로써 밝힐 수 있다. 또 이 원리에서 나온 지식을 체득하고 실현하는 일관된 제도들을 만들어 내는 국민만이 진정한 질서와 번영을 누릴 수 있다. 과학적 지식은 자유로운 국민이라면 반드시 겸비해야 하는 요소이며, 자유로운 국민이 되기 위해 반드시 필요한 수단이라고 인식된 것이다. 콩도르세와 시에예스를 중심으로 '1789년 협회'가 "국민의 행복을 유지하고 확대하기 위한 기술"인 사회적 기술의 연구와 보급을 그 임무로 삼은 일,[14] 더욱이 콩도르세의 공교육안이 여러 과학을 연구하고 교육하는 핵심기관으로 '국립학술원'

Gallimard, 1978(大律眞作 訳, 『フランス革命を考える』, 岩波書店, 1989)의 2부 1을 참조. 이에 더하여 국민을 '상상된 공동체'로 보는 베네딕트 앤더슨의 정의에서 영향을 받았다.

12 역사는 '사실의 전제(專制)'이며, 그로부터 정치적 전제까지의 거리는 매우 가깝다고 시에예스는 쓴다. E.-J. Sieyès, "Vues sur les moyens d'exécution don't les représentants de la France pourront disposer en 1789"(1789), Œuvres de Sieyès, vol.1, Paris: EDHIS, 1989, pp.27~28.

13 P. Bastide, Sieyès et sa pensée, Paris: Hachette, 1939, p.386.

14 J. B. Challamel ed., Les clubs contre-révolutionnaires(1895), New York: AMS Press, 1974, p.392.

을 설립하도록 제안하고 중대한 위치를 부여한 일 등은 프랑스혁명의 혁명가들이 국민과 지식의 결합에 내건 기대치를 잘 보여 준다. 이리하여 공교육은 국민과 불가분으로 묶인다. 교육을 통해 과학적 지식을 체득함으로써 인민은 무지와 종교적 편견에서 해방되어 자유로운 시민이 된다. 또한 법과 제도는 인민이 그에 맞는 습속을 익힐 때 비로소 실질적으로 유효하게 될 것이다. 인민의 습속을 도야하는 유일한 필수 수단은 공교육이다. 나아가 교육으로 유용한 인재를 찾아내고 육성하고 등용함으로써 일종의 분업 체계인 국민을 더욱 생산적인 존재로 만들 수 있었다.

이리하여 1789년 공교육은 개인의 해방, 국민으로 개인의 통합, 인재 선발과 적절한 배치라는 세 가지 과제, 곧 국민적 통일의 과제를 동시에 실현하는 수단으로 등장한다. 그러나 이 세 과제를 조화롭게 실현하기가 어려움을 쉽게 짐작할 수 있다. 해방된 개인이 에고이즘으로 치달으면 국민적 통일에 위기를 맞을 것이다. 사회에서 필요한 엘리트 육성이 혁명의 목표이던 평등을 훼손해 새로운 귀족정을 만들고, 새로운 지배-복종 관계를 만드는 게 아닌지. 혁명기의 공교육 논쟁은 이와 같은 문제에 초점을 두었다. 프랑스혁명은 이와 같은 문제를 검토하는 동시에 사회질서와 지식의 새로운 결합을 만들려는 장대한 실험이었다. 이는 계몽주의의 꿈을 이어받는 것이었지만, 여론이 끝없는 힘을 획득하고 인민이 주권자가 되는 새로운 조건 속에서의 실험이었다. 종교와 고전어 교육에 치우친 콜레주를 대신할 새로운 학교를 설립하려는 여러 구상은 물론, 다양한 축전과 민중협회의 집회, 공화력과 새로운 도량형 제정, 신문과 연극, 나아가 '씨'Monsieur에서 '시민'citoyen으로 호칭을 변혁하고 지명을 변경하는 등 모든 것이 새로 바뀐 사회에 적합한 지식과 인민의 결합을 산출하는 장으로 인식되었다.

이 실험으로 제도상의 성과가 쏟아져 나온 것은 아니었다. 실제로 중고등교육에 관한 법령은 1793년 9월 15일 만장일치로 제정된 다음 날 폐지되었고, 이공과학교를 제외하면 가장 오래 지속된 중앙학교조차 10년을 넘기지 못하였다. 왕립아카데미를 대신하여 과학을 연구하고 보급하는 핵심기관으로 설립된 '국립학술원'은 나폴레옹 시대에 '정신 정치과학 부문'이 폐지되며 크게 변질되었다. 혁명 후 초기 5년 동안만 공교육에 관한 논의가 이어졌을 뿐, 그 후 5년간 더 진정한 시도가 있었지만 "학교교육의 심각한 저하 이외의 결과를 가져오지 못했다".[15] 이와 같은 제3공화정 초기 교육사가의 혹독한 평가는, 성과의 관점에서 전면적이지는 않더라도 타당하다고 할 만하다. 그러나 이 실험은 국민적 통일과 지식 사이의 이상적 관계에 대한 새로운 표상을 생산한 점에서 큰 힘을 발휘하였다. 프랑스혁명기에 제기된 국민적 통일의 방향을 검토함과 동시에, 그에 따라 실현된 결과보다 애초에 무엇이 추구되었는지 주목하며 그 표상을 검토하는 것이 여기서의 과제라 할 수 있다.

2. 재생

공교육이 사회의 이상과 깊이 연관됨은 오래된 인식이지만, 이 연관은 계몽주의와 함께 첨예한 문제로 등장하였다. 몽테스키외는 『법의 정신』 4편 전체를 교육에 관한 법과 정치체의 원리 관계에 할애했다. 공포를 정치체의 원리로 삼는 전제정에서 교육은 없는 것과 마찬가지이고, 명예를 원리로 삼는 군주정에서는 학교가 아닌 사회 안에서의 교육, 즉 '명예라 불리는 학교'에서 이뤄지는 교육이 중요했다. 그에 비하여 덕을 원리로 삼는 공화정은 교육이 갖는 모든 힘을 필요로 한다. 덕은 곧 조국애와 같으므로 시민이 유덕하기 위해서는 자기 욕구를 억제하고 일반적인 선을 목적으로 삼아

---

15 A. Duruy, *L'instruction publique et la Révolution*, Paris: Hachette, 1879, p.360.

야 한다. 이를 위해서는 평생교육, 전 생애에 걸친 교육이 필요하다. 이러한 필요는 민주정에서 특히 두드러져, 몽테스키외는 민주정을 두고 민주정의 영속적인 교육과 같다고 말한다.[16]

공교육과 국가 제도의 관계는 계몽적 지식인에게 단순히 이론적 문제만은 아니었다. 예수회가 운영하는 콜레주의 교육이 심각하여 실제적으로 개혁할 필요성이 나날이 높아졌기 때문이다. 달랑베르는 『백과전서』에서 콜레주의 교육을 사정없이 비판한다. "젊은이는 콜레주에서 10년을 지내며, …… 사어死語에 대해 극도로 불완전한 지식과, 잊을 것이 뻔한 수사학의 규칙, 철학의 규칙을 익히고 나온다. 대부분 건강만 악화되는 습속의 타락을, 평소라면 신앙심이 없는 이야기를 처음 듣거나 위험한 책을 처음 펼쳐 보는 것만으로 무너져 버릴 만큼 천박한 종교 지식을 익히며 나온다"(『백과전서』의 '콜레주'collège 항목). 달랑베르는 이처럼 종교교육과 라틴어, 형이상학 교육에 치우친 콜레주의 교육을 자연과학, 현대어, 외국어 중심의 세속적이고 과학적인 지식에 대한 교육으로 바꾸자고 주장하였다.

예수회의 추방(1762년)에 따라 콜레주가 붕괴된 바로 그해 『에밀』이 간행되고, 이에 따라 공교육을 개혁하려는 논의가 활발히 진행된다. 하비 시지크Harvey Chisick에 따르면 1715년부터 1759년까지 45년 사이에 교육 관련 서적이 51종 간행된 것에 비하여 1762년 한 해만 15종이 간행됐다. 1760년대 55종, 1770년대 52종, 1780년대 54종 등 교육 관련 도서 발행 종수[17]는 당시 교육에 대한 관심이 얼마나 높았는지 보여 준다.[18] 1760년대 교육개혁

---

16 モンテスキュー, 『ペルシャ人の手紙』(1721), 根岸国孝 訳, 筑摩書房, 1960, 87~105頁.

17 H. Chisick, *The Limits of Reform in the Enlightenment*, Princeton: Princeton University Press, 1981, pp. 42~43.

18 『에밀』을 중심으로 이 시기의 공교육론을 검토한 흥미로운 논고 森田伸子, 『子どもの時代』, 新曜社, 1986을 참조하기 바란다. 이에 더하여 계몽시대로부터 프랑스혁명기의 공교육의 통사로는 松島鈞, 『フランス革命期における公教育制度の成立過程』, 亜紀書房, 1968이 유익하다.

론의 중심에 선 이는 렌 지방의 검사총장으로, 예수회 추방의 발단을 촉발시킨 루이 르네 라샬로테Louis René La Chalotais였다. "현세를 거부하고, 현세를 인식하기는커녕 도피만 골몰하는 자들에게 교육을 맡길 때, 피할 수 없는 최대 폐해는 도덕적이고 정치적인 미덕의 교육을 전혀 못 하는 데 있다. 우리 교육은 고대인처럼 우리 습속을 육성하지 못한다."[19] 라샬로테는 콜레주 교육의 근본적 결함을 다음과 같이 지적하면서 두 가지를 개혁해야 한다고 말한다. 첫째, 교육이 국가 제도 및 법률과 긴밀히 결부되므로 국가의 권능 안에 교육이 속해야 한다. 교육은 공민의 도덕을 가르치고 공민에 걸맞은 습속을 키워야 하기 때문이다. 둘째, 교육은 국가에 유용한 시민을 만들어 내야 하므로 과학적이고 실용적인 지식을 가르쳐야 한다. 이리하여 라샬로테는 세속적이고 합리적인 국민교육을 주장하지만, 노동하는 민중은 대상에서 제외하였다. 인민을 과도하게 교육하면 중요 직업 인구가 적절히 배분되지 못하기 때문이다. 라샬로테는 말한다. "민중마저도 배움을 바라며, 농민이나 직인도 제 아이를 생활비가 적게 드는 작은 도시의 콜레주에 보낸다. 그러나 그들의 아이는 아버지의 직업을 경멸하기만 하는 나쁜 교육을 받고, 수도원에 뛰어들어 성직자 신분에 몸을 던져 사법관이라는 관직을 얻은 뒤 차츰 사회에 해로운 신민이 된다."[20] 교육의 과도한 보급은 농업이나 공업 같은 험한 노동에 종사하는 인구를 감소시켜 프랑스 존립의 기초를 위협한다. 그러므로 인민이 자기 직업에 필요한 지식만을 익히는 것(이는 노동으로 지식을 습득하는 것으로 충분하며 학교교육은 불필요하다)이야말로 사회에 이익을 가져온다고 본 것이다.

　　많은 계몽 지식인이 국가에 유용한 엘리트만 교육받아야 한다고 주장

19　D. Julia, *Les trois couleurs du tableau noir, la Révolution*, Paris: Belin, 1981, p.32.
20　*Ibid.*, p.39.

하였다. 지식을 습득한 민중은 구실을 들며 일하지 않고, 이성적 교육을 받아 신을 두려워하지 않게 돼 거추장스러워질 뿐이라고 볼테르는 말한다. "인민은 지도를 받아야지 교육을 받아야 하는 것은 아니다. 그들은 그럴 만한 가치가 없다. 현자가 4만 명 있다면 그것으로 충분하다."[21] 달랑베르도 민중은 계몽의 노고에 값하지 않는다고 말한다. 인민의 고된 노동이야말로 사회의 기초라고 말하는 계몽주의 지식인의 공통된 인식 때문에, 도리어 인민을 변함없이 노동에 종사시키기 위해 교육에서 배제해야 한다는 결론이 나온 것이다. 그들의 생각에 따르면 인민은 무엇보다 근면하고 순종적인 신민이 되어야 했다.

이에 반해 디드로는 계몽주의 이념에 더욱 충실한 교육 플랜을 제기했다. 디드로는 "국민교육은 국민 문명화"라는 관점에서, 앞으로 실현되어야 할 교육은 내용과 대상 면에서 보편적으로 이성을 꽃피워야 한다고 주장한다.[22] 그에게 교육의 의미는 인간의 '완성 가능성'을 꽃피워 시간과 공간의 제약을 뛰어넘는 보편적 진리에 도달하게 만드는 데 있었다. 계몽철학자들은 코즈모폴리터니즘에 매혹되어 있었다. 『백과전서』의 '입법자'Législateur 항목을 보면 "조국애는 경쟁자들을 결집하는 유일한 대상이다. …… 조국애는 무엇보다 고귀한 용기를 준다. 사람은 사랑하는 대상을 위하여 몸을 희생한다"라고 기술하며 조국애를 칭송한다. 그러나 동시에 "계몽의 빛이 많아지면 [조국을 향한] 열정은 희박해진다"라는 말도 잊지 않는다. 국민은 이성적 개인이 인류로 확대되어 나가는 문명화 과정의 한 통과점이며, 조국애는 인류가 계몽되는 가운데 과도적 정념에 지나지 않는다. 디드로의 생각도 이와 같았다. "영원히 이어지는 인류를 계몽하였다는 편이, 곧 끝나

---

21 桑原武夫, 「ナショナリズムの展開」, 桑原武夫 編, 『フランス革命の研究』, 36頁.
22 D. Diderot, "Plan d'une université pour le gouvernement de Russie"(1775), eds. J. Assézat and M. Tourneux, Œuvres de Diderot, vol. 3, Paris: Garnier Frères, 1876, p. 429.

게 될 하나의 조국을 구하거나 질서지웠다는 편보다 가치 있는 일이 아닌지"[23] 묻는 쪽이 그의 기본 교육관이었다. 디드로는 문명화라는 관점에서 교육의 문호를 모든 아동에게 차별 없이 열어야 한다고 주장한다. "나는 차별이 없어야 한다고 말한다. 왜냐하면 사회의 하층 신분에게 무지를 운명 지우는 일은 부조리함과 동시에 잔혹하기 때문이다."[24] 라샬로테가 기존 신분제적 사회구조를 전제하여 교육을 제한하라고 주장한 데 반해, 디드로는 모든 국민에게 열려 있고 재능에 의해서만 규정되는 교육을 주장했다. 디드로의 교육론은 사회의 능력주의적 편성을 전망하였다고 볼 수 있다.

공교육론이 화제가 된 직접적 계기는 예수회 추방이었으나 더 큰 원인은 프랑스 사회의 현재와 미래에 대해 사람들이 품은 위기감에 있었다. 많은 지식인과 개명적 관료는 사회를 구성하는 신분과 단체가 유기적 유대를 잃은 것을 당시 프랑스의 가장 심각한 병폐라고 보았다.[25] 갈수록 심각해지는 왕권과 고등법원의 대립, 부랑자와 걸인 증대 등 눈에 띄는 병리 현상은 사회적 균열의 발현이라고 인식되었다. 이 병폐를 고치기 위하여 계몽 지식인이 제기한 방책 중 하나는 곧 보게 되듯이 국민적 이익을 한 축으로 국민적 결합을 실현하기 위해 주의회를 설립하는 것이며, 다른 하나는 교육 혁신이었다. "우리 교육은 고대인처럼 우리 습속을 육성하지 못한다"라고 한 라샬로테의 말은 그들의 문제의식을 잘 드러낸다.

공교육과 정치가 불가분의 관계에 있음은 공통된 인식이지만, 이 문제를 천착한 이는 루소였다. 루소는 『사회계약론』에서 여론과 습속이 여타 모든 법의 성부를 결정하므로, 건물로 볼 때 다른 법들이 반구형 천장의 아치

23 桑原武夫,「ナショナリズムの展開」, 36~37頁.
24 Diderot, "Plan d'une université pour le gouvernement de Russie", p.433.
25 A.-R.-J. Turgot, "Sur la municipalité"(1775), ed. G. Schelle, Œuvres du Turgot, vol.4, Paris: Felix Alcan, 1922, p.576.

라면 여론과 습속은 그 천장의 초석을 이룬다고 말한다. 따라서 법을 유지하기 위해서는 여론과 습속에 끊임없이 작용하며 이들을 순수한 상태로 보존해야 한다. 그러나 법이란 습속에 외적 강제를 가할 수 있을 뿐 마음 깊은 곳의 악덕까지 제거할 수는 없다. 악덕의 제거는 교육만이 가능하며, 교육-습속·여론-법은 끊임없는 원을 그린다. 루소는 『폴란드 통치론』에서 공교육을 중요 항목으로 들며 다음과 같이 말한다. "사람들에게 국민적인 힘을 부여하여 성향과 정념과 필연성 면에서 모두 애국자가 되도록 그 견해와 기호를 이끄는 것은 교육이다. 출생과 동시에 조국이 아동의 눈에 들어와야 하며 죽음에 이르기까지 조국 아닌 다른 것이 보여서는 안 된다."[26] 이처럼 루소는 스파르타를 모범 삼아 애국적이고 평등한 교육이되, 악덕의 발생을 막는 '소극적 교육'이 불가결하다고 주장하였다. '시민(국가) 종교'는 성인 시민에 대한 이와 같은 교육의 일환이었다.

그러나 루소가 생각하는 공교육이, 사랑하는 조국(국민적 국가)의 존재를 전제함을 간과해서는 안 된다. 유럽의 현황에 대해 "이미 공교육은 존재하지 않으며 존재할 수도 없을 것이다. 조국이 없는 곳에는 시민도 없기 때문이다. 조국과 시민, 이 두 말은 근대어에서 지워져야 한다".[27] 루소에 따르면, 부패한 국가에 사는 사회인을 공화국의 시민으로 바꿀 수 없다. 그러므로 루소는 '시민'을 육성하는 공교육이 아닌 '인간'을 육성하는 사교육의 지침으로 『에밀』을 쓴 것이었다.

이에 비하여 프랑스혁명의 혁명가들에게 공교육 문제는 혁명의 성패를 가르는 긴급한 과제였다. 부패한 과거를 일소하여 인민을 주권자에 걸맞은 존재로 만드는 방책은 교육밖에 없으며, 여기에 프랑스혁명의 운명이 걸

26 J.-J. ルソー, 『ポーランド統治論』(1771), 永見文雄 訳, 『ルソー全集 5』, 白水社, 1980, 376頁.
27 J.-J. ルソー, 『エミール』(1762), 樋口謹一 訳, 『ルソー全集 6・7』, 白水社, 1980, 6卷 22頁.

려 있다는 것이 그들의 주장이었다. 오노레 가브리엘 리케티 미라보Honoré-Gabriel Riqueti Mirabeau는 돌연사로 인해 의회에서 보고하지 못한 공교육안 초고에 다음과 같이 썼다. "여러분은 사람들의 마음을 여러분의 헌법 수준 까지 속히 끌어올려서 헌법이 사물의 상태와 습속의 상태 사이에 만들어 낸 간극을 메우는 수단을 찾는다. 이 수단은 공교육의 뛰어난 제도를 요청 한다. 이 제도로 인해 여러분이 건설한 것은 불멸하게 된다."[28] 그들에게 공 교육은 단순한 지식의 보급 이상이며, 인간의 근본적 개혁을 위한 것이었 다. 따라서 그들은 이러한 기대를 담아 공교육을 재생régénération의 관념[29]으 로 파악하기를 선호했다.

재생은 혁명가들을 강하게 휘어잡은 관념이었다. 문명인의 도덕적 타 락을 고발하고 이러한 도덕적 재생을 추구하는 목소리는 분명히 이전부터 강했고, '새로운 인간'은 일종의 유토피아로 이야기되었다. 계몽기에 '고귀 한 야만인' 관념이 많은 이들의 입에 오르내린 것도 이러한 예로 볼 수 있 다. 그러나 1789년이 되자 낡고 부패한 인간과 혁명으로 새로이 다시 태어 난 자유로운 인간의 대위법은 현실적인 수사로 부각되었다. 재생은 정신과 도덕에 관여할 뿐만 아니라 신체도 소생시키는 것이었다. "가장 작은 도덕 상의 혁명조차 육체적 변화를 만들어 낸다." 자유로워진 인간은 더 이상 고 개 숙여 굴종하지 않는다. 그의 시선은 정면을 향하며 발걸음은 긍지에 차 있다. "자유로운 나라의 인간은 육체적으로 더 크고 아름답고 정력적이다." 파리시장이 되기 전 제롬 페티옹 드 빌뇌브Jérôme Pétion de Villeneuve는 1789

28 H.-G. R. Mirabeau, "Travail sur l'éducation publique"(1791), B. Baczko, *Une éducation pour la démocratie: Textes et projets de l'époque révolutionnaire*, Paris: Garnier Frères, 1982. p.72.
29 A. Baecque, "L'homme nouveau est arrivé. La 〈régénération〉 du Français en 1789", *Dix-huitième siècle*, no.20, Paris: PUF, 1988, pp.193~208; M. Ozouf, *L'homme régénéré, essais sur la Révolution française*, Paris: Gallimard, 1989.

년 2월 이와 같이 썼다.[30]

바스티유 공격은 새로운 인간의 탄생을 알리는 상징적인 사건으로 인식되었다. 바스티유 공격 직후 카미유 데물랭Camille Desmoulins은 다음과 같이 쓴다. "재생은 달성될 것이다. 지상의 어떤 권력도 이를 막을 수 없다. …… 우리는 불패의 인간이 되었다. 사실 두려움이 많던 나는 이제 전혀 다른 사람이 되었다고 느낀다. 전장에 홀로 남겨져 빈사의 중상을 입고도 일어나 전리품을 간신히 쥔 채 피의 글자로 '스파르타는 승리하였다'라고 쓴 스파르타의 오트리아데스를 모범 삼아, 나도 이처럼 아름다운 대의를 위하여 기꺼이 창에 찔려 죽어 가면서 피의 글자로 '프랑스는 자유다'라고 쓰겠다."[31] 혁명가들은 바스티유 공격이 재생에서 하나의 기원을 여는 시기를 만든다고 공통되게 느꼈을 것이다. 완성 가능성의 개념에 누구보다 충실하며, 이러한 재생을 낭만적으로 말하는 데 누구보다 인색하던 콩도르세도, 혁명이라는 "행운적 사건이 인류의 희망에 미증유의 길을 돌연 열었다. 단 한순간으로, 오늘의 인간과 어제의 인간 사이에 한 세기의 거리를 두었다"라고 쓴다.[32]

다소 문학적인 이들의 재생 관념은 「인간과 시민의 권리 선언」 심의 과정에서 명확히 정치적 의미로 언급되기 시작한다. 7월 27일 국민의회에서 진행된 연설에서 스타니슬라스 드 클레르몽 토네르Stanislas de Clermont-Tonnerre는 그들의 위임자(선거인)가 만장일치하여 '국가의 재생'을 요구하나, 이 요구는 두 가지 주장으로 나뉜다고 말한다. "어떤 이들은 이 재생이 [지금까지 거행된] 단순히 남용된 개혁과 1400년에 걸쳐 존속된 국가 제도

---

30 Baecque, "L'homme nouveau est arrivé", pp. 195~196.
31 Ibid., p. 198.
32 M. J. A. N. de Carit marquis de Condorcet, "Cinquième mémoire", eds. C. Coultel and C. Kinzler, *Cinq mémoires sur l'instruction*, Paris: edilig, 1989, p. 238.

를 통해 이뤄지기를 바란다. …… 다른 이들은 현재 사회체제가 더없이 나쁘다고 보며 새로운 헌법을 요구한다. …… 그들은 이 헌법의 1장이 인간의 모든 권리, 즉 사회 유지를 위하여 설립된 빼앗길 수 없는 모든 권리 선언을 포함해야 한다고 믿는다."[33] 더욱이 그들은 인권선언을 요구하는지 여부야말로 새로운 헌법을 요구하는 자와 기존 국가 제도의 개혁으로 충분하다고 하는 자들을 나눈다고 말한다. 이처럼 재생 관념은 인권선언을 둘러싼 논의 속에서 국가 제도의 근본적 변혁을 의미하는 관념이 되었다.

재생이 기존 제도를 단순히 손보거나 부분적으로 개혁하는 데 그치지 않고 국가와 사회를 전면적으로 변혁하여 그에 맞는 시민을 형성하는 일이라면, 그간 축적된 과거의 거대한 힘을 맞닥뜨릴 수밖에 없다. 이 점에 관하여 인권선언 공포를 반대하던 사람들은 미국인과 프랑스인을 대비하는 수사를 즐겨 사용하였다. "미국인은 인간을 자연의 품 안에 받아들여 그가 본원적 주권을 가진 상태로 등장시킨다." 봉건제도와 그로부터 비롯되는 편견을 모르는 미국인, 평등에 익숙한 미국 사회에서 자유와 권리는 곧바로 확립되지만 프랑스인은 그렇지 않다고 피에르 빅토르 말루에Pierre-Victor Malouet는 말한다.[34] 트로핌 제라르 랄리톨랑달Trophime Gérard Lally-Tollendal은 미국인과 같이 태어난 지 얼마 되지 않은 국민과 "1400년 동안 한 정치체를 스스로 부여하고, 800년간 같은 왕조에 복종하며 이 권력을 소중히 여겨 온 오랜 국민" 사이에 얼마나 큰 차이가 벌어지는지 고려하라고 주장한다.[35] 오세르의 주교도 마찬가지로 "프랑스인은 미합중국 주민처럼 평등과

---

33 *Réimpression de l'Ancien Moniteur*, 32 vols., Paris: Henri Plon, 1858~1863, vol.1, p.214.
34 P.-V. Malouet, "Discours sur la dèclaration des droits de l'homme, 1ᵉʳ août 1789", F. Furet and R. Halévy, *Orateurs de la Révolution française I*, Paris: Gallimard, 1989, p.453.
35 T. G. Lally-Tollendal, "Premier discours sur la déclaration des droits de l'homme, 11 juillet 1789", F. Furet and R. Halévy, *Orateursde la Révolution française I*, Paris: Gallimard, 1989, p.353.

소유권에 대한 오랜 습속이 없다"라고 말한다.[36] 따라서 이들은 프랑스인에게 미국인처럼 인권선언을 부여하고 그들을 일거에 자유롭고 평등한 시민으로 재생시키는 일은 불가능하지 않지만, 매우 어렵고 위험하다고 주장하였다.

그러나 같은 논거가 재생을 오히려 절박한 요구로 만들었다. 과거의 부패한 습속이 거듭될수록 혁명적 상상력이 추동되어 '새로운 인간'을 둘러싼 염원이 커진 것이다. 현실적인 변혁을 주장하는 미라보마저 다음과 같이 말한다. "우리는 오리노코강 기슭에서 벌거벗은 채 사회를 만드는 미개인이 결코 아니다. 우리는 낡은 국민이며, 아마도 현대에는 너무 늙은 국민이다. 우리는 기존 정치체, 기존 왕, 기존 편견이 있다. 이 모든 것을 가능하면 혁명과 잘 조화시켜 급격한 이행에 발맞추어야 한다. …… 그러나 사물의 낡은 질서와 새로운 질서에 간극이 남아 있다면, 우리는 결단코 돛을 올려 나아가야 한다."[37]

그러나 과거의 힘이 거대할 경우, 재생은 혁명적 사건으로 일거에 달성될 수 없다. 그것은 앙시앵레짐이라는 외부의 장애와 부패한 습속이라는 각자 내부의 적을 근절하여 자유롭고 평등한 시민이 그에 걸맞은 새로운 습속을 익힐 때 비로소 가능하다. 재생은 어렵고 기나긴 과정인 것이다. 결국 공교육이야말로 재생을 향한 기나긴 투쟁에서 혁명의 성패를 판가름하는 수단이었다. 장 폴 라보 생테티엔Jean-Paul Rabaut Saint-Etienne은 일찍이 1789년 8월 18일자 연설에서 "인권선언의 원리가 알파벳처럼 학교에서 교육되어야 한다"라고 말한다. "애국적인 교육을 통해서만 우리가 이룬 자유를 더 잘 지키는 건전한 인종이 탄생한다. 그들은 늘 이성으로 무장하여 왕

---

36 *Réimpression de l'Ancien Moniteur*, vol. 1, p. 262.
37 H.-G. R. Mirabeau, "Discours sur la sanction royale aux décrets des 4 et 11 août"(1789), F. Furet and R. Halévy, *Orateurs de la Rèvolution française I*, Paris: Gallimard, 1989, p. 687.

좌 곁에서 정부의 다양한 부분에 이르는 전제정치를 물리칠 수 있다."[38]

혁명가들은 인간의 재생이 혁명의 사명을 가르며, 공교육이야말로 재생에 불가결하다고 입을 모았지만, 이러한 만장일치는 어떠한 인간으로 재생해야 하는지, 재생을 위하여 어떠한 교육이 필요한지 논의하는 과정에서 바로 무너지고 말았다. 어떠한 방향으로 사회적 결합을 새로이 구상할지, 사회적 결합을 위해 개인은 어떠한 존재여야 하는지 대립이 첨예하게 드러난 것이다. 혁명기의 공교육 논쟁은 1792년 12월 20일 국민공회에서 질베르 롬Gilbert Romme의 보고에서 시작되지만, 논쟁의 방점은 바로 이 문제에 있었다. 바꾸어 말하자면 국민적 통일의 이상적 노선을 둘러싼 대립이 이 논쟁을 지배했다.

3. 국민적 통일의 세 계기

재생이라는 관념은 상상력에서 유래하고 상상력에 호소하는 관념이기에 특유의 모호함이 있다. 어떠한 인간으로 다시 태어나야 하는가? 무엇보다 먼저 자유로운 인간이라 답할 것이다. 그러나 자유가 개인을 개인주의나 에고이즘으로 이끈다면 곤란하다. 그러한 자유는 국가를 흩어진 개인의 단순한 집합체로 보고 말아 갓 태어난 국가를 뿌리째 뒤흔들어 버리기 때문이다. 그러므로 모든 이의 자유가 견고한 통일성을 갖출 것, 다시 말해 조국을 향해 모든 이가 결집하는 일이 필요했다. 이처럼 자유에 기초한 국민적 통일이 문제될 때, 국민적 통일의 원리는 어디에서 찾아야 했을까?

많은 혁명가들은 프랑스혁명이 모든 과거를 청산하였기에 백지상태에서 출발할 수 있으며, 그래야 마땅하다고 확신했지만, 그렇다고 무에서 유

---

38 *Réimpression de l'Ancien Moniteur*, vol.1, p.319.

를 만들 수는 없었다. 그들은 기존의 재료를 다르게 파악하고 조합하면서 국민적 통일의 원리를 만들어 내야 했다. 말하자면 혁명가들은 뒤돌아보며 전진해야 했다.

그들이 18세기부터 헤아려 왔던 국민적 통일의 계기는 이해관계, 이성, 의지(일반의지)의 세 가지로 요약할 수 있다.

미라보(아버지)는 『인간의 벗, 혹은 인구론』에서 이해관계가 사람을 움직이는 계기이므로 사회체가 존속되기 위해서는 공통의 이해관계가 지속적으로 존재해야 한다고 말한다. 이 경우 "소유보다 영속적인 이해관계를 상상할 수 없"으므로[39] 사회체의 존속을 위해 소유제도, 그중에서도 토지 소유제도가 확립되고, 그와 가장 관련이 깊은 지주의 이해관계가 표명되는 기관이 반드시 필요하다고 여겼다. 이러한 원칙에 기초하여 미라보는 지방 삼부회 재건을 제창한다. 미라보의 주장은, 잃어버린 제도적 구축물의 재건에 그치고, 재건되어야 할 삼부회의 권한도 조세 부담의 배분에 관여하는 데 그치므로, 근본적 개혁과는 거리가 멀다.[40] 그러나 국가의 기초를 사회의 공통된 이해관계에서 찾아내 그 주체를 지주라고 본 것, 또한 사회 공통의 이해관계가 명확히 표명되도록 제3신분의 삼부회 대의원 수를 제1, 제2신분 대의원 수의 합계와 동등하게 하여 투표를 신분별이 아닌 개인별로 하자는 제안 등이 나온 것은, 1788년부터 1789년에 걸친 전국삼부회 소집 방식과 관련된 논의를 예고한 점에서 흥미롭다.

튀르고의 지시에 기초하여 뒤퐁 드 느무르가 집필한 「행정구역에 관한 각서」는 주의회에 가장 명확한 형태를 부여했다. 프랑스가 곤경에 빠진 원인은 모든 신분과 단체가 "자신의 배타적인 개별 이해관계만 신경 쓰며 자

---

39 V. R. de Mirabeau, *L'ami des hommes, ou traité de la population*(1756), Aalen: Scientia Verlag, 1970, p.19.
40 H. Ripert, *Le marqui de Mirabeau*, Paris: A. Rousseau, 1901, pp.106~108.

기 의무를 충실히 수행하지 않고, 다른 이와의 일에도 나서지 않아"[41] 결합과 유대가 사라져 갔기 때문이다. 이처럼 사회가 해체되는 상황을 극복하기 위해서는 '공통된 이익'을 확립해야 한다. 이때 농업만이 부를 만들어 내므로 농업에 관여하는 지주야말로 공통된 이익의 주체이며, 지주가 중심이 된 주의회를 설립하는 것이 현재 프랑스가 궁지를 타개하는 데 불가결하다. "시민이 국가에 끼치는 현실적 효용과 토지 소유에 따라 토지에 매기는 명확한 위치에 비례해 시민의 등급을 매긴다면, 주의회는 국민을 영구히 각자의 권리 보장과 공익이라는 유일한 목적에 따라 작동시키는 단 하나의 단체가 될 것이다."[42] 그들이 말하는 주의회는 지주 중심의 기관이지만, 이때 지주는 **신분**이 아닌 부의 생산과 관련된 **역할**로 이해된 점이 중요하다. 실제로 「행정구역에 관한 각서」에 따르면, 토지에서 600리브르의 순수입을 얻는 자가 주의회에 대한 투표권을 갖는 '완전 시민', 300리브르의 순수입을 얻는 자는 두 명이 한 표를 갖는 '반시민'이 되듯, 주의회는 토지 수입이라는 보편적 기준에 따라 구성되었다.[43] 이와 같이 농업에서 생기는 토지 수입에 비례해 투표권을 갖는 방식이야말로 국민적 통일을 실현하고 흔들림 없는 국가의 기초를 다지는 방책이라는 주장이었다. 이들이 제안하는 주의회도 주권과 관련된 존재가 아니라, 조세 부담을 중심으로 지방행정 합리화를 위해 모인 국왕 자문기관에 지나지 않았다. 그러나 주의회가 심의를 통해 공공의 이익을 드러내는 기관으로 기능할 것이라 여겨진 것의 의미는 작지 않다. 국민적 통일의 기초가 될 사회의 일반 이익이, '공공의 선'이라는 오랜 유기적 표상에서 벗어나, 경제적 계급의 생산적 활동 및 집단적 검토와 관련된다고 받아들여진 것이다.

---

41 Turgot, "Sur la municipalité", p.576.
42 Ibid., p.619.
43 Ibid., p.586.

또 하나, 지주가 아닌 소유자가 주의회에서 제외된 점이 중요하다. 이는 농업 외의 직업을 비생산적이라고 보는 중농학파의 경제이론에 기초하지만, 동시에 토지가 없는 자는 조국과 필연적 유대를 맺지 않는다는 주장에서 비롯된다. "동산적 부는 재능처럼 달아나기 쉽다. 그리고 불행히도 땅 한 뙈기 없는 자는 마음이든 의견이든 어린 시절의 행복한 선입견을 통해서밖에 조국을 알지 못한다. 필연성이 그들에게 조국을 부여하는 일은 결코 없다. 그들은 강제를 피하고 조세를 피한다."[44] 이는 프랑스혁명기에 피에르 루이 뢰드레Pierre Louis Roederer와 제르맹 가르니에Germain Garnier 사이에서 다시금 문제가 된다.[45]

제2의 계기인 이성 역시 이해관계의 계기와 무관하지 않다. 그것은 사회를 합리적인 기초 위에 재건할 것을 목표로 삼는데, 그를 위해서는 사회의 진정한 이익을 제대로 인식해야 하기 때문이다. 그러나 이 계기에서 특히 중시된 것은 인간의 '완성 가능성'이며, 이것이 바탕이 된 보편주의 이념이었다. 인간에게는 시간과 공간의 제약을 넘은 보편적 진리로 진보하는 가능성이 내재하므로 이 가능성을 꽃피우는 일이야말로 중요하다고 여겨진 것이다. 따라서 이 계기는 조국이나 국민적 통일보다 인류를, 내셔널리즘보다 코즈모폴리터니즘을 향했다. 앞서 디드로에 관해 본 것처럼, 이성의 계기를 중심에 두는 논자에게 '국민'은 이성적 개인이 인류로 확대되어 가는 문명화 과정의 한 통과점이며, 조국애는 인류가 계몽하며 진보하는 과도기적 정념으로 인식되었다. 따라서 보편적 진리로 향하는 진보에 의해 개인과 인류를 직접 잇는 '완성 가능성'의 관념은 국민적 통일에 대해 원리

---

44 Turgot, "Sur la municipalité", p.584.
45 河野健二,「フランス革命と経済思想」(1959),『フランス革命の思想と行動』, 岩波書店, 1995, 335~343 頁; 津田内匠,「フランス革命と産業主義」『経済研究所年報』3号, 成城大学経済研究所, 1990, 22~29 頁.

적으로는 소극적 역할밖에 하지 않는다. 그러나 프랑스혁명이 인류 보편의 비약적 진보로 받아들여지고 국민적 통일이 인민의 계몽에 의존하는 한, 이 관념은 국민적 통일의 전제가 되었다.

이해관계와 이성의 계기가 문명의 진보와 시민사회의 실현을 지향하고 점진적 개량을 목표로 삼은 데 반하여, 이들과 대조적으로 훨씬 강력한 국민적 통일의 계기를 추동한 자는 루소였다. 국민적 통일의 세 번째 계기인 일반의지가 그것이다. 루소는 자기보존(자기애)이 인간의 가장 기본적 조건이라는 인식에서 출발한다. 그러나 자연 상태에서 자기 충족적이던 자기애는 사회 상태로 이행하며 상호 대립하는 개인의 개별적 이해관계로 변질된다. 루소에 따르면, 자연인은 항상적인 사회관계를 일절 맺지 않으므로 서로 대립하는 방식의 개인적 이해관계를 모른다. 개인적 이해관계는 보편적 경쟁이라는 전쟁 상태 속에서 다른 개인적 이해관계와 대립하면서 비로소 성립된다. 대립되는 개인적 이해관계를 만들어 냄과 동시에 그 결과이기도 한 전쟁 상태는 인간이 사회화되는 내재적이고 필연적인 산물이므로, 그 극복을 위해서는 자기애가 개인적 이해관계로 드러나지 못하게 해야 한다. 이것이야말로 사회계약,[46] 즉 각자 자기의 모든 재산과 신체를 공동체에 양도하여 그 결과 생겨나는 공동체의 힘으로 자신을 보호하는 길이었다. 사회계약으로 불평등과 압제를 일소하고 '공동의 자아'인 조국을 확립하여 그 일반의지에 따르는 것이 문제의 유일한 해결책이었다.

한편 루소는 일반의지가 달리 국민적이지 않을 방법이 없다고 주장한

---

46 루소는 『코르시카 헌법 초안』에서 사회계약에 기초한 국민 선서의 양식을 보여 준다. "나는 자기 신체, 재산, 의지 및 힘을 모두 쏟아 나를 코르시카 국민과 연결하고, 그리하여 나 자신 및 나에게 속하는 모든 것은 코르시카 국민의 것이 된다. 나는 코르시카 국민을 위하여 살고, 죽고, 그 모든 법을 지키고, 법에 맞는 일체의 일에 관하여 그 합법적인 위정자와 행정관에게 복종할 것을 맹세한다"(J.-J. ルソー, 『コルシカ憲法草案』(1765), 渥塚忠躬 訳, 『ルソー全集 5』, 白水社, 1980, 341頁). 프랑스혁명 1주년 당시 전국 연맹제에서 진행된 선서는 대부분 이를 답습하고 있다.

다. 루소는 『사회계약론』의 토대가 된 「제네바 초고」에서 다음과 같이 쓴다. "우리는 자신이 속한 특수사회에 비추어 일반사회를 떠올린다. 작은 공화국의 설립만이 우리가 대공화국을 구상하는 길이다. 그러므로 우리는 국민일 때 비로소 진정한 인간이 되기 시작한다. 그로부터, 인류애에 기반을 둔다는 조건으로, 조국을 사랑한다고 변명하고, 전 세계를 사랑한다고 떠들어대면서 어느 누구도 사랑하지 않을 권리를 가지려는 예의 자칭 세계시민(코즈모폴리턴)에 관해 어떻게 생각해야 하는지 알 수 있다."[47]

그러나 그와 같은 조국은 각자가 그와 일체화되고 스스로 조국을 끊임없이 내면화하지 않고는 존속할 수 없다. "그 자체로 하나의 완전하며 고립된 전체를 이루는 각 개인, 이 개인이 생명과 존재를 부여받아 한층 커다란 전체의 일부로 바꿔"지 않으면 안 된다고 루소는 말한다.[48] 각자가 조국을 체현하고, 조국은 이러한 개인 곧 시민에 의해 구성되고 지탱되는 이중의 반사관계가 존재해야 한다. 그러므로 사회계약의 조항은 매우 엄밀하고 엄격히 지켜져야 한다. 루소는 미라보(아버지)에게 보내는 편지에서 가장 엄격한 민주정과 가장 완벽한 홉스주의 사이에서 중간은 없다고 썼다.

명제 '일반의지는 언제나 옳다'라는 루소의 정치이론을 토대로, 그는 이 명제를 두 가지 방법으로 설명하였다. 한편으로 일반의지는 모두의 이익을 위하지만 개인이 전체의 이익 속에서 자기 이익을 찾아내 이를 우선하는 과정 속에서 일반의지를 실현한다. 이 논의에서 개인적 이해관계는 일반의지가 태어나기 위한 전제이다. 다시 말해 일반의지는 개별적 의지가 작동하며 도출된다. 사쿠타 게이이치作田啓一의 말을 빌리면, 이 논의는 "도덕주의를 함의하지만(각자의 의지에서 출발하나 합의로 결정난다) 공리주의로 기

47 J.-J. ルソー, 『ジュネーブ草稿』, 作田啓一 訳, 『ルソー全集 5』, 白水社, 1979, 278頁.
48 J.-J. ルソー, 『社会契約論』, 作田啓一 訳, 『ルソー全集 5』, 白水社, 1979, 147頁.

운다".[49]

그러나 루소는 다른 한편 "하나의 특수의지가 어떤 점에서 일반의지와 일치할 일이 없지는 않지만, 적어도 그 일치가 늘 지속될 수는 없다. 왜냐하면 특수의지는 그 본성상 자신을 우선하고, 일반의지는 평등으로 기울기 때문이다".[50] 이 설명에서 다루는 일반의지의 정당함은 개인의 이해관계와 다른 차원에서 생각해야 한다. 즉 일반의지는 평등이라는 전체의 질서만 지향하기 때문에 선험적으로 맞고, 시민은 자기의 특수의지를 억제하여 일반의지에 따르도록 요청받는다. 게다가 자기우선은 인간 안에 깊이 뿌리내려 "사물의 힘은 늘 평등을 파괴하는 경향이 있"으므로, 특수의지를 억제하려면 사물의 힘을 거스르는 힘이 필요하다. 다시금 사쿠타 게이이치의 말을 빌리면, 이 논의는 "공리주의를 함의하지만(전체가 나아지면 그 일부인 자신도 나아진다) 도덕주의로 기운다".[51]

미덕의 공화국을 설립하려 한 막시밀리앙 로베스피에르Maximilien de Robespierre의 주장을 지탱한 것은 이처럼 해석된 일반의지의 관념이었다. "자유로울 것을 강제한다"라는 로베스피에르의 역설적 명제는 그 표현이다. 이에 더하여 로베스피에르는 스스로가 제안한 루이 미셸 르 펠리티에Louis-Michel le Peletier의 공교육안에 대한 검토에서 공공의 복지만이 목적인 일반의지에 특수의지가 어느 지점까지 양보할지 더 검토해야 할 때라고 말한다.

이들 세 계기는 서로를 지탱하고 때로 대립했으나, 1789년 끝내 일반의지의 계기 편으로 비중이 기울었다. 왜냐하면 문제는 언제나 주권에 있으며, 일반의지를 통해 진정한 정치체를 만들어 내는 일이었기 때문이다. 이

---

49 作田啓一,『ジャン-ジャック・ルソー』, 人文書院, 1980, 95頁.
50 ルソー,『社会契約論』, 131~132頁.
51 作田啓一,『ジャン-ジャック・ルソー』, 95頁.

해관계 및 이성의 계기가 추구한 통치의 합리화는 국민의 일반의지를 확립한다는 전제를 둔 것이다.

다음으로 이들 세 계기의 혁명기 전개상을 검토해 보자.

4. 국민적 이해관계와 대표제

시에예스는 합법적인 정치적 결합을 구상하기 위해 개인의 자유의지까지 거슬러 올라가야 한다고 말한다. 사회의 메커니즘을 이해하기 위해서는 우선 그 구성요소를 검토해야 하며, 나아가 자유의지에 기초한 행위로부터만 복종의 의무가 정당화되기 때문이다. 이처럼 자연 상태를 사는 고립된 개인이 자발적으로 결합하는 것이 정치사회의 최초 단계이며, 이 결합이라는 "사실에 의해서만 그들은 무엇보다 분명하게 국민을 구성한다".[52] 결합이 자유의지에 기초함은, 국민을 구성하는 개인이 평등한 존재이며 공통된 법에 따른다는 말이기도 하다. 이처럼 공통된 법 외부에 있는 특권적 존재는 자발적 결합이라는 원리와 모순되게 여겨져 국민에서 배제된다.[53] "귀족 신분은 그 민사적이고 공적 특권에 의하여 우리 안의 이방인 같은 존재일 뿐이다."[54] 그와 동시에 시에예스가 생각하는 국민은, 정부의 설립과 헌법의 제정 같은 행위 일체에 앞서는 존재이며, 이러한 정치적 행위를 위한 추상적 능력이라 할 존재이다. "국민은 무엇보다 앞서 존재한다. 국민의 의지는 늘 합법적이며 법 그 자체이다. 국민 이전, 그리고 국민 위에는 자연법밖에 존재하지 않는다."[55] 시에예스에게 결합을 향하는 개인의 자유의지는 국민

---

52 E.-J. Sieyès, "Qu-est ce que le Tiers Etat?" (1789), *Œuvres de Sieyès*, vol.1, p.72.

53 공통된 법을 복종하고 유용노동에 종사하며 단체 이해관계를 부정한다는 시에예스의 '국민'에 대한 정의 안에 이미 배제의 논리가 내포되어 있음을 주목하자.

54 Sieyès, "Qu-est ce que le Tiers Etat?", p.9(河野健二, 『資料フランス革命』, 62頁에 발췌 번역 수록).

55 Ibid., pp.75~76.

이 성립되기 위한 기본적 전제였다.

그러나 시에예스가 말하는 국민의 정의가 독자적인 이유는 그보다 국민에 대한 사회학적 정의, 즉 국민을 유용노동으로 입각한 데 있다. 시에예스는 『제3신분이란 무엇인가』 1장에서 국민의 존속은 유용노동, 즉 농업·상업·제조업 등 사적 노동과 공적 직무에 의존한다고 말한다.[56] 따라서 이들 유용노동에 종사하는 제3신분이 국민을 구성하고, 이에 비하여 노동에 종사하지 않는 귀족은 국민과 관련이 전혀 없다고 여겨졌다. 이리하여 국민이라는 단체의 귀속은 유용노동에 종사하는지 여부로 판가름났다. 이는 근대국가의 특징을 현저하게 드러내는 기준이었다. "근대의 국민들은 고대 국민들과 거의 닮지 않았다. 우리 사이에서 중요한 것은 상업·농업·제조업 정도뿐이다. 부를 향한 욕망에 의하여 유럽의 모든 나라는 차츰 거대한 작업장에 되어 갈 뿐이다. 오늘날 정치제도도 전적으로 노동에 기초하는 것으로 되어 가고 있다.[57] 시에예스는 이처럼 국민을 유용노동에 종사하는 사람 전체로 정의하고 그들을 주권적 존재라고 일컬음으로써 국민의 정의를 한층 새로이 했다. 『제3신분이란 무엇인가』는 이와 같은 국민에 대한 정의로 인해 혁명의 이론이 될 수 있었다.

이렇듯 시에예스는 근대 국민의 특질을 노동과 이해관계로 보았는데, 그는 이해관계를 다시금 ① 전체를 묶어 주는 공통적 이해관계, ② 소수 사람들을 묶어 주는 단체적 이해관계, ③ 개인적 이해관계라는 세 종류로 구별하였다. 시에예스는 공통적 이해관계야말로 국민이 존속하는 필수 조건임을 명확히 하는 데 천착했는데, 이는 다음에 논하기로 하고 우선 단체적 이해관계와 개인적 이해관계에 대한 그의 주장을 듣도록 하자.

---

56 Ibid., pp. 2~3(河野健二, 『資料フランス革命』, 61頁).
57 Ibid., p. 13.

단체적 이해관계는 "공동체에 가장 위험한 일이 시도되고, 가장 가공할 적이 형성"[58]되는 모태이다. 단체적 이해관계를 말하며 시에예스가 염두에 둔 것은 특권적 신분단체와 동업조합이다. 구체제에서 악의 주된 근원 중 하나가 특권 단체라는 존재였으므로 단체적 이해관계에 대해 비판의 날이 서는 것은 당연하였다. 이는 시에예스만 비판한 것이 아니었다. 혁명가들은 중간 단체와 특권을 결부해, 그 폐해를 근절하기 위하여 아랄르드법[Décret d'Allarde][59]과 샤플리에법[Loi Le Chapelier][60]에 따라 모든 중간 단체를 금지했다. 그러나 중간 집단은 개인을 사회화하는 장이기도 하였기에, 중간 집단의 폐지는 사회화를 저해하는 요인으로 작동한다. 이는 또한 비대한 국가와 빈약한 시민사회라는, 카를 마르크스[Karl Marx]와 피에르 조제프 프루동[Pierre Joseph Proudhon]이 지적한 프랑스 사회의 중앙집권적 성격을 만든다. 이에 비하여 개인적 이해관계는 개인을 고립시키지만, "그 다양성이 곧 치료약"이 되어 서로 부정하는 가운데 무로 돌아가므로 위험이 적다고 받아들여졌다.

이와 같이 단체적 이해관계가 배제됨으로써, 이해관계의 세계는 개인적 이해관계와 공통적 이해관계로 구성되기에 이른다. 그러나 시에예스는 개인적 이해관계의 추구가 충돌되면서도 공공의 이익이 증진할 것이라고 좀처럼 여기지 않았다. 개인적 이해관계는 서로를 쳐낼 뿐이므로, 국민의 공통적 이해관계는 개인적 이해관계와 별도로 확정되어야 했다. "에고이즘이 모든 이의 마음을 지배한다고 보일 때조차도 국민의회는 개별적 이해관계로부터 격리되어 다수결이 언제나 공공의 선에 합치되는 방식으로 구성되어야 한다."[61] 시에예스는 이해관계를 사회의 기초로 정초하면서도, 국민

58 Sieyès, "Qu-est ce que le Tiers Etat?", p.113.
59 1791년 3월 2일, 헌법제정의회가 채택한 동업조합 폐지법이다. ― 옮긴이
60 1791년 6월 14일, 헌법제정의회가 채택한 노동자 단결 금지법이다. ― 옮긴이
61 Sieyès, "Qu-est ce que le Tiers Etat?", pp.112~113.

의 공통적 이익을 실현할 수 있게 의회를 구성하려는 정치적 문제를 늘 손에서 놓지 않았다.

근대 국민의 특질을 유용노동의 종사 여부로 정의하는 모습에서 몇 가지 결론을 끌어낼 수 있다. 하나는 시민의 범위가 현저히 확대된 결과 시민이 직접 주권을 행사하던 고대의 민주정이 불가능해졌다는 점이다. 고대 공화국이 직접 민주정치를 띤 것은, 좁은 영토와 공공의 일만 전념할 수 있던 부유한 자들만 시민을 구성하였다는 점——역으로 노예가 존재하였다는 점——에 따르지만 오늘날 이러한 조건은 찾아볼 수 없다. 분업의 거대한 발전이 특징인 현대사회에서 사람들은 대부분 '노동하는 기계'[62]에 지나지 않는 존재이며, 이들이 공공의 일에만 전념할 여유나 한가함은 없기 때문이다. 그러나 그들은 노예가 아닌 국민이므로 시민권의 행사와 향유를 금할 수 없다. 유용노동을 국민의 조건으로 삼음으로써 정치에 대한 시민의 직접 참여와는 다른 통치 형태——대의정치 체제——를 필연적으로 창출하게 된 것이다. 고대 공화국에서 발견되며, 루소가 이상화한 미덕, 즉 공동체로 하나 되기는 이러한 조건에서 볼 때 근대 국민에게 적합하지 않으며 유익하지도 않다는 결론이 나온다. 근대국가에서는 상업 그리고 산업의 발전과 함께 유용노동과 경제적 이해관계가 주요 관심사로 떠오르기 때문이다. "사회의 운명을 미덕을 향한 노력과 결부하는 일은 실로 인간을 오해하는 것"이다.[63]

이리하여 근대국가에서 대의제도는 불가피하다고 여겨지는데, 시에예스가 보기에 그것은 영토가 넓고 인구가 많은 나라에서 채용할 수밖에 없는 편의적 수단 이상의 의미를 지녔다. 시에예스는 청년 시절 애덤 스미스

---

62 E.-J. Sieyès, "Dire de l'abbé Sieyès, sur la question du veto royal, à la séance du 7 septembre 1789"(1789), *Œuvres de Sieyès*, vol.2, p.14.

63 Sieyès, "Qu-est ce que le Tiers Etat?", p.112.

Adam Smith와 중농학파의 저서를 많이 읽었는데, 그는 특히 분업이라는 관념에 주목했다. "나는 단순히 같은 직업 내의 분업에 대하여…… 비용도 줄이고 생산성을 높이는 가장 확실한 수단으로 볼 뿐 아니라, 더 나아가…… 사회 상태가 진보하는 진정한 원리로 생각하였다. …… 스스로를 [누군가가] 대표하도록 만드는 일은 시민적 번영의 유일한 원천이다. …… 우리의 필요를 충족할 수단과 능력을 증대하며, 더 많이 향유하고 더 적게 일할 것, 이것이야말로 사회 상태에서 자유가 자연히 성장하는 길이다. 그리고 이러한 자유의 진보는 의당 대표직의 설립에서 비롯된다."[64] 시에예스에 따르면 일반적으로 대표제도는 사회적 분업이 발전하는 필연적 단계이며, 공장 내 분업으로 생산물이 증가하듯, 대표제도로 자유가 증대된다. 대표제도는 자유의 증진이라는 성과를 가져오는 적극적 수단이다.[65] 이 관점에서 인민이 직접 주권을 행사하는 '진정한 민주정'은 '조야한 민주정'에 지나지 않으며, 근대의 대국민에게는 불가할 뿐 아니라 바람직하지도 않다.

대표제도가 사회적 분업의 일환이라면, 정치적 대표도 다른 전문적 직업처럼 하나의 전문화된 직업이 될 터이다. 시에예스는 1789년 10월 다음과 같이 쓴다. "분업은 모든 종류의 생산적 노동처럼 정치적 노동에도 해당된다. 공통된 이익, 사회국가 그 자체의 개선은 통치를 하나의 전문적 직업으로 만들 것을 강하게 요구한다."[66] 나중에 뱅자맹 콩스탕Benjamin Constant

---

64 E.-J. Sieyès, *Emmanuel-Joseph Sieyès, Ecrits politiques*, ed. R. Zapperi, Paris: Editions des archives contemporaines, 1989, p.62.
65 시에예스는 이러한 관점에서 국민 형성의 세 단계를 구별한다. 1단계는 고립된 개인이 결합 의지를 갖는 단계로, '개인적 의지의 움직임'에 의하여 특징지어진다. 2단계는 '공동의 의지의 활동'에 의해 특징지어져 "권력이 전체 안에만 있는" 단계이다. 모두가 직접 결정에 참가하는 '진정한 민주정'은 이 단계의 정체이다. 그러나 영토가 확대되고 인구가 증가하면 이 정체는 불가능해지고, 세 번째 단계, 즉 '대표에 의한 정치' 단계가 시작된다. 이 단계에서 활동하는 것은 개인의 의지도, '현실적인 공동 의지'도 아닌 '대표적인 공동 의지'이다. 시에예스의 이론적 노력은 루소와 마찬가지로 국민체 형성의 기초를 인민의 일반의지에 입각하면서 루소가 부정한 일반의지와 대의제도의 양립을 변증하는 데 쏟아졌다 (Sieyès, "Qu-est ce que le Tiers Etat?", pp.72~75).
66 E.-J. Sieyès, "Observations sur le rapport du Comité de Constitution"(1789), *Œuvres de Sieyès*,

은 "대의제도란 국민이 스스로 할 수 없으며 하려고도 생각지 않는 일을 소수의 개인에게 위임하는 조직"이라고 말한다.[67]

정치가를 전문적 직업이라고 하는 것은, 정치에 임하기 위해 특별한 능력과 조건이 필요하다고 말함과 같다. 그 능력이란 공통적 이해관계를 인식하고 실행하는 데 필요한 지식으로, 시에예스는 이를 '사회적 기술'이라 불렀다. '사회적 기술'이란 사적 노동의 영역이 합리적으로 전개되도록 사회제도를 구축하고 정비하는 기술을 말한다. 사회적 기술을 갖춘 대표자에 의한 통치야말로 자유를 실현하는 최선의 정치체라는 것이 시에예스의 주장이었다.

시에예스는 국민을 유용노동에 따라 정의함으로써 시민권을 갖는 국민의 범위를 일거에 확대함과 동시에 그 권리의 위상을 두 단계로 나누었다. 하나는 "사회의 유지와 발전을 위하여 형성되는 자연적이고 시민적인 권리", 구체적으로는 신체·재산·자유를 보호하는 권리이다. 또 하나는 "그에 따라 사회가 형성되는 정치적 권리"이다. 전자는 국민의 기초를 이루되 '수동적 권리'이며, 후자는 국민을 형성하는 '능동적 권리'라고 시에예스는 말한다.[68] 후에 콩스탕은 전자를 '향유할 자유', 후자를 '집단적 권력에 참가할 자유'라 부르며, 후자가 고대인의 자유였다면, 근대인의 자유는 전자인 '향유할 자유'에서 비롯된다고 말한다.[69]

이에 따라 수동 시민과 능동 시민을 구별할 수 있다. "한 나라의 모든 주민은 수동적 시민의 권리를 누려야 한다. 즉 모두가 그들의 신체·재산·자유

---

vol.2, p.35.

67 B. Constant, "De la liberté des anciens comparée à celle des modernes, Discours prononcé à l' Athénée royal de Paris en 1819", ed. M. Gauchet, *De la liberté chez les modernes*, Paris: Livre de poche, 1980, p.512.

68 E.-J. Sieyès, "Préliminaire de la Constitution Française" (1789), *Œuvres de Sieyès*, vol.2, p.36.

69 Constant, "De la liberté des anciens comparée à celle des modernes", pp.493~515.

를 보호할 권리를 지닌다. 그러나 공적 권력을 형성하는 데 능동적 역할을 발휘할 권리는 모두에게 있지 않다. 모두가 능동 시민은 아닌 것이다."[70] 시에예스는 이는 주식회사의 모든 종업원이 회사의 이익에 관여하지만, 경영에 관여할 수 있는 자는 주주로 국한되는 경우와 같다고 말한다. 여기서 어린아이, 여성, 외국인이 수동 시민으로 간주되는데, 이는 이후 납세액에 따른 구별과 같지는 않다. 그러나 산업이 발전한 결과 노동과 소유에 관한 자유와 권리의 향유가 중요한 위치를 점하고, 국민 대다수가 그저 '노동하는 기계'라는 인식과 결부되면서 근대 국민 가운데 능동 시민의 자격은 더욱 한정되기에 이른다.

이리하여 시에예스의 국민은 자연적·시민적 권리의 자유로운 행사가 본질인 사적 영역(시민사회)과 그 유지가 목적인 공적 영역(공적 제도)이라는 두 층으로 나뉜다. 이 두 층은 사회계층에 따라 말하자면, '노동하는 기계'일 뿐인 대다수 인민과 교육·여가 등을 누리는 계층을 구별하는 것에 대응된다. "대국민은 반드시 두 인민으로 구성된다. 즉 생산자와 생산의 인간적 도구, 지식인과 수동적인 힘밖에 없는 노동자, 교육받은 시민과 교육받을 시간도 수단도 없는 보조자로 나뉜다."[71] 시에예스에 따르면 이 구별은 산업적 사회의 필연적 결과이며, 그 형태는 굳건해질 뿐 결코 소멸되지 않는다. 그러므로 교육을 받고 여가를 누릴 수 있는 시민이 국민적 이익에 기초하여 국민을 지도하고 실현하도록 만드는 제도를 확립하고 정비하는 일이 중요했다. 공적 제도, 곧 공통 이익을 인식하는 이성이 시민사회, 곧 개별적 이해의 영역을 지도하는 것이 시에예스의 국민상이었다.

공적 영역이 이러한 역할을 수행하기 위해서는 앞서 본 사회적 기술과

---

70 Sieyès, "Préliminaire de la Constitution Française", pp.36~37.
71 Sieyès, *Emmanuel-Joseph Sieyès, Ecrits politiques*, p.75.

함께 의회가 국민적 이익을 창출하기에 걸맞은 방식을 추구해야 한다. 이를 위해서는 선거구 의원이 그를 택한 개별의 이해를 대표하는 게 아니라 전체 국민의 이익이라는 관점에서 문제를 심의해야 한다. 의원에 대한 선거인의 명령적 위임[72]은 근절되어야 했다. "의원이 국민의회에 출석하는 것은, 그들에 대한 직접적 위임자가 이미 표명한 희망 사항을 의회에 알리기 위해서가 아니라, 의회가 각 의원에게 제공할 수 있는 모든 지식으로 교화되어, 현재 그들의 견해에 따라 자유로이 심의하고 투표하기 위해서이다."[73] 현실에서는 의원이 선거구에서 선출되지만, 그들은 국민 대표인 한 선거구의 개별적 이해관계를 떠나 국민적 이익의 관점을 가져야 한다. 그것은 분명히 의제擬制이기도 하다. 그러나 "이 의제가 없다면 국민 전체를 대신하여 의지할 권능을 가진 진정한 국민 대표를 한 대법관bailli 관할구 대표 중에서는 찾아낼 수 없을 것이다."[74] 루소처럼 만장일치를 국가 설립의 출발점으로 삼고, 더 나아가 루소가 양립할 수 없다고 여긴 일반의지와 대의제도를 양립시키기 위하여 이 의제는 시에예스에게 반드시 필요했다.

이리하여 시에예스는 유용노동을 국민의 기초로 보고, 의회 중심의 공적 제도와, 그에 따른 위로부터 사회의 합리화를 그 귀결로 보았다. 그리하여 지식은, 사회적 기술技術에서 보게 되듯 기술적 내지 공학적 성격을 띰과 동시에 여유와 지성을 갖춘 지도층의 손에 맡겨진다. 1793년 5월 말의 쿠데타로 인해 지롱드파가 국민공회에서 추방된 뒤 공교육위원회에서 시에

---

72 명령적 위임은 전국삼부회에서 채용된 방식이었다. 전국삼부회의 대의원은 최소 단위인 교구 선거인 집회에서 점차 큰 단위로 선출되는데, 그들의 발언은 선거인회에서 채택된 진정서의 내용을 넘어서지 말아야 했다. 대의원은 그들을 선출한 지역과 단체의 대변자 밖의 자여서는 안 되었다. 루소는 대의제도가 인민의 자유를 배반하지 않기 위해 대표되는 자와 대표하는 자의 투명한 관계를 유지하는 것이 불가결하다고 보고, 의원을 자주 새로 선출하고 명령적 위임 제도가 반드시 있어야 한다고 주장하였다(ルソー, 『ポーランド統治論』, 391~393頁).
73 Sieyès, "Dire de l'abbé Sieyès, sur la question du veto royal, à la séance du 7 septembre 1789", p.18.
74 Sieyès, "Observations sur le rapport du Comité de Constitution", p.27.

예스는 공교육을 초등교육에만 한정한 교육안을 작성한다.[75] "정신, 문학, 과학과 기술의 개척에서 눈부신 진보를 이루고 여기에 수많은 사람들이 전념하는 우리나라의 경우 뛰어난 지식, 학자, 탁월한 재능의 원천이 고갈될 위험은 전혀 없다.[76] 그러므로 중고등교육을 사적 교육에 맡겨도 된다는 것이 그 이유였다. 이 안은 초등교육을 중시하는 것처럼 보인다. 그러나 이것은 고등교육에 적의를 품은 몽테뉴파가 권력을 장악한 상황에서 몽테뉴파에 양보하며 고등교육을 공교육에서 떼어 냄으로써 자력 있는 지도층을 위하여 고등교육을 확보하려는 교육지책이었다.[77] 이와 같이 시에예스의 교육안은 민중에게 부여되는 공교육으로서 초등교육과, 재능과 재력을 갖춘 계층을 위한 중고등교육이라는 두 층으로 나뉜다. 여기에서도 국민의 중층 구조가 관철되었다.

이처럼 시에예스는 국민국가가 두 가지 영역에서 비롯된다고 보았는데, 일반의지의 계기는 그 기층에서 강력하게 작용했다. "국민의 의지는 언제나 합법적이며 법 그 자체와 같다"라는 것이 시에예스의 대전제였다. 그러나 이 전제는 동시에 시에예스가 고심한 구축물을 뒤흔드는 위험이 내포되어 있었다. 국민의 의지가 모든 것에 우선한다면, 그 이름으로 제도적 구축물의 파괴를 막을 방법은 어디에도 없기 때문이다. 시에예스에게 공포정치는 곧 그 위험이 현실화된 것이었다. 테르미도르 반동(1794년 7월) 1년 후, 시에예스는 공화국 3년 헌법 심의에서 의지의 계기를 깨끗이 물린다. "의지밖에 안 하면서 무엇을 의지하는지 안다고 믿는 자에게, 인민에게 재난 있

---

75 다만 이 안을 국민공회에 보고한 자는 조제프 라카날(Joseph Lakanal)이다.
76 E.-J. Sieyès, "Du nouvel établissement public de l'instruction en France"(1793), Œuvres de Sieyès, vol.3, pp.86~87.
77 시에예스의 고심에도 불구하고 이 공교육안은 장 앙리 아상프라츠(Jean Henri Hassenfratz)를 선두로 몽테뉴파의 격렬한 공격을 받고 부결되었다.

으라! 의지는 너무나도 손쉬운 일이다."[78]

5. 공동 이성과 주권

사회와 정치를 이성의 계기에 의거하는 데 이론적으로 힘쓴 이가 콩도르세
이다.[79] 사람들이 결합하여 사회를 형성할 때 인간은 "자기 행동 중 일부를
공동 이성에 복종하는 데 동의한 것"[80]이라고 쓴 젊은 수학자 콩도르세는
「공교육에 대한 제3의 각서」에서 정치는 두 종류만이 존재한다고 말한다.
"자기 이익에 기초하여 겉치레뿐인 편의와 효용으로 사람들을 속이는 음
모가의 정치와, 자연권과 이성에 기초한 철학자의 정치"가 그것이다.[81] 콩
도르세가 확립하고자 한 것은 물론 철학자의 정치다.

　분명히 콩도르세도 이해관계가 인간의 기본적 동기이며 사회를 형성하
는 기초라고 인정한다. 유작이 된 『인간 정신 진보사』에서 콩도르세는 "인
간은 쾌락의 증대 또는 고통의 감소를 기대하며 행동하는 것이 보통"[82]이
라는 공리주의의 입장에 서서 사람들 사이의 빈번하고 영속적인 관계의 성
립과 이해관계의 동일성이 인류 사회의 기원이라 추론하였다. 더욱이 이해
관계는 교환과 분업이 발전하는 계기이며, 사회의 부유화와 개인의 독립을
촉진함으로써 문명을 진보시킨다. 이성과 문명의 진보를 낙관하던 콩도르
세는 이해관계의 조화에 관해서도 마찬가지로 매우 낙관적이었다. 개인의

78　E.-J. Sieyès, "Opinion de Sieyès"(1795), Œuvres de Sieyès, vol.3, p.4.
79　콩도르세에 대해서는 安藤隆穗, 『フランス啓蒙思想の展開』, 名古屋大学出版会, 1989; 河野健二, 「科
　　学者と政治」, 『革命と近代ヨーロッパ』, 岩波書店, 1996이 유익하다.
80　M. J. A. N. de Caritat Marquis de Condorcet, Essai sur l'application de l'analyse à la probabilité
　　des décisions rendues à la pluralité des voix, sur les élections(1785), ed. Olivier de Bermon,
　　Paris: Fayard, 1986, p.102.
81　M. J. A. N. de Caritat Marquis de Condorcet, "Troisième Mémoire", eds. C. Coultel and C. Kinzler,
　　Cinq mémoires sur l'instruction, Paris: edilig, 1989, p.191.
82　コンドルセ, 『人類精神進歩史』, 全2冊, 渡辺誠 訳, 岩波文庫, 1951, 2卷 240頁.

이해관계가 본질적이며 비화해적으로 대립하는 경우는 마치 "사막에 놓인 두 사람이 단 한 사람 몫의 식량밖에 없을 때"와 같은 극한의 상황에 그친다. 대부분 이해관계의 심각한 대립은 세습적인 권리의 설정 및 불평등을 목적으로 하는 제도의 결과이거나, 권리를 오해한 산물인 것이다.[83] "재산에 대한 이익이 충분히 잘 이해된 경우 타인의 소유물을 빼앗는 일은 없다." 또한 매매 과정에서 이해관계가 대립해도 가격이 균형 잡히는 가운데 사회가 분열되는 대립까지 이르지는 않는다.[84] 그러니 특권을 폐지하여 모두에게 평등한 권리를 보증하는 이성적 법률과 사회제도를 확립하여 각자 자기 권리를 충분히 인식하면 이해관계의 대립을 없애기에 충분할 것이다. 이와 같이 이해관계는 기본적 계기이지만, 사회와 정치에서 훨씬 중요한 것은 권리와 이익을 인식하는 이성의 계기이다.

의지의 계기에 대해 말하자면, 콩도르세는 만장일치의 일반의지가 아닌 집단적 토의를 통해 형성되는 '공동 이성'에서 주권의 근거를 본다. 확률론의 연구로 이름을 떨친 수학자답게 법에 따르는 것은 의지에 따르는 일이 아니라 참된 개연성이 가장 높은 의견에 따르는 일이라고 콩도르세는 말한다. "자신이 행사할 수 있는 권능을 적당한 가격으로 타인에게 판 경우를 제외하면, 한 인간이 타인의 의지 행사에 복종한다는 가정은 부조리하다. 그러나 스스로 검토하는 능력 혹은 의지를 갖지 않아 타인의 의견에 따르는 것은 매우 쉬운 일이다. 이 복종의 동기는, 그러한 타인의 의견이 진리와 이성에 합치한다는 확신에 있다. 이리하여 시민은 국민의회의 의지가 아닌, 그 의견에 따른다. 그리고 그들이 의회의 의견에 따르는 것은 의회의 결정이 이성에 합치한다고 믿기 때문이다."[85] 이와 같이 콩도르세는 의지의 계

---

83 コンドルセ, 『人類精神進步史』, 2卷 244~245頁.
84 앞의 책, 2卷 253~254頁.
85 M. J. A. N. de Caritat Marquis de Condorcet, "Examen sur cet question: est-il utile diviser une

기를 받아들이지 않고, 정치를 이성에 의거함과 동시에 집회의 냉정한 심의를 통해 창출되는 '공동 이성'에 커다란 의의를 부여한다. 시에예스와 마찬가지로 콩도르세에게도 대의제는 근대국가가 주권을 행사하는 데 반드시 필요한 제도였는데, 그 근거는 대의제가 '공동 이성'의 실현을 가능하게 만들기 때문이었다. 의회는 집단적인 의지 결정 기관이기보다 공동적인 진리 추구 기관으로 자리매김된 것이다. 루소에게 일반의지가 정치이론의 요석이듯, '공동 이성'은 콩도르세가 말한 정치이론의 요석이었다.

시에예스와 마찬가지로 콩도르세도 근대국가가 주권을 행사하는 길은 대표뿐이라고 보았다. 더욱이 의회가 심의를 통해 공동 이성을 창출하기 위해서는 의원이 선거인의 의지에 구속되는 일 없이 자유롭게 발언하고 채결해야 한다고 여겼다. 콩도르세는 자신을 선택한 엔Aisne 지역의 선거인에 대해 말한다. "인민은 그들의 의견을 주장하기 위해서가 아니라, 나의 의견을 말하게 하려고 나를 [의회에] 보냈다. 인민이 신뢰하는 것은 내 헌신이 아닌 지성이며, 내가 독립된 의견을 표명하는 것은 인민에 대한 내 의무 중 하나이다."[86]

그러나 인민이 주권을 행사할 수단이 대표밖에 없고, 대표가 자유재량권을 지닌다면, 의회는 전제적 권력으로 바뀌지 않을까? 인민의 주권은 단순히 명목에 그치지 않을까? 인민이 진정한 주권자이기 위해서는 인민이 직접 주권을 행사하는 길을 확보해야 하지 않을까? 대의제도와 인민에 의한 주권의 직접적 행사의 관계라는 문제는 1789년 이래 이어졌으나, 그것을 긴급한 현실적 문제로 등장시킨 것은 국왕의 권리 정지를 선언한 '8월 10일 혁명'(1792년)이었다.

---

assemblée nationale en plusieurs chambres?"(1789), Œuvres de Condorcet, vol.9, 1847, pp.334~335, 강조는 인용자.
86 L. Jaume, Le discours jacobin et la démocratie, Paris: Fayard, 1989, p.315.

1792년 봄, 프랑스혁명은 대對오스트리아 개전과 패배, 경제위기 등으로 중대한 위기에 놓였다. 전년도 바렌 도주 사건 이래 인민의 불신이 깊어진 상태에서 루이 16세는 1792년 6월 선서를 거부한 성직자를 추방하는 법령과 파리에 연맹군의 야영 시설을 세우는 두 법령에 거부권을 행사했다. 이것이 왕에 대한 불신을 한층 격화시켜, 파리 지구들은 혁명을 방위하고 왕의 거부권을 무효화하기 위하여 혁명제전을 구실로 전국에서 파리로 연맹군을 소집할 것을 결정하였다. 사태는 7월 25일 프로이센의 군사령관 브라운슈바이크 공Karl Wilhelm Ferdinand, Braunschweig-Wolfenbüttel의 선언으로 결정적인 국면을 맞는다. 왕권을 모독할 경우 파리를 제압하여 전면 파괴하겠다는 이 선언이 파리에 전해지자 각 지구에서 선거권이 없는 수동 시민이 선거인 집회에 밀려들었다. 8월 3일에는 파리시장 페티옹이 파리의 48개 구section 중 47개 구의 이름으로 국왕의 폐위를 요구하는 청원을 제출하였다. 파리의 모콩세유Mauconseil 구는 군주정치를 정한 헌법에 대하여 더 이상 존재하지 않는 것으로 보겠다고 선언한다. 8월 9일 밤부터 열흘에 걸쳐 경종이 울려 퍼졌고, 각 지구에서 파견된 위원이 시청 건물에 모여 10일 새벽 봉기를 위한 코뮌을 결성한다. 시위대는 국왕이 있는 튈르리 궁을 습격하였고, 의회는 민중의 압력에 밀려 왕권 정지를 선언한다. 이 일련의 움직임은 혁명군에 대해 명확한 태도를 보이지 않고 우유부단하던 입법의회에 대한 인민의 직접 행동이자, 인민에 의한 주권의 직접적 행사와 대의제도의 대립을 드러낸 사건이었다.

콩도르세는 이 청원을 검토하기 위해 세워진 특별위원회를 대표하여, 민중의 직접 행동에 대하여 '주권의 행사에 관한 지시'(8월 9일)로 응하였다. 전제군주가 모든 프랑스인에게 죽음을 선고하고, 혁명에 대한 음모와 배신이 이어지는 상황에서 "파리 시민이 자신들의 안녕을 스스로에게만 기대하고, 인민의 양도할 수 없는 주권 행사에서 최후의 수단을 찾은 것은 놀라운 일이 아니다".[87] 그러나 문제는 "인민의 양도할 수 없는 주권"이 어떠한 방식으로 행사되어야 하는가에 있다. 또한 무엇보다 중요한 것은 격분과 정념에 치달은 인민에게 이 문제를 '이성의 언어'로 말하는 일이다.

콩도르세는 시에예스를 따라 권력을 '헌법을 제정하는 권력'과 '헌법으로 제정된 권력'으로 나누어 전자, 즉 현행 헌법을 제정하는 권력이야말로 인민의 양도할 수 없는 주권이며, 인민은 이 권리를 어떠한 유보 없이 행사할 수 있다고 생각하였다.[88] 그러나 이 주권은 인민 전체에 속하므로 행사 시 그에 맞는 절차가 필요하다. 국민 전체가 법으로 정해진 형식(현행법은 국민의 일반의지를 표명하므로)에 따라 소집된 집회에서 출석자의 다수결[89]에 따른 의결이 필요하다. 국민 일부가 의견이나 희망을 표명할 수 있지만, 국민의 어떠한 부분도 스스로의 의지를 국민의 의지라고 선언할 수는 없다. 그런 일이 벌어진다면 국민의 통일성은 파괴되고 말 것이다. 대의제가 확립된 경우 일반적으로 국민의 의지를 표명하는 것은 의회의 권한이다. 그러나 인민이 대부분 헌법의 개폐 의지를 밝히고 심지어 의회가 이를 듣지 않는 경우는 어찌할 것인가? 가장 좋은 것은 인민이 헌법에 관하여 청원하는 권리와 절차를 정한 법률을 정비하는 일일 것이다. "이 법률은 필시 평화와 인민의 권리를 지키는 데 유익할 것이다. 이 법률로 인민은 간단한 형식에 따라 모든 면에서 완전히 자유로워지고 주권을 신속히 행사할 수단을

---

87 M. J. A. N. de Caritat Marquis de Condorcet, "Instruction sur l'exercice du droit de souveraineté" (1792), *Œuvres de Condorcet*, vol. 10, p. 533.

88 Ibid., p. 535.

89 콩도르세에게 다수의 의견은 그 의견이 참인 개연성을 더 많이 찾아낼 수 있으므로, 다수결은 사항을 결정할 때 반드시 필요한 방식이었다. 그러나 투표 방식에 따라서는 투표 결과가 다수자의 선택에 합치되지 않을 수 있다. '보르다의 역설'(Borda's paradox)로 알려진 문제이다. 21인의 선거인이 A, B, C 세 후보자 중 한 사람을 투표로 고르는 경우를 상정해 보자. 21인 중 8인이 A〉B〉C 혹은 A〉C〉B의 순서로 선택하고, 7인이 C〉B〉A, 6인이 B〉C〉A의 순서로 선택해 투표하였다고 하면, A가 가장 부적합하다고 생각하는 선거인이 13인이 있음에도 A는 8표를 얻어 당선될 것이다. 이러한 결과를 막기 위해서는 선택지를 이자택일로 만들 필요가 있다고 콩도르세는 말한다(R. Rashed, *Condorcet, Mathématique et société*, Paris: Hermann, 1982, pp. 183~195).

언제든 보증받을 수 있게 될 것이다."[90]

이러한 법을 갖추지 못한 상황에서 격분하며 봉기한 인민에게 '이성의 언어'로 말하라는 콩도르세의 견해는 전체를 보지 못한 것이다. '주권의 행사에 관한 지시'는 파리의 각 구가 "법을 존중하고 그 의견과 소원을 표명하는 데 만족하여, 국민의 의지가 왕국의 모든 부분에서 정해진 하나의 양식에 따라 동시에 표명될 때"[91]까지 기다리도록 권고하며 끝난다.

이 권고는 때를 놓친 데다 격분한 민중 앞에 너무나 무력했고 아무 효과도 내지 못했다. 그러나 콩도르세는 새로운 헌법 초안에서 인민이 '양도할 수 없는 주권'을 반란 없이 행사하는 방법을 찾기 위하여 거듭 노력하였다. 헌법 초안의 제안 연설(1793년 2월)에서 콩도르세는 법의 복종과 인민의 주권 행사를 동시에 보증하는 것이 이 헌법의 요점이라 말한다.[92] 실제로 이 헌법은 그에 앞선 '인간의 자연적·시민적·정치적 권리의 선언안'에서 "국민은 늘 헌법을 재검토하여 수정·변경할 권리를 가진다"라고 강조하며,[93] 헌법 초안 8편에서 의원에 대한 행동의 감시 및 현행 법률 개폐에 관한 시민의 권한을 보증하였다. 이는 구체적으로 다음과 같다. 한 시민이 자기 의견에 찬성하는 50인의 서명을 모으면, 1차 집회에서 법률의 재검토를 요구할 수 있다. 1차 집회에서 과반수가 승인하면 지방의 선거인 집회를 소집한다. 그중 과반수가 승인하면 이 요구는 국민의회에 제출된다. 의회가 요구를 부결할 경우 전국의 1차 집회의 토의에 부치는데, 그중 다수가 같은 요구를 재제출할 경우 국민의회는 해산한다.[94]

---

90 Condorcet, "Instruction sur l'exercice du droit de souveraineté", p.539.
91 Ibid., p.539.
92 M. J. A. N. de Caritat Marquis de Condorcet, "Plan de constitution, présenté à la convention nationale"(1793), Œuvres de Condorcet, vol.12, p.335.
93 Ibid., p.422.
94 Ibid., pp.469~476.

콩도르세의 헌법 초안은, 의원 선출의 장으로 인식되던 1차 집회를 인민의 토의로 주권을 행사하는 기본적 단위로 자리매김하여, 주권을 시민과 국민대표(의원)의 부단한 대화로 본 것이 특질이다. 국민대표는 법과 행정상의 법령을 작성함으로써 주권을 행사하는 한편, 시민은 1차 집회에서 법의 개폐를 심의하고 결정함으로써 주권을 행사한다. 이러한 방법으로 콩도르세는 대의제와 인민에 의한 주권의 직접적 행사를 대립 없이 상호보완하는 관계로 만들고자 하였다. 따라서 이를 위하여 무엇보다 다양한 의견의 진술과 심의를 통해 공동 이성을 창출할 이성적 토의가 필요하였다. "우리는 사람들이 우리와 같이 생각하기를 바라지 않는다. 우리의 바람은 사람들이 자기 생각에 따라 생각하기를 배우는 것이다."[95] 콩도르세에게 1차 집회는 "사람들이 자기 생각에 따라 생각하기를 배우는" 장, 이성적이고 자율적인 시민을 키우는 장이었다.

이처럼 주권은 분할할 수 없는 초월적 실체임을 그치고, 국민대표와 시민과의 이성적인 심의 과정으로 자리매김하였다. 콩도르세는 주권의 기초를 이성에 두고, 이성을 진리로 향하는 운동이라고 보는 결론에 도달했다. 이는 인민과 초월적 실체로서 주권의 직접적 합치를 추구하며 데모크라시의 실현을 정치의 투명성에서 보았던 몽테뉴파와 갈리는 지점이다. 콩도르세는 이성적 시민을 육성하는 공교육제도, 국민대표와 시민 간 대화의 회로를 보증하는 제도에서 데모크라시의 가능성을 본 것이다.

콩도르세의 헌법 초안은 실로 민주적이었으나 당시 상황에서는 너무나 이념적이고 복잡하여 몽테뉴파의 심한 공격을 받는다. 생쥐스트는 콩도르세의 헌법 초안에 대하여 일반의지를 지적인 관계에서 비롯된다고 보아 일

---

95 M. J. A. N. de Caritat Marquis de Condorcet, "Journal d'instruction sociale"(1793), *Œuvres de Condorcet*, vol. 12, p. 613.

반의지가 단순히 사변적인 것으로 환원된다고 비판하였다. 1793년 2월 헌법 초안 보고에서 4개월쯤 후, 콩도르세는 몽테뉴파의 추적을 받아 어쩔 수 없이 잠행한다. '이성의 언어'는 혁명의 급진화 속에서 너무나 무력했다. 콩도르세의 패배는, 의지에 의한 국민적 통일의 논의에 대하여 이성의 계기에 의한 국민적 통일 논의가 패배한 결과이기도 하였다.

콩도르세는 근대 국민에게 대의제도가 불가결할 뿐 아니라 유익하다고 생각하였다. 그렇다고 시에예스처럼 정치를 분업의 논리로 파악하여 그것이 전문화된 직업이라고 보지는 않았다. "법률 작성이나 행정 업무, 재판 직무 등이 각 직업에서 고유한 학습을 통하여 양성된 자에게 할당되는 특수 직업이 되는 날은 이미 진정 자유로운 사회가 아니다. 그때는 국민 사이에서 재능이나 지식의 귀족제는 아니더라도 일종의 직업 귀족제가 형성된다."[96] 영국은 이러한 귀족제 지배 형식을 띠므로 진정한 자유국이라고 할 수 없다. 이에 비하여 가장 자유로운 사회란 보통교육만 받은 사람들도 공무를 대부분 수행할 수 있는 사회이며, 콩도르세는 그것이 프랑스혁명이 지향할 바라고 주장하였다.

6. 미덕의 공화국

마르크스는 『유대인 문제에 관하여』에서 프랑스혁명을 정치적 국가에서 시민사회를 해방하는 정치적 해방이라고 보았다. 「인간과 시민의 권리 선언」은 이기적 개인의 권리를 승인한 데 진정한 뜻이 있고, 시민사회는 이기적 개인으로 해소[환원——옮긴이]된다. 이에 따라 이기적 개인의 상상의 공

---

96 M. J. A. N. de Caritat Marquis de Condorcet, "Premier Mémoire", *Cinq mémoires sur l'instruction*, p.51.

동체로서 정치적 국가가 성립된다. 시민사회의 물질주의와 국가의 관념주의는 동전의 앞뒷면과 같아서, 인간은 시민사회의 성원이라는 이기적 존재와 국가의 성원이라는 공동적 존재로 분열된다. 젊은 시절 마르크스는 프랑스혁명에 대해 인간의 이러한 분열에 근본 모순이 있다고 총괄했다.

이러한 분열은 이해관계와 미덕의 대립으로 나타나며, 그 문제를 첨예하게 밀고나가 미덕으로 강행 돌파하려 한 이들이 로베스피에르 중심의 몽테뉴파이다. 로베스피에르는 콩도르세의 헌법 초안 중 소유권에 관한 항목에 대해 끝없는 에고이즘을 용인하고 칭송한다며 비난한다. 인권선언이든 91년 헌법선언이든 소유권에 대해서는 어떠한 도덕적 원리도 포함하지 않았다. 지롱드파도 같은 오류를 범하였다. "여러분은 소유권 행사에 자유를 최대한 보증하기 위한 조항을 늘렸으나, 그 합법성을 규정하기 위해 어떤 언급도 하지 않았다. 여러분의 선언은 인간을 위해서가 아니라 부자를 위해, 독점자를 위해, 투기꾼을 위해, 폭군을 위해 작성된 것 같다."[97] 로베스피에르는 도덕적 원리에서 볼 때 소유권이란 자연권이 아닌 사회적 권리에 지나지 않으며, 생존권만이 자연적이고 근본적인 권리라고 주장한다. 또한 그로부터 사회의 다른 구성원의 생존에 대해 의무를 중시하는 논리가 도출된다.

비요 바렌은 이러한 관점에서 시민과 개인을 대립시킨다. "시민은 사회적 의무감에 따라 모든 것을 공공의 이해관계와 연결해 제 나라의 번영을 공고히 할 것을 자기 행복과 영광으로 삼는 사람들이다. 이에 반하여 개인은 독립된 사람들, 혹은 역으로 공공의 선을 위해 일하기보다 자신의 개별적 이해관계를 계산하는 데 능통한 사람들이다."[98] 앞서 "일반의지는 언

97 M. Robespierre, "Sur la nouvelle déclaration des droits"(1793), Œuvres de Robespierre, vol.9, Paris: PUF, 1958, p.461.
98 Archives Parlementaires de 1787 à 1860, première série(1787~1799), Paris: CNRS, 1867~1985,

제나 옳다"라고 말한 루소의 명제 두 가지 해석을 보았는데, 몽테뉴파는 개인이 자신을 우선한 결과 일반이익이 생겨난다는 논리를 부정하며, 오로지 '공공의 선'을 향한 헌신을 요구했다. 이리하여 문제는 개인적 권리에서 시민의 사회적 의무로, 의무에 헌신하는 미덕으로 바뀐다. 로베스피에르에게 정치와 도덕은 한 몸이며, 덕이 정치의 기준이 된다. "공화국에는 이미 부패한 자와 유덕한 자라는 두 당파밖에 없다. 인간을 재산과 신분이 아닌 성격에 따라 구별하라."[99]

이처럼 미덕이야말로 참된 사회적 결합의 유일한 유대라고 봄으로써 자코뱅파는 대의제도에 관해 고유한 주장을 이끌어 내었다. 혁명 초기 로베스피에르는 루소를 따라 대의제가 자유를 침해한다고 주장하였다. "인민이 권한을 직접 행사하지 않고 자신이 아닌 대표를 통하여 의지를 표명하는 곳이라면, 대표자 단체가 순수히 인민과 한 몸이 되지 않는 한 자유는 소멸한다."[100] 특히 의원이 인민으로부터 독립하여 의견을 말하고 결의하는 경우가 문제다. "우리가 처한 모든 재난의 원천은 의원들이 국민과 논의하지 않고 인민에게 받아 누리는 절대적 독립에 있다. 그들은 국민의 주권을 인정하였으나 일소했다. 의원들의 맹세만 보아도 인민의 대리인일 뿐이던 그들이 주권자, 즉 전제군주가 되었다."[101] 그러므로 인민은 늘 대표자를 감시해야 하는데, 인민이 그러한 자격을 갖는 것은 그가 유덕하기 때문이다. 지롱드파와의 대결이 최종 국면으로 치닫던 1793년 5월 10일, 로베스피에르는 다음과 같이 말한다. "우선 이론의 여지가 없는 다음의 격률을 확립하

vol.67, pp.220~246. 강조는 인용자.

99 M. Robespierre, "Pour des mesures de salut public, 8 mai 1793"(1793), Œuvres de Robespierre, vol.9, p.488.

100 M. Robespierre, "Sur la rééligbilité des membres du corps legislatif"(1791), Œuvres de Robespierre, vol.7, Paris: PUF, 1956, p.404.

101 M. Robespierre, "Le défenseur de la Constitution"(1792), Œuvres de Robespierre, vol.4, Paris: Félix Alcan, 1939, p.328.

라. 곧 인민은 선하며 인민의 대표는 부패해 있다는 것, 악덕과 정부의 전제 專制에 대한 예방은 미덕과 인민 주권에서 찾아야 한다는 것이다."[102]

이처럼 로베스피에르에게 인민 주권은 인민의 도덕적인 주권, 즉 미덕의 전면적 지배와 같지만, 현실 사회에서 "미덕은 지상에서 늘 소수파이다."[103] 하지만 소수파인 미덕이 다수파인 악덕에 따라야 한다는 의미는 결코 아니다. 반대로 유덕한 소수파는 인민이 달성해야 할 미덕을 체현하므로 인민과 특권적인 연결지점을 지니며, 그 때문에 인민을 대표할 수 있다. 이미 수가 많고 적음은 문제가 아니기에 선거에 의한 대표도 문제가 될 수 없다. "통상적인 정부에서 선거권은 인민에게 속한다. 예외적인 정부에서는 모든 추진력이 중심에서 발휘된다."[104] 투표수에 의한 대표 대신 미덕에 의한 대표를 두는 것이 곧 대표제도의 재생이며, 그러한 대표는 인민이 결집하는 중심으로서 적극 옹호해야 한다. 지롱드파를 추방한 후의 국민공회에 대하여 로베스피에르는 다음과 같이 말한다. "인민은 국민공회의 순수한 부분을 지켜야 한다. …… 하나의 결집점이 필요하며, 이러저러한 약점을 들어 모든 국민대표를 닥치는 대로 중상모략해서는 안 된다는 점을 알아야 한다."[105] 유덕한 대표자, 그 결집체인 '국민공회의 순수한 부분'이 인민의 이상을 체현하고 인도하는 **도덕적 전위**라고 인식된 것이다.

미덕을 사회적 결합의 유일한 유대로 삼음으로써 인간의 '재생', 바렌의 말처럼 '개인'에서 '시민'으로의 변혁이 혁명의 성패를 판가름하는 과제가 된다. 덕은 분명히 인민 안에 있지만, 부패된 사회 안에 잠들었거나 부정되고 있다. 그러므로 이처럼 인민에 내재하는 덕, "구차한 구실에 기대지 않고

---

102 M. Robespierre, "Sur la Constitution, 10 mai 1793"(1793), *Œuvres de Robespierre*, vol.9, p.498.

103 *Archives Parlementaires de 1787 à 1860*, première série(1787~1799), vol.56, p.22.

104 *Réimpression de l'Ancien Moniteur*, vol.18, p.591.

105 M. Robespierre, "Sur la nomination de Beaucharnais au ministère de la Guerre, 14 juin 1793" (1793), *Œuvres de Robespierre*, vol.9, p.559.

한순간에 선을 행하고 악을 피하도록 이끄는 본능"[106]에 눈떠야 한다. 그러 므로 이를 위해서는 '머리'가 아닌 '가슴'에 와닿아야 한다. 이러한 뜻을 담 아서 생쥐스트는 콩도르세의 헌법 초안이 일반의지를 지적인 방법으로만 파악한다고 비판한 것이다. 그러나 이 '본능'은 기나긴 왕정과 혁명 후 부 패한 통치자 때문에 부정되어 왔기에 손쉽게 소생될 수 없다. "타락한 인민 의 습속은 부드러움이 아닌 엄격한 제도로써 재생"될 수 있는 것이다.[107] 혁 명정부의 지도 아래 수행되는 강력한 인위적 방책이 인간의 재생에 반드시 필요하다고 여겨졌다. 이리하여 루이 미셸 르 펠리티에는 모든 아동이 공 화국 시민의 '원재료'이며, 5세에서 12세 사이에 '공화국의 거푸집'인 '국민 기숙사'에서, 부패된 외부의 영향에서 일절 격리된 채 철저히 평등주의 교 육을 받아야 한다고 말한다. 생쥐스트 역시 '조국은 애정의 공동체'라고 보 고 부모와 자녀 사이의 애정에서 우정까지도 규제하는 제도를 구상하기에 이른다. 로베스피에르가 거행한 최고 존재의 축전(1794년 6월 8일)은 미덕 의 본능을 갖춘 새로운 인간을 창출하기 위한 최후의 절망적 시도였다.

7. 공교육 논쟁

국민적 통일의 계기를 어디에서 구하든 국민적 통일은 재생한 인간에 의한 것이므로 이를 창출하는 공교육 문제는 혁명가들의 최대 관심사 중 하나였 다. 그 교육은 어떠해야 하는가? 현재 인민은 성직자나 마을 장로들에 의한 그릇된 교육 때문에 미신과 편견에 깊이 오염되어 있다. 그러므로 무엇보

---

106 J.-F. Ducos, "Sur l'instruction publique et spécialement sur les écoles primaires, 18 dec. 1792",
ed. J. Guillaume, *Procès verbaux du Comité d'instruction publique de la Convention I*, Paris:
Imprimerie nationale, 1891, p.191.
107 Ibid., p.191.

다 과거 잘못된 교육의 결과를 일소해야 한다. "모든 것을 재건하기 위해서는 모든 것을 파괴해야 한다."[108] 공교육은 투쟁의 장인 것이다. 콩도르세는 수학과 자연과학을 공교육의 중심에 두도록 주장한다. 이러한 지식이 실제 효용에만 그치지 않고 분석적이며 비판적인 정신을 키워 종교적인 편견과 미신을 넘어서는 가장 강력한 무기가 되기 때문이다. 그러나 과학적 지식을 가르치기만 해서는 충분치 않다. 여기에 더하여 미신과 편견이 유포되지 않게 해야 한다. 이리하여 종교교육과 성직자에 의한 교육은 금지되고, 공동체와 가정에서 이루어지는 교육이 불신의 대상이 된다. 콩도르세는 가정교육이 자연권에 속하므로 가정이 훈육을 맡아야 한다고 말하였다.[109] 그러나 이는 가정교육을 꼭 적극적으로 평가한 것은 아니었다. 오히려 가정교육이란 국가가 훈육을 독점하며 야기할 위험을 방지하는 수단이며, 가정교육으로 인한 그릇된 지식은 학교교육으로 쉽게 교정할 수 있다는 판단이 있었다. 공동체와 가정에서 행하는 교육에 대한 불신은 르 펠리티에에게서 절정에 이른다. 공동체와 가정에서의 교육은 아동의 마음에 끊임없이 불평등과 편견을 심어 주므로 바깥과 격리된 '국민 기숙사'에서 조국애와 평등을 철저히 가르쳐야 한다는 것이다. 아동은 태어나기 전부터 공화국에 속한다는 것이 이 주장의 전제였다.

더욱이 인간이 교육에 의해 재생되는 이상, 모든 인간은 전 생애에 걸쳐 교육받아야 했다. 학교에서 아동을 아무리 훌륭하게 교육한다 해도 사회와 가정에서 그르친다면 효과를 발휘할 수 없다. 혁명가들은 공화국에서 아버지의 교육, 스승의 교육, 사회의 교육이 모순 없이 일관되어야 한다는 몽테스키외의 명제를 이어받았다. 그러므로 교육은 아이뿐 아니라 어른에게도

---

108 Mirabeau, "Travail sur l'éducation publique", p.71.
109 Condorcet, "Premier Mémoire", pp.56~58.

필요했다. 이리하여 혁명기에 제출된 온갖 공교육안은 성인교육을 위한 장치의 제안으로 이어진다. 시민을 위한 휴일 공개강좌, 클럽과 민중협회에서 벌어지는 토론, 다양한 축전 등이 공교육 체계에 포함되었다. 아동은 물론이요, 성인에게도 혁명이라는 대의를 위해 행동하는 시민을 양성하기 위한 도덕교육이 중시되었다. 아동교육이 미래의 시민을 키운다면, 성인교육은 지금, 여기에서 혁명을 수호해야 하기 때문이다. 그리고 이러한 도덕교육은 정념에 작용해 그것을 사로잡는 것이어야 했다. 미라보는 에티엔 콩디야크 Étienne Condillac의 감각론 철학에 의거해, 인간은 추론보다 인상에 따르므로 축전처럼 장대한 스펙터클로 강한 인상을 주어 그들의 "상상력을 사로잡아야" 한다고 말한다. "여러분의 제도는 냉정한 지혜, 정의, 진리의 문장紋章을 지닌다. 그러나 인간을 모든 감각에 걸쳐 사로잡는 것, 인간을 열중케 하여 몰두하게 만드는 것이 여전히 빠져 있다. …… 인간을 납득시키기보다 감동시키고, 그들을 다스리는 법의 우수함을 설명하기보다 생생한 감정으로 법을 사랑하게 만드는 것이 중요하다.[110] 그리고 여기에서 혁명기 공교육 논쟁의 중심 논점인 지적 공교육instruction publique[이하 지육——옮긴이]과 훈육적 국민교육éducation nationale[이하 훈육——옮긴이]의 관계를 둘러싼 논쟁이 나온다.

지육을 확립하려 심혈을 기울인 이가 콩도르세다. 그는 공교육위원회의 위원으로 1791년 공교육에 관한 다섯 가지 각서를 쓰고, 이를 바탕으로 이듬해 4월 20일 공교육안을 의회에 제출한다. 그의 안은 불행히도 그날 오스트리아 개전으로 보류되지만 훗날 공교육 논쟁의 기조가 되었다. 콩도르세안은 지육이 중심이되, 지적 엘리트의 육성보다 이성적인 판단 능력을 지닌 시민을 육성하기 위한 것이었다. 시민은 법을 지키고 조국을 사랑해

---

110 Mirabeau, "Travail sur l'éducation publique", p.71.

야 하지만, 그러한 조국애는 가르쳐서 될 일이 아니라 조국을 알고 법과 권리를 알면서 생겨나는 것이었다. 시민이 자기 의무를 다하려면 이성적이어야 하므로 이성에 작용하고 이를 육성하는 교육이어야 한다.

콩도르세에게 이성이란 '신의 말씀'처럼 최종 확정된 초월적 존재가 아니라, 인간이 진리에 접근해 가는 과정, 즉 **운동**이었다. 말하자면 이성은 이미 확정된 명제가 아니라 진리를 인식하기 위하여 나아가는 비판적이고 방법적인 정신 능력이었다. 따라서 현재 아무리 진실로 여겨지는 명제라 해도, 이에 대해 비판할 수 없는 도그마가 되어서는 안 된다. "교육의 목적은 완전한 법을 만들어 사람들로 하여금 칭송하게 만드는 것이 아니라, 그들이 법을 평가하고 수정할 수 있게 하는 데 있다."[111] 이와 같이 콩도르세는 공교육에서 종교교육을 필두로 한 이데올로기의 교화를 배제하고, 대신 수학과 자연과학을 앞세웠다. 실제로 자연과학의 지식이 유용할 뿐 아니라 "지적인 능력을 발전시켜 바르게 추론하고 관념을 제대로 분석하도록 가르치는 가장 확실한 수단"[112]이기 때문이다.

콩도르세는 그와 같은 이유로 정념에 호소해 열광하게 하는 교육을 멀리하였다. 미라보는 이제 막 태어난 국가에 인민을 결집시키는 것이 가장 중요하다는 관점에서 말한다. "인간은…… 엄밀한 원리보다 강한 인상을 주는 이미지, 장대한 스펙터클, 깊은 감정에 따라 움직인다." 그러므로 "인간에게 진리를 보이는 것으로 충분하지 않다. 진리에 열중시켜야 한다. 상상력을 사로잡지 않으면 당장 필요한 일에도 그를 유익하게 만들 수 없을 것이다. 그를 납득시키는 일보다 감정을 촉발하는 일이 중요하다".[113] 정념

---

111 Condorcet, "Premier Mémoire", p.68.
112 M. J. A. N. de Caritat Marquis de Condorcet, "Rapport sur l'organisation générale de l'instruction publique"(1792), B. Baczko, *Une éducation pour la démocratie*, p.191.
113 Mirabeau, "Travail sur l'éducation publique", pp.96~97.

에 호소하고 상상력을 장악하는 교육은, 이후 조국을 칭송하는 대규모 축전과 외부 사회로부터 아이를 격리하여 오로지 평등과 조국애를 체득시키는 스파르타식 모델 학교에 대한 구상으로 이어진다.

이처럼 콩도르세는 국가 이데올로기 교육에 전적으로 반대하였다. "열광은 진리에 따를 경우 유익하지만, 오류에 따를 경우 유해하다. 열광은 일단 빠져들면 진리에 대해서와 마찬가지로 오류에도 일조한다. 그러므로 그것은 실상 오류에만 일조한다. 왜냐하면 진리는 열광 없이도 그 자신의 힘만으로 승리하기 때문이다."[114] 콩도르세에 따르면 교육이 기대야 할 유일한 권위는 비판적이고 방법적인 능력이라는 의미에서 이성이어야 했다.

공교육은 모든 개인에게 "필요품을 얻고 행복을 확보하며 권리를 인식하고 행사하며 마침내 의무를 이해하게 만드는 수단"을 제공하기 때문에 보편적이고 평등하며 무상이어야 한다.[115] 그러나 이는 결코 결과의 평등을 뜻하지 않는다. 자연이 준 지적이고 육체적인 능력의 불평등을 없앨 수는 없기 때문이다. 이러한 불평등이 "다른 이를 복종케 하거나 지배자를 만드는 게 아니라 가장 약한 자에게 원조하게 만드는 것이라면, 그것은 악하지도 부정하지도 않다".[116] 그보다는 평등 때문에 재능을 억압하거나 널리 계몽하지 못하게 하는 쪽이 유해하다. 그러므로 우월자의 배제가 아니라 의존의 폐지, 저변층의 지적 수준을 향상시키는 것이 중요하다. 읽고 쓰고 세금을 계산하거나 법률을 알기 위해 타인에게 의존해야 하는 이들은 "필연적으로 인격적인 종속, 시민적 권리의 행사를 무화하거나 위태롭게 만드는 종속에 이른다". 지식의 결여로 사람은 종속 상태에 빠진다. 이에 반해 "사

---

114 Condorcet, "Rapport sur l'organisation générale de l'instruction publique", p.249.

115 Ibid., p.181.

116 Condorcet, "Premier Mémoire", p.39.

칙연산을 아는 이는 어떤 일상생활에서도 뉴턴에게 종속되지 않는다".[117] 큰 불평등은 종속을 만들지 않는 반면 작은 불평등이 종속을 만들어 내는 것이다. 그러므로 타자에 대한 지배-종속 상태의 인간을 해방시키기 위해서는 뛰어난 재능을 억압할 필요 없이, 일정한 질과 양의 지식을 습득케 하는 것으로 충분하다. 애덤 스미스가 전반적 부에서 불평등의 해결은 아니어도 그 완화를 찾아냈듯, 콩도르세는 공교육에 의한 지식의 전반적 보급으로 지배-종속 관계의 해소, 즉 자유의 조건을 찾아낸 것이다.

콩도르세가 구상한 공교육이 자기 이성에 따라 판단하는 이성적 시민의 육성이므로 그 교육 내용이 종교와 도그마로부터 자유로워야 했듯, 조직 역시 가능하면 권력에서 독립해야 했다. "어떤 성질이든, 누구 수중에 있든, 어떤 방법으로 부여되었든, 권력은 모든 계몽의 적"[118]이기 때문이다. 독립을 확보하기 위하여 콩도르세는 행정 권력에서 독립된 '국립학술원'에 과학 연구와 교육 감독을 맡기고, 사립학교를 설립하여 국가에 의한 교육의 독점을 배제하자고 제안하였다. 이데올로기 장치의 자율성과 다양화에서 자유의 조건을 찾은 것이다. 이중에서도 '국립학술원'을 둘러싼 그의 제안은 공교육에 관한 논의 안에 앙시앵레짐기의 특권적이고 폐쇄적인 아카데미를 재건하여 일부 계층에 의한 지식의 독점을 도모한다며 격렬하게 비판 받았다.

의회에서 공교육에 대한 논의의 불을 지핀 질베르 롬 보고(1792년 12월 20일)는 콩도르세안에서 많은 부분이 비롯된 가운데, 지육과 훈육을 대조하되 둘의 결합을 주장하는 것이었다. 질베르 롬Gilbert Romme에 따르면 "훈육 없는 지육은 재능 있는 자들에게 오만과 부와 자만을 부여"할 뿐이며,

---

117 Condorcet, "Rapport sur l'organisation générale de l'instruction publique", p.250.
118 Condorcet, "Cinquième Mémoire", p.227.

"지육 없는 훈육은 버릇을 길러 온갖 편견으로 이끌 뿐이다".[119] 그러므로 우수한 공교육은 어느 한쪽이 모자라도 안 되며 둘이 반드시 결합되어야 했다. 다음 날 연단에 오른 라보 생테티엔은 이 구별을 인정하고, 더 나아가 훈육이 우선되어야 한다고 주장한다. 지육은 뛰어난 지성을 키워 사회를 밝히지만, 훈육은 국민을 키워 사회를 튼튼하고 안정되게 만들기 때문이다. 더욱이 계몽이라는 이상에 기초한 지육은 미래 세대에 성과가 나타나지만, 현 세대의 습속을 일거에 개선하고 머리와 가슴이 동시에 혁명을 일으키는 것이야말로 당장 우리에게 필요하기 때문이다. 그를 위하여 "감각, 기억, 추론, 인간이 지닌 모든 능력, 이성의 마술을 불러일으키는 열광을 통하여 모든 이가 같은 인상을 받는" 훈육이 우선되어야 한다.[120] 공통된 인상을 심어 공통된 습속을 창출하는 일, 이것이 훈육을 앞세우는 이들의 슬로건이었다. 또한 공통된 인상을 위해서는 그것이 지속적이어야 하므로, 모든 이는 탄생부터 죽음까지 교육받아야 한다. 훈육의 원리는 "인간의 마음을 요람부터, 아니 태어나기 전부터 장악하는 데 있다".[121] 국민의 훈육은 아이 때만이 아니라 인간의 일생을 통틀어 이루어지는 제도이므로, 장치 역시 이러한 목표와 대상에 걸맞아야 한다. "지육은 리세lycée, 콜레주collège, 서적, 계산 도구, 안내서가 필요하며, 벽 안에 격리되어 이루어진다. 훈육은 원형경기장, 무기, 공개 협의, 국민 축전, 나이를 불문한 남녀의 우정 및 협력과 사회의 거대하고 즐거운 스펙터클이 필요하다."[122] 라보 생테티엔은 구체적 시설로 각 지방과 농촌의 인민들이 한데 모여 축전과 체육을 행하는

---

119 G. Romme, "Rapport sur l'instruction publique, considérée dans son ensemble"(1792), B. Baczko, Une éducation pour la démocratie, p.172.

120 J.-P. Rabaut Saint-Etienne, "Projet d'éducation nationale"(1792), B. Baczko, Une éducation pour la démocratie: Textes et projets de l'époque révolutionnaire, Paris: Garnier Frères, 1982, p.297.

121 Ibid., p.298.

122 Ibid., p.297.

'국민의 신전'을 설립하자고 제창한다.

롬의 보고가 심의되던 당시 정치적으로 가장 뜨거운 쟁점은 국왕 재판이었다. 국왕을 대신하여 새로운 통합의 중심을 세우고 인민을 결집하는 것이 당대의 긴급 과제로 떠오른 것인데, 이는 갓 태어난 공화국을 와해시키지 않도록 인민들에게 새로운 통합을 위한 이데올로기 장치를 침투시켜야 했기 때문이다. 그러므로 무엇보다 서둘러야 했다. 물론 혁명가들은 새로운 사회에 걸맞은 습속을 육성하려면 오랜 시간이 필요함을 알고 있었다. 미라보는 다음과 같이 말한다. "경험 많은 농민은 꽃이며 과실을 스스로 만들어 내려 하지 않는다. 그는 그것들을 만들어 낼 종자를 대지에 맡긴다. 그는 꽃과 과실이 영글 나무를 심고 키우며 계절과 자연의 규칙적 운행의 영향을 기다린다. …… 여러분이 당장 새로운 인종을 출현시키고, 일국민의 헌법을 일신했듯 일국민 전체의 습관을 재생시킬 상세한 수단을 그려 내는 일은 불가능하다. 그러므로 여러분이 할 일은, 인간의 완성 가능성이 약속하는 좋은 결과를 가져올 종자를 묵묵히 뿌리는 일이다."[123] 그러나 안팎의 절박한 위기 때문에 그러한 '기다림'은 불가능했다. 롬의 보고보다 먼저 거행된 프랑수아 랑테나스François Lanthenas의 초등교육안을 둘러싼 논의를 끊을 기세로 장 폴 마라Jean Paul Marat는 다음과 같이 외친다. "이 주제[공교육]에 대해 여기서 활발히 외친 연설이 아무리 훌륭하다 한들 더 긴급한 문제에 자리를 내주어야 한다. 여러분은 굶어 죽어 가는 병사들에게 과실을 주려 나무나 심으며 시간을 때우는 장군과 같다."[124] 그들은 당장 조국애로 가득한 행동하는 시민을 창출해야 했다.[125] 이러한 조건들로 인해 논의의 방점

---

123 Mirabeau, "Travail sur l'éducation publique", p.81.
124 *Réimpression de l'Ancien Moniteur*, vol.14, pp.783~784.
125 이러한 시급성은 '서두름'의 필요는 혁명의 급진화 속에서 혁명이 모든 일을 앞당긴다는 논의와 이어진다. 베르트랑 바레르(Bertrand Barère)는 말한다. "혁명도 그 원리를 갖는다. 그것은 자기 필요에 의해 모든 것을 앞당긴다. 혁명이 인간 정신에 대해 갖는 관계는 아프리카의 태양이 땅의 식물에 대해 갖

은 지육에서 훈육으로, 검토하는 이성에서 조국애로 무장된 행동으로 옮겨 가기에 충분했다. 콩도르세의 '이성의 언어'는 점점 설 자리를 잃었다.

인간의 전 생애를 통틀어 훈육한다는 주장은 두 가지 제안으로 이어졌다. 첫 번째는 르 펠리티에의 안으로, 그는 편견으로 오염된 외부 사회로부터 격리된 채 평등주의를 엄격히 교육하는 스파르타적 학교가 공화국의 모태라고 보았다. 공화국 시민의 '원재료'인 아동은 모두 다섯 살에서 열두 살까지 '국민 기숙사'에 들어가 평등과 조국애를 학습하는 도덕을 비롯해 체육과 읽기, 쓰기, 계산 등 철저히 평등한 교육을 받는다. 체육을 중시하고 시간표에 따라 엄밀히 운영되는 집단생활 속에서 신체를 배려하고, 의복과 식사를 같이하는 철저한 평등주의, 아이에게 끊임없이 쏟아지는 시선의 효과를 중시하는 것이 르 펠리티에의 안의 특징이다. 르 펠리티에의 학교는 무엇보다도 아동을 규율화하기 위해 격리하는 공간이었다. 이와 대조를 이루는 것이 가브리엘 부키에Gabriel Bouquier의 안이다. 부키에 안은 일견 학교를 설립할 자유를 널리 인정한 점에서 자유주의적으로 보이지만, 그 본질은 교육의 장을 학교에서 사회로 전면 옮기는 데 있었다. "자유를 획득한 인민에게 필요한 것은 활력 있고 늠름하며 근면한 인간, 자기 권리와 의무를 잘 아는 인간뿐이다." 그렇다면 교육의 중심은 학교가 아니다. "젊은이가 진정 공화주의적으로 교육받는 가장 아름답고 유익하며 간단한 학교, 그것은 지역이나 교구, 도시와 마을의 집회, 그중에서도 민중협회의 집회이다."[126]

브로니슬라브 바치코Bronislaw Baczko의 말처럼 르 펠리티에의 안이 학

는 관계와 같다"(B. Barère Vieuzac, "Rapport sur l'éducation révolutionnaire et républicaine"(1792), B. Baczko, *Une éducation pour la démocratie: Textes et projets de l'époque révolutionnaire*, Paris: Garnier Frères, 1982, p.441).

126 G. Bouquier, "Rapport sur le plan général d'instruction publique"(1793), B. Baczko, *Une éducation pour la démocratie*, pp.418~419.

교=사회인 유토피아라면 부키에 안은 사회=학교인 유토피아이지만,[127] 둘 모두 학교와 사회를 하나라고 본 점에서 공통된다. 학교=사회 유토피아든 사회=학교 유토피아든, 훈육은 모두 도덕적으로 일치될 것을 지향하였다. 훈육이 강조되며 인민 사이에 차이가 발생할 일은 배제되었으며, 이로 인해 지육은 의혹의 눈초리를 받게 된다. 지육이 사람들에게 능력의 자연적 불평등을 확대해 타인과 다른 의견을 갖게 하고, 이를 긍지로 여기는 에고이즘을 조장함으로써 만장일치를 무너뜨린다는 것이다. 부키에는 말한다. "자유로운 국민에게 사변적인 학자들의 카스트는 필요 없다. 단순히 사변적인 과학은 개인을 사회에서 떼어 내고 공화국을 끝내 허물어 파괴하는 독약이 된다."[128] 그중에서도 기존 콜레주와 닮은 고등교육기관을 세우는 일은 특히 위험하다. 그것은 "사변적인 에고이스트들이 사회에서 자신을 거침없이 떼어 내 태생과 부에 의한 자의적 권력만큼 유해한, 교육에 의한 귀족 지배를 부추기는 학자의 새로운 소굴을 만드는" 일이기 때문이다.[129]

이리하여 훈육이 공교육의 중심에 서게 되지만, 르 펠리티에가 말한 국민 기숙사 설립은 재정만 보더라도 불가능했다. 따라서 훈육의 장은 한편으로 사회가, 다른 한편으로 조국애를 육성하는 교과서의 배포를 통해 이루어졌다. 전자의 경우, 시장이 인솔하여 아동에게 노동자의 작업 현장을 견학시키거나, 민중집회에 나가 아버지들의 논의를 듣게 하는 식이다. 예를 들어 콩피에뉴의 자코뱅 클럽 홀에 아동을 정렬시키고 대표가 공화국 훈령을 낭독하면 모두가 인권선언을 제창하는 광경이 펼쳐졌다.[130] 다양한 제전이 훈육을 위한 장이었음은 말할 것도 없다.

---

127 B. Baczko, *Une éducation pour la démocratie*, pp. 32~33.
128 Bouquier, "Rapport sur le plan général d'instruction publique", p. 422.
129 Ibid., p. 422.
130 Ibid., p. 237.

후자의 경우, 1793년 10월 공교육위원회는 모든 시민과 부대 내 병사에게 모범이 될 애국적 행동을 수집하고 보고하게 했다. 이를 기초로 이듬해 1월 방데 전투에서 '공화국 만세'를 외치다 살해된 소년 병사 바라 이야기 등을 모은 『프랑스공화국 국민의 영웅적 시민적 행동선』이 작성되어 1월에 8만 부, 2월에 15만 부 배포되었다. 이와 함께 1794년 1월 앙리 그레구아르Henri Grégoire가 초등교육 텍스트의 콩쿠르를 제안한다. "두꺼운 서적이 아니라 교양을 갖추지 못한 사람들도 이해하기 쉽고 기억하기 쉬우며, 그들에게 목적을 알리고 그것을 달성하는 데 필요한 지혜를 계발할 간단한 안내서를 교사와 부모들 손에 건네는 일이 급선무"[131]라는 것이 취지였다. 전국에 공통된 교과서를 만들지는 못했으나 많은 지역에서 공화주의적 덕을 가르치는 교과서를 만들었다. 보부아에서 쓰인 알파벳 교과서 첫 장에는 공화주의자의 상징인 챙 없는 붉은 모자와 창[132] 그림이 있다. 이어서 철자를 학습하기 위해 다음과 같은 말이 나온다. "자유, 평등이냐 죽음이냐, 인간의 권리, 헌법, 공화국, 우애, 몽테뉴는 프랑스인에게 아주 귀중한 명사이다. 바스티유, 왕, 폭군, 군주, 성직자, 귀족, 봉건제는 진정한 공화주의자가 증오해야 할 명사이다." 이어서 라마르세예즈를 시작으로 전투가가 나온다.[133] 이처럼 인간의 재생을 위한 공교육은 이데올로기 교육에 압도적 비중을 차지하게 되었다.

테르미도르 반동(1794년 7월)은 이 같은 이데올로기 편중에 종지부를 찍었다. 공포정치에서 살아남은 혁명가이자 지식인에게 1789년 이후의 역사는, 이성에 의한 지배를 건설해야 할 혁명이 정반대로 공포의 정념에 의

---

131 *Réimpression de l'Ancien Moniteur*, vol.19, p.292.
132 국민공회는 챙 없는 프리기아 모자를 쓰고 창을 든 여성 마리안(Marianne)을 혁명 정신의 상징으로 보았다. — 옮긴이
133 M. Dommanget, "Le prosélytisme révolutionnaire à Beauvais et dans l'Oise, l'enseignement populaire et civique", *Annales historiques de la Révolution française*, vol.7, no.5, 1930, p.424.

한 전제정치를 탄생시킨 험난한 과정이었다. 테르미도르 반동 후 지도적 집단이 된 '이데올로그'의 일원 도미니크 조제프 가라Dominique Joseph Garat 는, 혁명이란 폭력이 본질인 반란이라고 말한다. 권력의 찬탈자를 타도하고 중죄인을 벌하는 반란은 정당하지만 그것은 동시에 온갖 정념을 풀어헤친다. 이 때문에 반란은 규칙이나 한계 없이 정념이 향하는 대로 모든 것을 쓰러뜨리며 전진한다. 그러므로 "대죄를 벌하는 반란의 시대는 대죄가 벌어지는 시대이기도 하다".[134] 공포정치는 이러한 반란이 전개된 귀결과도 같다. '혁명을 끝낸다'는 것은 혁명 초기부터 온건파를 따라다닌 관념인데, 이는 이윽고 소리 높여 선언되기에 이른다. 피에르 클로드 프랑수아 도누Pierre Claude François Daunou는 국립학술원, 사범학교École normale, 중앙학교 등 일련의 공교육제도를 정하는 법안을 제안하는 연설에서 다음과 같이 말한다. "혁명을 시작한 문예에는 혁명을 끝내야 하는 과제가 남는다."[135]

그러나 어떻게 '혁명을 끝낼' 것인가? 이데올로그들은 사회에 이성을 정착시키는 데서 답을 찾지만, 그것은 모든 국민에 대한 교육이 아니라 사회의 핵심을 이루는 엘리트 양성을 뜻했다. 중앙학교를 설립하고 운영하는 데 깊이 관여한 앙토니 루이 클로드 데스튀트 드 트라시Antonie Louis Claude Destutt de Tracy에 따르면, 문명사회는 육체노동으로 살 수밖에 없는 계급과 정신노동으로 사는 계급('학식계급')이 존재한다. 노동계급은 아이를 장기간 학교에 보낼 여유가 없고 국가 또한 그들에게 무상으로 교육할 여유가 없다. 따라서 노동계급은 "단순해도 그 분야에서는 완결된 교육을 짧은 기간 안에 제공"받는 것으로 만족해야 했다. 이에 반해 학식계급에게는 그들

134 D. J. Garat, *Mémoires sur la Révolution ou exposé de ma conduite dans les affaires et dans les fonctions publiques*, Paris: Imprimerie de J. J. Smits, 1795, p. 24.
135 P. C. F. Daunou, "Rapport sur l'instruction publique"(1795), B. Baczko, *Une éducatiom pour la démocratie*, p. 513.

이 직업을 수행하기 위해 뛰어난 전문 지식이 필요하므로 이에 걸맞은 교육이 필요하다. 그러므로 초등교육과 고등교육이라는 "서로 어떤 공통점도 없는 두 완전한 교육제도가 필요하다".[136] 특히 국민에게 좋은 습속을 뿌리 내리게 하고 '이성의 습관'(피에르 장 조르주 카바니스Pierre Jean Georges Cabanis)을 들이는 일을 엘리트가 담당하므로 고등교육에 주력해야 한다.[137] 중앙학교는 이를 위한 교육기관이며 교사 양성을 중시한다. 라카날은 사범학교 설립을 제안하는 연설에서 이 학교가 여러 과학이 아닌 "여러 과학을 가르치는 기술"을 가르치는 곳이라 말한다. 이 학교의 졸업생은 뛰어난 교사가 되며 "교수법은 피레네와 알프스 지방 모두 파리와 같을 것이다". 또한 그 결과 "일국민의 오성이 재생되는 결과가 도처에서 나타날 것이다".[138] 인민에게 '이성의 습관'을 들이는 방향을 위에서 아래로 설정한 것이다. "모든 것은 인민을 위하여 인민의 이름으로 거행되어야 한다. 그러나 어떤 일도 인민에 의해 직접, 부족한 지도 속에서 거행되어서는 안 된다."[139] 이러한 카바니스의 주장은 비단 정치에 국한된 언설이 아니었다.

8. 교육과 정치

계몽주의의 목표는 정치를 이성화하는 데 있었다. 그리고 계몽주의 지식인

---

136 A. L. C. Destutt de Tracy, *Observations sur le système actuel d'instruction publique*, Paris: Imprimerie nationale, 1801, pp.4~5.

137 이 일은 도누 법의 초등교육에 대한 태도를 볼 때도 명백하다. 이 법률은 각 군에 초등학교를 설치하도록 정하는데, 그 교과 내용은 읽기, 쓰기, 계산과 공화주의적 도덕으로 한정되어 있다. 더욱이 국가는 교사에게 가르치는 장인 주거를 제공할 뿐, 교사의 급료는 수업료에 따르는 것이었다(Daunou, "Rapport sur l'instruction publique", pp.514~515).

138 J. Lakanal, "Rapport sur l'établissement des Écoles normales"(1794), B. Baczo, *Une éducation pour la démocratie*, p.481.

139 P. J. G. Cabanis, "Quelques considérations sur l'organisation sociale en général et particulièrement sur la nouvelle constitution"(1799), *Œuvres philosophiques de Cabanis*, vol.2, Paris: PUF, 1956, p.475.

중 많은 이들이 주권자인 군주에게 이성의 지침을 주어 그 목표가 달성된다고 보았다. 다른 한편 정치의 이성화는 동시에 이성의 정치화를 의미했다. 정치와 무관하게 단순히 사변적인 이성이 어떻게 정치에 작용하고 정치를 이성화할 수 있는가? 그리하여 정치철학은 계몽주의의 핵심이 되었다. 이성과 정치는 계몽주의를 통해 이중으로 연결되었다.

프랑스혁명은 이러한 이중 결합을 계승하였는데, 여기에 국민이 주권자라는 새 조건이 붙었다. 문제는 더 이상 군주의 교육이 아니라 주권자인 국민의 교육에 있었다. 그리하여 지금까지 보아 온 것처럼 누가 어떠한 지식을 어떠한 방법으로 전달해야 하는지, 교육 목표를 어디에 둘 것인지, 그 조직은 어떠해야 하는지 같은 문제가 잇달아 제기되었다. 더욱이 이는 주권자로서 국민과 관련된 이상, 통치의 정당성을 좌우하는 문제였다. 혁명가들에게 교육은 다른 종류의 정치, 새로운 국가를 만드는 가장 근본적인 정치였다. 이처럼 교육과 정치는 불가분으로 묶인다. 게다가 이 결합의 기초가 될 국민 관념 자체가 대립을 내포했으므로 공교육 논쟁은 장차 창출되어야 할 국민에 대한 논쟁과 같았다.

국민적 통일의 세 계기와 공교육론이 어떻게 연관되는지 도식적으로 다음과 같이 요약할 수 있다. 국민적 이해관계의 관점에서 실용적이고 과학적인 지식과 시민의 권리 의무에 대한 교육은 당연히 중요하지만, 그와 함께 교육을 통한 노동력의 적절한 배분을 실현하는 것이 중시된다. 이 문제는 사회의 단계에 교육의 단계를 합치시키자는 주장으로 나타난다. 샤를 모리스 드 탈레랑 페리고르Charles Maurice de Talleyrand-Périgord에 따르면 사회는 '거대한 공장'이며, 이것이 효율적으로 운영되기 위해서는 각자 능력에 따른 위치로 배치되는 '인간의 경제'가 반드시 필요하다. 공교육은 이를 실현하기 위해 가장 적절한 수단이 된다.[140] 롬의 공교육안 또한 산업조직이 면적과 인구 및 사람들의 수요에 따른 계산에 따라야 하듯이 교육조직도

'정치적 계산'에 따라야 한다고 말한다.[141] 구체적으로 공교육에서 각 단계의 학생 수를 사회체에서 필요한 노동력의 배분에 비례하도록 만든다는 것이다. 이러한 인식에서 고등교육과 초등교육을 구별하는 두 교육, 더 나아가 엘리트 교육을 중시하는 결과가 빚어진다. 이성이 국민적 통일의 기초라는 관점에서는 지육, 즉 분석적이고 비판적인 정신으로 자기 이성에 기초하여 판단하고 검토하는 시민을 육성하는 데 힘이 실린다. 미덕이 국민적 결합의 유일한 끈이라는 관점에서는 훈육, 즉 공화국이라는 유일한 중심에 결집하고 투쟁하는 시민을 육성하는 것을 제일로 본다.

공교육론은 정치의 근본을 다루는 문제이기에 그만큼 이념과 원리 위주로 흘렀다. 게다가 혁명가들은 자기 자신에 의해서만 모든 것을 결정할 수 있는 것으로 사회에 대하여 표상했으므로 사회가 힘을 미치는 범위는 끝이 없었다. 자기결정적인 사회는 그것이 부과하는 한계 말고 다른 제한이 없기 때문이다. 사회에서 결정만 내린다면 아동교육을 가정에서 '국민기숙사'로 전면적으로 옮길 수 있고, 학교에서 민중협회의 집회로 옮길 수도 있다. 로베스피에르는 르 펠리티에의 안을 제안하는 연설에서 다음과 같이 말한다. "이 안은 불가능하다고 평가될 것이다. 가능과 불가능의 기초를 정하는 것은 상상력이다. 하지만 잘하고자 할 때는 이 한계를 뛰어넘는 용기를 지녀야 한다."[142]

다른 한편 혁명가들은 인간이 변혁할 수 있는 무한한 힘을 교육에서 보았다. 미라보는 인간의 정념에 작용하는 교육에 의해 전적으로 부정하고 부조리한 사회조직마저 열망하게 만들 수도 있다고 하였고, 생쥐스트는

---

140 C. M. de Talleyrand-Périgord, "Rapport sur l'instruction publique"(1791), B. Baczko, *Une éducation pour la démocratie*, p.114.

141 Romme, "Rapport sur l'instruction publique, considérée dans son ensemble", p.275.

142 *Réimpression de l'Ancien Moniteur*, vol.17, p.393.

"습속 그 자체도 정치체의 본성에 따른 결과"라고 말하였다. 그러나 교육에 관해서 모든 것을 할 수 있고 교육을 통해 모든 것이 실현된다는 이러한 확신은, 현실에서 공교육을 조직화하는 데 긍정적이지만은 않았다. 도리어 그것은 논의를 점차 이념적으로 만들었다. 모든 것을 할 수 있는 만큼 모든 것을 논의해야 했다.

그 결과 혁명기 공교육 논쟁은 열띤 논의에 비해 제도적 구축물을 남기지는 못하였다. 하지만 이 논쟁은 잇단 제안과 논의를 통하여 국민이 사회체의 이데올로기적 중심이어야 함을 더없이 선명히 제기하였고, 국민을 지배적 이데올로기로 정착시키는 데 크게 기여하였다. 무지와 종교적 미망이 앙시앵레짐을 떠받쳤으므로 국민은 과학적 지식을 갖추어야 했다. 군주가 인간의 자연권과 시민의 권리를 찬탈하여 압제와 억압이 생겨나므로 국민은 인간과 시민의 권리를 잘 알고 잊지 말아야 한다. 자유의 개인주의적 원심력을 억제하고 그 방향이 국민이라는 중심에 결집해야 했다. 이리하여 교육의 주체이자 대상인 국민이 참된 지식과 거짓된 지식을 구별하는 기준이 된다. 이를 위해서는 전 국민이 진정한 지식을 갖춰야 하므로 그러한 지식을 전달하는 장치도 전 국민을 대상으로 해야 했다. 말하자면 혁명기 공교육 논쟁은 국민적 통일이라는 원리를 축으로 하여 지식의 진위 기준을 확립하고, 지식의 생산과 전달 장치를 고안함으로써 지식과 사회질서가 불가분으로 결합되는 새로운 문제 설정을 만들어 냈다.

이는 근대사회의 기초가 되어 이후 역사를 지배하였다. 그 안에서 국가는 지식의 진위 판정자, 그 생산과 전파의 규제자 자리에 서고, 학교가 중심 장치가 된다. 물론 국가에 대하여 어떠한 저항도 없었다는 말은 아니다. 반대로 제3공화정하에서 쥘 페리Jules Ferry에 의한 교육개혁이 실현되기까지 국가와 교회가 학교를 놓고 대결하였으며 노동자와 반정부 세력 편에서도 다양한 저항과 시도가 이어졌다. 그러나 그러한 저항 자체도 이 문제 설정에서 벌어진 투쟁이었다. 즉 프랑스의 19세기는 학교를 주축으로 국민적 통합이 진행되는 시대였다.

따라서 우리는 현재 이 문제 설정을 물어야 하며, 지식과 질서의 새로운 관계의 가능성을 모색해야겠다.

3장 · 여론의 탄생

1. 여론의 힘

1789년 6월 17일, 전국삼부회에 모인 제3신분 의원들은 삼부회를 국민의 회라고 개칭하기로 정하는데, 그 이틀 전 제3신분 집회에서 의원 니콜라 베르가스Nicolas Bergasse는 이렇게 연설했다. "잘 알다시피 제군은 단지 여론opinion publique을 통해서만 선한 일을 행할 권력을 손에 넣을 수 있다. 여론을 통해서만, 너무나 오랫동안 단념되어 온 인민의 대의는 승리했다. 여론 앞에서 모든 권위는 침묵하고, 모든 편견은 사라지며, 모든 개별 이해관계는 모습을 감춘다."[1] 이 연설은 여론을 근본적인 규정 요인으로 하는 정치 체제의 발족을 고하는 것이었다.

"민중의 목소리는 신의 목소리"Vox populi vox Dei라는 오랜 속담이 있지만, 여론의 사회적 힘이 고찰 대상이 된 것은 그리 오래되지 않았다. 존 로

---

[1] *Archives Parlementaires de 1787 à 1860*, première série(1787~1799), Paris: CNRS, 1867~1985, vol.8, p.118.

ㅋ John Locke가 『인간오성론』(1689)에서 '여론 내지 평판의 법'law of opinion or reputation이라 한 것이 그 시초라 하겠다. 로크에 따르면, 사람들이 자기와 타자의 행위를 판단할 때, 그 죄나 의무를 판정하는 '신법'神法, 범죄인지 아닌지를 판정하는 '시민법', 미덕인지 악덕인지를 판정하는 '여론 내지 평판의 법'이라는 세 가지 법이 있다. '철학법'이라고도 부르는 이 제3의 법은 사람들이 정치사회를 구성할 때 자기 앞에 남겨 놓은 역능에 근거를 둔다. 즉 홉스와 함께 로크 역시 사람들이 국가를 구성할 때 자신의 모든 힘을 공공의 손에 위임한다고 인정하는데, 그럼에도 "동료가 되어 함께하는 자의 행동이 좋은지 나쁜지 고려해 칭찬하거나 비난하는 역능"[2]을 자기 앞에 남겨두어 이러한 칭찬과 비난에 따라 덕과 악덕이라 부르는 것을 확립한다고 말한다.[3] 이것이 여론의 법이다. 여론의 법은 원리적으로 국가의 법과 독립돼 있는 것이다.

신의 법이 계시나 자연의 빛(이성)에서 나오고 시민법이 주권자의 명령에서 나오는 데 비해 여론의 법은 사회를 이룬 시민들의 "은밀한 찬동"[4]으로 만들어진다. 같은 행위가 한 나라에서는 덕이 되고 다른 나라에서 악덕이 되기도 하지만, 어떤 나라에서든 사람들이 칭찬하는 행위는 덕이 되고

---

2 J. Locke, "An Essay concerning Human Understanding", *The Works of John Locke*(1823), Aalen: Scientia Verlag, 1963, vol.2, p.99(大槻春彦 訳, 『人間知性論』, 全4冊, 岩波書庫, 1972~1977, 2卷 343頁).

3 'opinion'에는 거칠게 볼 때 ① 개인의 기호, 편견 및 억측에 의한 부정확한 의견, ② 판단, 평가의 두 가지 의미가 포함되어 있다. 여론을 논할 경우 그것을 인식 차원에서 논하는 자는 ①의 의미로, 여론 내용의 진위가 아니라 그 사회적인 기능을 문제로 삼는 논자는 ②의 의미에 의거한다. 중농학파인 메르시에 드 라 리비에르는 여론이 자의적인 전제에 대한 반대 세력(countre-force)으로서 유효한 역할을 한다는 주장에 반하여, 자의를 억제할 수 있는 것은 명증성뿐이며, 여론은 부정확한 억측에 지나지 않으므로 자의적 전제정치에 대한 반대 세력이 될 수 없다고 주장하였다(Mercier de la Rivière, "L'ordre natural et essentiel des sociétés politiques"(1767), ed. E. Daire, *Collection des principaux économistes II: Physiocrates*(1846), Osnabrück: Otto Zeller, 1966, p.624). 또 '계몽된 공중의 의견'과 '민중의 의견'을 구별하여, 계몽된 공중의 의견이야말로 여론이라는 많은 계몽적 지식인의 논의도 전자의 정의에 의거하고 있다. 이에 비하여 '도덕규칙의 진위와 상관 없이 그들의 규칙을 열거'하는 로크라든지 여론의 사회적인 힘에 주목하는 루소의 논의는 후자의 정의에 기반을 두고 있다.

4 Locke, "An Essay concerning Human Understanding", vol.2, p.99(『人間知性論』, 2卷 343頁).

비난하는 행위는 악덕이 된다. 그러므로 칭찬과 미덕, 비난과 악덕은 동서 고금을 막론하고 이어지며, 여론의 법이 어디서든 '덕과 악덕의 척도'가 된 다. 따라서 시민들의 사적인 평가는 "은밀한 찬동"을 얻어 사람들의 행위를 규제할 힘이 되고 도덕성의 척도가 된다. 시민의 사적인 평가는 사적인 영 역에 그치지 않고 공공의 도덕적 판단을 규정한다. 로크는 여론의 법을 들 어 철저히 국가 영역도 사적 영역도 아닌 '공공권'의 범주를 제기한다.[5]

로크에 따르면, 여론의 법은 다른 두 가지 법보다 강력하다. 분명 신의 법은 "내세로 무한히 지속되는 상벌"이라는 강제력이 있고, 시민법은 "즉 각 처벌"이라는 강제력이 있다. 더욱이 이 두 가지 법은 강제력을 집행할 교 회와 국가 장치라는 기관이 있다. 이에 반해 여론의 법은 사람들의 찬동과 비난 등 강제력이 상당히 불명확할 뿐 고유한 집행기관도 없다. 하지만 여 론의 법이 지닌 힘이 약한 것은 아니다. 오히려 반대이다. 왜냐하면 "사람 들은 대부분 신의 법을 어긴 뒤 처벌받으리라고 진지하게 생각하지 않"으 며, 시민법 또한 대부분 "국가의 법에 따라서는 처벌받지 않으리라고 마음 한구석에서 희망을 품"기 때문이다. 이에 반해 여론의 법은 "함께 어울리며 동의를 받고 싶은 동료의 풍습과 의견에 반하는 자는 누구든 동료에게 비 난받고 기피당하는 벌을 면할 수 없다". 인간은 신에 의해 사회를 구성하도 록 만들어졌으며, 이처럼 인간 본래의 사회성이 여론의 법에 힘을 부여한 다. "자신이 속한 단체club에서 사람들이 끊임없이 싫어하고 비난해도 견뎌 낼 만큼 굳세고 무신경한 자는 1만 명 중 한 명도 없다."[6] 다시 말해 여론의 법이 지니는 힘은 인간의 본성에 깊이 뿌리내리기 때문에 다른 두 가지 법 보다 강력한 것이다.

---

5 R. Koselleck, *Le règne de la critique*, trans. H. Hildenbrand, Paris: Minuit, 1979, p.45.
6 Locke, "An Essay concerning Human Understanding", vol.2, p.104(『人間知性論』, 2卷 351頁).

이처럼 여론의 법을 중시함으로써 로크는 보편도덕의 존재를 주장하는 논자로부터 심한 비난을 듣는다. 로크의 말처럼 여론이 덕과 악덕의 척도라면 시대와 집단을 넘어 보편타당한 불변의 도덕은 존재할 수 없기 때문이다. 이러한 비판에 로크는 신법에 의한 덕이나 악덕의 판정이 여론의 법에 의한 판정과 궁극적으로 일치한다고 쓴다. 또한 자신은 도덕규칙이 아니라 도덕관념의 기원과 본성을 밝히려는 것이며, 도덕규칙을 그 진위와 상관없이 열거했다고 답하기도 했다. 그러나 로크에게 중요한 것은, 여론의 법이 기원과 작용 과정에서 모두 신법과 국가의 법에서 독립되어 있으며, 여론의 법이 정치사회와 구별된 시민사회의 힘을 구성하는 것이며, 제3의 권력인 여론이 최강의 권력임을 말한 것이라고 나는 생각한다.

로크가 도덕적 판단의 법으로 든 여론 관념은, 프랑스에서 1750년대에 정치적 의미를 띠며 등장한다.[7] 루이 세바스티앵 메르시에Louis Sébastien Mercier는 『파리의 정경』(1782~1788)에서 다음과 같이 쓴다. "불과 30년 전부터 우리 관념에 거대한 혁명이 일고 있다. 여론은 오늘날 유럽에서 누구도 저항할 수 없는 탁월한 힘을 가지고 있다."[8] 당대는 장세니슴Jansénisme[9]과 곡물 거래 자유화 문제를 중심으로 파리의 고등법원과 왕권의 대립이 고조된 시기로, 여론은 이 대립의 이른바 숨은 주역으로 등장한다. 1752년 프랑수아 요아힘 드 피에르 베르니스François-Joachim de Pierre Bernis는 고등법원의 힘을 다음과 같이 쓴다. "고등법원은 공중의 목소리la voix publique의 힘 말고 다른 힘을 갖지 않는다. 불만이 광범위하게 고조되지 않는 한 이 단체

---

7 영국에서는 이미 1734년 하원 선거에서 '인민의 소리', '인민의 의견' 등의 말이 쓰였다(J. A. W. Gunn, *Beyond Liberty and Property*, Kingston, Ontario: McGill-Queen's University Press, 1983, pp. 261~262).

8 L. S. Mercier, *Le Tableau de Paris*, 12 vols. (1782~1788), Genève: Slatkin, 1979, vol. 4, p. 289(原宏 編訳, 『一八世紀パリ生活誌』全2冊, 岩波書庫, 1989).

9 네덜란드의 신학자 코르넬리우스 얀세니우스(Cornelius Jansenius)가 창시한 교리로, 아우구스티누스의 설을 받들어 은총, 자유 의지, 예정 구원설에 대한 엄격한 견해를 발표하여 17~18세기에 프랑스 교회에 큰 논쟁을 일으켰다. ─ 옮긴이

의 불만이 고조되는 것은 문제되지 않는다. …… 공중이 등 돌리는 즉시 고등법원은 양보해야 한다."[10] 여론은 실체가 명확하지 않지만 정치적 대립의 결말을 좌우하는 요인이며 대립되는 양측의 승부수로 등장하였다. 한편 루소는 여론의 독립성과 사회적 힘에 주목해 『연극에 관해 달랑베르에게 보내는 편지』에서 "세간의 지배자인 여론은 왕의 권력에 복종하지 않습니다. 왕 스스로가 그 최초의 노예인 것입니다"라고 쓴다.[11] 루소는 나아가서 『사회계약론』에서 법-여론-습속 관계를 깊이 고찰하게 된다.

고등법원을 해체하려 한 모푸의 개혁으로 고등법원과 왕권의 대립이 절정에 이른 1770년대는, 여론의 정치적 의의가 한층 명확히 인식되는 시기였다. 조세법원장 말제르브는 아카데미 입회 연설(1775년)에서 여론을 '지상의 법정'이라고 말한다. 더욱이 1775년 국왕 앞으로 제출한 건언서에서 잘 통치된 국가에 대해 "주권의 모든 수탁자는 세 가지 제약, 즉 법, 상급권위에의 상소, 여론에 복종해야"[12] 한다고 쓰며, 여론의 대변기관으로서 전국삼부회를 소집해야 한다고 말한다. 1776년 실각된 튀르고의 뒤를 이어 재무총감이 된 네케르는 여론의 힘을 중시한 최고 권력자였다. 네케르는 『프랑스의 재무행정에 관하여』에서 자신의 활동을 되돌아보며, 여론의 계발과 획득이 자신의 행동원리였다고 기술한다. 혁명 직전이 되자 여론을 대변하는 기관으로 전국삼부회의 소집을 요구하는 광범위한 목소리가 일자, 루이 16세는 "입법권은 군주의 몸속에 있으며, 아무에게도 의존하지 않고, 누구와도 분유하지 않는 것, 전국삼부회의 소집 권한은 국왕에게만 있다"라는 당시 국왕의 주장을 반복하며 저항했으나, 결국 소집에 동의한다.

---

10 J. Egret, *Louis XV et l'opposition parlementaire*, Paris: Armand Colin, 1970, p.52.
11 J.-J. ルソー, 『演劇に関するダランベール氏への手紙』(1758), 西川長夫 訳, 『ルソー全集 8』, 白水社, 1979, 92頁.
12 C.-G. L. de Malesherbes, "Remontrances de 1775"(1775), E. Badinter, *Les "Remontrances" de Malesherbes, 1771-1775*, Paris: Flammarion, 1985, p.204.

전국삼부회가 소집되며 여론은 정치의 중심적 관념이라는 지위를 명실공히 얻은 것이다.

이리하여 도식적으로 볼 때 여론 관념은 ① 정치적 대립 속에서 획득되어야 할 승부수로 등장(1750년대), ② 여론의 정치적 힘의 명확화(1770년대), ③ 여론의 대표기관으로서의 삼부회 소집(혁명 직전)이라는 과정을 거쳐 성장했다고 볼 수 있는데, 그 무대가 된 것이 고등법원과 왕권의 대립이었다.

절대왕정의 논리에 따르면, 왕만이 정치체의 공동성과 통일성을 체현하는 존재, 즉 공적 인격이다. 홉스에 따르면 군중은 한 사람 혹은 한 인격으로 대표되며 비로소 통일성을 얻는다. 군중은 여러 인격의 집합이기에 그 자체로 통일성을 가지지 않는다. 따라서 통일성이란 "대표하는 자의 통일성이며, 대표되는 자의 통일성이 아니다".[13] 즉 대표자는 군중 속에서 이미 존재하는 통일성을 표현하는 것이 아니라, 아직 존재하지 않는 통일성을 부여하는 초월적이고 절대적인 중심인 것이다. "프랑스의 국민은 단체를 구성하지 않는다. 국민은 짐의 몸속에 있다"라고 말한 루이 14세의 선언[14]은 그 단적인 표현이다. 1766년 루이 15세가 고등법원에 대해 "국민의 권리와 이익은 짐과 한 몸이며 짐의 수중에만 있음을 잊기라도 하듯" 행동해 "분수에 지나치게 국민을 군주로부터 구별된 단체로 만들려 하고 있다"[15]라며 엄중히 질책했는데, 이는 절대왕정의 원리를 충실히 반복한 것일 뿐이었다.

절대왕정은 왕국을 구성하는 특권을 가진 단체(사단)를 기초로 하므

---

13 T. ホッブズ, 『リヴァイアサン』, 全4卷, 水田洋 訳, 岩波文庫, 1982~1992, 1卷 265頁.

14 B. Vonglis, "L'Etat c'est bien lui", *Essai sur la monarchie absolue*, Paris: Editions Cujas, 1997, p. 23.

15 J. Flammermont, *Remontrances du Parlement de Paris au XVIII° siècle*, 3 vols. (1888-1898), Genève: Mégariotis Reprints, 1978, vol. 2, p. 558.

로,[16] 왕권이 이러한 특권에 저촉되는 개혁을 수행하고자 할 경우 이들 단체와 충돌할 수밖에 없다. 튀르고가 길드의 폐지에 따라 산업조직을 근대화하려고 했을 때처럼, 개혁의 기획이 근본적일수록 왕권과 특권적 단체 사이의 충돌은 심해진다. 다음 절에서 보게 될 루이 15세의 발언은 고등법원과의 대립이 고조되면서 나온 것으로, 고등법원 같은 왕국의 구성 부분과 왕권 사이의 대립이 반복되고 격화될 경우 왕은 대립의 한쪽 당사자가 되어 버린다. 루이 15세는 유일한 공적 인격의 입장에서 왕권의 행사에 저항하는 고등법원을 힐책해 사법관들을 추방하지만, 이 일로 인해 막상 대립의 한 측으로 전락한다. 대립되는 다양한 의지를 넘어서 정치체 전체를 표현해야 하는 왕이 그 초월적 중심의 성격을 잃어버리는 것이다. 한편 고등법원은 왕권에 맞서 저항할 정당성의 근거를 현재의 국왕보다 우선시되는 권위에서 찾으려고 한다. 즉 고등법원은 저항의 이론적 내지 역사적인 근거로 왕국기본법을, 실천적 근거로 인민의 목소리를 원용함과 동시에 인민에게 호소하는 전략을 택한다. 이렇게 왕권과 고등법원 간의 대립이 격화되는 과정은, 왕권이 초월성을 잃는 한편 고등법원이 저항의 근거로 현재의 국왕에 우선하는 권위를 제시하는 양상이었다. 그 결과 초월적 중심의 성격을 잃은 왕권 대신 대립하는 양자를 넘어서는 제3의 심급이 등장하게 된다. 절대왕정은 왕권을 넘는 초월적 제3자를 불가피하게 부르는 구조를 가지고 있었던 것이다.[17] 여론 관념은 이러한 구조의 실로 불가피한 산물이었다.

   말제르브는 여론을 "모든 권력에서 독립된, 모든 권력이 존중하는 지

---

16 二宮宏之, 『全体を見る眼と歷史家たち』, 木鐸社, 1986.

17 이 점에 관하여 오사와 마사치가 신체론의 관점에서 심도 있게 지적한다(大澤真幸, 「王の身体の二重性 1」, 『みすず』 366号, みすず書房, 1991, 71頁). 또한 왕권에 대해서는 왕의 신체의 이중화에 주목하는 에른스트 칸토로비츠(Ernst Kantorowicz)의 심도 있는 논의를 참조. カントロヴィチ, 『王の二つの身体: 中世政治神学研究』, 小林公 訳, 平凡社, 1992.

상의 법정"이라 정의하고,[18] 네케르도 여론이 "주목을 받는 모든 사람이 출두 명령을 받고, 칭송과 왕관에 상당하는 것을 선별"하는 법정이라고 정의한다.[19] 이 지상의 법정이라는 정의는 여론의 초월적 심급으로서의 성격을 잘 표현하고 있다. 화폐가 상품의 교환 속에서 가치 형태가 전개되는 필연적 결과로 탄생해 다른 모든 상품의 가치와 질서를 매기듯이, 여론 관념은 정치적 언설의 대립과 교환 속에서 담론의 가치와 위치를 결정하는 초월적 심급으로 등장하게 된다. 따라서 여론 관념이 지니는 힘의 비밀은 실로 이 초월성에 있다고 할 수 있다. 그렇다면 여론에 대해 고찰하기 위해서는 무엇보다 이 시대의 정치적 대립 과정을 검토해야 한다.

하버마스는 여론 관념이 발생하는 모태를 '시민적 공공권'에서 찾는다. 왕과 그 신하로 구성되어 왕이 중심이 되는 '대표 구현적 공공권'과 별도로, 부르주아의 성장과 함께 '시민적 공공권'이 성립된다. 이것은 계몽적 지식인으로 구성되는 살롱 내지 서클이며, 이곳에서는 자유로운 정보 교환과 신분의 구별 없이 이성에만 기초하는 비판적 언설을 펼칠 수 있다. 당초 문학과 철학을 논하던 '시민적 공공권'이 정치 문제를 들며 정치적 언설을 전개하게 될 때 여론이 새로운 정치적 권위로 등장한다는 것이다(하버마스). '시민적 공공권'이 비판적인 정치적 언설을 전개하는 가운데 펼친 역할을 부정하지는 않지만, 거기에서 오고 간 언설을 여론으로 볼 경우 여론 관념의 힘의 원천인 초월성을 밝힐 수 없다. 여론의 모태를 무엇보다 문제시하는 하버마스의 문제 설정은 여론을 실체로 파악하는 실체론적 전제에 둘러싸여 있기 때문에 여론이 지니는 힘의 비밀을 밝힐 수 없다고 나는 생각한

18 C.-G. L. de Malesherbes, "Discours prononcé dans l'Académie française" (1775), Œuvres inédites de Malesherbes, Paris, 1808, p. 151.

19 J. Necker, "De l'administration des finances de la France" (1784), Œuvres complètes de M. Necker, Aalen: Scientia Verlag, 1970, vol. 4, p. 47.

다. 여론의 모태를 논하기에 앞서, 어떻게 여론의 초월적 힘을 얻었는지 물어야 할 것이다.[20]

여론은 초월적인 제3의 심급으로 등장하지만, 동시에 신의 목소리와 달리 인간의 의견이라는 경험적 실재로서의 성격을 가지고 있다. 오히려 실재성 위에 초월성이 포개져 있다고 하는 편이 적절할 것이다. 푸코의 말을 빌리면, 여론은 '경험적=초월적 이중체'이며 이것이 여론 관념에 문제성과 효용을 부여한다. 문제성이란, 무엇이 여론인가를 실제 수준에서 확정하고자 할 때 반드시 따라붙게 되는 애매함이다. 이 시대의 논의대로 말하자면 "계몽된 공중의 의견"(공론)을 여론으로 볼지, 아니면 "민중의 의견"(중론)을 여론으로 볼지의 문제와 같다. 콩도르세는 여론을 논할 때 세 가지 의견을 구분해야 한다고 말한다. 하나는 "사리사욕이 없고 선입견이 없는 사람들의 의견", 즉 계몽된 공중의 의견으로, 이는 여론에 선행해 법을 만들어낸다. 다른 하나는 정부가 민중을 교도하기 위해 설파하는 의견, 최후에 "민중 안에서 가장 어리석고 가장 가난한 부분의 의견", 다시 말해 "민중의 편견"이다.[21] 그리고 5절에서 보게 되듯 콩도르세는 정부가 설파하는 의견과 민중의 편견이 표리일체를 이룬다고 보고, 공론을 따라 이 두 가지 의견의 동맹을 타파하는 데서 프랑스 사회의 개혁 가능성을 보았다. 그러나 공론과 중론을 둘러싼 문제는 이후에도 줄곧 따라붙게 된다.[22]

그러나 다른 한편 무엇이 여론인가를 실재 수준에서 확정하기 힘든 점 때문에 대립되는 양 진영이 저마다 여론에서 언설과 행동의 근거를 찾는

---

20 이 의미에서 여론을 절대왕정의 위기 속에서 생겨난 정치적 발명이라고 하는 베이커의 논의가 뜻깊다 (K. M. Baker, *Au tribunal de l'opinion*, trans. L. Evard, Paris: Payot, 1993).

21 M. J. A. N. de Caritat Marquis de Condorcet, "Réflexions sur le commerce des blés"(1776), published by A. O'Connor and F. Arago, *Œuvres de Condorcet*, vol. 11(1847), Stuttgart-Bad Cannstatt: Friedrich Frommann Verlag, 1968, pp. 201, 240.

22 R. Chartier, *Les Origines culturelles de la Révolution française*, Paris: Seuil, 1990, pp. 41~44 참조.

일이 가능해졌다. 고등법원은 왕권과 대립이 심해지는 과정에서 파리 주민의 지지를 담보하고 획득하려 노력했다. 한편 왕권 측도 "진정한 여론"은 국왕을 지지한다고 주장할 수 있었다. 왕권과 고등법원의 대립이 절정을 맞이한 1770년대, 법률가 시몽 니콜라 앙리 링게(Simon-Nicolas Henri Linguet)는 루이 15세 앞에서 다음과 같이 진언한다. "폐하, 폐하의 권한에 반대하여 동맹한 자들의 깃발에 교활하게 내걸린 여론의 환영이 두려워 낙담하지 마시기를 바랍니다. 폐하, 진정한 여론은 폐하와 폐하의 권위를 불문하고 반대하지 않습니다."[23] 그러나 왕권이 여론을 인용함은 왕 이외에도 초월적 심급이 존재함을 인정하는 것이 되므로 자기모순이며, 그 자체로 왕권의 쇠퇴를 표현할 뿐이었다. 그러나 어느 편이든지 여론 관념의 초월성, 다시 말해 무엇이 여론인가를 실재 수준에서 확정하는 난점이, 여론 관념의 힘과 효용을 구성하였다.

초월적 제3자로서 여론 관념이 정치적 대립의 산물이라면, 여론 관념의 탄생과 전개를 밝히기 위해서는 먼저 그 주요한 장이 된 왕권과 고등법원이 어떻게 대립을 전개했는지 검토해야 한다. 다음 절에서는 주로 장 이그레(Jean Egret)와 기자키 기요지(木崎喜代治)에 따르며[24] 이 점을 검토하겠다.

2. 왕권과 고등법원

고등법원은 구체제 프랑스의 최고재판소로, 프랑스 전역을 열셋으로 구분한 사법관구에 하나씩 배치되어 있었다.[25] 설립 연차를 따라 보면 14세기

---

23 Baker, *Au tribunal de l'opinion*, p.245.
24 Egret, *Louis XV et l'opposition parlementaire*; 木崎喜代治,「18世紀におけるパルルマンと王権 1」,『経済論叢』134巻 5・6号, 京都大学経済学会, 1984;「18世紀におけるパルルマンと王権 2」,『経済論叢』135巻 5・6号, 1985;「18世紀におけるパルルマンと王権 3・完」,『経済論叢』136巻 52号, 1985.
25 고등법원 외에도 주로 재정문제를 다루는 조세법원 스물한 곳이 설립되었다.

초에 창설된 파리고등법원부터 1775년 창설된 낭시고등법원까지, 또 관할 구역에 따라 보면 프랑스 전역의 3분의 1을 관할하는 파리고등법원에서 포Pau와 같은 작은 관할 구역까지, 역사도 다르고 크기도 달랐다. 파리고등법원이 모든 점에서 다른 지위를 지녔음은 더 말할 나위 없다. 고등법원의 구성원은 법복귀족nobility of the robe[26]으로 18세기 말엽 대략 2300명이었다. 고등법원 사법관직은 그 자체로 중직일 뿐 아니라 지방총독과 국가참사관 등 국정의 중심으로 상승하기 위한 계단이기도 했다. 더욱이 고등법원의 사법관이라는 관직은 세습되어 파면되지 않는 이점이 있었다. 프랑스 구체제의 특색 중 하나로 관직의 매매(매관제vénalité)를 들 수 있는데, 16세기 이후 정부는 재정 적자를 해소하기 위해 관직을 매매하며 걷는 수수료에 기대곤 하였다. 이때 고등법원의 사법관은 특권과 안정된 지위를 가질 수 있는 관직으로 높은 가격에 매매되었다.[27] 장관은 지위가 불안정한 데다 특히 앙드레 에르퀼 드 플뢰리André-Hercule de Fleury 추기경 사후 파벌 항쟁 때문에 자리가 잇따라 바뀌었지만, 사법관직은 안정적이라 고등법원의 저항을 지탱하는 하나의 기반이 되었다.

고등법원은 재판소일 뿐 아니라 법률 등록기관의 권한도 지녀 고등법원에서 비로소 칙령과 법률이 등록되어 효력을 지녔다.[28] 고등법원은 송부된 법안이 "폐하와 국가의 이익에 반하는 부분이 없는지, 왕국의 기본법에

---

26 17~18세기 프랑스에서 고위관직에 오르며 부르주아에서 세습귀족의 지위를 얻은 계층을 말한다. ─ 옮긴이
27 예를 들어 몽테스키외는 1714년 보르도 고등법원의 재판관 직을 2만 4000리브르로 구입하였다. 이 가격은 재판관의 연 수입 435리브르의 55배에 달하지만, 1717년 3만 리브르로 매각하였으므로 3년간 6000리브르의 이익을 올린 것이 된다. 게다가 재판관의 관직 가격은 18세기를 통틀어 상승을 계속하였다(古賀英三郞, 『モンテスキュー』(人類の知的遺産 39), 講談社, 1982, 46頁).
28 몽테스키외는 고등법원에 의한 법률 등록과 보관의 권한이야말로 법을 지키고 군주정이 전제정으로 전락되지 않게 하는 방벽이라고 말한다(モンテスキュー, 『法の精神』(1748), 全3冊, 野田良之 他訳, 岩波文庫, 1989, 上卷 64~67頁, 131頁).

반하는 부분이 없는지"[29] 음미해 문제가 없을 경우에 법률로 등록했다. 반대로 법안이 공공선에 반하거나 미비하다고 판단될 경우 등록을 거부해, 왕에게 수정을 청하는 건언서를 제출해 재고할 것을 요구했다. 가령 우편 업무를 통괄하는 총감직을 만드는 칙령(1716년)의 다음과 같은 건언서를 볼 수 있다. "명백한 공공의 필요만이 법을 정당하게 변경할 수 있다. 이 경우 그 필요성을 전혀 찾아볼 수 없다."[30] 이처럼 고등법원은 왕국의 기본법의 수호자,[31] 공공의 필요의 판정자를 자임하고, 그러한 자격으로 입법권에 관여할 수 있다고 여겼다. 그러나 왕권은 이러한 주장을 당연히 인정할 리 없었다. 화폐를 개주改鑄하기 위한 신법에 관한 건언서(1718년)에 대하여 왕은 다음과 같이 회답한다. "구법도 신법도 주권자의 의지에 의해서만 존재하고, 법률이기 위해서는 주권자의 의지만이 필요하다. 법률의 등록은······ 입법자의 권력에 무엇도 보태지 않는다. 등록은 법률의 공포에 지나지 않으며, 영광스럽게도 법정이 다른 신민에 대해 모범을 보여야 할 복종의 증명에 지나지 않는다."[32]

고등법원이 법안의 철회와 수정을 요구하며 건언서를 제출했을 때, 왕은 대부분 수정 없이 등록을 재차 명한다. 고등법원의 건언권은 "칙령을 무효로 만들거나 수정한다는 구실로 칙령을 왜곡하는 능력"[33]은 아니기 때문이다. 그리고 고등법원은 대부분 법안에 포함될 위험과 불편을 지적하는 데 만족하고 등록 명령에 따르지만, 스스로의 이익과 주장에 현저히 반할 경우에는 건언서를 다시 제출한다.[34] 더욱이 왕이 양보하지 않고 법을 등

---

29 Flammermont, *Remontrances du Parlement de Paris au XVIIIe siècle*, vol.1, p.88.
30 Flammermont, *Remontrances du Parlement de Paris au XVIIIe siècle*, vol.1, p.43.
31 왕국의 기본법은 성문법이 아닌 관습에 기초하였을 뿐이므로, 고등법원의 주장의 근거는 위태로운 것이었다.
32 *Ibid.*, vol.1, p.86.
33 *Ibid.*, vol.1, p.468.
34 이러한 사례는 18세기 중엽까지 흔치 않았고, 1715년부터 1753년 사이에 네 차례 있었던 데 그친다.

록하라고 명할 경우, 고등법원은 왕의 의지에 따를지 다시금 등록을 거부할지 선택해야 한다. 고등법원이 후자를 택할 경우 왕은 고등법원의 법정에 임석해(친림좌) 법의 강제 등록을 명한다. 친림좌를 통한 법의 강제 등록은 왕의 최후 수단이지만, 동시에 왕을 초월적 권위로부터 대립의 한쪽 당사자라는 지위로 전락시키는 계기가 되기도 했다. 친림좌에서 등록 명령을 저항하려고 할 경우, 고등법원은 최후 수단으로 재판 업무를 파업한다. 이에 대해 왕은 업무 재개를 명하고 고등법원이 거부하면 사법관을 지방 도시로 추방한다. 그러나 재판 업무가 오래 정지될수록 사람들의 불만도 쌓이기 때문에 왕권으로서는 이 상태를 마냥 방치할 수 없다. 따라서 왕권은 고등법원을 대신할 재판기관을 수차례 설치하려다 실패하고 결국 사법관을 사면하고 원직 복귀시킬 수밖에 없다. 그렇게 사법관들은 승리자가 되어 시민의 환영을 받으면서 귀환한다.[35] 1750년대부터 '고등법원에 의한 법의 등록 거부 → 친림좌를 통한 강제 등록 명령 → 고등법원의 거부와 파업 → 지방으로 사법관의 추방 → 왕권의 양보와 고등법원으로의 복직 → 고등법원의 승리자로서의 귀환'이라는 과정이 반복되었다. 이는 왕이 대립 당사자가 되어 초월적 권위를 상실해 가는 과정에 다름 아니었다.

프롱드의 난(1648~1653년)을 시작으로 파리 귀족의 저항에 차츰 적의를 더해 가던 루이 14세는 1673년 고등법원에 대해 송부된 법률을 수정 없이 즉시 등록할 것, 건언서는 법률의 등록 후에 한해 제출할 것을 명했다.

---

35 1788년 봄 고등법원의 권한 축소를 시도한 크레티앵 프랑수아 라무아뇽(Chrétien François Lamoignon)의 사법개혁안 등록을 거부하여 추방된 그르노블의 고등법원장이 사면되어 10월 귀환하였을 때 '야단법석'을 한 팸플릿은 다음과 같이 전하고 있다. "고등법원장이 10월 12일 도착하였다. 거리가 온통 소란스러워졌다. 원장을 맞이하기 위하여 지원자 한 무리가 만들어졌다. 주홍색의 옷을 갖춰 입은 척탄병 한 무리가 선두에 서고, 녹색 의장의 사냥꾼 한 무리가 이어졌다. …… 고등법원장의 복귀(10월 20일) 시에는 더욱 많은 데모 행진이 있었다. …… 모든 단체, 모든 동업조합이 원장 앞에 열을 이루어 진출하고, 과장된 축사를 하였다. 원장은 고등법원의 이름으로 모두에 대하여 간결하고 위엄 있는 태도로 왕처럼 응하였다"(A. de Tocqueville, *L'Ancien Régime et la Révolution*, 2 vols., Paris: Gallimard, 1953, vol. 2, p. 98).

이는 다름 아닌 법률의 등록 거부와 건언서의 제출이라는 고등법원 최대의 무기를 박탈하는 것이었다. 1715년 루이 14세의 죽음으로 섭정의 지위에 오른 오를레앙 공은 고등법원이 등록에 앞서 건언서를 제출할 권한을 부활시켰다. 오를레앙 공은 섭정의 권한을 제한하는 루이 14세의 유지遺志를 거슬러 자신의 권력을 확보하기 위해 고등법원의 협력이 필요했던 것이다. 이처럼 고등법원은 오랫동안 강요당한 침묵을 깨고 왕권에 저항할 수단을 되찾게 되었다.

고등법원과 왕권은 장세니슴과 재정에 관한 문제로 대립의 불씨를 지피게 된다. 엄격한 운명예정설에 기초해 개인의 내적 회개를 중시하는 장세니슴은 로마교황이 정점이 되는 교회의 통일성과 질서를 교란하는 자로 교황청으로부터 공격 받고 있었는데, 왕권과 교권이 엮여 있는 구체제에서 종교문제는 늘 정치문제이기도 했다. 1713년 장세니슴을 이단이라 공격하는 백한 가지 조항으로 된 로마교황의 회칙 '우니게니투스'와 함께 이 문제는 왕권과 고등법원의 중심 분쟁으로 떠올랐다. '우니게니투스'가 프랑스 주교회의에서 승인되자 파리고등법원도 이 회칙을 1714년 2월 루이 14세의 칙령에 따라 어쩔 수 없이 등록한다. 이 문제는 고등법원에 교의의 문제이기보다 프랑스 교구와 왕권의 독립성에 관한 문제이며, 그들의 기본 입장인 '갈리카니슴'에 관한 문제였다. 특히 문제가 된 것은 '우니게니투스'의 파문에 관한 조항이다. '우니게니투스'는 교황이 국왕에게 파문을 선언할 경우, 만일 그 파문이 부정할 경우에도 신민이 교황의 의지에 따르도록 되어 있기 때문이다. 고등법원은 이 조항에 대해 로마에 무조건적 복종을 요구하고 국왕에 대한 저항을 정당화한다고 비난했다. 고등법원에 따르면 '우니게니투스'는 왕국의 본질인 국왕에 대한 복종을 부정하고 왕국을 철저히 '분열'schisme 상황에 빠뜨리는 것이었다. 이 주장은 파리대학 신학부와 하급 성직자의 지지를 받았다.[36]

루이 14세의 죽음으로 우니게니투스 반대파가 활기를 띠었다. 1717년 3월 주교 네 명이 우니게니투스 문제를 파리대학 신학부에 제소했고, 다른 주교와 사제, 그리고 교회 참사회 등이 그 뒤를 이었다. 로마교황은 이러한 움직임을 엄중히 질책하면서 1718년 9월 우니게니투스에 대한 복종을 거부하는 자를 가톨릭교회에서 파문한다는 서한을 송부한다. 그러나 도리어 교황의 강경한 자세가 우니게니투스 반대파를 강하게 자극해, 열아홉 명의 주교가 새로이 제소해 여러 성직자가 그 뒤를 이었다. 고등법원은 교황의 회칙이 자의적이며 교권 남용이라고 비난했으며, 그렇게 우니게니투스 문제가 중대한 쟁점으로 떠올랐다. 섭정은 고등법원을 지지했으나, 혼란이 확대되지 않도록 이 문제를 양측에 거듭 침묵하도록 명했다. 더욱이 1720년 8월 4일 선언에서는 우니게니투스 준수를 요구하며 이 문제를 제소하지 못하게 하고 다시금 침묵을 명해 사태를 가라앉히려 했다. 이 선언은 수정을 거듭해 등록하려 한 파리고등법원을 빼고 다른 모든 지방고등법원이 등록을 마침으로써 사태는 잠잠해지는 듯했다.

그러나 우니게니투스 문제는 단순히 교의 문제를 넘어 국가법으로서의 효력 문제로 제기되어 고등법원의 등록 및 건언권과 관련되면서 계쟁을 은폐하려는 선언 한마디로 잠잠해질 턱이 없었다. 섭정 사후死後(1723년)에 권력의 자리에 오른 플뢰리 추기경은 장세니슴을 강력히 반대하는 파로서, 우니게니투스에 반대하는 자들을 연이어 공격했다. 1730년에는 그의 뜻이 바탕이 되어 우니게니투스가 "교회의 법임과 동시에 국가의 법"이며, 이를 인정하지 않는 자를 성직에서 제하라고 국왕이 선언하고, 더욱이 1732년 파리 대주교가 장세니스트의 『교회신보』 간행을 금하자 다시금 분쟁이 촉

36 Egret, *Louis XV et l'opposition parlementaire*, pp. 18~19; 木崎喜代治, 「18世紀におけるパルルマンと王権 1」, 27~28頁.

발되고 격화되었다. 우니게니투스가 국가의 법이 됨으로써 왕권과 고등법원 모두 한치의 물러섬도 없는 쟁점이 된 것이다. 대법관은 고등법원에 침묵을 명하였지만, 1732년 5월 13일 고등법원은 국왕이 고등법원에 위임한 직무를 박탈한다면 사임도 불사한다고 저항하였다. 다음 날 두 명의 사법관이 체포되었고, 5월 16일 고등법원 예심부와 심리부가 파업에 들어갔지만, 일주일 후 국왕의 파업 중지 명령이 떨어지자 고등법원도 이에 복종했다. 정부는 여기에 쐐기를 박기라도 하듯 그해 8월 18일 규율령을 부과한다. 종교상의 안건 제출은 검사 또는 고등법원장에 한하며, 같은 안건의 건언서를 거듭 제출할 수 없고, 재판 업무 정지의 금지가 그 주된 내용이었다. 다음 날 파리고등법원이 기존의 관행을 크게 바꾸는 이 규칙에 저항해 파업에 들어가자 정부는 9월 6일 사법관을 체포해 지방 도시로 추방하지만, 재판 업무의 정체에 대한 사람들의 불만이 고조되고 고등법원을 지지하는 목소리가 높아지자 11월 11일 추방을 해제함과 동시에 어쩔 수 없이 규율령의 집행을 연기했다.

그후 한동안 비교적 조용하다가 장세니슴에 엄격한 크리스토프 드 보몽Christophe de Beaumont이 1746년 파리 대주교가 되어 우니게니투스를 준수하는 강경 조치를 취하면서 분쟁이 재발되고 확대되었다. 즉 종유의 비적을 받으려면 해당 교구의 청죄사제가 서명한 청죄증명서billet de confession를 제시하게 함으로써 우니게니투스 반대자에게 비적秘蹟을 주지 않는 원칙을 엄중히 실시하려 한 것이다. 이 명령에 따라 1750년 샤틀레 재판소 재판관 샤를 코팽Charles Coffin이 청죄증명서가 없다는 이유로 종유의 비적이 거부되었고, 이어서 1752년 3월부터 1753년 5월 사이 여덟 명의 성직자와 세 명의 속인에게 비적이 거부되는 사건이 일어났다. 파리고등법원은 비적을 연달아 거부당한 생테티엔 뒤 몽 교구의 사제를 심문해 질책하고 건언서를 제출했다. 건언서에는 다음과 같이 나와 있다. "폐하의 몇몇 교구에서 남녀와 신분의 구분을 불문하고 죽음에 임박해 무정하게도 비적을 거부당한 사람들에 관해 올린 저항의 소리를 폐하의 발밑에 몇 번이나 전해 드렸는지 상기해 주시기 바라옵나이다."[37] 더욱이 1752년 12월 두 명의 성직자가 생메다르Saint Médard의 사제에 의해 종유의 비적이 거부되자, 고등법원은 파리 대주교 보몽에게 이 조치를 중지하도록 요구했다. 이에 보몽은, 주교가 자신의 양심과 나의 지시에 따라 비적을 거부했으며, 비적 문제는 순전히 신앙에 관한 사항이므로 자신은 신에게만 책임을 진다고 답하며 고등법원의 요구를 거부했다. 고등법원은 대주교의 회답이 왕의 권위를 뒤로하고 교회의 독립을 주장한다고 보고 대주교의 수입을 압류하는 한편, 이 사건의 심리를 위해 중신격 귀족을 소집한다. 여기에 국왕은 중신격 귀족의 소집을 금함과 함께, 대주교의 수입 압류를 해제해, 이 사건을 추밀원에 이관했다.

종유의 비적에 임하며 청죄증명서를 제출하라는 요구를 강행한 보몽은 파리 시민의 불평을 샀다. 1752년 파리고등법원의 변호사 장 프랑수아 바르비에]ean François Barbier는 다음과 같이 쓴다. "분쟁을 일으켜 온갖 혼란의 근원이 된 대주교를 사람들은 증오하고 경멸하고 있다. …… 실제 종교의 이익에 아무런 도움을 주지 못한 채 단지 장세니스트를 상처 입히려 청죄증명서를 강제하는 것에 사람들은 어떤 호의도 갖지 않는다."[38] 1752년 장세니스트라는 이유로 종유의 비적을 받지 못한 채 숨진 르 메르Le Maire의 장례대열에 파리 시민이 다수 참여한 것은, 파리 시민의 이러한 감정을 나타낸다.[39] 이에 관한 고등법원의 건언서는 모조리 되돌려졌지만 파리 시민의 목소리를 한데 모을 수는 있었다. 고등법원이 1752년 4월 18일 청죄증

---

37 Flammermont, *Remontrances du Parlement de Paris au XVIIIᵉ siècle*, vol.1, p.420.
38 Egret, *Louis XV et l'opposition parlementaire*, p.52.
39 Flammermont, *Remontrances du Parlement de Paris au XVIIIᵉ siècle*, vol.1, p.485.

명서를 제출하지 않아 비적 거부를 금하는 재결을 냈을 때 파리 시민은 호평했다. 볼테르는 다음과 같이 쓴다. "이 재결은 파리에서 1만 부 이상 팔렸으며, 누구든지 '이것이 나의 청죄증명서이다'라고 외쳤다."[40]

비적 거부를 둘러싼 분쟁이 지속되어 고심하던 왕권은, 1753년 2월, 비적 거부 관련 고소와 고발을 중지하도록 공개영장을 내리지만, 비슷한 시기에 고등법원도 이 문제에 관한 건언서를 준비하고 있었다. 4월 9일 만장일치로 채택된 이 장문의 건언서('대건언서'라 불린다)는, 교회 당국에 의해 "군주정의 본질 그 자체에 가해진 공격의 일람표"[41]를 체계적으로 고발하는 것이었다.

건언서는 말한다. 왕국의 모든 기초는 왕의 권위와 그에 대한 복종에 있다. 왕의 권위가 없어진다면 모든 것이 혼란에 빠지며, 왕에 대한 복종이 약해질수록 국가의 힘은 분할되고 왕국은 내부로부터 붕괴된다. "만일 소수의 신민이 복종을 면할 수 있다면 군주의 권위는 불완전하고 무익해진다."[42] 그러나 교회 당국은 몇 세기에 걸쳐 왕의 권위라는 원리와 '독립 정신'을 대립시켜 하급 성직자들을 자의적으로 지배해 왔다. "성직자들이 독립 체계를 강고히 하기 위해 노력을 계속하고 있사온데, 그 기초는 대략 천년 전에 제기되었습니다. 시대와 함께 이 원리는 몇몇 교회 사제의 행동 속에서 결합·발전되어 왔습니다. 그 결과는 폐하의 거룩한 어명과 종교의 최대 남용이며, 올바른 질서, 공공의 평온, 규칙에 따른 재판권, 법, 더 나아가 폐하의 주권 그 자체의 근절이며, 따라서 국가 전체의 멸망입니다."[43]

심지어 '우니게니투스' 이후 교회 당국이 독립을 위해 더 많은 힘을 써,

40 Egret, *Louis XV et l'opposition parlementaire*, p.58.
41 Flammermont, *Remontrances du Parlement de Paris au XVIIIe siècle*, vol.1, p.522.
42 *Ibid.*, vol.1, p.524.
43 *Ibid.*, vol.1, p.530.

그들의 원리와 행동에서 "국가 제도를 형성하는 모든 원리를 흔드는 분열"[44]이 생겨났다. 이 분열 기획을 저지하는 힘은 국왕의 수중에, 법의 엄정한 집행 속에, 즉 오직 고등법원의 활동에 있었다. "폐하의 고등법원이 분열의 장본인들을 재판해 벌함에 따라 분열의 공격을 근본부터 막을 수 있는 것은 이제 어디에도 없습니다. …… 저희는 폐하를 섬기는 것을 영광으로 여기며, 그를 위해서는 한순간도 쉼 없이 활동해야 합니다. 저희 활동을 제지하시는 것은 저희를 멸하게 하는 것입니다. 그것은 종교적으로도 치명적 분열을 초래하며, 폐하의 주권과 국가에 무엇보다 치명적인 공격을 가하는 일입니다. 폐하의 노여움을 살지, 아니면 폐하를 섬기는 강고한 열망에서 비롯되는 의무를 배신할지 그 가혹한 양자택일을, 폐하의 어명을 남용하는 자들이 저희에게 강요한다면, 이 열망은 끝이 없을 것이며, 폐하를 향한 충성의 희생자가 될 때까지 충실히 남기로 결의했음을 그들은 알게 될 것입니다."[45] '대건언서'는 이렇게 끝맺는다.

5월 4일, 국왕은 이 건언서를 평온의 유지와 재건에 장애를 초래한다고 여겨 수취를 거부해, 2월에 제출한 공개영장의 등록을 다시금 명했다. 고등법원은 그다음 날 건언이 전달되기까지 대심부를 제한 재판 업무를 정지하는 파업에 들어갔다. 5월 7일 국왕은 업무 재개와 공개영장의 등록을 명하지만 이를 고등법원이 받아들일 리 없었고, 다음 날 네 명의 사법관이 투옥되고 176명의 예심부와 심리부 사법관이 앙굴렘, 크렐몽폐랑 등의 지방 도시로 추방되었다. 9월에는 대심부도 업무 정지에 들어가 퐁투아즈로 추방되었다. 정부는 재판 업무의 공백을 메울 국왕 심리부를 설치했으나 실효성이 없었으며, 추방된 사법관들의 피로가 짙어진 1754년 9월 2일, 사법관

---

44 *Ibid.*, vol. 1, p. 607.
45 Flammermont, *Remontrances du Parlement de Paris au XVIIIe siècle*, vol. 1, p. 609.

들의 추방을 해제해 파리로 다시 불러들이라는 국왕의 선언이 내려졌다. 이 선언은 국왕이 위임한 업무를 방기한 고등법원을 질책하고 '우니게니투스'를 둘러싼 지지파와 반대파 양측에 침묵을 명하며, 그 명을 파기한 자를 처벌하도록 고등법원에 명하는 것이었다. 9월 4일, 이 선언이 고등법원 회의에 등록되면서 1년 4개월에 걸쳐 파업과 추방을 몰고 온 분쟁이 끝났다.

그러나 이 선언에도 불구하고 잇따라 비적이 거부되자 고등법원은 비적 수여를 거부하는 성직자에게 국왕 선언을 엄중히 적용한다. 12월 3일, 국왕은 분쟁 종식과 평화 회복을 위해 대주교 보몽을 파리 근교 콩프랑으로 추방했다. 바르비에는 다음과 같이 쓴다. "이리하여 사건은 공중이 만족하는 방향으로 끝났다. 사람들은 의연히 평화의 유지 편을 든 국왕을 칭송했다. 지난 2년간 국왕을 깎아내린 만큼 추켜세운 것이다. 이것이 인민이다. 고등법원은 승리해 득의양양해 있었다."[46]

그러나 보몽이 여전히 강경한 탓에 비적 거부가 끊이지 않자 고등법원은 이를 비난하며 평화 회복을 위해 9월 2일 국왕 선언의 준수를 요구하며 보몽에게 사자를 보냈다. 이에 보몽은, 세속의 법정이 비적 문제에 참견할 권한이 없기에 그것을 고등법원에 상세히 설명할 필요가 없다고 답했다.[47] 고등법원은 이 회답을 왕의 권위 자체에 대한 공격으로 보고 국왕 앞으로 적절한 조치를 요청했다. 루이 15세는 대주교를 비난하면서도 비적 수여를 거부한 성직자를 완만히 처분할 것을 요구했다. 1755년 3월 18일, 고등법원은 '우니게니투스'가 신앙의 규칙임을 인정하지 않고 그 집행을 금하라고 판결했다. 사법관들은 박수와 함께 이 판결 보고를 맞이했다. "[고등법원의] 대법정은 기쁨에 넘쳤다. 이 판결에 대해 바르비에는 '우니게니투스'의

---

46 Flammermont, *Remontrances du Parlement de Paris au XVIIIe siècle*, vol.2, p.vii.
47 *Ibid.*, vol.2, p.1.

근절과 무효화로 보았다"라고 쓰고 있다. 이 판결은 그날 밤 인쇄되어 이튿날 아침 파리 거리에서 많은 사람들에게 읽혔다.[48]

이 판결은 '우니게니투스'에 관한 국왕 선언을 모두 부정하고, 특히 1754년 9월 2일의 침묵명령에 반하는 것이었다. 더욱이 고등법원은 보몽이 파리의 주임사제들을 소집해 '우니게니투스'의 준수를 지시한 것을 문제 삼아 그들을 소환해 대주교의 지시 내용을 심문했다. 득의양양한 고등법원의 공세에 놀란 국왕은 4월 4일의 추밀원령에 따라 3월 18일의 판결을 파기해 '우니게니투스'가 교회와 국가의 법임을 다시금 확인했다. 그러나 루이 15세도 분쟁을 가라앉히기 위해 청죄증명서를 폐지할 수밖에 없다고 보고, 보몽도 이에 반대하지는 않았다. 국왕의 뜻을 받아 주교회의가 이 문제를 심문했으나 결론을 내지 못하고, 로마교황의 재결에 부쳤다. 로마 주재 대사인 에티엔 프랑수아 드 슈아죌Étienne-François de Choiseul 공의 설명을 들은 교황은, 인간의 지혜를 넘는 은총이라는 사항이 정치적 분쟁의 불씨가 되는 데 놀라며 프랑스 정부의 뜻을 받아들여 이 문제를 신학교에서 논할 사항이라 답했다. 결국 '우니게니투스'의 준수는 모든 기독교도가 '영원한 구제'를 받기 위한 의무이나, 종유의 비적 거부는 '분명히 죄를 범한 악명 높은 자'로 한정한다는 1755년 10월 16일의 교황 회람에 따라 가까스로 문제의 결말을 보게 되었다.[49]

고등법원의 계속된 저항에 시달린 왕권은 고등법원을 다른 기관으로 변경하고자 했는데, 사소한 사건을 계기로 이것이 실행되었다.

1755년 한 기병사관이 최고법원 중 하나인 대평의회grand conseil의 명예 평의원과 분쟁을 일으켜 샤틀레 재판소에 고소했다. 대평의회의 명예 평의

48 *Ibid.*, vol. 2, p. 4.
49 Egret, *Louis XV et l'opposition parlementaire*, p. 71.

원은 자기 지위를 이유로 샤틀레 재판소가 아닌 대평의회에서 심리를 바랐다. 대평의회는 1497년 국무회의에서 분리된 재판기관에서 왕국 전체를 관할에 두어, 고등법원에서 공평한 심리를 기대하기 어려운 사건, 가령 고등법원의 은전恩典에 관한 사항, 여러 법정에서 내린 재결과 규칙이 대립할 경우 조정 등을 맡는 곳으로 여겨졌다. 따라서 고등법원과 대평의회는 권한의 지점에서 경합관계였는데, 이 사건이 양자의 대립을 대번에 격화했다. 대평의회는 명예 평의원의 요청을 받아들여 샤틀레 재판소 앞으로 소송서류를 대평의회로 이관하라고 명했다. 7월 16일 파리고등법원은 이 사건을 샤틀레 재판소 외에서 심의할 것을 금하지만, 이미 서류는 대평의회에 송부된 상태였다. 9월 13일 국무회의는 대평의회의 6월 28일자 명령의 집행을 명해, 국왕은 10월 10일 재판기관으로서의 대평의회의 행동에 고등법원의 재가가 필요하지 않다고 선언했다. 대평의회는 이를 하급 재판소에 송부해 각 재판소에서 그것을 따르도록 요청했다. 이 일련의 움직임은 왕국에 대한 고등법원의 지위 그 자체를 뒤흔드는 것이었다. "이미 [고등법원] 개개의 특권이 문제가 아니었다. …… 대평의회는 고등법원이 국가에서 점하는 지위와 역할, 고등법원을 보통재판소의 필두의 지위로 두는 권한을 갈망했다."[50]

비적 거부 문제에 대해 루이 15세는 고등법원을 엄중히 질책하며 침묵을 명했다. 그러나 파리 대주교에게도 동시에 침묵을 명하고 파리에서 추방하기까지 했다. 국왕은 적어도 원리적으로는 초월적 중심에서 대립하는 양자를 넘어서는 입장에서 발언하고 유화를 꾀했다. 그러나 고등법원을 대평의회로 대체하려는 기획에서, 국왕은 이미 대립을 초월하는 자리에 설 수는 없었다. 국왕은 고등법원과 직접 대립하는 당사자이며, 그 결과 양자

---

50 Egret, *Louis XV et l'opposition parlementaire*, p.73.

가 초월적인 제3자로서 여론을 얻기 위해 투쟁을 벌이는 구도가 한층 선명해졌다.

파리고등법원은 대평의회와 이를 지지하는 왕권의 움직임을 "파리 재판소의 근본적인 권리를 파괴하기 위해 왕국의 국제國制를 직접 공격"[51]하는 것으로 파악하고 11월 27일 기나긴 건언서를 제출했다. 이 건언서의 근본은, 왕 개개의 명령과 선언보다 앞서 왕국의 국제를 우월한 것으로서 정면에 내세워 국왕 선언에 이의를 제기하는 것으로서, 다음과 같이 요약된다. 첫째, 고등법원은 프랑스 왕국과 함께 태어난 정치체의 본질적인 일부분이다. "군주정은 1300년에 걸쳐 존재했으며, 폐하의 고등법원도 1300년에 걸쳐 존재해 왔습니다. 고등법원은 늘 변치 않는 법정을 형성하고 같은 임무를 맡아 왔습니다." 그 본연의 자세에서 고등법원은 '국민의 전국회의' l'Assemblée générale de la nation이다.[52] 둘째, 왕령과 법률은 고등법원에 의해 등록되며 비로소 합법적 자격을 얻는다는 것이 왕국의 기본법, 근본적 격률이다. "이 격률은 폐하의 지상의 권위를 해치거나 분할하지 않고, 왕국을 설립한 정복자들이 일찍이 잘못 행사한 빛나는 주권의 완전함을 변함없이 유지하는 것입니다."[53] 셋째, 고등법원은 '법의 보관소'의 임무를 맡는다. 법의 보관소는 안전을 위해 불가결하며, "당대 사회와 후대 자손이 시민의 권리, 신분의 증명, 재산의 자격을 확인"하는 장소로, "국민의 가장 귀중한 공유 재산"이다.[54] 그 기원과 권능에서 견줄 수 없는 대평의회가 고등법원을 대신한다는 것은 한없는 월권일 뿐 아니라, 국제 자체를 뒤엎으려는 기도라

---

51 Flammermont, *Remontrances du Parlement de Paris au XVIIIᵉ siècle*, vol. 2, p. 21.
52 *Ibid.*, vol. 2, p. 26. 고등법원이 '국민의 전국회의'라는 견해는 역사적으로 오류이지만 이러한 자부심이 왕권에 대한 저항을 떠받치고 있었다. 루이 15세는 이윽고 고등법원의 자부를 "분수에 지나치게도 국민을 군주로부터 구별된 단체로 하는 것"이라고 비난하였다(*Ibid.*, vol. 2, p. 558).
53 *Ibid.*, vol. 2, p. 31.
54 *Ibid.*, vol. 2, p. 23~24.

고 말해야 한다. "유일한 주권자, 유일한 법정, 유일한 법체계, 이것이 정치질서의 삼원칙입니다."[55]

이들 논점은 몽테스키외의 중간적 권력론과 루이 아드리앵 르 페이지 Louis Adrien Le Paige가 제기한 '분지分肢의 이론'에서 이론적으로 뒷받침된 것이었다. 주지하다시피 몽테스키외는 군주정과 전제정의 차이를 법에 기초한 지배 여부로 보고, 법의 등록과 보관을 담당할 기관으로 고등법원을 중시했다. '분지론'이란, 고등법원이 본래 단일한 것으로서, 각 지방의 고등법원은 그 분지일 뿐이라는 견해이다. '분지론'은 이 건언서에서 그리 크게 제창되지 않지만, 왕국과 고등법원의 성립에 대한 동시성의 주장에서 그 일부를 볼 수 있어, 1756년 8월 22일의 건언서에 명확히 주장되기에 이른다. "수도의 재판소와 다른 모든 재판소는 유일하고 단일한 고등법원의 다양한 분지이며, 같은 정신으로 움직이고 같은 원칙으로 길러져 같은 대상에 관여하는 유일하고 단일한 단체의 다양한 성원입니다."[56] 그것이 설립된 연차가 다양한 점을 보아도 고등법원은 필요에 따로 따로 설립된 것이며, 따라서 분지론은 역사적 근거가 없지만, 각 고등법원이 단결하기에 무엇보다 유효한 무기였다.[57] 르네 루이 다르장송René Louis d'Argenson은 1755년 12월 3일 "모든 고등법원은 왕의 권위에 반대하는 동맹을 선언했다. 사람들은 매우 위험하고 …… 중대한 결과를 불러일으키는 길을 따라가기 시작했다"라고 쓰고 있다.[58]

이처럼 고등법원과 왕권의 항쟁이 갈수록 확장되는 가운데, 고등법원은 주장을 확대 심화시켜 국제와 그 안에서 고등법원의 지위를 논하기에

---

55 Flammermont, *Remontrances du Parlement de Paris au XVIIIe siècle*, vol.2, p.34.
56 *Ibid.*, vol.2, p.138.
57 각 고등법원이 실제로 같은 주장을 같은 열의로 주장했다는 것은 아니다. 예를 들어 곡물 거래의 자유화에 관해서는 각 지방의 이해관계 차에 따라 각 고등법원의 주장도 달랐다.
58 Egret, *Louis XV et l'opposition parlementaire*, p.76.

이르렀다. 이미 각 법률의 개별적 내용에 대한 시비가 아니라, 정치체 자체를 문제 삼게 된 것이다. 그리고 이와 함께, 건언서에 쓰이는 언어도 변했다. 이전 건언서에서 흔히 볼 수 없던 '국민', '자유로운 국민', '시민의 권리' 등의 언어가 쓰이며 고등법원은 '국민의 대표'를 자임해 발언하게 된다. 렌고등법원의 건언서(1757년 8월)는 다음과 같이 말한다. "고등법원은 왕의 이름으로만 국민에게 말하며, 국민의 이름으로만 왕에게 말합니다. 건언서는 국민의 건언서입니다. 고등법원이 건언서를 작성할 권리는 모든 자유로운 국민의 권리입니다. 건언할 권리의 근절은 자유로운 인민을 쇠사슬로 묶는 일이 될 것입니다."[59] 파리고등법원도 1764년 1월 18일자 건언서에서 다음과 같이 말한다. "사법관은 왕과 신민을 대표합니다. 신민이 복종을 꺼릴 경우 그들을 엄격한 형벌에 따라 다시 복종시키기 위해 왕을 대표하고, 인민의 고통과 사랑의 증언, 인민의 불만과 정중한 요구 표명을 왕좌 앞에 전하기 위해 인민을 대표하고 있습니다."[60] 이리하여 인민을 대변하는 기관으로서 고등법원의 이미지가 강고해진다. 다르장송은 고등법원에 대해 "인민이 말한 의견을 대신 전할 수 있는 유일한 기관"이라고 썼으며,[61] 고등법원의 정치적 주장에 적의를 품던 바르비에도 "무거운 세금에 고통받는 사람들은, 고등법원의 저항으로 어느 정도 그것을 완화할 수 있다고 기대하는 만큼, 고등법원이 이 상황에서 이익을 얻고 권위를 키우는 것은 당연하다"라고 썼다.[62]

실천 면에서도 고등법원은 인민의 지지를 얻기 위해 행동하기 시작한다. 예를 들어 우니게니투스가 신앙의 규칙임을 부정하는 고등법원의 1755

---

59 Egret, *Louis XV et l'opposition parlementaire*, p.84.
60 Flammermont, *Remontrances du Parlement de Paris au XVIIIᵉ siècle*, vol.2, p.430.
61 Egret, *Louis XV et l'opposition parlementaire*, p.91.
62 *Ibid.*, p.95.

년 3월 18일자 재결은 곧장 활자로 인쇄되고 게재되어 거리에 배포되었고, 대평의회의 명령을 따르지 않도록 지시한 1755년 10월 2일자 재결도 같은 방식으로 공표되었다. 또한 10월 10일의 국왕 선언이 공공질서를 위협한다고 한 10월 16일자 재결은 거리에 배포되지 않았지만, 활자로 인쇄되어 재판소에서 판매되었다. 건언서의 공표는 허락되지 않았지만, 고등법원은 이를 무시하여 비합법적으로 출판하여 사람들이 읽게 했다. 고등법원뿐 아니라 왕권 측도 인민을 향한 홍보를 중시했다. 대평의회는 10월 10일의 국왕 선언을 거리에 게시하고 종이에 인쇄해 판매했다. 1756년 여름, 고등법원의 개조와 법률에 관한 선언이 나오자 이를 설명하는 대법관의 연설문이 파리에 대량으로 배포되었다. 베르니스에 따르면 "고등법원의 강고한 태도에 대해 파리의 여론이 바뀌어, 왕의 선의와 좋은 의도를 받아들일 것"[63]을 기대하여 벌어진 일이었다.

이처럼 왕권과 고등법원의 항쟁이 확장되고 심화되는 가운데 공중의 목소리는 싸우는 양측 사이에 승부수로 등장했다.[64] 알렉시 드 토크빌Alexis de Tocqueville은 "고등법원과 국왕은 더 빠르고 쉽게 인민을 교육하기 위해 역할을 서로 나눠 가진 것 같다. 고등법원은 인민에게 왕권의 악행을 가르치고, 국왕은 귀족의 죄를 가르치기를 떠맡았다"라고 말했다.[65] 양자의 투쟁으로 여론 관념이 초월적 제3자로 등장했다고 할 수 있다. 여론 관념은 왕권과 고등법원의 대립이 심화되는 가운데 '정치적 발명'(K. 베이커)으로 등장해 성장한 것이다.

그러나 왕권과 고등법원의 항쟁도 보도되지 않았다면 사람들이 널리

---

63 Egret, *Louis XV et l'opposition parlementaire*, p.86.
64 도일은 왕권과 고등법원의 항쟁이 여론의 획득을 둘러싼 투쟁이었음을 강조하며, "1789년보다 훨씬 전에 이미 정치적 국가가 존재하였다"라고 기술하고 있다(W. Doyle, "The Parlements", K. M. Baker, *The Political Culture of the Old Regime*, Oxford: Pergamon Press, 1987, p.162).
65 Tocqueville, *L'Ancien Régime et la Révolution*, vol.2, p.60.

알 수 없고, 따라서 여론이 환기될 수도 없었을 것이다. 이 점에서 큰 역할을 한 것이 네덜란드에서 간행된 프랑스어 신문이다. 구체제 프랑스에서 출판물은 내용 검열과 생산 및 유통의 규제에서 형식적으로 엄중히 통제되었다. 그러나 구체제의 통례에도 출판 통제의 경우, 가령 출판지를 프랑스 밖으로 돌려 은밀히 수입하는 등 빠져나갈 구멍이 얼마든지 있어서 실질적인 효력은 적었다.[66] 정기간행물도 같은 통제를 받았는데, 특히 이에 대해서는 독점적 간행권을 허용하는 특인 제도가 있어 새로운 정기간행물을 출간하지 못하게 했다. 1750년대 출판통제국장을 지낸 말제르브는 출판의 자유를 확대하려 노력했으나, 정기간행물의 독점권에 관해서는 옹호하는 편에 섰다. 새로운 문학연보의 간행을 허가해 달라는 청에 말제르브는 다음과 같이 답한다. "문학의 정기간행물을 새로 만드는 계획은 『주르날 데 사방』*Journal des Savants* 및 외국 정기간행물의 특권과 직접 반합니다. 잊힌 작품과 잊혀서는 안 될 작품의 일부 신판新版을 문집에 삽입해 되살린다는 계획은 누구든 자유롭게 실행할 수 있겠으나, 이 계획은 정기간행물에 대해서와 같이 문집을 간행하는 오류로 공중을 끌어들이게 될 것입니다."[67]

정치 보도와 관련해서는 관보 성격을 띤 『가제트 드 프랑스』*Gazette de France*의 독점적 발행권이 프랑스 정치 신문의 탄생을 늦추었다. 『가제트 드 프랑스』의 지면은 해외 뉴스와 국내 뉴스로 나뉘어, 해외 뉴스에 관해서는 재외공관을 필두로 하는 네트워크 덕에 많은 정보가 제공되었다. 해외의 사건사고는 혁명과 소요에 관해서도 꽤 중립적이고 객관적으로 보도되었다. 볼테르는 『백과전서』의 '신문'*gazette* 항목에서 다음과 같이 쓴다. "프랑스의 관보[『가제트 드 프랑스』]는 중상모략으로 기울지 않고 비교적 제대로

66 木崎喜代治, 『マルジェルブ: フランス一八世紀の一貴族の肖像』, 岩波書店, 1986, 17~71頁.
67 P. Grosclaude, *Malesherbes, témoin et interprète de son temps*, Paris: Librairie Fischbacher, 1961, p. 69.

쓰여 있다. 외국의 신문은 그렇지 않다."『가제트 드 프랑스』의 해외 뉴스는 프랑스와 다른 정치 방식과 유럽 내 프랑스의 위치를 알리는 데 공헌했다.

그러나 국내 뉴스를 보도할 때는 사정이 달랐다.『가제트 드 프랑스』의 보도는 국왕 중심인 데다, 대부분 외교사절이나 국내 특권 단체 대표의 알현이라든지 왕가 의식 등 의례적 활동으로 넘쳐 났다. 왕권과 고등법원의 대립에 대해서도 친림좌의 형식뿐인 의식을 보도할 뿐,『가제트 드 프랑스』의 국내 뉴스는 이른바 국왕 의식의 달력에 지나지 않았다. 그것은 궁정과 마찬가지로, 국왕을 중심으로 한 '대표 구현적 공공권'에 다름 아니었다.[68] 이와 구별된 국내의 정보를 입수하려는 독자는 다른 정보원을 찾아야만 했다. 17세기 이래 손으로 쓰인 정보지가 이러한 요구를 충족시켜 왔는데,[69] 18세기 후반 네덜란드에서 간행된 프랑스어 신문(『암스테르담 가제트』*Amsterdam Gazette*,『라이덴 가제트』*Leiden Gazette,*『위트레흐트 가제트』*Utrecht Gazette* 등)이 큰 역할을 담당했으며, 독일, 스위스, 아비뇽 현지 프랑스어 신문이 뒤를 이었다. 이들 신문 대부분은 사절판 8페이지 형식으로 격주로 간행되었다. 이는『가제트 드 프랑스』에 필적하거나 능가하는 독자를 지녀 1770년대, 1780년대에는 정기구독자 4000명에 이르렀다.[70] 그들은 왕권과 고등법원의 대립, 고등법원 내부의 논리 등을 정기적으로 보도했으며, 그중에서도 이에 주력한 것은『라이덴 가제트』이다.

『라이덴 가제트』의 정식 명칭은 '누벨 엑스트라오르디네르 드 디베르 앙드루아'*Nouvelles extraordinaires de divers endroits*로, 이 신문은 네덜란드로 망

---

68 J. D. Popkin, "The Prerevolutionary Origins of Political Journalism", Baker, *The Political Culture of the Old Regime*, p.207.

69 그 대표적인 예는 루이 프티 드 바쇼몽(Louis Petit de Bachaumont)의『프랑스의 인문 공화국 역사를 이해하기 위한 비록(祕錄), 1762년부터 오늘날까지』(*Mémoires secrets pour servir à l'histoire de la République des Lettres en France, depuis 1762 jusqu'a nos jours*)이다.

70 Popkin, "The Prerevolutionary Origins of Political Journalism", p.208.

명한 위그노인 장 알렉상드르 드 라 퐁트Jean Alexandre de la Font에 의해 1677
년 발간되어 1738년 같은 위그노인 에티엔 뤼자크Etienne Luzac에 의해 명맥
을 이었다. 1750년대 이전 『라이덴 가제트』는 군사와 무역에 관해 평범한
요약 기사를 실었으나, 장세니스트에 대한 비적 거부가 잇따르며 고등법원
과 왕권의 대립이 격화되자 이 문제를 '모든 공중의 관심의 초점'으로 보고
많은 지면을 할애해 각지에서 일어나는 사건을 보도하고 분석하게 된다.[71]
1752년 6월 28일자 『라이덴 가제트』는 "분열이 확대되기 시작했다. 왕국
의 도처에서 분열이 나타나기 시작했는데, 그것은 교회가 입은 최악의 중
상"이라고 썼다.[72] 이윽고 각지에서 일어난 장세니스트에 대한 박해가 보도
됐다.[73] 예를 들어 오를레앙에서는 해당 지역 소교구의 사제가 주민 몇몇을
이단, 장세니스트로 지명해 그들에게 비적을 거부하겠다고 위협했다. 민중
은 여기에 호응해 장세니스트로 지목된 자들에게 돌을 던지고 그들을 늪으
로 던져 넣었다. 브르타뉴에서는 비적 거부로 폭동이 일어나, 질서 회복을
위해 군대 출동이 요청되었다. 다른 지방에서는 교구의 여러 교회가 몇 주
에 걸쳐 폐쇄되어, 우니게니투스의 해석을 둘러싼 주교 간 대립이 격화되
었다.[74] 이처럼 『라이덴 가제트』는 우니게니투스가 초래한 종교개혁 이래의
심각한 분열 상황을 보도하는 데 힘썼다.

---

71 캐럴 조이네스에 따르면 『라이덴 가제트』가 비적 거부를 둘러싼 대립에 주목하기 시작한 것은 1752년
   봄부터이며, 가장 많은 지면을 낸 것은 1755년 6월부터 10월, 이듬해 1월, 3~5월의 시기는 지면의 50퍼
   센트를 넘었다(C. Joynes, "The Gazette de Leyde: The Opposition Press and French Politics, 1750-1757", J. R.
   Censer and J. D. Popkin, *Press and Politics in Pre-Revolutionary France*, Berkeley: University of California
   Press, 1987, p.169).
72 Ibid., p.145.
73 우니게니투스에 의한 장세니스트의 박해를 상세하게 보도하고 여론을 환기한 것은 1728년부터 간행
   된 장세니스트의 신문 『교회신보』이다. 이 신문은 탄압을 교묘히 빠져나와 서민 투고란을 만들어 각지
   의 박해 실정을 보도하였다(A. Farge, *Dire et mal dire, L'opinion publique au XVIIIe siècle*, Paris: Seuil,
   1992, pp.63~89; E. Hatin, *Histoire politique et littéraire de la presse en France*, Paris: Poulet-Malassis et de
   Broise, 1859, vol.3, pp.432~446).
74 Joynes, "The Gazette de Leyde", pp.146~147.

비적 거부 문제를 보도하는 가운데 파리 대주교와 교회 당국이 비적 거부에 따른 종교적 박해와 분열을 일으킨 장본인으로 그려졌으며, 이와 대조적으로 고등법원은 인민을 종교적 박해로부터 수호하는 영웅으로 그려졌다. 한편 국왕은 양자의 대립을 조정하려 하면서도 이렇다 할 방책을 찾아내지 못하고, 섣부른 임시변통으로 사태를 한층 악화시켰다고 평가받았다. "모두가 근절되기를 바라는 폐해가 나날이 악화되는 듯 보인다. 병을 고치려 한 방책이 도리어 더욱더 고치기 힘들게 만드는 듯하다."[75]

『라이덴 가제트』는 사건을 객관적으로 보도하는 자세를 유지했으나, 여전히 고등법원을 지지하는 입장을 명백히 했다. 1753년 5월 8일 파리고등법원의 사법관이 파리에서 추방되었다는 사건 보도에서는, 소문을 들은 군중이 재판소 문전에 모여 사법관에게 공감을 드러내며 사태를 지켜보는 모습을 실었다. "공중이 언제나 자기 권리의 옹호자라고 보아 온 이렇듯 많은 사람들이 치욕당하는 것을 보고, 파리 전체가 아연한 상태이다. …… 이 충격적인 사건의 갈피를, 모든 사람이 얼마나 관심을 가지고 지켜보는지 말로 다 표현하지 못할 정도이다."[76] 그로부터 6개월 뒤 보도에서는 다음의 에피소드가 전해진다. "공중은 이 존경할 단체의 운명에 크나큰 관심을 보인다. 지난 주 어린 신문팔이들이 '고등법원의 법령이오!'라고 외치자 사람들은 파리고등법원의 법령이라 굳게 믿고 어떤 법령인지, 어느 고등법원의 것인지도 보지 않고 값을 두세 배는 더 주고 사 갔다. 사실 툴루즈고등법원이 낸 것으로, 심지어 국무회의가 허가한 것이었다."[77] 『라이덴 가제트』는 이러한 사건의 보도뿐 아니라 파리와 여타 고등법원의 건언서 및 재결의 전문 혹은 요약을 연재하며 고등법원의 주장을 전했다. 고등법원도 『라이

---

75 Ibid., p.155.
76 Ibid., pp.151~152.
77 Ibid., p.155.

덴 가제트』를 비적 거부 문제뿐 아니라 정부와 행정에 관한 스스로의 주장을 널리 호소할 장소로 활용했다. 고등법원과 『라이덴 가제트』는 서로 연대해 교회 당국과 왕권에 저항하고 있는 듯했다.

고등법원을 대평의회로 대치한다는 기획은 『라이덴 가제트』에 있어서도 국제를 뒤흔들 중대 문제이며, 『라이덴 가제트』는 이 기획에 명백히 비판적 태도를 취했다. 공격받고 있는 것은 합법적 정치체의 기초를 이루는 "법의 보관소"이며, "정치체의 기초 자체가 뒤집히고 자의적인 정부의 유해한 기획에 희생되려 하고 있다"라고 『라이덴 가제트』는 평가했다(1756년 5월 14일호). 신문은 이 기획에 대해 "단순히 고등법원뿐 아니라 시민, 사법질서, 왕족과 중신, 전반적 통치, 왕국의 국제, 기본법의 신성에 있어서도 종언을 고하는 일이 될 것"이라고 1756년 4월 6일 썼다.[78] 이 문제로 관련 서적과 팸플릿 등이 범람했는데, 『라이덴 가제트』는 그러한 논의를 발췌, 요약하며 고등법원에 연재했다. 이리하여 『라이덴 가제트』는 국제의 문제를 추상적 이론이 아닌 구체적 현실 속에서 논의할 장을 마련했으며, 더 나아가 궁정과 교회, 고등법원이라는 닫힌 공간보다 독자들이 문제를 논의할 더 넓은 장을 만들어 냈다.[79] 『라이덴 가제트』를 필두로 외국 신문이 여론을 형성하는 데 직접 기여한 바는 이뿐이 아니었다. 『가제트 드 프랑스』에서 왕은 모든 인물과 사항이 수렴되는 중심이었음에 비해 『라이덴 가제트』에서는 많은 등장인물 중 하나일 뿐이었다. 『라이덴 가제트』는 왕을 초월적

---

78 Joynes, "The Gazette de Leyde", p.164.
79 네덜란드에서 간행되는 프랑스어 신문은 당국의 눈엣가시였다. 말제르브마저도 다음과 같이 썼다. "『암스테르담 가제트』와 『위트레흐트 가제트』가 널리 읽히고 있는데, 왕국에 불씨를 지피고 국가에 불리하기 짝이 없는 혼란의 관념을 나라 밖에 꾸준히 전하고 있다. 여기에 더하자면, 무질서를 부추기는 자들은 실로 이러한 방법을 이용해서 제 딴에는 힘주어 외치는 용기 없는 의견을 공중에 널리 퍼뜨린다"(Grosclaude, *Malesherbes, témoin et interprète de son temps*, p.73). 말제르브는 이러한 외국 신문의 유통을 막기 위해 내정 관련 기사를 삭제한 외국 신문을 국내에서 간행하여 그 유입을 금지하거나, 판매에 관한 독점권을 폐지하는 방책을 제안했다.

중심에서 끌어내림으로써, 여론을 초월적 심급으로 등장시키는 데 간접적으로 기여한 것이다.

3. '병 속의 치료약' : 루소의 여론관

이렇게 탄생한 여론 관념에 대해 그 형성과 힘의 비밀을 분석한 이가 루소이다.[80] 루소는 『연극에 관해 달랑베르에게 보내는 편지』(1758)에서 본격적으로 여론의 문제를 거론하는데, 루소에게 여론의 문제는 내용의 옳고 그름이 아니라 사회적 힘, 그것이 미치는 사회적 기능이었다. 이 점은 루소의 여론관을 검토할 때 먼저 주의해야 할 필요가 있다.

루소는 여론을 단적으로 '타인의 의견'이라 정의하고, 그 힘에 주목한다. "우리 습관은, 은신처에서의 경우 우리 자신의 감정에서 생기겠지만, 사회에서의 경우 타인의 의견에서 생겨납니다. 사람들이 자기 안이 아닌 타인 안에서 살 때, 모든 것을 결정하는 것은 타인의 판단입니다."[81] 왜 사회인은 그토록 타인의 의견에 관심을 기울이는가? 왜 타인의 의견은 그토록 강력한가? 로크라면 인간의 본래적 사회성에서 해답을 찾아낼 이 문제의 해답을, 루소는 사회인의 본질적 감정인 자존심l'amour propre에서 찾는다.

잘 알려진 것처럼, 루소는 자기애l'amour de soi-même와 자존심을 구별했다. 자기애는 모든 동물을 자기보존으로 향하게 하는 자연의 감정임에 비

---

80 루소는 베네치아 주재 프랑스 대사인 피에르 프랑수아 몽테규(Pierre-François Montaigu) 백작의 비서로 일할 때, 여론 중에서도 프랑스의 외교에 관한 여론에 관심을 가졌다(C. Ganochaud, *L'opinion publique chez Jean-Jacques Rousseau*, Paris: Librairie Honoré Champion, 1980, p.3). 예를 들어 루소가 대사의 대리로 쓴 서간에 '여론'(opinion publique)이라는 어구를 볼 수 있다(J.-J. Rousseau, "Dépêches de Venise", *Œuvres complètes de Jean-Jacques Rousseau*, vol.3, Paris: Gallimard, 1964, p.1184). 또한 루소에 있어 여론의 사회심리학을 검토한 사쿠타 게이이치의 분석이 풍부한 논의거리를 보여 준다(作田啓一, 『ジャン-ジャック・ルソー』, 人文書院, 1980, 64~68頁).

81 ルソー, 『演劇に関するダランベール氏への手紙』, 85頁.

해, 자존심은 사회 안에서 타자와 비교하며 생기는 인위적 감정이다.[82] 사람들의 결속이 안정적이고 영속적으로 자리 잡히면 "각자가 타인에게 주목하기 시작하고, 자신도 주목받기를 바라게 되며, 공중의 존경이 하나의 가치를 지닌다".[83] 인간은 서로를 평가하고 누구든지 타인에게 존중받기를 원하며, 그것 없이는 살 수 없게 된다. '자기애'가 자기보존으로 향하는 자연발생적인 감정이며, 자기보존에 필요한 욕구의 충족과 함께 충족되는 감정임에 비해, '자존심'은 타인과 비교해 그들의 평가를 원하는 감정이므로 끊임없이 커 나간다. 그리고 타인의 평가를 얻기 위해서는 그에 걸맞게 성품이 좋거나, 좋은 척이라도 해야 한다. 자존심의 성장과 함께 "존재와 외관은 전혀 다른 두 가지가 된다".[84] 사회인들에게 중요한 것은 나는 누구인가가 아니라 타인에게 어떻게 보이는가이다. 더 정확히 말하면, 사회인은 타인에게 어떻게 보이는가를 통해서만, 즉 타인이라는 거울을 통해서만 나는 누구인가를 인식할 수 있다. 이처럼 사람은 "동포의 지배자가 되면서도 어떤 의미에서는 그 노예가 된다.[85] 타인의 의견인 여론이 '세간의 지배자'가 되는 것이다.

루소에 따르면, 여론은 사회와 함께 태어나 성장하는 사회적인 것이며, 법과 권력에서 독립돼 있다. "공중의 판단만큼 지상의 권력에서 독립된 것은 없다."[86] 그뿐 아니라 여론은 왕의 권력마저 지배할 힘을 가져—"왕 자신이 그[여론] 최초의 노예입니다."[87]— 이성도 도덕도 법도 여론을 타파할 힘이 없다. 이처럼 루소는 기본법, 시민법, 형법이라는 국가를 구성하는

82 ルソー, 『人間不平等起源論』(1754), 原好男 訳, 『ルソー全集 4』, 白水社, 1978, 287頁.
83 앞의 책, 238頁.
84 앞의 책, 243頁.
85 앞의 책, 243頁.
86 ルソー, 『演劇に関するダランベール氏への手紙』, 87頁.
87 앞의 책, 90頁.

세 가지 법의 효력을 최종적으로 결정할 가장 중요한 '제4의 법'으로 여론을 든다. "이 법은 대리석 기둥에도 청동판에도 새겨져 있지 않지만, 시민의 마음에 새겨져 있다. 이것이야말로 국가의 진정한 골조를 이루는 것이며, …… 다른 법이 늙고 쇠할 때 이것들에 생기를 불어넣고 또는 그들을 대신하는 것……이다. 내가 말하는 이것은 습속, 습관, 특히 여론이다."[88] 여론과 습속은 여타 모든 법의 성부를 결정하며, 건물로 볼 때 다른 세 가지 법이 사회라는 둥근 천장의 아치라면 여론과 습속은 둥근 천장의 요석을 이룬다. 여론과 습속은 법과 사회체를 최종적으로 결정하는 심급이며, 법이 그것들에게 영향을 미칠 수 있는 것은 "법이 습속에서 그 힘을 끌어낼 경우"로 한정된다.[89]

여기에서 루소는 여론과 습속을 거의 대등하게 보고 있다. 실제로 루소는 다음과 같이 쓴다. "일국민의 습속과 그 국민의 존경 대상을 나누어 생각하는 일은 쓸모없다. 왜냐하면 이 두 가지는 모두 같은 원리에서 유래하기에 필연적으로 섞여 들어가 있기 때문이다."[90] 하지만 습속이 사람들의 행동양식이며 실천태로서 존재하는 데 비해, 여론은 평가의 기준이며, '일종의 법'으로서 습속에 작용해 그것을 바꿀 힘을 갖는 것으로 인식되는 일은

---

88 ルソー, 『社会契約論』(1762), 作田啓一 訳, 『ルソー全集 5』, 白水社, 1979, 162頁.
89 그러나 루소는 동시에 "하나의 인민의 여론은 그 국제(constitution)로부터 생겨난다. 법은 습속을 규정하지는 않지만, 습속이 생기게 하는 것은 법체계이다. 법체계가 약해질 때 습속은 타락한다"(앞의 책, 238頁)라고 쓰며, 법을 여론, 습속의 규정인으로 보았다. 법-여론, 습속의 규정관계에 관한 이 두 가지 모순된 것처럼 보이는 언설을 어떻게 이해해야 하는가? 나의 생각으로는 법을 여론, 습속의 규정인으로 하는 문장으로는 국제라는 말이 쓰이는 것을 보아도 추측할 수 있듯이, 법체계는 입법자에 의하여 야기된 원초적 법을 의미하는 것처럼 보인다. 입법자가 독립된 개인을 더 큰 전체의 일부로 바꿈으로써 인민을 만들어 내는 것과 마찬가지로, 원초적 법으로서 법체계는 인민의 여론, 습속이 생겨나게 한다. 그러나 일단 습속이 생겨나고 시민의 마음에 새겨지면, 그것은 국제의 토대가 되고 모든 법의 성부를 결정하는 것이다. 정부의 습속에 대한 작용에 대하여 다음의 문장도 이 독법을 지지하는 것으로 보인다. "만일 정부가 습속에 대하여 많은 것을 할 수 있다면, 그것은 처음부터 최초의 제도에 의한 것으로, 다시금 정부가 그 습속을 결정하면 이미 정부의 입장에서는 자신이 바뀌지 않는 이상 습속을 바꾸는 힘은 없다"(ルソー, 『演劇に関するダランベール氏への手紙』, 92~93頁. 강조는 인용자).
90 ルソー, 『社会契約論』, 237頁.

가능하다. 습속에 작용하는 수단으로서 법의 강제력, 여론의 지배력, 쾌락의 매력이라는 세 가지를 생각해 볼 수 있다고 루소는 말한다.[91] 그러나 법의 경우, 예를 들어 연극에 관해 말하자면, 무엇을 상연할지, 또한 상연될 연극의 주제와 형식 및 연기 방식을 규제할 수는 있지만, "공중에 그것을 즐기도록 강제할 수는 없다".[92] 법은 습속에 비해 외적인 강제를 보탤 뿐이며, 그 강제는 습속의 힘으로 튕겨 돌아온다. 좀 더 일반적으로 말하자면, 습속과 관련된 사항은 재판과 권리에 관련되는 사항처럼 "칙령과 법률에 의해 규제되지 않"는다.[93] 쾌락의 매력은 분명히 강하지만, 그것은 무엇이 쾌락인지를 정하는 판단을 전제로 한다. 그 판단 기준이야말로 여론이다. "공중이 제대로 올바르다고 판단한 것 이외는, 개인에게 어느 하나 바르거나 바람직하다고 생각되지 않습니다. 그러므로 대부분의 인간이 알고 있는 유일한 행복은 행복이라고 평가되는 것입니다."[94] 이처럼 여론만이 습속에 유효한 작용을 가할 힘이 있다고 여겨지는 것이다. "사람들의 여론을 교정해 보라. 그러면 습속은 스스로 정화될 것이다."[95]

이처럼 여론은 올바른 사회체를 최종적으로 결정하는 요인이지만, 그것이 곧 여론이 항상 오류가 없고 정의롭다는 뜻은 아니다. 여론의 지배란 '외관'의 지배이며, 여론에 동조하는 일은 자기 자신이기를 그치고 타인에게 지배받는 것과 같다. 그리고 '외관'을 지배하는 것이 재산과 부라면, 여론을 좌우하는 것은 부유한 계급이 될 것이다. 물론 그렇다고 여론이 변함없이 일관된다는 말은 아니다. 반대로 여론은 정념이 가는 대로 변해 극히 불안정하다. 힘과 이성으로는 여론을 바꿀 수 없으나, "우연히, 즉 우연적인

91 ルソー, 『演劇に関するダランベール氏への手紙』, 33~34頁.
92 앞의 책, 34頁.
93 앞의 책, 85頁.
94 앞의 책, 85頁.
95 ルソー, 『社会契約論』, 237頁.

다수의 원인, 예상할 수 없이 많은 상황이 힘과 이성으로 할 수 없던 일을 이루어 낸다. 혹은 오히려 힘이 여론에 대해 무엇도 할 수 없는 것은 실로 우연이 여론을 이끌기 때문이다".[96] 그러나 한편으로는, 힘의 확장을 둘러 싼 개인과 집단이 여론을 조종해, 그 힘으로 사회의 지배자가 되는 사태도 생길 것이다. "우리 세기를 다른 모든 세기와 구별하는 특수성 중에서, 20년 이래 여론을 좌우하는 계통적으로 일관된 정신이라는 것이 있습니다. …… 철학자의 당파가 지도자를 중심으로 하나가 되어 단결한 이래, 이들 지도 자는 익숙한 책략의 수완으로 여론의 지배자가 되어, 여론에 따라 명성을, 마침내 개인의 운명까지 좌우해, 그 결과 국가의 운명까지 지배하고 있습 니다."[97] 말하자면, 여론은 전체 사회의 일부일 뿐인 부분집단 및 당파가 사 회 전체를 지배하는 도구가 되기도 한다.

자존심은 존재와 외관의 분열을 일으켜 인간을 서로 적대하게 만들고 채울 수 없는 욕구에 휘말려 불행에 빠뜨리는 병, 사회인이 걸린 중병이었 다. 마찬가지로 여론은 사회 상태에 따라붙는 병, 인간을 본래 태도에서 일 탈시켜 불행에 빠뜨리는 병이다.[98] 그렇다면 사회 상태에 본질적인 이 병이 어떻게 습속을 정화하고 법에 활력을 되찾게 할까?

그 접근법 중 하나로, 그것이 병이라 해도 병과는 다른 기능, 사회에 유 익한 기능을 발휘할 수 있다는 생각이 있다. 몽테스키외는 군주정을 움직 이는 원리인 명예를 다음과 같이 말했다. 명예는 "자신을 드러내 보이기"

---

96 ルソー, 『演劇に関するダランベール氏への手紙』, 93頁.
97 J.-J. ルソー, 『ルソー, ジャン゠ジャックを裁く』(1776), 小西嘉幸 訳, 『ルソー全集 3』, 白水社, 1980, 325 頁.
98 일반의지와 여론의 관계는 자기애와 자존심의 관계와 같다. 이 점에서 루소의 여론관에 "아무리 몇몇 개인이 여론의 도움으로 부정을 조장한다 하여도, 여론은 늘 정의 편에 선다"라는 주장을 하는 콜레트 가노쇼의 의견(Ganochaud, L'opinion publique chez Jean-Jacques Rousseau, p.157), 여론을 일반의지 에 가까운 것으로 보는 하버마스의 의견(J. ハーバーマス, 『公共性の構造転換』, 細谷貞雄 訳, 未來社, 1973, 136~139頁)에는 동의하기 힘들다.

바라는 정념으로, "맑은 샘"에서 생겨나는 것이 아니다.[99] 그러나 이 "철학적으로 볼 때 허위"인 정념은, "각자가 저마다 개인적인 이익을 향한다고 믿으면서 공동의 선을 향하는"[100] 효과를 만들어 낸다. 이와 마찬가지로, 여론 자체가 사회적 병이라 해도, 병이란 또다른 효과, 사회를 좋은 방향으로 이끄는 효과를 낳는다고 생각해 볼 수 있다.

이러한 생각을 루소와 같이 말하면, 장 스타로뱅스키[Jean Starobinski]가 도출한 "병 속의 치료약"[Le remède dans le mal]의 논리라고 말할 수 있다. 루소는 일찍이 "병 속의 치료약"이라는 은유에 주목하여 천착했다.[101] 루소는 『사회계약론』의 토대가 된 「제네바 초고」에서 다음과 같이 쓴다. "병 자체 안에서, 그것을 고치는 치료약을 이끌어 내도록 힘쓰자. 가능한 한 새로운 결합으로, 일반적 결합의 결함을 고치도록 만들자."[102] 『에밀』의 경우, 이러한 접근법은 자존심에 관해서 쓰인다. 자존심은 악덕의 원천이지만, "자존심을 다른 존재 속에 펼쳐, 이를 덕으로 바꿔 내자".[103] 자존심은 그 기원과 다른 효력을 지닐 수 있다. 여론에 대해서도 마찬가지로, "병 자체를 병으로 대항"[104]하는 논리를 적용할 수 있다. 법은 습속에서 힘을 이끌어 낼 때만 습속에 작용할 수 있는 것과 마찬가지로, 여론에서 힘을 이끌어 낼 때만 여론을 바꿀 수 있다.

이처럼 사회를 더 나은 곳으로 만들기 위해서는 여론을 바르게 이끌 필요가 있으나, 그것을 어떻게 움직이고 교정할 수 있을까? 여론은 권력에서 독립돼 있으므로, 권력으로 여론을 교정할 수는 없다. "만일 모든 인민이 한

---

99 モンテスキュー, 『法の精神』, 上卷 89頁.
100 앞의 책, 上卷 80頁.
101 J. スタロバンスキー, 『病のうちなる治療薬』, 小池健男・川那部保明 訳, 法政大学出版局, 1993, 183~258頁.
102 J.-J. ルソー, 『ジュネーブ草稿』, 作田啓一 訳, 『ルソー全集 5』, 白水社, 1979, 279~280頁.
103 J.-J. ルソー, 『エミール』(1762), 樋口謹一 訳, 『ルソー全集 6・7』, 白水社, 1980, 6卷 348頁.
104 スタロバンスキー, 『病のうちなる治療薬』, 302頁.

남자를 겁쟁이라고 판단한다면, 왕이 모든 권력을 가지고 그 남자가 용감하다고 선언한들 소용이 없으며 누구도 믿지 않을 것이다."[105] 마찬가지로 이성이나 미덕, 법률 모두 여론을 바꾸기에 무력하다. 여론에 작용하는 수단은 "법률도 형벌도 아니요, 어떤 강제적 수단도 아니다".[106] 요컨대, 여론 밖의 힘으로 여론을 움직이려는 시도는 소용없으며, 여론을 바꾸기 위해서는 여론 안에서, 여론의 힘으로 움직여야 한다.

여기서 루소가 제기하는 문제를 현대식으로 말한다면, 이데올로기 장치의 필요성과 기능의 문제라고 할 수 있다. 루소는 프랑스에서 결투의 습속을 없애기 위해 1651년에 만들어진 '원사법정'元帥法廷을 예로 들면서 다음과 같이 말한다.[107] 첫째, 결투는 상처 난 명예와 그 보상에 관한 문제이므로, 이 법정에서 사용하는 수단도 그에 걸맞아야 한다. 즉 금전적 보상과 체벌이 아닌 '명예와 치욕'이어야 한다. 그러니 부당하게 상처 난 자에 대해서는 명예 회복을, 상처 낸 자에 대해서는 치욕을 준다. 법정에 출두하지 않은 자는 스스로 명예가 빼앗긴 사실을 인정하게 되는 것이다. 명예와 관련된 사항은 무엇이 명예인지에 대한 판단 기준을 바꿈으로써만 해결이 가능하다. 그리고 이를 위해 둘째, 이 문제의 심리를 "해당 문제에 관해 상당한 권위가 있는 재판관"이 맡아야 한다. 무사武事를 존경하는 국민에게는, 여러 명예에 빛나는 원수만큼 명예 문제를 심리하기 걸맞은 재판관은 없는 것이다. 셋째, 이 법정은 온갖 권력에서 독립되어 있어야 한다. 공중의 판단은 권력에서 독립돼 있기에 권력이 개입되어도 소용이 없을 뿐 아니라, 그 경우 법정의 권위가 침해당할 것이다. 요컨대, 이데올로기에 작용하기 위해서는 그에 적합한 이데올로기 장치를 만들어야 하며, 이 이데올로기 장치는 문

105 ルソー, 『演劇に関するダランベール氏への手紙』, 87頁.
106 앞의 책, 85頁.
107 앞의 책, 86~91頁.

제 사항에 관해 상당한 권위가 있는 자가 맡아, 권력에서 독립된 채 심리하고 판정해야 한다.

여론에 작용해 그것을 바꾸는 수단과 달리, 루소는 여론의 부패를 막기 위한 방책으로 로마의 '감찰제도'를 든다. 다만 감찰관은 여론의 표명자에 지나지 않는 까닭에 그의 재정裁定이 여론에서 벗어나면 효력을 잃고 만다. 하지만 그럼에도 감찰제도는 "여론의 부패를 막고, 현명한 실시에 따라 올바르게 여론을 유지해, 때로는 여론이 아직 형성되지 않은 경우에도 그것을 만들어 습속을 유지"하는 데 한몫한다.[108]

일반의지는 그릇됨이 없지만 여론은 그렇지 않다. 지금까지 기술했듯, 여론은 불안정하고 바뀌기 쉬워 부패되거나 당파의 지배 도구가 되기도 한다. 그러므로 여론을 교정해 바르게 이끌 필요가 있는데, 한편으로 여론은 오류를 범함으로써 스스로를 고칠 힘도 있다고 루소는 말한다. 윌크스 사건으로 볼 수 있듯, 여론이 압제에 대한 방벽으로 기능하는 영국과 대비해서 제네바의 귀족과두지배를 비판한 『산에서 쓴 편지』의 「아홉 번째 편지」에서 루소는 다음과 같이 쓴다. "만일 자유의 남용이 권력의 남용과 마찬가지로 자연스러운 일이라 해도 둘 사이는 언제나 다음과 같은 차이가 있을 것입니다. 자유의 남용은 자유를 남용하는 인민에게 손해를 끼치기 때문에, 인민은 스스로의 잘못에 의해 처벌 받고 그에 대한 치료약을 찾아야 할 상황으로 내몰립니다. 그러므로 이 점에서 병은 언제나 일시적인 위험일 뿐이며, 영속적 상태가 될 수는 없습니다."[109] 여기서 자유에 대한 언급은 여론에도 들어맞을 것이다.

루소는 여론의 중요성, 그 형성과 힘, 여론에 작용할 수단 등에 대해 동

---

108 ルソー, 『社会契約論』, 238頁.
109 J.-J. ルソー, 『山からの手紙』(1764), 川合清隆 訳, 『ルソー全集8』, 白水社, 1979, 442頁.

시대 지식인 중 누구보다 이론적으로 깊이 고찰했다. 여론에 관해 루소가 일관되게 강조한 것은 그 독립성이었다. 여론 외부에서, 여론이 바라지 않는 것을 밀어붙일 수는 없다. 여론을 바꾸기 위해서는, 여론 안에서 그 힘을 이용해 작용해야 한다. 이는 분명히 어려운 문제였다. 아마도 루소는 이 문제를 풀기 위해 『사회계약론』의 감찰제도 및 시민(국가) 종교에 대한 글을 썼겠지만, 그것은 가장 문제가 많은 언설이 되었다. 그러나 루소는 여론의 독립성에 주목함으로써 여론을 이끄는 이데올로기 장치라는 중요한 문제를 제기한다. 이 문제는 프랑스혁명 후 중요한 문제로 떠오른다.

4. '지상의 법정'

1750년대에 탄생한 여론 관념의 정치적 함의는 1770년대 들어 한결 명확히 인식된다. 그 첫 번째 계기는 파리고등법원의 해체를 실행에 옮긴 '모푸의 개혁'(1771년 1월 21일)이다. 1760년대에 들어서도 왕권과 고등법원의 긴장된 관계는 잠잠해지기는커녕 확대되고 심화되기만 하였다. 그중에서도 중대했던 것은, 렌·툴루즈·그르노블·루앙 등 많은 지방고등법원이 백년전쟁의 전비 조달을 위한 20분의 1세를 위해 건언서를 연이어 제출해 업무를 정지하는 수단으로 저항하는 등 '분지론'에 따라 수많은 고등법원이 투쟁하기에 이르른 점이다. 그중에서도 브르타뉴의 지방 총독 애기용 공작 Duc d'Aiguillon과 같은 지방을 관할구로 하는 렌고등법원 간의 긴장은 오랜 항쟁으로 치달았으며,[110] 렌고등법원은 1765년 11월 해체의 수순까지 몰린 끝에 새로운 고등법원으로 대체되었다. 4년 후 구 고등법원이 복귀하지만

---

110 렌고등법원과 애기용 공작의 항쟁에 대한 상세는 木崎喜代治, 「18世紀におけるパルルマンと王権 2」, 7~17頁 참조.

애기용 공작과 렌고등법원의 항쟁은 '모푸의 개혁'의 도화선이 되었다.

루이 15세는 1766년 3월 3일 파리고등법원에 대해 그 저항을 엄중히 질책했다. "짐은 저항의 동맹을 조직해 하나 된 경의와 공통된 책무라는 자연스러운 연대를 퇴화시키는 한 결사가 짐의 왕국에 형성되는 일, 왕국의 조화를 흐리기만 하는 상상의 단체가 왕국 안에 숨어드는 것을 허하지 않는다. 사법관직은 결코 하나의 단체, 왕국의 세 신분과 다른 신분이 아니다. 사법관은 짐의 관리이며, 짐의 신민에 대한 재판을 행하는 왕의 의무를 수행할 의무를 진다."[111] 엄중한 질책 때문에 '채찍질 친림회의'라는 이름으로 알려진 이 회의 첫머리에서 루이 15세는 이와 같이 말한 후, 고등법원의 모든 주장과 행동을 정면으로 부정한다. 모든 고등법원이 동일한 단체라고 하는 '분지론'은 근거 없는 환상일 뿐이다. 고등법원이 국민의 권리와 자유를 보호하는 '국민의 기관'이라는 주장은 "국민의 권리와 이익은 짐과 일체이며, 짐의 수중에 한한다"[112]라고 하는 군주정의 원리를 잊고, 국민을 군주와 다른 단체로 군건히 세우려는 용납하기 힘든 말이다. 건언서 제출은 인정되지만, 입법권은 군주에 한하므로, 건언서의 내용은 군주의 의지를 구속하지 않으며, 건언서의 공표는 허가되지 않는다. 고등법원이 법의 등록을 거부해 업무 정지 및 집단적 사직 등의 부정한 수단으로 저항한다면 혼란과 무질서가 합법적 지배를 대신하게 될 것이다. 그러므로 "짐은 이들 기획의 유해한 귀결로부터 짐의 인민을 지키기 위해 신이 주신 모든 권력을 행사한다는 비통한 필요에 몰릴 것이다".[113] 고등법원의 저항 앞에 양보를 거듭 강요받아 온 왕권이 전면적으로 반격하는 선언이며, 왕권의 절대성에 대한 유례없이 선명한 선언이었다.

---

111 Flammermont, *Remontrances du Parlement de Paris au XVIIIe siècle*, vol.2, p.556.
112 *Ibid.*, vol.2, p.557.
113 *Ibid.*, vol.2, pp.557~558.

"신에게 받은 모든 권력을 행사"할 기회는 5년 후 찾아왔다.

애기용 공작은 렌고등법원과 20분의 1세 징수를 둘러싸고 항쟁하는 과정에서 검사총장 라샬로테 외 다섯 명에 대해 반정부적 집회에 참가해 선동적 언사를 했다는 이유로 체포·고발했지만, 그때 공작이 직권을 남용해 위증했다는 이유로 1770년 그 자신이 재판에 부쳐지게 되었다. 재건된 렌고등법원이 개시하려 한 이 재판은 애기용 공작의 뜻에 따라 파리고등법원에 개설된 왕족과 중신격 귀족이 출석하는 귀족 법정으로 옮겨지는데, 심리는 공작에 불리하게 이루어졌다. 이 재판이 왕권 자체에 누가 될까 우려한 루이 15세는 재판을 길게 끌다 중지까지 명했다. 고등법원은 거듭 저항했고, 7월 2일 왕족과 중신격 귀족이 결석한 법정에서 애기용 공작의 중신격 귀족 자격을 정지하는 판결을 내리고, 판결문을 바로 그날 인쇄해 공표했다. 이는 왕권에 대한 중대한 도전이었고, 루이 15세는 판결을 파기했다. 이에 고등법원은 판결의 파기가 "정의를 자의적으로 바꿈으로써 무엇보다 귀중한 형식을 모독하고 무엇보다 존중해야 할 권리를 무시해, 신성한 법을 짓밟고 모든 사람을 불안과 공포와 비탄에 빠뜨린다"[114]라며 파기를 격렬히 비난하는 항의문을 제출했다.

이리하여 왕권과 고등법원의 대립은 절정에 이르렀는데, 그 계기는 대법관 모푸에 의한 법률령에서 시작되었다. 법률령의 내용은 '채찍질 친림회의'에서 국왕의 연설과 대부분 겹쳤으며, 고등법원의 저항을 모두 금지함과 동시에 입법권은 국왕에게만 속하고 어떤 의존이나 분여도 없다고 함으로써, 입법권에 대한 고등법원의 관여를 완전히 부정하는 것이었다. 1770년 12월 3일 제출된 법률령에 고등법원은 당연히 항의했지만, 루이 15세는 12월 7일 친림좌에서 법률령의 강제 등록을 명했다. 고등법원은 업무를 정

---

114 Flammermont, *Remontrances du Parlement de Paris au XVIIIᵉ siècle*, vol.3, pp.128~129.

지하고, 국왕의 업무 재개 명령에도 불구하고 업무 정지를 이어 나갔다. 이 듬해 1월 20일부터 22일 사이, 파리고등법원 사법관 대부분의 관직이 몰수되어 파리에서 추방되었다. 동시에 모푸는 파리고등법원의 개혁 —— 이라기보다는 해체 —— 에 착수했다. 파리고등법원의 지나치게 많은 관할구를 일곱으로 나누어 파리 이외 관할 구역에는 재판기관으로 상급회의Conseil supérieur을 둘 것, 사법관직의 매관제를 폐지해 사법관에게 봉급을 지불할 것, 재판 수수료(에피스)와 휴가 폐지 등이 그 주요 내용이었다. 요컨대 특권적 세습 단체로서 고등법원을 국왕의 충실한 관리로 대체하고, 이에 따라 왕권의 행사에 맞서는 저항을 배제하는 것이 목적이었다.

모푸의 개혁은 국가 제도의 근간과 관련된 사건으로서, 당연히 폭풍 같은 찬반양론을 불러일으켰다. 1771년 4월부터 6월에 걸쳐 모푸 지지파와 반모푸파 할 것 없이 팸플릿이 쏟아져 나와 그해 120종이 넘는 팸플릿이 간행되었다.[115] 모푸 자신도 팸플릿 제작자를 모아 선전에 힘썼다고 한다. 그 중에서도 말제르브가 조세법원장으로서 정리해 1771년 2월 17일 제출한 건언서는 즉각 화제가 되어 지하 출판으로 2000부가 넘게 유포되었다. 고등법원의 수구적 행동에 불신을 품어 온 콩도르세도 튀르고에게 야유가 담긴 편지를 썼다. "조세법원의 훌륭하신 건언서가 있습니다. 거기에는 고등법원을 위해 말해야 할 모든 진실과 장점이 격앙되지 않고 저급하지도 않게 정력적이며 당당히 표명되어 있습니다. 고등법원의 과오와 나약한 주장은 교묘히 감춘 채 얼버무리고 있습니다."[116]

---

115 모푸 지지파와 고등법원 지지파의 프로파간다 싸움에 대해서는 石井三記, 「一八世紀フランスの 「国制」像」, 樋口謹一 編, 『空間の世紀』, 筑摩書房, 1988, 52~59頁 참조. 듀랜드 에체베리아(Durand Echeverria)의 조사에 따라 이시이 미츠키가 정리한 바에 따르면 1771년 고등법원을 지지하는 팸플릿 69건, 모푸 지지 53건이지만, 1772년부터 고등법원이 재건되는 1775년까지 고등법원 지지 55건에 비 하여 모푸 지지는 3건으로 격감한다(앞의 책, 55頁).

116 Egret, *Louis XV et l'opposition parlementaire*, p.190.

"국가의 모든 신분에 불어닥치려는 공포의 기운도, 폐하의 조세법원을 조금도 동요시키지 못했습니다"[117]라는 글로 시작되는 이 건언서는 모푸의 개혁안을 "인민의 가장 기본적인 권리를 국민에게서 빼앗는"[118] 것이라고 보며 전면적으로 이의를 제기한다. 전국삼부회가 장기간 진행되지 못하고, 왕국 대부분에서 지방삼부회도 없는 상황에서 "고등법원은 인민을 위해 목소리를 낼 수 있도록 허용된 유일한 단체"였다.[119] 따라서 고등법원의 폐지는 약자와 불행한 자가 목소리를 낼 유일한 기회를 빼앗고, 국민 전체를 위협하게 될 것이었다. 국민은 고유의 침범 불가능한 권리를 지니는데, 그것을 보호해 주는 것이 법이다. 고등법원이 가지는 법의 등록권이 폐지된다면 왕이 총애하는 신하가 원하는 대로 법을 개폐할 권력을 가지게 되어 불가피하게 장관의 압제와 국민의 무권리 상태를 가져오게 될 것이었다. 고등법원 사법관의 관직 몰수는 가장 존중되어 온 인간의 권리인 소유권의 침해이며, 이 점을 보아도 모푸의 기도企圖가 인간의 권리를 침해하는 것임이 드러났다.

건언서는 이처럼 모푸 개혁안 조항에 시종 반론하는 한편, 국왕의 권력을 언급한다. 말제르브는 왕권이 신에게서 비롯됐다는 점을 인정하며, "그러나 신이 국왕의 머리에 왕관을 씌어 주는 것은 단지 신민에게 그 생명의 안전과 인신의 자유와 재산에 대한 평온한 소유권을 확보하게 함에 있다"라고 말한다. 이는 "어떤 국가의 국제國制에도 속하지 않는" 보편적 진리, "신법과 자연법에서 유래하는 진리"이다.[120] 왕권은 그 목적인 '인민의 최대 행복'을 실현할 때 비로소 '신민의 자발적 복종과 왕가를 향한 사랑'이라

117 C.-G. L. de Malesherbes, "Remontrances de 1771"(1771), E. Badinter, Les "Remontrances" de Malesherbes, 1771-1775, Paris: Flammarion, 1985, p.151.
118 Ibid., p.152.
119 Ibid., p.153.
120 Ibid., p.156.

는 왕권의 또다른 근거, 아마도 왕권에 한층 더 근본적인 근거를 지닐 수 있다는 것이 말제르브의 주장이다. 이리하여 말제르브는 왕권의 정당성에 대한 근거를 신에게서 유래하는 권력이라는 **기원의 정당성**에서 인민의 안전, 자유, 소유권의 확보라는 **목적의 정당성**으로 이동시킨다. 이와 같은 논리는 고등법원의 사법관직 세습제와 매관제에 대해서도 적용된다. 그것들은 국민의 권리 옹호라는 목적을 달성하는 한에서 용인되는 것이다. 말제르브가 고등법원의 현황을 강하게 비판한 데에는, 고등법원의 사법관들이 본래 목적을 잊고 이기적인 단체 정신에 따라 움직여 권력을 남용하고 있기 때문이었다.[121] 왕권신수설을 인정하고 그 목적에 따라 비로소 왕권의 정당성을 한정한다는 것이 말제르브가 취한 언설의 전략이었으나, 그것은 국왕의 사법관이 취할 수 있는 유일한 전략이었다.

이 건언서에서 특히 두드러진 부분은, 신민이라는 말이 몇 번 나오지 않는 데 반해 국민, 국민의 권리라는 말이 반복되어 쓰인다는 점이다. 만일 모푸의 개혁안에 대해 침묵하면 "우리는 전 국민에게 배신당하고 겁쟁이라고 비난받게 될 것"[122]이며, "이 국민의 권리야말로 우리가 요구하는 유일한 권리",[123] "모든 군주국과 마찬가지로 프랑스에서는 국민에게 속하는 몇 가지 권리가 있다" 등등. 그리고 건언서는 "폐하, 국민에게 직접 물어보십시오. 폐하가 변명을 들어줄 자들은 이제 국민밖에 없기 때문입니다"라는 문장으로 정리돼 있다. 이는 틀림없이 전국삼부회 소집의 요구였다. 이리하여 말제르브의 건언서는 국민의 권리의 선언서라는 성격을 띠게 되었다. 분명

---

121 1774년 고등법원은 재건되지만, 말제르브는 그 직전에 튀르고에게 다음과 같이 쓰고 있다. "고등법원은 그 권력을 때로는 공공의 선에 반하여 썼습니다만, 공공의 선을 위하여서는 극히 드물게밖에 쓰지 않았습니다. 예방조치 없이 고등법원을 무조건 재건하면, 남용은 더욱더 항상적으로 되어 한층 중대해질 것입니다"(Grosclaude, *Malesherbes, témoin et interprète de son temps*, p.293).

122 Malesherbes, "Remontrances de 1771", p.151.

123 Ibid., p.152.

건언서는 고등법원의 폐지에 항의하는 것이 직접적인 목표였지만, 그것은 전국삼부회나 지방삼부회가 없던 상황에서 고등법원이 국민의 목소리를 왕에게 전할 수 있는 유일한 단체였기 때문이며, 고등법원에 의한 법의 등록권이 국민의 권리를 보호하는 역할을 띠기 때문이었다. 말제르브는 고등법원의 이기적 언동을 강하게 비판하는 마음이 있었지만,[124] 그 사회적이고 정치적인 기능 때문에 위험을 무릅쓰고 고등법원을 옹호한 것이다. 그리고 국민의 권리 선언이라는 성격 때문에 말제르브의 건언서는 예를 들어 콩도르세처럼 고등법원에 대하여 비판적인 사람들도 감명을 받았음과 동시에, 조세법원의 직무에 걸맞지 않는 건언이라는 이유(제출 이전에 이미 공표되었다는 것이 수취를 거부한 또 하나의 이유였다)로 국왕이 수취를 거부했다. 국민의 권리와 국민의 목소리를 최종심급으로 여기는 말제르브의 자세는 그후 더 명확해진다.

여론 관념의 정치적 함의를 한층 명확하게 만든 또 다른 계기는, 왕권과 고등법원의 두 번째 대립 원인인 조세 문제이다. 조세 문제는 왕국의 주민 전체와 관련되는 문제였기 때문이다.

구체제 프랑스 왕국의 조세제도는 다양한 면세 특권과 지방적 불평등이 얽혀들어 보방 이래 그 불합리성과 비효율성이 줄곧 비판받아 왔다. 직접세의 근간은 소득 내지 재산에 부과되는 국왕 타이유세taille稅(인두세)와 국왕 부역이었지만, 그 밖에도 전비 조달을 위해 1710년부터 1749년에 걸쳐 10분의 1세가 부과되었으며, 여기에 백년전쟁 당시 세 차례에 걸쳐 20분의 1세가 징수되었다. 간접세는 국내관세, 물품소비세, 소금세, 인지세 등이 있고, 더욱이 구체제 말기 인두세와 제일의 20분의 1세에 대해서는 20퍼센트의 부가세가 더 매겨졌다. 1788년 일인당 조세 부담액은 국왕의 조세수

---

124 木崎喜代治, 『マルジェルブ: フランス一八世紀の一貴族の肖像』, 269~270頁.

입 기준 18리브르로 추계되는데,[125] 왕국의 조세 말고도 교회의 10분의 1세, 지방세가 있었으며 게다가 징세청부인이 징세경비로 거두는 금액도 꽤 많았다고 하니 실제 조세 부담은 18리브르보다 더 무거웠을 것이다. 게다가 귀족과 성직자 등을 필두로 다양한 특권층에서 면세 특권을 누렸으므로 이러한 조세는 특권이 없는 제3신분이 떠안을 수밖에 없었다.

과중한 조세 부담보다 더한 문제는 왕국의 재정이 비밀로 부쳐져 조세를 부담하는 인민이 의견과 요구를 말할 기회를 일절 뺏긴 데 있었다. 그래도 고등법원과 조세법원이 존속하는 동안은 법의 등록권에 의해 새로운 세금을 부과하는 데 인민이 다소 저항할 수 있었고, 조세를 부담하는 인민의 대변자로 고등법원과 조세법원이 나설 수 있었다. 하지만 모푸의 개혁으로 고등법원과 조세법원이 폐지된 후 그마저도 불가능해진 데다, 징세청부인과 조세 징수 관리인의 자의적이고 부정한 횡포로 제도의 폐해가 더욱 심각해졌다. 구체제 말기의 세제는 불공평과 자의의 극치로 여겨졌다.

말제르브가 1774년 재건된 조세법원장이 되어 쓴 장문의 건언서(1775년 5월 6일)는 현재 조세제도의 악폐를 표로 일람해 그 개선책을 제시하기 위해 제출되었다. 건언서는 징세청부제도의 폐해와 징세청부인의 부정과 횡포에 대한 고발에서 시작되지만, 여기서는 이 주제와 관련된 전국삼부회와 지방삼부회의 소집 요구만을 들고자 한다. 160년 동안 전국삼부회는 열리지 않고, 조세와 관련해 국민의 대표가 의견을 말할 기회는 없었다. 왕국의 대부분에 걸쳐 지방삼부회는 존재하지 않았다. 지방삼부회가 남아 있는 지역에서도 그 권한은 한정되며, 지방총감과 그 아래 관료가 전제군주와 같은 권한을 지니게 됐다. "지방에서는 자의적 권력의 수탁자와 인민의

125 F. フュレ·M. オズーフ, 『フランス革命事典』, 全2冊, 河野健二·阪上孝·富永茂樹 訳, みすず書房, 1995, 769頁.

대표 사이에 일종의 끊임없는 전쟁이 일어나고 있으며, 전제주의가 날마다 새로이 승리를 거두고 있습니다."[126] 문명국에 있어서 주권의 수탁자는 모두 법과 상급 권위를 향한 상소와 여론이라는 세 가지 제약에 따라야 하지만, 고등법원의 폐지로 인해 법의 제약은 사라지고 장관과 지방총감과 하급 관료의 뜻에 반하여 국왕에게 직소直訴하는 것은 왕권의 침해라고 여겨져, 여론을 전해야 할 어떤 기관도 없었다. "프랑스에서 건설되려는 정치체는 비문명국의 진짜 전제정"이었다.[127]

납세자의 의견에 아랑곳없이 자의적으로 결정되는 조세, 지나치게 불공평한 조세 부담의 배분, 조세의 근거가 될 모든 사항에 관한 철저한 비밀주의, 조세 징수 관료와 징세청부인의 전제적 지배, 요컨대 압제의 악 그 자체로 변한 현재의 조세제도를 개혁하기 위해서는 개별 폐해의 개혁이 아닌 "행정제도 그 자체를 공격해야" 했다.[128] 그 첫걸음은 지방삼부회의 재건에 있다. "폐하께 매년 지방에서 징수되는 모든 조세가 지방회의에서 관할되기를 간청합니다. …… 지방의 운명이 결정되는 이 지방회의에 출석할 대표자를 지명하는, 인민이 오래전부터 지녀온 권리를 인민에게 돌려줄 때가 왔다고 생각합니다."[129] 그리고 더 나아가 장관과 지방총감의 압제를 배제할 가장 쉽고 자연스러운 수단은 "집회한 국민 스스로의 목소리를 듣는 것"[130]이므로 전국삼부회가 소집되어야 했다. "국민의 일치된 염원이 전국삼부회를, 적어도 지방삼부회를 가지는 일임을 이제는 누구도 숨겨서는 안될 일"이었다.[131] 앞서 보았듯이 말제르브는 왕권의 정당성을 국민의 권리

126 Malesherbes, "Remontrances de 1775", p.208.
127 Ibid., p.205.
128 Ibid., p.260.
129 Ibid., p.232.
130 Ibid., p.265.
131 Ibid., p.265.

확보라는 목적으로 옮겨 모푸의 기도에 맞서 고등법원을 옹호하였지만, 여기서는 더욱 단적으로 여론을 대변할 기관으로 전국삼부회와 지방삼부회의 부활을 요청하였다.

이리하여 여론 관념은 주권자의 권력 행사를 구속하는 '지상의 법정' 자격을 획득하고 그 표명 기관으로 전국삼부회 소집을 요구하는 단계까지 성장했다.

5. 공론과 중론

여론이 지니는 정치적인 힘에 대한 인식이 깊어 가자 여론에 대한 정의가 새로운 문제로 떠오른다. 그것은 민중의 의견(중론)인가 아니면 계몽된 공중의 의견(공론)인가. 이 점이 특히 선명히 드러나는 것은 곡물 거래의 자유를 둘러싼 논의—고등법원과 왕권이 대립하게 된 원인인 제3의, 그러나 중요성에서 차치할 수 없는 문제—에서이다.

구체제에서 곡물은 인민의 가장 기본적인 생활재, 즉 공공재로서 다른 상품과 달리 특별한 위상을 지녔다. 인민에게 곡물을 '공정가격'으로 부족함 없이 공급하는 것은 군주와 인민 사이에 보호-복종관계의 근간을 이루는 군주의 최대 의무였다. 따라서 그 공급은 이해관계를 원리로 하는 여타의 거래에 맡기면 안 된다고 인식되었다. 인민도 풍작이나 흉작과 상관없이 곡물이 일정가로 제공되는 것을 당연한 권리로 요구했다. 양측 모두 곡물가격은 시장경제가 아닌 '윤리적 경제'moral economy (E. P. 톰슨)에 따라야 한다고 여겨졌다. 물론 실제 곡물의 공급은 상인에 의해 시장에서 이뤄졌으므로 이 의무는 상인과 시장에 대해 다양한 규제를 가하는 방식으로 수행되었다. 곡물 거래의 규제는 구체제에서 폴리스의 주된 내용이었다.[132]

구체제의 행정이 통폐합되면서 곡물 거래의 규제가 착종되는 가운데,

곡물 상인의 등록, 거래량·가격·수송 등의 규제, 입도선매 및 농장에서의 거래 등 시장 이외의 장소에서 거래 금지, 곡물 비축량·매각 기간·시장 개설 일시 제한 등의 규제가 이루어졌다. 이들 규제는 다시금 구체제의 통례로, 흉작일 때를 제외하고 엄격히 실시되지는 않았지만, 암거래와 사재기(독점)의 배제라는 목적으로 규제의 근본은 시장이라는 뜻에서 공개된 장소와 공개된 거래로 이루어졌다. 18세기 들어 곡물 거래 자유화의 문제는 차츰 대중의 광범위한 관심을 모았는데, 특히 세기 후반에는 경제주의자의 논의 속에서 시대의 화제가 되었다.

클로드 자크 에르베르Claude-Jacques Herbert의『곡물의 전반적 관리에 관한 시론』(1753)은 무엇보다 빠르고 급진적으로 곡물 거래의 자유화를 주장한 저작으로, 국내 곡물의 자유로운 유통과 프랑스 남부 두 항구에서 곡물 수출을 허가한 1754년 칙령의 계기를 만들면서 1757년까지 6판을 찍어 내는 등 곡물 거래를 둘러싼 논의에 큰 영향을 미쳤다.[133] 에르베르에 따르면 프랑스에서 실행되고 있는 곡물 거래의 규제는 인민에게 식량을 공급하는 목적과 반대되는 결과만 낳았다. "현재 유럽의 실태를 보면, 인민의 필요를 충족하는 법률이 전혀 없거나, 우리나라와 반대되는 법률의 나라가 늘 최선의 식량 공급을 행하고 있다."[134] 곡물 거래의 규제로 상인이 위축되고 거래가 활기를 잃으며 농업 생산이 정체되기 때문이다. 당국이나 인민 모두 곡물 거래를 자유화하면 암거래와 사재기가 들끓어 식량 부족과 가격 폭등을 가져온다고 보았으나, 이는 악마가 흉작의 원인이라는 고대의 관념과

---

132 S. L. Kaplan, *Bread, Politics and Political Economy in the Reign of Louis XV*, La Haye: Martinus Nijhoff, 1976, ch.1~2.

133 阪上孝,「空間の政治経済学」, 樋口謹一 編,『空間の世紀』, 筑摩書房, 1988, 35~37頁.

134 C.-J. Herbert, *Essai sur la police générale des grains, sur leurs prix et sur les effets de l'agriculture*, London, 1753, p.8.

마찬가지로 "어떤 사실에도 근거하지 않고, 아무 증거도 없는 편견"[135]에 지나지 않는다. 곡물 거래를 상인에게 맡기면 그들이 부정하게 담합해 가격을 올린다지만, 그것은 상인의 수가 엄격히 제한되어 있기 때문이다. 상인이 늘면 그들끼리 서로 경쟁하여 곡물가격이 공중에게 가장 유리한 선으로 자연히 안정될 것이다. 이 나라는 로마의 곡물규제를 따르지만, 우리가 보고 배울 나라는 곡물을 일반 상업 대상으로 삼아 상인이 자유롭게 거래하도록 맡긴 영국이다. "곡물 거래의 자유가 확립되어 상인의 습관이 조장되면 최대의 흉작이 들어도 곡물 부족과 등귀 문제를 더욱 확실하고 신속하게 완화할 수 있을 것이다."[136] 에르베르에 따르면, 개혁을 가로막는 것은 곡물가격을 특별시하는 인민의 편견이며, 인민을 복종시키기 위해 이러한 편견을 이용하는 규제 당국이다. 인민과 당국의 은밀한 동맹이야말로 곡물 거래의 최대 걸림돌이지만, "여론은 세간의 지배자"이므로 곡물 거래의 자유화를 위해서는 인민이 "절대적 자유"를 위해 교육받아야 한다고 에르베르는 말한다.

곡물 거래의 자유화를 둘러싼 문제는 1768년부터 1769년에 걸쳐 다시금 왕권과 고등법원의 쟁점이 되었다. 재정총감 앙리 베르탱Henri Bertin은 농업 관계자와 중농학파의 강한 요청으로 1763년에 곡물 상인의 등록 의무, 시장 밖에서의 곡물 거래 금지 등 곡물 거래의 규제를 폐지하는 왕령을 내고, 이듬해 그의 뒤를 이어 재정총감 프랑수아 드 라베르디François de L'Averdy가 적출항으로 지정된 스물일곱 항구에서 곡물 수출을 허가하는 왕령을 포고했다. 곡물가격은 두 왕령에 의해 거래가 자유로워진 2년 동안 큰 변화가 없었으나, 흉작이 든 1766년 가을부터 상승세가 이어졌다. 통상

---

135 *Ibid.*, p.4.
136 *Ibid.*, p.23.

한 해 1세티에^{setier}[137]당 약 15리브르이던 밀가루 가격은 1767년 22리브르, 1768년 32리브르로 뛰었다.[138]

왕권과의 거듭된 항쟁으로 파리 민중의 지지가 얼마나 귀중한지 통감한 고등법원은 이 기회를 놓치지 않았다. 1767년 12월, 파리고등법원은 "인두세의 과중한 부담과 조세 증대, 빵 가격의 과도한 폭등으로 평화의 한복판에 있으면서 생필품을 구할 수 없는 가난한 인민의 생계를 위해 필요한 조치를 취할 것"[139]을 국왕에게 간청하였고, 그것이 거부되자 검사총장에게 전 관할 구역에 곡물가 폭등의 원인 규명을 위한 조사를 지시했다. 해가 바뀌어도 고등법원은 이 문제를 거듭 제기하였으며, 특히 곡물 수출을 자유화한 1764년 왕령의 수정을 요구했다. 루이 15세는, 고등법원은 자유화에 반대하기 위해 여론을 이용한다며 못마땅해했다. 자유화의 두 가지 왕령이 고등법원의 등록을 거친 것이며, 곡물가 폭등에 대한 대책을 강구하되 자유화의 원칙을 바꿀 의지는 전혀 없으며, 현재 곡물가 폭등의 원인은 흉작임을 들면서, 최근 고등법원의 언동은 "사람들에게 위험한 불신감을 확산해, 짐의 방책을 방해할 뿐"이라고 질책했다.[140]

루이 15세에게는 불행하게도 1768년 역시 흉작으로 파리의 빵 가격이 평년보다 1.5배 상승하자, 파리고등법원의 차석 검사 세귀에르는 같은 해 10월 23일 루이 15세가 머무는 퐁텐블로를 찾아가 건언서를 제출한다. "새로운 자유 덕분에 [오곡이] 널리 풍성하게 익어 가야 하는데, …… 몇몇 지역에 기근이 닥쳐 인민이 빈곤에 시달리고, 그들의 눈에서는 눈물이 흐르며, 어머니들이 아이 낳기를 두려워하고, 무엇보다 중요한 식품 가격이 빈민

---

137 당시 곡식의 용량 단위로, 150리터 남짓한 분량이다. ─ 옮긴이
138 阿河雄二郎, 「一八世紀パリの穀物定策」, 中村賢二郎 編, 『歴史のなかの都市』, ミネルヴァ書房, 1986, 127頁.
139 Flammermont, *Remontrances du Parlement de Paris au XVIIIe siècle*, vol.2, p.928.
140 *Ibid.*, vol.3, p.2.

170 인구·여론·가족

의 수입을 넘어서고 있습니다. …… 본래 풍요로운 지방에서, 또한 수도에서 멀지 않은 몇몇 대도시에서, 끔찍한 기아가 평화롭고 순종적인 시민을 반란으로 몰고 있습니다. …… 폐하, 이 비통한 정경은 상상의 산물이 아닙니다. 그것은 법적인 심문에 의해 설명된 주지의 사실을 진술했을 뿐입니다."[141] 세귀에르는 이어서 이 비참한 상황이 새로운 체제에서 비롯된 결과가 아닌지, "곡물 거래의 제한 없는 자유가 다른 무엇보다 위험하고 유해한 압박인 사재기의 허가로 흘러가지 않는지 여부를 검증"할 필요가 있다고 말했다.[142] 루이 15세는 곡물가 폭등의 원인은 나쁜 기후에 있으며, 공중의 불안 증대에 대해서는 무엇보다 적절한 조치를 강구하고 있으며, 고등법원은 공중의 불안을 조장하는 일이 아닌 그 일소를 위해 노력해야 한다고 매정하게 답했을 뿐이다.

고등법원은 11월 22일에도 같은 취지로 건언하고, 더 나아가 28일 곡물가격의 폭등과 자유화의 연관을 밝히기 위해 고등법원과 조세법원 대표, 치안총감, 왕국 재무당국 대표, 노트르담대성당 참사회 대표, 구빈원 관리자, 파리시장(상인 대표), 나사羅紗 제조업자, 식료품업자, 방물상 등의 상공업 대표, 징세청부인 대표, 과학아카데미 대표 등 "모든 신분의 추천에 해당되는 시민의 의견"[143]을 듣기 위해 '전반적 치안 회담'assemblée de la police générale을 열었다. 고등법원이 파리의 여론에 호소하는 전략을 취한 것이다. 회의석상에서 세귀에르는 중농학파를 거세게 비난했다. 이 특수한 당파는 자유라는 이름으로 국민의 습속을 바꾸기 위해, 경작자와 소비자 쌍방의 이익을 위해 만들어진 기존 규제의 폐지를 추동했다. 국왕은 그 말을 채용하고 경작을 장려해 풍요로움을 유지하고 사재기를 막는 적절한 방책으로

---

141 *Ibid.*, vol.3, p.4.
142 *Ibid.*, vol.3, p.5.
143 *Ibid.*, vol.3, p.21.

곡물 거래의 완전한 자유를 허가했다. 하지만 그 결과는 어땠는가. "그 뒤 곡물가격은 연이어 상승했다. 그리하여 우리는 지금 쉽게 예견했던 폐해를 어떻게 피할지 탐구하기 위해 모여 있는 것이다."[144] 분명 곡물 거래의 자유는 영국 국민에게 유익했을지도 모른다. 하지만 그것은, 영국 국민이라면 자유가 남용될 때 스스로 자유를 억제할 수 있었기 때문이다. 반대로 프랑스에서 곡물 거래를 완전히 자유화하는 것은 위험하다. 그 같은 자유의 결과가 프랑스에서는 나올 수 없으며, 개인은 자유를 늘 남용하려 할 것이다. 그리고 정부는 그에 적절한 조치를 신속히 강구할 수 없을 것이다. 세귀에르는 이처럼 자유화를 공격한 후 1764년 왕령 수정을 요구하는 건언서의 제출을 제안했다. 계몽적 지식인들과 교류하던 치안총감 앙투안 드 사르틴 Antoine de Sartine은 곡물 수출의 자유를 인정한 1764년 왕령에 제한을 두는 것에 동의하면서도, 곡물의 국내 유통을 자유화한 1763년 선언이 왕국의 모든 지방, 그리고 그 이상으로 수도에 이익이 된다고 칭송하였다. 고등법원 대심부 샤반Chavannes은 자유화를 옹호하며, 곡물 수출은 선박 부족 탓에 소량에 그치므로 곡물가 폭등의 원인이 아님을 수치를 들며 논하였고, 더욱이 자유화 이전 곡물 거래의 규제가 곡물 부족을 신속히 해소했음은 사실에 반하며, 참된 구제는 곡물 거래의 자유화뿐이라고 주장했다. 갑론을박 뒤 고등법원 대표는 고등법원으로서 두 가지 왕령을 수정하는 국왕 선언과 종래 규제의 부활을 요구하며 건언한다는 의견을 제시했다.

이리하여 12월 11일 고등법원은 "모든 신분의 추천에 해당되는 시민" 의 이름으로 건언서를 제출한다. "빈민의 눈물, 온 나라에 퍼지는 신음소리, 한마디로 민의 목소리는 참된 시민의 보편적인 소원이 무엇인지 충분히 나타내고 있습니다. 하물며 다른 어떤 사항도 이 문제에 관해서는, 민의 **목소**

---

144 Flammermont, *Remontrances du Parlement de Paris au XVIIIe siècle*, vol.3, p.13.

리는 신의 목소리, 즉 진리 그 자체의 표현입니다."[145] 가장 가난한 자도 살기 위해서는 빵이 필요하며, 따라서 그 가격은 그들이 노동으로 얻을 수 있는 가격이 책정돼야 하지만, 오늘날 훨씬 폭등했다. 이러한 상황에서도 신민은 자제하여, ─위협과도 같은 어조로 건언서는 말을 잇는다─고등법원을 통해 종래 규제의 부활을 바라는 데 그치고 있다. "법을 배우고 경험을 통해 계발되어 모든 신분의 시민의 바람에 따라 1763년 선언과 1764년 왕령을 수정해 오랜 세월 시민에게 능력과 필요에 따라 식량을 보증하고 국가에 행복과 안녕을 보증해 온, 종래 왕령의 조항이 부활되기를 폐하의 고등법원은 간원합니다."[146] 이 내용이 인쇄된 건언서는 시민 사이에 은밀히 유포되었다.

이에 대해 루이 15세는 12월 18일 회답했다. 빵 가격의 폭등 원인은 "흉작, 지성과 선견지명 없는 이들의 불안, 악의를 품은 이들의 작위, 농민의 풍요로움 그 자체"에 있으며,[147] 두 가지 왕령은 왕국의 고등법원들에 의해 등록됐으므로 파리뿐 아니라 지방의 고등법원이 모두 일치하여 수정을 요청하지 않는 한 왕령을 수정할 의지가 없음이 주된 내용이었다. 곡물 거래 자유화로 밀가루 가격이 상승해 남프랑스의 경작자와 지주가 이익을 보았기 때문에 이 지방의 몇몇 고등법원은 자유화가 유지되기를 바라고 있었으므로 그 일치는 명백히 불가능했다. 파리의 고등법원과 지방 고등법원들의 이반을 꾀한다는 전략은 성공하는 듯했다.

파리고등법원은 이듬해 1월 20일 관할 구역에서 자유화의 왕령 폐지를 명하고, 그것이 폐기되자 새로운 건언서를 준비하면서 "왕의 뜻에 반하여 곡물과 빵 가격을 폭등시키거나 높은 가격을 유지하려는 잘못된 술책을

---

145 *Ibid.*, vol.3, p.21. 강조는 인용자.
146 *Ibid.*, vol.3, p.25.
147 *Ibid.*, vol.3, pp.26~27.

가려내고, 들추고, 저지하기 위해 단호하고 주의 깊게 예방할 것"[148]을 재판
관들에게 명하고, 이 내용을 인쇄해 모든 관할 지역에 게시하여 낭독할 것
을 결정했다. 파리고등법원은 전에도 파리 시민의 이름으로 발언하고 파
리 시민에게 호소한다는 방침을 취했다. 이 작전은 성공하여 시민 대표가
아닌 특권 단체인 고등법원이 마치 시민의 목소리의 대변자, 시민의 보호
자가 된 것 같았다. 메르시에는 "파리 전체가 고등법원파"라고 쓰면서, 파
리 시민은 고등법원 없이 정의를 행하고 죄인을 벌하며 교권의 압제를 막
고 왕좌 앞에 호소할 기관이 없다고 말한다. "그러므로 인민은 고등법원
에 대해 자신들을 위해 말하고 자신들을 보호하는 사법단체로 보는 것이
다. …… 이런 이유로, 고등법원이 권력의 공격으로 상처받는지 여부와 그
상처의 깊이를 인민은 더 가까이 보려고 떼 지어 법정으로 달려드는 것이
다."[149]

자유화를 추진하는 측에서 볼 때 고등법원이 대변하는 인민의 목소리,
곧 정부가 인민에게 곡물을 공정가격으로 공급할 의무가 있다는 관념은,
신의 목소리이기는커녕 오해로 점철된 낡은 편견일 뿐이었다. 재정총감 라
베르디는 "인민은 곡물에 관해 대부분 이성적으로 생각하지 않는다"라며,
참된 도리에도 반하고 인민 자신의 참된 이익에도 반하는 인민의 편견이야
말로 개혁의 걸림돌이라고 하였다.[150]

콩도르세도 민중의 편견이 자유화에 걸림돌이 된다고 여겼다. 민중은
기아의 공포 때문에 자신들이 곡물에 관해 그 소유자보다 큰 권리를 지닌
다고 여겨 곡물가격이 폭등할 경우 소유자가 희생해서라도 낮은 가격으로
곡물을 제공받아야 한다고 정부에 요구한다. 그리고 한편으로 곡물 상인이

148 Flammermont, *Remontrances du Parlement de Paris au XVIIIe siècle*, vol.3, p.29.
149 Mercier, *Le Tableau de Paris*, vol.10, pp.281~282.
150 Kaplan, *Bread, Politics and Political Economy in the Reign of Louis XV*, pp.215~216.

더 큰 이윤을 위해 곡물을 매점매석하고 인위적으로 품귀와 가격 폭등을 조장한다고 여겨, 최악의 경우 곡물 상인의 창고를 습격하여 약탈한다. 그러나 콩도르세에 따르면, 이러한 민중의 편견은 그들의 본래 의견이 아니다. 그것은 곡물 거래의 자유를 금하는 법과 곡물 상인 및 경작자의 희생으로 민중에게 곡물을 제공해 온 정부의 실천에 길들고 의존해 온 결과일 뿐이다. 상인에 대한 증오 또한 곡물 거래를 몇몇 특권적 상인에게 맡겨 온 이전까지의 거래 규제의 결과인 것이다.[151] 그리고 이러한 법과 실천이야말로 상업과 농업의 발전을 막아 인민이 정부에 의존하게 만든 상황을 강화해왔다. 다시 말해 인민은 이 법과 실천으로 인해 자신들의 '참된 이익'에서 멀어질 수밖에 없었다.

한편 곡물 거래를 규제하는 당국도 이러한 민중의 편견에 따라 곡물 거래 자유화가 독점을 낳는다고 보며 자유화에 반대한다. 곡물 거래의 규제야말로 몇몇 상인에게 곡물 거래를 독점할 특권을 부여한다고 본 것이다. 그뿐 아니라 콩도르세는 네케르를 인용하며 규제 당국이 민중의 편견을 유지시킴으로써 이익을 본다고 말한다. "근대과학의 결과인 명증성의 힘으로 인민의 무분별함이 일소될 수 있다고 하여, 이 지성의 성장이 소유자에게 확실히 이로울 것인가. 인민이 추상적 진리를 이해하게 된다면 그들은 동시에 신분의 기원, 재산의 원천 등 그들의 이익에 반하는 온갖 제도에 대해서도 고찰할 능력을 지니게 되지 않을까."[152] 이처럼 인민의 계몽이 사회질서를 유지하는 데 위험하다고 보는 규제 당국과 민중의 편견이, 서로 결부되고 의존하면서 자유화를 저지한다고 콩도르세는 평가했다.

곡물 거래에 관한 민중의 편견은 곡물 거래가 오랫동안 규제되어 온 만

---

151 Condorcet, "Réflexions sur le commerce des blés", pp.199~200.
152 Ibid., p.194.

큰 뿌리 깊지만, 변혁이 불가능하지는 않다고 콩도르세는 말한다. "자유가 가져올 좋은 결과를 경험하고, 더 나은 법의 관습이 만들어짐으로써 이러한 편견은 차츰 소멸할 것이다. 특권적 상인에 의한 농촌의 식량 약탈이 줄고, 정부가 민중의 편견을 더 이상 공유하지 않으며, 인민에게 일과 임금이 주어져 그들이 부조할 수 있게 되면 이러한 편견도 소멸할 것이다."[153] 또 하나 콩도르세가 중시한 것은, 혁명기 공교육안의 제안자답게 "사리사욕이 없으며 선입견이 없는 사람들의 의견"[154] ──콩도르세가 '공론'opinion publique이라 부르는──에 의해 인민을 계몽하고, 그것을 사람들에게 침투시키는 일이었다. "사람들이 계몽될수록 자신들의 이익과 권리를 잘 알게 되고, 따라서 소유권과 법을 존중하게 된다. 파괴와 약탈의 정신은 언제나 무지와 함께 일어났다."[155]

이처럼 콩도르세는 민중의 의견, 규제 당국이 인민을 유도하기 위해 쓰는 의견, 사심 없고 편견에 갇히지 않은 사람들의 의견(공론)이라는 세 가지 의견을 구별한다. 곡물 거래 자유화와 관련해서 민중의 의견과 정부의 의견이 결부돼 서로 의존하는 점이 문제이며, 그들이 자유를 경험하고 공론을 공유함으로써 악순환을 단절해야 한다는 것이 콩도르세의 주장이었다.

튀르고에 이어 재정총감이 된 네케르에게도, 고등법원이 민중의 지지를 바탕으로 여론의 대변자 역할을 하는 것이 행정과 관련해서 중대한 문제였다. 네케르는 고등법원과 민중의 결부를 단절하기 위해 두 가지 방책을 내놓는다. 하나는 주의회의 설립이다. 이미 말제르브가 지적했듯, 지방 삼부회가 존재하지 않기 때문에 인민은 조세 분담액과 배분의 결정에서 완전히 배제돼 있었다. 각지에서 조세에 관한 불만과 고충이 잇따랐고, 인민

---

153 Ibid., pp.239~240.
154 Ibid., p.240.
155 Ibid., p.195.

은 고등법원에서 그 배출구를 찾았다. 그 결과 고등법원은, 여론의 지지를 받는 것이 믿을 만할 경우 "인민의 이름으로 말하고 국민 권리의 보호자임을 자칭하여" 본래의 직무에서 벗어나 행정에 개입해 행정의 원활한 전개를 막는다. 따라서 "고등법원이 여론의 지지를 받지 못하게 할 것, 폐하의 통치를 교란하고 권위의 실추 혹은 결과를 알 수 없는 마지막 승부로 이끌 전투의 반복에 대비해야 한다". 행정에 관해 책임 능력이 있는 주의회를 설립한다면, 정부와 인민의 신뢰 관계를 회복함과 동시에 '정치단체로서' 고등법원의 힘을 떨어뜨릴 수 있을 것이다.[156] 네케르는 그렇게 주장했다. 말제르브에게 고등법원은 그 집단적 이기심에도 불구하고 국민 권리의 보호자 역할을 한 점에서 옹호할 만했던 반면, 네케르에게 고등법원은 신민과 분리해 여론의 대변자 행세를 못하게 하는 것이 중요했다.

또 하나의 방책은 왕국의 재정 상태를 공표함으로써 계몽된 공중의 의견을 이끌어 내는 것으로, 이는 『왕국 재정 보고서』(1781)로 실현된다. 말제르브는 1775년 건언서에서 이의 공표가 여론의 형성과 계몽에 있어 중요하다고 썼는데,[157] 네케르는 재정과 관련해서 그것을 실행한 최초의 장관이었다. 보수파 측에서는 네케르의 이와 같은 행동이 군주정의 기본 원리에 반하는 유해하고 위험한 시도라고 비난했지만, 보고서는 당일 3000부가 팔리며 호평을 받았다. 계몽의 진보로 통치자와 피통치자의 거리가 좁혀지고, 그로 인해 더 많은 이들이 행정에 관심을 기울이게 되었다. 이러한 상황에서 "장관은 세계라는 극장의 연기자가 되며",[158] 관객인 피통치자에게 공정성과 신뢰 등을 인정받아야만 그 일을 해낼 수 있다. 이러한 평판은 행정의

---

156 J. Necker, "Administrations provinciales, Mémoire au roi, sur l'etablissement des Administrations provinciales"(1778), *Œuvres complètes de M. Necker*, Aalen: Scientia Verlag, 1970, vol.3, pp.364~365.
157 Malesherbes, "Remontrances de 1775", pp.269~273.
158 Necker, "De l'administration des finances de la France", vol.4, p.9.

실정을 공표함으로써만 얻을 수 있다고 네케르는 생각했다. 실제로 네케르는 『프랑스의 재무행정에 관하여』(1784) 서론에서 스스로의 활동을 되돌아보며, 여론을 계몽하고 획득하는 것이 자신의 행동 원리라고 썼다.

네케르에 따르면 여론이란 '사교社交의 정신'이며 주목과 칭찬을 받고자 하는 마음이 세운 지상의 법정이다. 이 법정에는 "주목받는 모든 사람이 출두할 것을 명 받으며, 거기서는 여론이 저 높은 왕좌에서처럼 칭찬과 왕관에 해당되는 것을 선별한다".[159] 그리고 "이 여론과 평판이야말로 국민에 대한 하나의 영향을 견지하는 것이다".[160] 네케르는 이처럼 여론의 힘을 인정하지만, 그 역시도 이 시대의 많은 논자와 마찬가지로 여론에 대해 명확하고 구체적인 정의를 내리는 것은 아니다. 그가 여론에 대하여 내리는 정의는 "몇몇 단체와 상황에만 속하는 순간의 움직임"은 아니며, 더구나 민중의 의견도 아니며, "이성과 시간과 감정의 보편성에 의해서만 확립되는 의견",[161] 굳이 구체적으로 말하자면 독서하는 공중의 의견이라 하겠다.

오히려 네케르에서 흥미로운 것은 여론과 정치체의 관계에 대한 논의이다. 네케르에 따르면, 전제정에서는 전제군주의 시선이 전부이므로 사람들의 칭찬과 주목이라 할 여론이 작동할 여지가 없다. 전제정은 아니라 해도 강대한 군주 밑에서 여론은 권위를 가질 수 없다. 루이 14세 시대가 그러했다. "이 위대한 군주는 모든 것을 자신에게 끌어와 온갖 종류의 장려와 영예를 혼자 누리기를 바랐다. …… 공적을 바라는 열의, 공적을 판별하는 능력, 상벌을 줄 때의 주도면밀함, 왕관을 둘러싼 빛, 이 모든 것이 국민에게 위대한 왕의 칭찬만을 구하는 관습을 만들었다."[162] 한편 공화정 속에서 사

---

159 Necker, "De l'administration des finances de la France", vol.4, p.47.
160 Ibid., vol.4, p.53.
161 Ibid., vol.4, p.56.
162 Ibid., vol.4, p.53.

람들은 "민중의 신뢰나 의회에서 웅변하는 영향력"밖에 인정하지 않는다. 더욱이 공화정의 본질을 이루는 자유 안에서 "사람들은 스스로의 의견의 독립에 구애되어 타인의 의견에서 멀어지는 것에 은밀한 즐거움을 찾"게 된다. 이리하여 공화정 속에서 사람들은 자기 의견과 타인의 의견 차이를 두드러지게 만드는 데 열중하므로 사람들의 일치된 의견으로서 여론은 힘을 가질 수 없다.[163] 네케르가 말하고자 하는 바는, 공화정 속에서 사람들의 의견은 한편으로 '민중의 신뢰'를 얻기 위하여 획일화되고, 다른 한편으로 자기 의견의 독립성을 고집하려는 양극단으로 치닫기 때문에, 획일적인 의견과 개개의 의견 사이에 위치하는 여론은 자라나지 않으며 힘도 가질 수 없다는 것이다.

그에 비해 현재 프랑스는 여론이 힘을 발휘하기에 적절한 상황이다. 앞서 보았듯 여론의 활동을 막는 요인이 사라지고, 계몽의 진보가 여론의 지배력에 공헌했다. "섭정시대 이후 여론의 힘은 다양한 상황의 도움을 받아 차츰 성장하여 오늘날 무너지기 어려운 힘이 되었다. 여론은 모든 사람을 지배하고, 군주 자신도 과도하게 정열에 휘둘리지 않는 한 언제나 여론을 존중한다. 어떤 군주는 공중에게 인정을 받으려는 야심에서 자발적으로 여론을 배려하고, 모진 군주라도 자기 측근의 영향을 받아 여론에 따른다."[164]

이렇듯 네케르에게 여론이란, 전제정과 공화정 사이에 위치하는 온화한 군주정에서 가장 큰 힘을 발휘하고, 온화한 군주정에 활력을 주는 것이었다. 몽테스키외는 중간적 권력(귀족)의 존재를 통해서야말로 왕권과 인민의 권력이 직접 충돌하는 것을 막고, 왕권이 꾸준하고 점진적으로 침투할 수 있다고 보았지만, 네케르는 그와 같은 것을 정치적 언설 장에서 구상

---

163 Ibid., vol. 4, pp. 49~50.
164 Ibid., vol. 4, p. 49.

한다. 네케르는 몽테스키외가 귀족에게 할당한 역할을 여론에 부여한 것이다. 그의 생각에 따르면, 여론은 당파의 주장이나 민중의 의견이 아니라 국민적 합의를 성립시키는 불가결한 매개체였다. 국민적 합의의 회로를 어떻게 형성할지에 대한 문제는 그 뒤 뢰드레가 이어 갔다.

이처럼 네케르는 여론의 중요성을 인정했지만, 여론의 탄생과 성장의 역학을 간과함으로써 논의의 치명적 약점을 남겼다. 예를 들어 종교전쟁기처럼 분열과 당파의 대립이 격심해 사람들의 감정과 사유가 지배당할 때 여론은 묻히고 만다고 네케르는 말한다. 그때 "사람들은 사랑과 증오밖에 모르는 당파로 분열되어 평판과 여론이라는 좀 더 평화로운 깃발 아래 모일 수가 없다".[165] 이처럼 네케르는 여론의 정치적인 힘이 고양되어 지상의 법정으로서 힘을 발휘하는 시점이 한창 정치적 대립이 격렬할 때임을 간과하고 말았다. 이는 이론뿐 아니라 그의 인생에서도 치명적인 약점이 되었다. 1789년 7월 11일, 네케르는 국왕에 의해 재정총감에서 파면당하지만, 바스티유 공격 후 파리 민중의 인기를 등에 업어 자리에 복귀한다. 한껏 인기를 얻으며 개선凱旋한 그이지만 1년 후 여론에게 버림받고 그 누구에게도 눈길을 받지 않은 가운데 사직했기 때문이다.

6. 여론 형성의 회로

프랑스혁명은 언론에 자유를 보장하여 여론에 거대한 힘을 부여했다. 혁명 전 파리에서 신문과 잡지 등 정기간행물이 고작 수십 종 간행된 데 비해 1789년 6월부터 1792년 8월 3년 남짓 사이 500종 이상 쏟아졌다. 다양한 정치 클럽의 집회와 의원을 선출하는 선거인회가 빈번히 열렸다. 의회에서

---

165 Necker, "De l'administration des finances de la France", vol. 4, pp. 47~48.

수많은 의원이 웅변했고, 그 연설이 관보를 통해 전국에 신속히 보도되었다. 언론의 폭발과 여론의 환기는 프랑스혁명의 가장 큰 특징이었다. 압도적인 힘을 얻은 여론을 삼권분립, 대의제와 어떻게 관련지으며 자리매김할지 당시 다시금 문제로 떠올랐다.

1789년 6월 15일 여론의 힘을 인정하는 연설을 한 베르가스는 같은 해 9월 다시 한 번 여론의 문제를 제기한다.[166] 이 시기 입헌국민의회의 주된 문제는 국가권력을 구성하는 입법과 행정과 사법이라는 삼권의 배치, 그중에서도 자유가 확보된 뒤 행정 권력(국왕)과 입법 권력(의회)의 관계가 어떠해야 하는가에 있었다. 구체적으로는, 의회의 결정에 대한 국왕의 거부권을 인정할지 여부, 인정한다면 절대적 거부권인지 정지적 거부권인지, 또한 의회는 일원제여야 할지 이원제여야 할지가 논의된 것이다. 베르가스는 국왕의 절대적 거부권과 이원제를 지지하는 가장 보수적인 입장인데, 흥미로운 점은 이러한 주장을 지상의 법정인 여론 관념과 관련짓는다는 것이다.

베르가스는 권력이 언제나 그 '본래의 한계'를 넘어 확대되는 경향이 있는 데 천착했다. 행정 권력은 입법 권력을 침식하는 야심을 지니고, 입법 권력은 행정 권력을 침식하는 야심을 지닌다. 그러므로 이와 같은 권력의 경향이야말로 자유의 본질적인 위협인 것이다. 이를 위해서는 권력을 분할해 그것들의 균형과 상호 억제를 통해 권력이 본래의 한계를 벗어나지 않도록 해야 한다. 베르가스는 이와 같이 생각하여 의회를 상설로 하고 법안 제출과 작성 권한을 의회의 배타적 권한으로 하고, 양원兩院 앞으로 장관에

---

166 「군주정에 있어 입법 권력과 행정 권력을 제한하는 방법에 대하여」라는 제목의 베르가스 논설은 의회에서 연설되지 않고, 팸플릿으로 의원에게 배포되어, 1789년 9월 22일자 의회의사록에 수록되었다. 따라서 발표 날짜는 확정할 수 없다. 그러나 의회는 거부권에 관한 심의를 9월 7일 중단하고 10일 이원제의 설치를 부결, 11일 국왕은 정지적 거부권에 동의하고 있어, 베르가스는 의회가 입법권과 행정권의 조직에 관한 논의를 중단하였을 때 이 논설의 진술을 신청하였다고 쓰고 있으므로 9월 7일 이후 수일간 집필되었다고 본다(*Archives Parlementaires de 1787 à 1860*, première série(1787~1799), vol.9, p.109).

대한 소추건을 부여해 행정 권력을 억제하려 한다. 하지만 동시에, 아니 그 이상으로 입법 권력에 본래의 한계를 지키게 하는 편이 자유에 있어서 중요하다고 베르가스는 말한다. 행정 권력의 압제, 즉 행정 권력에 의한 입법 권력의 합병은 유일한 인간(왕)의 압제이지만, 여기에는 적어도 여론이라는 장애가 있다. "행정 권력을 가진 자는 그 남용 때문에 불평을 우려해 권력을 남용할 때도 다소간 절도를 지킨다." 그에 반해 입법 권력의 압제는 다수자의 압제이며 "다수자의 압제는 여론을 두려워하지 않는다". 다수자에게는 유일한 인간에게 없는 끈기가 있고, 심지어 그것은 다른 권력을 제압할 입법권을 가지기 때문이다. 이리하여 베르가스는 "다수자의 압제는 유일한 인간의 압제보다 백 배 이상 위험하다"라고 말한다.[167]

베르가스는 입법 권력을 억제하는 방책으로, 국왕의 승인 없이는 의회 결정이 법으로서 효력을 갖지 못하는 국왕의 절대적 거부권과 이원제에서 찾는다. 의회의 결정이 그것만으로 법으로서 효력을 지닐 경우 입법 권력과 행정 권력의 힘 관계가 눈에 띄게 입법 권력 측으로 기울게 될 것이므로 양 권력의 균형을 위해 국왕의 거부권이 필요해진다. 정지적 거부권은, 의회 결정이 법으로서 지니는 효력을 국왕이 일정 기간 정지시켜 재심의하게 하는 것인데, 의회는 그 기간 중 자기 결정에 유리해지도록 여론에 영향을 미칠 것이다. 의회 같은 "큰 단체는 여론을 꼭 존중하지도 않을 뿐 아니라, 여론을 쉽게 부패시킬 수도 있다".[168] 그렇게 의회는 여론의 지지를 등에 업어 자기 결정을 밀어붙이려 할 것이다. 그러므로 정지적 거부권은 입법 권력을 억제하는 데 효과가 없을뿐더러, 여론이 정지적 거부권에 의해 양 진

---

167 N. Bergasse, "Discours sur la manière dont il convient de limiter le pouvoir législatif et le pouvoir exécutif dans une monarchie"(1789), *Archives Parlementaires de 1787 à 1860*, première série(1787~1799), vol.9, p.113.

168 Ibid., p.116.

영의 싸움에 휘말리고 말 것이다.

베르가스도 여론을 지상의 법정, 즉 "눈으로 볼 수 있는 법정은 없지만, 가는 곳마다 힘을 미치며 증식"[169]되는 법정이라 여기지만, 이 여론이 제대로 기능하기 위해서는 다른 권력으로부터 독립되어야 한다. 하지만 정지적 거부권이 행사될 경우 의회의 영향을 받아 "여론은 늘 불확실하고 부유하는 여러 운동의 산물이 되어" 그러한 조건이 무너져 버린다. 이에 비해 절대적 거부권은 입법과 행정이라는 두 권력의 관계를 그 안에서 완결시켜, 역설적이게도 여론이 제 몫을 다할 수 있게 한다는 것이다. 여론은 권력의 외부에서 '완전한 독립'을 유지할 때 비로소 초월적인 제3의 심급이라는 본래의 몫을 다할 수 있다고 베르가스는 주장했다.[170]

베르가스는 왕의 절대적 거부권을 옹호하는 보수적 입장에서 여론이 다른 권력으로부터 독립되어야 한다고 주장하지만, 니콜라 드 본느빌Nicolas de Bonneville은 더 급진적인 입장에서 "인민의 목소리에 모든 힘을 부여"[171]하기 위하여 여론을 다른 권력에서 독립된 힘으로 확립시켜야 한다고 주장한다. "삼권의 구별은 모든 이에게 간신히 확립되고 있다. 하지만 제군이 여타의 더 높은 권력, 삼권에서 유래하지 않으면서 각각의 균형을 맞추고 혼동을 막기에 충분한 힘을 지니는 권력을 창출할 수 없다면 이 구별은 아무런 소용이 없을 것이다."[172] 이리하여 본느빌은 여론을 삼권보다 우위에 서는 권력, 즉 다른 권력을 감시하는 제4의 권력으로 확립하자고 주장한다. 인민은 스스로 입법권과 행정권을 행사할 수는 없지만 다른 권력을 감시·감찰하는 권력을 확립함으로써 주권을 행사할 수 있다. 여론은 대의정치

---

169 Ibid., p.120.
170 M. Gauchet, *La Révolution des pouvoirs, La souveraineté, le peuple et la représentation 1789-1799*, Paris: Gallimard, 1995, pp.70~72.
171 *Ibid.*, p.82.
172 R. Monnier, *L'escape public démocratique*, Paris: Kimé, 1994, p.74.

속에서 인민이 주권을 행사하는 불가결한 형태이며, 잡지 『부슈 드 페르』 *La Bouche de fer*는 여론의 대변자 역할을 했다. 코르들리에 클럽Cordeliers Club 도 "여러 권력의 남용과 인간의 권리를 향한 모든 공격을 여론의 법정에 고발"[173]할 것을 제 임무로 삼음으로써 같은 주장을 하였다.

프랑스혁명에서 여론은 다른 어떤 권력보다 우월한 권력적 지위, 정치의 정당성을 보증하는 심급의 자격을 획득했다. 하지만 동시에 도미니크 조제프 가라가 기술하듯, 혁명은 정념의 해방이며 혁명은 독재자들에 의해 요동치는 인민의 정념이 향하는 대로 표류해 그 이념과 정반대로 공포정치를 가져왔다. 또한 혁명은 중간적 집단을 일소했지만, 이는 여론을 형성하는 회로의 파괴이기도 했다.[174] 이러한 상황에서 공포정치를 겪은 테르미도르기의 정치가와 지식인은 어떻게 여론을 파악할지, 어떻게 다양한 목소리를 하나의 목소리로 통일할지, 상황과 함께 변하는 것이 아니라 다소간 지속적이고 안정된 여론을 형성할 수 있는 방법이 무엇인지 등의 문제를 반드시 해결해야 했다.

이러한 점에 대해 흥미로운 분석을 내놓은 이가 뢰드레다. 뢰드레는, 민중의 '일반적 감정'과 인텔리겐치아의 의견이 만나 여론이 형성된다고 말한다. 그에 따르면 현대사회는 한 사람이 갖는 부의 크기에 따라 계층이 나뉘며, 지적인 힘 역시 읽고 쓰기를 배우는 데 필요한 경제적·시간적 여유에 의존하므로 통계적으로 보면 부의 크기에 따른 계층으로 나뉜다. 이렇듯 뢰드레는 사회를 첫째, 누구보다 가난하며 "지적 능력을 키우는 데 필요

---

173 *Réimpression de l'Ancien Moniteur*, 32 vols., Paris: Henri Plon, 1858~1863, vol. 4, p. 279.

174 중간적 집단 일소의 의미에 대해서는 S. Tominaga, "L'impossible groupement intermédiaire: été automne 1791", *Zinbun: Annals of the Institute for Research in Humanities*, no. 28, Institute for Research in Humanities, Kyoto University, 1994; "Voice and Silence in the Public Space: the French Revolution and the Problem of Secondary Group", *Cahiers d'épistémologie*, no. 9607, Montréal, 1996을 참조.

한 수단과 그 행사에 필요한 시간을 빼앗긴" 계층, 둘째, 초등교육을 받았으며 대화와 고찰의 시간이 다소간 있는 "상식인의 계급", 구체적으로 소小소유자, 차지농, 우두머리 직인, 소상인 계층, 셋째, "완전히 계몽되지는 않았지만 교육받은 사람들", 구체적으로는 여유 있는 소유자, 넷째, "계몽된 사람들", 즉 부유한 집에서 태어난 계급, 다섯째, "탁월한 두뇌"의 계급 등 다섯으로 구분한다. 그리고 여론을 알기 위해서는 "인상과 사상이 시민의 여러 계급 사이에서 어떻게 전해질지, 어떤 힘이 그것들을 이끌어 나가는지 관찰해야 한다".[175]

한편 여론을 형성하는 일반적 감정과 인텔리겐치아의 의견이라는 두 가지 계기 중, 전자는 사회의 하층계급, 노동하는 빈민 사이에서 태어난다. 그들은 생활조건 때문에 사회적 변화와 재난의 타격을 가장 먼저 받고 가장 먼저 외치는 존재이기 때문이다. 하층계급 사이에서 생겨난 일반적 감정은 차츰 상층계급에 전달되고, 그에 따라 순화되고 응축되어 어떤 높이에 다다르면 사상으로서 형태를 띤다. 그리하여 "재능 있는 사람들이 고찰하고 사유해 의견을 정리해 낸다. 그는 붓을 들고 저작을 정리해 낸다. [그렇게―옮긴이] 여론이 생겨난다".[176] 부유하고 지적인 계급 사이에서 태어난 여론은 거꾸로 일반적 감정에 의한 검열과 수정을 받으면서 차츰 하층계급으로 전파된다.

일반적 감정과 여론 사이의 왕복 운동, 하층계급과 상층계급 사이에서 일어나는 감정과 사상의 조우, 이것이 뢰드레가 본 여론 형성 회로의 모델이다. 이 회로를 거침으로써 여론은 건전하고 강고해져 안정성을 획득한

---

175 P. L. Roederer, "De la majorité nationale, de la manière dont elle se forme, et des moyens auxquels on peut la reconnaître, ou Théorie de l'opinion publique"(1797), L. Jaume, *Échec au libéralisme*, Paris: Kimé, 1990, p.99.
176 Ibid., p.103.

다. 이 회로에서 가장 중요한 것은 차지농, 우두머리 직인, 소상인 계층, 여유 있는 소유자 계급 등으로 구성된 중간계급이다. "그들에게 창조적인 지성은 없지만, 올바르게 판단하는 감각이 있으며" 일반적 감정과 여론 모두 이 집단 속에서 "주의 깊고 세심한 검열"을 받으며 여과되어 활력과 안정성을 획득한다. 뢰드레가 보기에 혁명기, 특히 공포정치의 문제는 이러한 회로가 빠진 점에서 찾을 수 있다. 거기서는 지식인의 의견이 어떠한 매개도 없이 민중 사이에 전해지고, 민중의 정념이 여론이라 오해받았다. 그로 인해 건전하고 안정된 여론이 생겨나지 못하고, 정치 역시 격심한 일탈을 반복하게 되었다는 것이다. 몽테스키외가 군주와 인민 간의 중간적 권력의 존재야말로 권력이 흐르는 수로를 확립해 안정된 정치체를 형성하는 필수조건이라고 생각했듯이, 뢰드레는 중산계급이 핵심이 되는 여론 형성의 회로를 확립하는 것이 안정된 여론, 안정된 정치체를 만드는 열쇠라고 보았다.

뢰드레의 주장 자체는 그다지 독창적이지 않다. 그가 '일반적 감정'이라 부르는 것은 계몽 지식인이 "무지한 대중의 의견"이라 부른 것이고, '여론'은 "교양 있는 공중의 의견"을 바꿔 말했을 뿐이다. 그러나 그의 주장 가운데 흥미로운 점은 계몽 지식인이 이 둘을 한결같이 대립하는 것으로 생각한 데 반해, 그는 사회의 계급 사이를 운동하며 변화하는 것으로 생각한 데 있다. 그리고 각각의 유통 회로 모델을 구축해, 서로가 조우하는 지점에서 '참된 여론'이라 할 만한 '자연적 다수파'가 형성된다고 생각한 점이다.

뢰드레의 논의는 초월적 심급으로 탄생한 여론을 관찰하고 경험적으로 인식해, 그 인식에 기초하여 여론의 방향을 트는 시도였다. 그리고 샤프탈이 나폴레옹 치하에서 행한 국세조사는 인구통계뿐 아니라 "습속, 관습, 시민적 및 종교적 관습" 등을 조사해 여론의 동향을 알고자 한 것이었다. 이처럼 여론은 인식되고 억제될 대상이 되는 듯 보였다. 그러나 여론은 분명히 국민주권을 기반으로 정치가 따라야 할 준칙이며, 그것은 사회가 위기에 직면할 때 초월적 심급으로서 그 억제하기 힘든 힘을 발휘해 나가게 된다.

4장 · 왕권과 가족의 질서

1. 이데올로기 장치로서 가족

사회사의 제창에 따라 역사 연구를 새롭게 전개해 온 『아날』*Annales*지는 1972년 '가족과 사회'라는 이름으로 특집호를 내면서 서문에서 다음과 같이 기술했다. "가족 연구는 몇 년 동안 사회과학의 모든 분야에서 꽃피고 있다. 민속학, 사회학 등과 같은 몇몇 분야에서 그것은 이미 고전적인 주제이다. 역사가에게 그것은 새로운 문제이다. 아마도 실로 이 점에 역사가의 다음과 같은 결점 혹은 신성한 직무가 있을 것이다. 즉 역사가는 어떤 제도에 균열이 생긴 뒤 그것이 위기에 임박할 때야 비로소 사회의 생성 속에서 그 제도를 검토하고 중요성을 확인할 수 있다. 역사적 앎은 미네르바의 부엉이처럼 황혼 녘에야 날개를 펴는 것인가."[1] 이 특집호와 이듬해 2판이 출간된 필리프 아리에스Philippe Ariès의 『앙시앵레짐에서 아동과 가족의 삶』이

---

[1] *Annales Économies-Sociétés-Civilisations*, numéro spécial: famille et société, vol.27, no.4~5, 1972, p.799.

커다란 자극이 되어 그후 프랑스에서 가족에 관한 연구서와 논문이 쏟아져 나왔다.[2]

이와 같이 가족 연구가 고양된 데는 몇 가지 이유가 있을 것이다. 떠오르는 대로 열거하더라도, 역사학적 관점에서 사회적 통합 관계와 그 기반에 있는 심성을 조명하려 한 사회사의 시도, 그와 연결된 민속학적 관심, 사회적으로는 여성의 사회적 진출의 가속, 이혼의 증가, 법적으로는 1960년 대부터 프랑스에서 실시된 여성의 지위에 관한 민법 개정, 임신중절의 허용 등과 같은 조건에서 변화된 가족생활을 들 수 있을 것이다.

그런데 이들 연구는 거칠게 말해 두 가지 경향이 있다.

하나는 남편과 아내, 부모와 자식 등 가족 내의 관계, 그 안에서 생겨나 그것을 떠받치는 심성에 초점을 두는 것이다. 물론 가족, 특히 근대 이전의 가족은 바깥세계로부터 격리된 순수하고 사적인 공간이 아닌 만큼 그 교류를 무시할 수 없지만, 연구의 초점은 가족 안이나 가족을 둘러싼 소사회에 있다. 이는 낭만적인 사랑의 형성과 쇠퇴를 조명한 에드워드 쇼터Edward Shorter의 『근대 가족의 형성』에서 하나의 모델을 볼 수 있다.

또 하나는 가족을 근대국가가 사회를 장악하고 재편성할 때의 거점으로 보고, 구체적 전략과 과정을 분석하는 것이다. 자크 동즐로Jacques Donzelot의 『가족 관리하기』, 이사크 조제프Isaac Joseph와 필리프 프리시 Philippe Fritsch의 「자택에서의 규율: 가족의 구축」, 필리프 마이어Philippe Meyer 의 『아동과 국가 윤리』 등이 그것이다. 이것들은 '아이에의 배려'가 핵심인

---

2 눈에 띄는 것만을 들겠다. F. Lebrun, *La vie conjugale sous l'Ancien Régime*, Paris: Armand Colin, 1975; F. Shorter, *The Making of the Modern Family*, New York: Basic Books, 1975; J. L. Flandrin, *Les amours paysannes*, Paris: Gallimard, 1975; J. Donzelot, *La police des familles*, Paris: Minuit, 1977; I. Joseph and P. Fritsch, "Disciplines à domicile", *Recherches*, no. 28, 1977; P. Meyer, *L'enfant et la raison d'État*, Paris: Seuil, 1977; M. Segalen, *Mari et femme dans la société paysanne*, Paris: Flammarion, 1980; *Sociologie de la famille*, Paris: Armand Colin, 1981.

가족 감정이 근세의 귀족과 부르주아 사이에서 생겨났다는 아리에스의 설에 입각하여, 이 감정이 민중으로 자연히 침투된 것이 아니라 일련의 정치를 거친 것으로 보고, 그 정치와 침투 과정과 주체를 파악하고자 했다. 이 분석에서 그들이 의거한 것은 푸코의 작업, 특히 『감시와 처벌』이며, 푸코가 제기한 '생명을 대상으로 하는 정치'의 개념이다. 곧 "18세기 이래 유럽의 여러 나라에서 일어난 육체, 건강, 음식과 주거의 방식, 생활의 여러 조건, 생존의 모든 영역을 포위하려는 정치적 기술"이다.[3] 따라서 여기서는 육아, 보건위생, 교육, 주거 등이 대상이지만 그것들은 단순히 일상생활의 역사적 분석으로서가 아니라 다양한 이해관계와 이데올로기가 충돌하는 전략적인 지점으로, 근대적 규율화가 수행되는 장으로 분석된 것이다.

그들의 연구는 근대사회의 형성과 관련해 매우 중요하지만 충분히 논의되지 못했던 문제—사회적 관계의 재생산을 보증하는 국가 이데올로기 장치로서 가족의 형성과 기능을 해명하려는 것이다. 분명 산업화가 진행되면서 생산에서 경제 단위로서 가족의 의미가 약해졌을지라도, 거기서 사회적 관계와 그 재생산에서 가족의 의미를 과소평가하는 것은 잘못이다. 가족은 인간의 일차적 결합관계인 만큼 강고한 힘을 지닐 뿐 아니라, 생산 단위로서의 지위 하락에도 불구하고 오히려 국가 이데올로기 장치로서의 힘이 증대되는 것은 아닐까? 지역적·기능적인 공동체의 약화로 인해 가족의 공간이 학교와 함께 아동을 주체화하는 특권적인 장이 된 것은 아닐까?[4] "승리한 것은 개인주의가 아니라 가족"이라는 아리에스의 결론을 이런 뜻으로 읽을 수 있겠다. 만일 그렇다면, 앙시앵레짐 말기에 있어 가족을 둘러싼 문제 상황과 그에 대한 왕권의 대응을 검토하며 국가 이데올로기 장치

---

3 Donzelot, *La police des familles*, p.12.
4 '국가 이데올로기 장치' 개념에 대해서는 アルチュセール, 『国家と国家のイデオロギー装置』, 西川長夫 訳, 福村書店, 1975를 참조.

로서 가족과 그러한 이데올로기의 전개를 검토할 필요가 있을 것이다.

2. 왕권과 가족

1장에서 보았듯, 장 보댕에 따르면 국가를 잘 통치하기 위해서는 가정을 잘 통치해야 한다. 더 나아가 국가의 통치는 가정의 통치와 동형이며, 가족에 대한 가장의 권력은 신민에 대한 주권자의 권력과 대응된다. 따라서 "질서가 잘 잡힌 국가란, 신법과 자연이 부여한 생사의 권리를 아버지에게 돌려주어야 한다"라고 보댕은 말한다.[5] 하지만 로마제국이 몰락한 뒤 부권은 점차 쇠약해졌으며, 아버지의 생사여탈권은 법률가들의 야심에 빼앗겨 왔다. 그리하여 "오늘날 아버지는 부권과 자식의 재산에 대한 청구권이 박탈돼 왔으며, 자식은 아버지에 의한 강제적이고 부당한 시도로부터 스스로를 지키고 힘으로 저항할 수 있게 되었다고 평가된다".[6] 보댕에게 이는 중대한 사태였다. 왜냐하면 부권의 쇠퇴는 국가의 토대인 가족의 통치를 약화시키고, 그로써 국가의 통치에 중대한 영향을 끼치기 때문이다. "부권에 대한 외경심이 거의 없고, 신의 노여움에 대해서는 한층 더 두려움이 없는 아이는 위정자의 권력에 더 쉽게 반항한다."[7] 그러므로 국가 통치의 관점에서도 보댕은 "군주와 입법자가 아이에 대한 부권과 관련된 옛법을 부활시켜, 신법이 명하는 관습을 재건해야 한다"라고 쓴다.[8] 보댕이 생각할 때 가장의 권력은 가족 내 질서의 핵심임과 동시에 국가 통치의 기초이기도 하였다.

실제로 왕권은 가장권을 강화했다. 앙리 2세의 왕령(1556년)은, 남자 30

---

5 J. Bodin, *Six livres de la république*(1593), Paris: Fayard, 1986, vol.1, p.66.
6 *Ibid.*, vol.1, p.73.
7 *Ibid.*, vol.1, p.69.
8 *Ibid.*, vol.1, p.75.

세 미만, 여자 25세 미만의 결혼에 대해 부모의 동의를 의무화함으로써 친권에 의한 결혼의 규제를 강화하였다. 또 1639년의 왕령은, 부모의 동의 없이 비밀리에 결혼한 자를 상속에서 배제함과 동시에 기존의 증여 일체를 취소할 수 있다고 정하였다.[9] 아동에 대한 부모의 징계권에 대해서는, 1684년의 왕령에 따라 파리와 파리 외곽 지구의 직인과 가난한 주민에 대해 25세 미만의 비행자를 투옥하고 노역을 강제할 수 있다고 정하였다.[10] 파리에서 가족과 관련된 규범이 현저히 느슨해졌다고 판단되었기 때문이다. 더군다나 곧 뒤에서 검토하게 되듯, 왕의 명령에 따라 어떤 인물을 투옥하고 수감하는 '봉인영장'lettre de cachet은 방탕, 비행 등으로 가족의 질서를 흐린 자를 가두는 수단으로 쓰여 왕권에 의한 가족 내 질서를 보강했다. 부권이 강한 프랑스 남부의 로마법 지역과 부권이 약한 북부의 관습법 지구 사이에는 적지 않은 차이가 있었지만 대체로 가장권을 강화하는 방책이 시행되었다.[11]

이처럼 왕권과 가장권은 서로를 떠받치며 세력을 키웠다. 가족 내 질서는 공적 질서를 만드는 모태로 받아들여져 왕권은 그것을 확보하려 가장권을 강화하려 한 것이다. 그러나 가족 내 질서는 왕권뿐 아니라 주민 공동체에서도 중대한 관심사였다. 가족 내 질서의 유지는 가족의 집합체인 공동체의 안정과 지속에 반드시 필요한 조건이었기 때문이다. 공동체는 공동의 노동과 상호부조에 의해 가족을 유지하는 한편 가족 내 질서를 감시했다. 당시 사람들의 삶은 주로 집 밖에서 이루어졌고, 집의 구조를 보아도 외부 세계로부터 격리된 사적 공간이 없기 때문의 주민의 시선은 가족 내 관계

---

9 J. Sandrin, *Enfants trouvés, enfants ouvriers, 17ᵉ-19ᵉ siècle*, Paris: Aubier, 1982, p.9.

10 P. Sagnac, *La législation civile de la Révolution française*, Paris: Fentemoing, 1899, p.303.

11 왕권에 의한 가장권의 강화에 대해서는 遲塚忠躬, 「アンシァン・レジーム」, 青山他 編, 『家族の歴史』(『講座家族』 第1卷), 弘文堂, 1973, 180~195頁 참조.

까지 쉽게 침투될 수 있었다. 예를 들어 '샤리바리'charivari는 가족 내 질서를 공동체가 규제하는 한 형태였다.

샤리바리는 공동체의 관행을 위반한 자를 벌하는 의식적 집단행동으로, 중세부터 19세기에 유럽 각지에서 행해진 민속적 관습이다. 무엇이 위반인지 지역과 시대에 따라 달랐지만, 농촌에서는 일반적으로 가족 내 질서를 흐리면 공동체의 관행을 위반한다고 여겼다. 나이가 심하게 차이 나거나 신분이 다른 자들의 결혼, 간통, 아내를 때린 남편, 남편을 때린 아내 등이 샤리바리의 대상이었다. 이러한 행위가 단순히 가족의 문제를 넘어 공동체 전체의 질서를 흐린다고 평가됐기 때문이다. 젊은이로 구성된 주민 한 무리가 위반자의 집 앞에 들이닥쳐 그들이 잘못을 시인하며 벌금을 내고 술을 대접할 때까지 매일 밤 냄비나 솥을 두들겨 소란을 피운다. 위반자를 당나귀에 태워 마을 안을 돌게 하기도 한다. 샤리바리는 가족 내 질서가 공동체에서 얼마나 중대한 의미를 지니는지, 공동체의 규범이 가정으로 어떻게 침투했는지를 보여 준다.[12]

가장권은 가족의 생계를 책임질 경제력을 토대로 왕권과 공동체의 지지를 받으며 유지되었지만, 18세기에 들어 그러한 조건이 약화되었다. 도시에서는 우두머리 직인이 되는 길이 좁아져 동직조합 안에서 우두머리 직인과 그렇지 않은 직인, 도제의 대립이 깊어 갔다.[13] 또한 농촌에서는 농촌 공동체의 경제적 궁핍이 갈수록 심각해졌다. 상호부조와 감시로 가족적 질서를 떠받치고 묶어 주던 공동체는 그 실질성을 잃어 갔다. 농민층이 분해되면서 가장권의 물질적 기반을 잃은 빈농층이 대량 속출되는 일이 빈번했다. 더 나아가 심각한 경제적 궁핍 때문에 고향을 버리고 도시로 유입하

---

12 柴田三千雄,『近代世界と民衆運動』, 岩波書店, 1983, 218~223頁; Segalen, *Mari et femme dans la société paysanne*, pp.48~53.
13 R. ダーントン,『猫の大虐殺』, 海保眞夫・鷲見洋一 訳, 岩波書店, 1986, 93~131頁.

여 빈민층을 형성하거나 부랑자가 되어 각지를 유랑하는 계층이 속출했는데,[14] 그들에게 가장권은커녕 안정된 가족적 결합도 먼 얘기일 뿐이었다. 이들 빈민이 대량으로 흘러들고 또 농촌에 비해 지연적 공동체의 힘이 약했던 도시에서, 특히나 파리에서 가족적 질서의 동요가 도드라졌다. 18세기 고아와 사생아의 증가에서 그 단적인 현상을 볼 수 있다.

루소는 텔레즈와의 사이에서 낳은 다섯 아이를 차례로 버렸는데, 1746년 최초로 아이를 버린 일을 『고백록』에서 다음과 같이 쓴다. "이 일[고아원에 아이를 보내는 일]이 이 나라의 관습이니 이곳에 사는 이상 그대로 따라도 좋을 터이다. 이 일이야말로 내가 찾던 궁여지책이었다. 나는 어떤 망설임

---

14 시대와 함께 늘어만 가는 구걸자, 부랑자의 존재는 당국에게 치안상의 큰 문제이며, 18세기 초반부터 프랑스혁명 사이 구걸자와 부랑자를 단속하기 위하여 셀 수 없는 왕령과 포고가 나왔다. 다음 표는 그 주된 것이다.

〈표〉 구걸자 단속령의 처벌 규정 변환

	최초 체포	재체포
1700년 7월 25일 선언	남성: 채찍질 여성: 총 구빈원 수용(1개월)	20세 미만 남성: 채찍질+칼 씌우기 20세 이상 남성: 갤리선 조역형(5년) 여성: 채찍질+칼 씌우기
1709년 8월 9일 선언	건장한 구걸자: 총 구빈원 수용(8일) 장애가 있는 구걸자: 총 구빈원 수용(8일)	18세 미만 남성: 채찍질+총 구빈원 수용 18세 이상 남성: 갤리선 조역형(5년) 여성: 채찍질+총 구빈원 수용
1718~1720년 선언, 왕령	남성: 식민지행 여성: 총 구빈원 수용 장애가 있는 구걸자: 총 구빈원 수용	
1724년 7월 28일 선언	건장한 구걸자: 총 구빈원 수용(2개월) 장애가 있는 구걸자: 총 구빈원 수용(종신) 폭력적 혹은 집단적 구걸자 중 건장한 남성: 갤리선 조역형(5년) 장애가 있는 남녀: 채찍질+총 구빈원 수용	건장한 구걸자: 총 구빈원 수용(3개월)+ M의 낙인 장애가 있는 구걸자: 총 구빈원 수용(종신)
1764년 선언	16~70세의 건장한 남성: 갤리선 조역형(3년) 16세 이하의 건장한 남성: 교정원 수용 70세 이상의 남성, 장애가 있는 구걸자 및 여성: 총 구빈원 수용(3년)	70세 이하의 건장한 남성: 갤리선 조역형(9년) 70세 이상, 장애인 및 여성: 총 구빈원 수용(9년)

출처: C. Paultre, *De la répressions de la mendicité et du vagabondage en France sous l'ancien régime*, Paris: Larose et Jenin, 1906. C. Romon, "Mendiants et policiers à Paris au XVIIIᵉ siècle", *Annales ESC*, vol. 37, Paris, 1982, pp. 268~270에서 재인용.

도 없이 과감히 그렇게 맡기기로 결정했다."[15] 『에밀』에서 어머니에 의한 육아를 칭송하던 루소가 아이를 버린 데는 사상적으로 문제가 남지만, 영아유기가 프랑스의 관습이라는 루소의 말은 자기 변호를 위한 강변이라고만할 수 없다. 실제로 파리에서 고아는 이루 말할 수 없이 많았다.

〈그림〉 밀가루 가격과 파리 고아원의 유기된 영아 수용인 수와의 관계

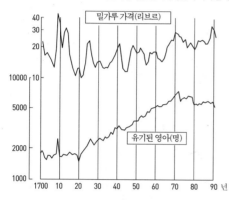

출처: C. Delasselle, "Les enfants abandonnés à Paris au XVIIIᵉ siècle", *Annales ESC*, vol. 30, no. 1, 1975, p. 207.

　이들 단속령은 구걸자와 부랑자를 출생지로 송환한다는 원칙에 기초하면서 '직업적 구걸자'로 간주된 자를 구걸자 수용소에 수용하고 감금하거나 갤리선에서 강제노동 등으로 단속하려는 것으로, 해를 거듭하며 더 삼엄해졌다. 특히 1764년의 포고는 과거 6개월간 일에 종사하지 않고 신분을 증명할 수 없는 자를 모두 직업적 구걸자, 부랑자로 간주하여 그중 건전한 자는 수용소나 갤리선에 보내고, 노인과 장애인은 구빈원에 수용하고, 아이와 고아는 가족에게 혹은 농촌에 보낸다고 정하였다. 더욱이 이 포고를 실시하기 위하여 단속 담당자에게 내려진 지시에서 부랑자와 직업적 구걸자의 정의가 1765년의 경우 "주소에서 6리외[lieue, 1리외는 약 4킬로미터 — 옮긴이] 이상 떨어진 땅에서 구걸을 하고 있는 자"였음에 반하여 "2리외 이상"(1768년), "반 리외"(같은 해)로 갈수록 삼엄해졌다. 이들 단속령에 따라 1764년부터 1773년 사이까지 10만 명 이상의 구걸자, 부랑자가 각 징세관구에 설립된 수용소에 수용되고 감금되었다. 구걸자, 부랑자의 대감금 시대가 도래했다(Paultre, *De la répressions de la mendicité et du vagabondage en France sous l'ancien régime*, pp. 311~424). 그러나 이들 단속령은 지방의 부담을 증대시켰을 뿐, 늘어만 가는 빈민층 앞에서는 무력하여, 왕국에서 구걸자와 부랑자를 없앤다는 소기의 목적을 달성하기는 먼 일이었다. 열 차례 이상이나 단속령이 나온 것 자체가 그 무효성을 설명하고 있다. 출생지의 공동체로의 송환과 공동체에 의한 부조를 원칙으로 하여 애초 치안 문제로 빈민 대책을 생각하던 방식을 수정할 필요가 있었다. 이 점에 지방행정의 책임자로서 재빨리 주목한 자는 튀르고이다. 튀르고는 1768년 단속 담당자 앞으로 내린 지시에서 노동의 의지와 능력이 있음에도 상황상 부조가 필요한 궁핍에 빠진 '참된 빈민'과 '방탕과 태만을 일삼는 자발적 구걸자'를 구별하고 후자만이 처벌의 대상이며 전자에 대하여 '부조와 존경'을 보내야 한다고 지시한다(A.-R.-J. Turgot, "Instructions sur les moyens les plus convenables de soulager les pauvres"(1768), ed. G. Schelle, *Œuvres du Turgot*, vol. 2, Paris: Felix Alcan, 1914, p. 40). 빈민대책은 수감과 추방에서 노동에 의한 자조와 그를 위한 원조로 변하려 했던 것이다.

15 J.-J. ルソー, 『告白』(1770), 小林善彦 訳, 『ルソー全集 1・2』, 白水社, 1979, 1巻 373頁.

파리 고아의 실태에 대해서는 니노미야 히로유키二宮宏之의 뛰어난 논문에 이미 생생히 묘사돼 있다.[16] 따라서 여기서는 요점만 쓰도록 하겠다. 파리의 고아원은 1670년 설립되었는데, 첫해는 수용 인원이 312명이던 데 반해 이후 계속 증가해 1760년부터 매년 5000~7000명의 고아를 수용했다. 1772년에는 파리의 출생자 수 1만 8713명 중 7676명의 고아를 수용하는 등 놀라운 수치를 기록했다. 물론 모두가 파리 출생인 것은 아니다. 지방이나 국외에서도 다수의 고아가 파리로 보내져 18세기 중엽부터는 1779년 국무회의 재결裁決에 따라 외부에서 파리로 고아의 이송이 금지되기까지 그 수는 매년 2000~2500명에 이르렀다.[17] 이들 고아는 운반자meneur가 이송했는데 그러는 도중에 사망하는 경우도 많았으므로 파리의 고아원에 수용된 고아 뒤에는 그 몇 배에 이르는 지방의 고아가 있었다고 짐작할 수 있다. 고아는 파리만의 문제가 아니었다.

영아 유기의 원인에 대해 쉽게 떠올릴 수 있는 답은 경제적 빈곤일 것이다. 실제 밀가루 가격의 변동과 파리 고아원의 수용인 수 사이에서 밀접한 관련을 찾아낼 수 있으므로 빈곤이 고아의 최대 원인이었다고 볼 수 있다.[18] 그러나 이러한 연관은 그것만으로 18세기 전반에 걸친 고아의 경향적 증대를 충분히 설명하지 못한다. 또 영아를 유기한 부모의 직업이나 계층이 직인, 일용직 노동자, 행상 등 가난한 계층뿐 아니라 파리의 부르주아, 우두머리 직인, 상인 등 비교적 여유 있는 계층에도 퍼져 있었음[19]을 생각하면 빈

---

16 二宮宏之, 『全体を見る眼と歴史家たち』, 木鐸社, 1986, 233~273頁.

17 C. Delasselle, "Les enfants abandonnés à Paris au XVIIIᵉ siècle", *Annales ESC*, vol. 30, no. 1, 1975, p. 207.

18 앞쪽의 아래 그래프에서 볼 수 있듯 밀가루 가격이 높은 해의 경우 고아 수도 증가하고 있으나, 18세기를 통틀어 고아 수가 증가 경향에 있음도 확실하다.

19 1778년 고아원에 수용된 고아에 대하여 부모의 직업, 계층을 알 수 있는 자 1531명(수용 수는 6804명)에 대하여 보면, 직인과 일용직 노동자 162명, 임노동자와 행상 148명, 파리의 부르주아 397명, 장인과 상인 294명, 하인 등 85명이 주를 이루었다(Ibid., p. 202).

곤이 고아의 최대 원인은 맞지만 유일한 원인은 아니라고 할 수 있다. 이리하여 남녀 그리고 가족관계와 관련된 관습의 문제가 떠올랐다.

먼저 첫째로 18세기 사생아 수의 점차적 증가 문제가 있다. 파리에서 전체 출생자 수 중 사생아의 비율은 18세기 초 8.6퍼센트(약 1700명)였지만, 앙시앵레짐기 말에 23.2퍼센트(6000명 이상)로 증가되었다.[20] 낭트, 칸, 랑스, 앙제 등의 지방 도시에서도 파리에 비하면 낮았으나 같은 증가 경향을 보였다.[21] 더욱이 하인과의 정사라는 전통적 패턴에 비해, 젊은 남녀 서민 계층의 자유로운 결합으로 태어난 사생아가 확연히 증가한 점은 남녀관계와 관련된 습속의 변화를 보여 주는 것으로 주목할 만하다.[22] 그러나 미혼모에 대한 사회의 시선은 여전히 곱지 못했으므로 이들 사생아 중 많은 수가 산파에 의해 고아원의 입양아가 되었다. 메르시에는 다음과 같이 쓴다. "결혼하지 않은 처녀가 임신한다 해도, 앙리 2세의 왕령과 상관없이 그 사실을 아무에게도 알리지 않는다. …… 몸을 숨기고 출산하기까지 자신이 사는 지역에서 떠날 필요가 없다. 어느 거리에나 산파가 있고 배부른 처녀를 받아 준다. …… 출산을 마치면 산파가 모든 일을 처리해 준다. 세례를 받게 하거나 수양자를 찾아 주거나 고아원에 보내는 등은 아버지의 재산, 어머니의 마음에 달린 일인 것이다."[23] 루소의 경우도 그랬다. "태어난 아기는 일반적인 형식에 따라 산파의 손에서 고아원으로 넘어갔다. 이듬해에도 같

20 J. Gélis, M. Laget, and M.-F. Morel, *Entrer dans la vie*, Paris: Gallimard, 1978, p. 174.

21 J. Depauwe, "Amour illégitime et société à Nantes au XVIIIe siècle", *Annales ESC*, vol. 27, no. 4~5, 1972, pp. 1180~1181; E. Le Roy Ladurie, "Un phénomène bio-socioculturel: l'allaitement mercenaire en France au XVIIIe siècle", *Commucation*, no. 31, 1979, p. 17. 1780년 프랑스 전역에서 사생아가 전체 출생아에서 점하는 비율을 모으는 6퍼센트, 네케르는 2퍼센트 이상으로 추정한다(H. Bergues et al., *La prévention des naissances dans la famille*, Paris: PUF, 1960, p. 369).

22 Depauwe, "Amour illégitime et société à Nantes au XVIIIe siècle", p. 1181.

23 L. S. Mercier, *Le Tableau de Paris*, 12 vols. (1782~1788), Genève: Slatkin, 1979, vol. 5, pp. 54~57(原宏 編訳, 『一八世紀パリ生活誌』 全2冊, 岩波書庫, 1989).

은 일을 당해 마찬가지 수단으로 이 처지에서 빠져나왔다."[24]

그러나 고아를 사생아와 똑같이 놓고 볼 수는 없다. 고아 중에는 적어도 적출자가 있기 때문이다. 고아는 본질적으로 과거 없는 아이이므로 그중 적출자의 비율에 대해서 정부 당국자나 파리의 사제 드부아 드 로슈포르Desbois de Rochefort는 대부분의 고아가 적출자라 하고, 반대로 샤를 르클레르 드 몽리노Charles Leclerc de Montlinot는 그 7분의 6이 사생아라고 주장해 정확한 바는 알 수 없다. 파리 고아원 수용조서를 조사한 클로드 드라셀Claude Delasselle은 수용자의 20~30퍼센트가 적출자일 것이라 추정하고 있다.[25] 어느 견해든 고아 중 적지 않은 수의 적출자가 있었으며, 그것은 국가의 기초를 이루는 가족의 동요를 보여 주는 것으로서 당국에 중대한 문제였다. 1779년 국무회의 재결은 말한다. "오늘날 고아의 대부분은 정식 혼인으로 태어난 아이이며, 본래는 과오를 범한 모친이 자신의 체면 때문에 저지를 수밖에 없던 죄[영아 살해]를 예방하기 위해 설치된 피난소가 갈수록 부모들의 죄질 깊은 무관심을 조장하는 수용소가 되고 말았다."[26] 재정총감 네케르도 말한다. "사람들은 어느새 고아원을 두고, 응당 주권자가 신민에 대해 특히 가난한 신민의 아동을 양육해야 하는 공공시설로 보는 데 익숙해졌다. 그리고 이러한 생각이 널리 퍼져 인민 사이에 그들의 의무와 부성애를 약화시켰다."[27] 동시대의 도덕주의적 색채가 짙은 저술가들에게 동조하여, 영아 유기의 가장 큰 원인이라 말할 수는 없을지라도 남녀관계와 가족관계를 둘러싼 습속의 변화로 퇴폐한 습속이 고아 수 증가의 무시할 수 없는 원인임은 부정할 수 없다.

---

24 ルソー, 『告白』, 1巻 373~374頁.
25 Delasselle, "Les enfants abandonnés à Paris au XVIIIᵉ siècle", p. 201.
26 G. Chevillet, *Les enfants assistés à travers l'histoire*, Paris: Berger, 1903, p. 32.
27 Donzelot, *La police des familles*, p. 31.

한편 이처럼 고아원에 수용된 아동을 기다린 것은 가공할 만큼 높은 사망률이었다. 메르시에는 고아원을 "수용된 아동 중 열에 아홉은 죽는 구렁"이라고 썼다.[28] 루이 라르망Louis Lallemant에 따르면 1751년 고아원에 맡겨진 1세 미만의 영아(3631명) 중 68.5퍼센트가 사망하였고, 혁명 후 1798년에는 수용자 3590명 중 실제로 92.1퍼센트가 사망했다.[29] 다른 수치를 보면, 고아 중 성년까지 살아남은 자는 5퍼센트 이하였다.

신생아를 제 손으로 버리지 않고 입양 기관에 보내는 어머니 역시 18세기에 접어들자 도시에서 특히 더 급증했다. 17세기 도시 부르주아 사이에 퍼진 입양의 관습은 18세기 여러 계층으로 퍼졌다. 직인이나 상인 가정의 여성들도 얼마간의 돈을 벌기 위해 아이를 유모에게 맡겼다. 치안총감 장 샤를 피에르 르누아르Jean-Charles-Pierre Lenoir의 보고에 따르면, 혁명 직전 파리에서 1년간 2만 1000명의 출생아 중 어머니 손에 자라는 경우는 1000명 정도에 그쳤다.[30] 리옹 등 대도시에서도 상황은 마찬가지였다.

---

28 Mercier, *Le Tableau de Paris*, vol.3, p.234.
29 라르망의 계산에 따르면 파리 고아원에서 1세 미만의 유아사망률은 다음 표와 같다.
　〈표〉 파리 고아원의 1세 미만 영아사망률

연도	수용자 수	사망률(%)	월령별 사망률(%)	
1690	1343	46.83	1개월 미만	49.35
			1~3개월	46.61
			3~6개월	38.09
			6~12개월	7.27
1751	3631	68.49	1개월 미만	69.90
			1~3개월	48.93
			3~6개월	54.79
			6~12개월	36.06
공화국 5년 (1797)	3590	92.13	1개월 미만	94.30
			1~3개월	56.75
			3~6개월	68.42
			6~12개월	35.00

　출처: Bergues et al., *La prévention des naissances dans la famille*, p.181.
30 P. Galliano, "La mortalité infantile dans la banlieue sud de Paris à lafin du XVIIIᵉ siècle", *Annales de démographie historique 1966*, Paris: Mouton, 1966, p.139; E. バダンテール, 『プラス・ラブ』, 鈴木晶 訳, サンリオ, 1981, 68頁.

유모를 찾기도 꽤 어려웠다. 파리에서 부유한 가족은 알음알음 좋은 유모를 샀고, 중류계급도 파리 근교에서 유모를 구했다. 가난한 가족은 유모 알선소를 찾았지만, 파리에서 꽤 떨어진 노르망디, 피카르디, 부르고뉴 지방까지 아이를 보내는 경우도 적지 않았다. 사생아와 고아원의 아동은 더욱더 먼 지방의 유모에게 보내졌다.[31]

고아의 경우와 마찬가지로 입양아의 사망률도 매우 높았다. 알선업자를 통해 지방의 유모에게 가는 도중 사망하는 경우도 적지 않았고, 유모가 한꺼번에 많은 아이를 맡는 경우는 법으로 금지돼 있었지만 희귀한 풍경은 아니었던 만큼 위생 문제와 거친 손길 탓에 많은 영아가 사망하였다. 특히 경제적 여건 때문에 가난한 어머니일수록 먼 곳에서 좋지 않은 유모를 구하는 경우가 많았으므로 입양아 사망률도 한층 높았다. 생후 2개월 된 젖먹이부터 시작해서 한꺼번에 유아 여섯 명을 동시에 맡아 키운 리옹의 유모라든지, 1789년 열아홉 명의 아이를 맡아 열일곱 명을 사망하게 한 루앙 근처 농촌 유모의 예[32]는 극단적인 사례이지만, 입양아의 사망률이 매우 높았음은 틀림없다. 리옹의 치안총감이며 아카데미 회원이기도 했던 앙투안 프랑수아 프로스트 드 루예Antoine-François Prost de Royer는 1778년 아카데미 강연에서 "리옹에서는 매년 6000명의 아이가 태어나지만 4000명 이상이 입양 후 사망한다"라고 말했다. 또 『인구 감소에 대한 각서』를 쓴 의사는 "리옹에 머물 때 우리는 사람들에게 아이를 몇이나 잃었는지 수시로 묻고 다녔다. …… 부르주아든 직인이든 리옹 사람들은 그들 자식 셋 중 둘을 유모의 양육 속에서 잃었다". 이러한 숫자는 적잖이 과장됐는데, 리옹에서 부모가 직접 입양아로 보낸 아이의 사망 수는 매년 1000~1500명, 고아원에서

---

31 F. Faÿ-Sallois, *Les nourrices à Paris au XIXe siècle*, Paris: Payot, 1980, p.30.
32 Gélis, Laget, and Morel, *Entrer dans la vie*, p.15.

입양된 아이의 사망 수는 500~700명, 모두 1500~2200명이 입양된 후 사망하였다고 추정된다.[33] 어찌 됐든 입양아 사망률이 높았음은 명백하다.[34]

고아와 입양아의 증가, 그 근저에 자리한 습속의 퇴폐, 유기 아동과 입양아의 극히 높은 사망률 등 당대 지식인과 당국자는 이러한 문제에 크게 주목해 교회에 의한 훈육 강화, 고아원 환경의 개선, 유모에 대한 규제 등 다양한 방책을 내놓았다. 그러나 근본적인 문제는 왕권을 정점으로 한 공동체적 조직의 계층적 편성과 그로 인해 지탱되고 종교적 규범과 교회를 통해 규제되어 온 가족질서가 약화되어 직면하게 된 동요와 균열이라 할 수 있다. "전통적인 공동체의 고삐가 풀린 데다, 그것을 대신할 새로운 시민적 공동성이 미처 형성되지 못한 간극의 시대"[35]가 온 것이다. 다음 절에서는 주로 아를레트 파르주Arlette Farge와 미셸 푸코의 연구에 따라 가족에 의한 봉인영장 청원서를 단서로 가족질서의 동요, 가족관계 안에 생긴 균열의 실태를 검토하겠다.

---

33 M. Garden, *Lyon et lyonnais au XVIIIe siècle*, Paris: Société d'édition 〈Les belles lettres〉, 1970, pp.139~140.

34 18세기 프랑스 전체의 생후 1년 미만 유아사망률 추이는 아래 표와 같다. 당시 신생아 1000명 중 1세 이상까지 살아남은 아이는 720명, 5세까지 살아남은 아이는 547명, 10세까지 살아남은 아이는 525명으로 추정된다(Gélis, Laget, and Morel, *Entrer dans la vie*, p.185). 앞 세기와 비교하여 유아사망률은 개선된 것으로 보이지만, 고아원 수용인 수나 입양아 수의 증가, 그 경우의 높은 사망률 등 눈에 띄는 현상의 심각화에 따라 유아사망률 문제가 강하게 의식되었다.

〈표〉 18세기 프랑스의 유아사망률

연도	사망률(%)
1740~1749	27.5
1750~1759	26.3
1760~1769	25.6
1770~1779	25.4
1780~1789	26.5

출처: Gélis, Laget, and Morel, *Entrer dans la vie*, p.185.

35 二宮宏之, 『全体を見る眼と歴史家たち』, 260頁.

3. 봉인영장

1) 가족질서의 위기와 봉인영장의 요청

국왕이 그 의지를 신민에게 전하는 영장은 두 종류가 있었다. 하나는 공개영장lettres patentes으로, 국왕의 의지를 신민 모두에게 전하는 데 쓰였다. 이에 비해 국왕의 의지와 명령을 신민 전체가 아닌 특정 집단이나 개인에게 비공개로 전하는 것이 봉인영장이다. 이는 "국왕의 이름으로 아래와 같은 명이 내려졌다……"와 같은 문구로 시작하여 국왕이 서명하고 국무 장관이 부서副署한 뒤 국왕의 국새로 봉인된 영장이다. 명령의 내용에 따라 ① 전국삼부회와 같은 정치적 집회의 소집과 단체 해산 및 결사 금지, ② 장교의 승진, ③ 법적 절차 없이 이유와 기간을 명시하지 않고 특정 인물의 투옥·추방·석방을 명하는 것으로 나눌 수 있다. 가장 흔한 경우이며 문제 삼을 만한 것은 ③의, 특히 한 인물의 투옥·감금과 관련된 봉인영장이다.

봉인영장에 따라 수감된 자의 정확한 수는 알 수 없지만, 구체제 말기 전국 500~600개 감옥에 7000~8000명이 수감되었다고 전하며[36], 프란츠 펑크 브렌타노Frantz Funck-Brentano는 프랑스혁명까지 120년간 봉인영장으로 바스티유에 수감된 5279명의 리스트를 작성하였다.[37] 또한 클로드 퀘텔Claude Quétel은 전국의 봉인영장에 의한 수감자를 10만에서 20만으로 추정했다.[38]

---

36 입헌의회는 1789년 10월 23일, 보니파스 드 카스텔란(Boniface de Castellance)의 제창에 따라 봉인영장에 관한 위원회를 설립한다. 위원회는 봉인영장에 의한 피수감자 수 조사를 기획하나, 1790년 2월 20일 보고에서 봉인영장에 의한 피수감자 수는 언급되지 않는다(*Archives Parlementaires de 1787 à 1860*, première série(1787~1799), Paris: CNRS, 1867~1985, vol. 11, pp. 661~663).

37 F. Funck-Brentano, *Les lettres de cachet à Paris*, Paris: Imprimerie nationale, 1903.

38 C. Quétel, *De par le Roi, Essai sur les lettres de cachet*, Paris: Privat, 1981, pp. 205~206.

봉인영장에 의한 투옥과 감금은 ① 국사國事와 관련된 인물, ② 치안사건에 의해 체포된 범죄자, ③ 군사상·종교상의 규율 위반자, ④ 비행·방탕 등을 이유로 가족의 요청에 따른 자로 구별할 수 있다.[39]

①과 관련해서는 쥘 레몽 마자랭Jules Raymond Mazarin과 싸운 콩데Condé 공의 감금, 루이 14세에 의한 재무총감 니콜라 푸케Nicolas Fouquet의 체포와 감금 등의 사례가 있지만, 18세기에 들어 현저히 줄었다. ②는 피의자가 도망가기 전 신병을 확보하고, 위험인물을 격리하여 사회의 평온과 안전을 위해 쓰였다. 특히 파리에서는 체제에 비판적인 지식인과 출판인이 이 방법으로 투옥되는 경우가 많았다. ③과 관련해서는 루이 14세 시대부터 섭정시대에 프로테스탄트와 장세니스트를 투옥하고 감금하기 위해 쓰였는데,[40] 루이 15세 시대부터는 줄었다.

이에 비해 ④의 경우, 즉 비행과 방탕 때문에 가정의 질서를 파괴해 가족을 빈곤에 빠뜨리고 그들의 명예를 흠집 낸 구성원의 수감을 청원하는 봉인영장은 매년 증가했다. 18세기 칸의 징세 관할 구역에서 교부된 봉인영장 1723통 가운데 왕권이 주도해서 발부된 것은 2.2퍼센트일 뿐이었으며, 나머지는 압도적으로 가족이 요청해서 발부되었다.[41] 또 1745년부터 1789년 사이 프로방스 지방에 보내진 봉인영장 1287통 중 가족의 요청에 따른 것은 1052통(81.7퍼센트)에 이르는 데 반하여 종교적 이유는 예순일곱 통, 정치적 이유는 아홉 통에 지나지 않았다.[42] 정치·종교·출판 등 공적 질

---

39 Funck-Brentano, *Les lettres de cachet à Paris*, pp.XVIII~XXVI. 봉인영장에는 감금 사유와 기간이 명시되지 않는다.

40 종교적 이유로 봉인영장에 의하여 바스티유에 투옥된 자는 루이 14세 시대의 경우 프로테스탄트 254명, 장세니스트 73명, 섭정시대(1715~1730년)의 경우 프로테스탄트 열여섯 명, 장세니스트 242명, 경련파 125명, 루이 15세 시대의 경우 프로테스탄트 두 명, 장세니스트 마흔여섯 명, 경련파 마흔일곱 명이다(Quétel, *De par le Roi, Essai sur les lettres de cachet*, p.69).

41 *Ibid.*, p.123.

42 F.-X. Emmanuelli, "〈Ordre du Roi〉 et lettres de cachet en Provence", *Revue historique*, no.512, 1974, p.358.

서와 관련된 사건이 많은 파리에서는 이러한 이유로 왕권 당국이 봉인영장에 따라 투옥하고 추방하는 사례가 많았지만(고등법원 사법관을 지방으로 추방하는 경우도 봉인영장에 따라 이루어졌다), 일반적으로 가족의 요청에 따른 봉인영장이 분명 많았다.

봉인영장에 의한 감금이 왕권에 의한 전제적 억압임은 말할 것도 없지만, 이 수치는 봉인영장이 가족의 질서를 지키는 수단으로 인식되었음을 나타내며, 왕권과 가장의 상호 의존 관계를 나타내는 것이기도 하다. 왕권은 국가의 질서 유지를 위해 가족질서가 유지되어야 했으며, 가장은 구성원에게 명령을 복종시켜 가족 내 질서를 유지하기 위해 왕권이 개입되어야 했다. 봉인영장의 남용에 비판적인 메르시에도 다음과 같이 썼다. "만일 가정이 날뛰는 정념으로 하루아침에 무너진다면, 가족들의 집합이라 할 만한 국가는 어찌 될 것인가? …… 그러므로 모든 봉인영장이 부정한 것은 아니다. 그것은 필요하며 불가결하기까지 하다. 봉인영장의 이점이 명확해진다면 사람들은 일정한 상황에서 그것이 유익하다고 여기게 될 것이다."[43]

가족이 봉인영장에 의한 감금을 요청할 경우, 파리에서 귀족이나 유력자는 국왕에게 직접 혹은 장관에게, 서민은 치안총감[44]에게 청원서를 제출

---

43 Mercier, *Le Tableau de Paris*, vol.7, p.248(『一八世紀パリ生活誌』全2冊, 356~357頁).
44 치안총감직은 1667년 국왕 직속으로 세워져, 그 권한은 식료품의 확보, 거리 및 광장의 치안, 소방, 동업조직 및 직인조직의 감시, 여관 순찰, 출판 규제 등 도시치안에 관한 온갖 사항에 이른다. 1697년부터 1718년까지 파리 치안총감에 부임한 마르크 르네 다르장송(Marc-René d'Argenson) 후작은 정력적인 활동에 의하여 이들 권한을 실질적인 것으로 만들었다. 다르장송은 이전의 비능률적이고 태만한 사법조직으로는 파리의 치안을 확보할 수 없다고 보고, 봉인영장을 다용(多用)하였다. 다르장송은 다음과 같이 썼다. "통상의 재판으로는 느슨해진 법해석 때문에 자주 대죄를 놓치므로, 이들 대죄에 관한 왕의 직접 권위에 호소하는 일이 나의 의무이다. 그것만이 흉악범을 벌벌 떨게 하며, 그에 대하여 교묘한 속임수도 재판을 늘어뜨리는 수완도 어떤 효과가 없기 때문이다"(Quétel, *De par le Roi, Essai sur les lettres de cachet*, p.102). 1738년의 시점에서 치안총감의 다음에는 경찰서장(commissaire de la police) 마흔여덟 명, 형사(inspecteur de la police) 스무 명, 다수의 야경과 경비원(guet et garde)이 배치되었다. 더욱이 다수의 밀고자 및 스파이가 맡겨졌으며, 특히 '위험한 지구'를 향한 감시가 강해졌다. "'장관'이라는 이름이 붙은 것은 아니었지만, 치안총감은 중요한 장관직이 되었다. 치안총감에게는 은연중 거대한 영향력이 있다. 매우 많은 일과 통해 있으므로 많은 악행을 저지를 수도, 많은 선행을 행할 수도 있는 것이다. …… 치안총감의 권위는 광대할 뿐 아니라 복잡미묘하기도 하다"라고 메르시에는 쓰고 있다(Mercier, *Le*

하였으며, 지방에서는 지방총감에게 요청서를 제출한다. 청원서에는 청원자와 그 친족이 서명하고, 신뢰를 더하기 위해 이웃들이 종종 더 서명하기도 했다. 서민이 제출한 청원서는 당시 문맹률을 고려하면 많은 경우 대필인에 의한 것으로 추정된다. 예를 들어 다음과 같은 방식이다.[45]

치안총감 각하,

재봉 장인 장 테라상 데세사르의 처 마들렌 데세사르가 각하께 이하와 같이 아룁니다. 청원자는 결혼 후 13년 동안 극도로 상규를 떠나 매일 술을 마셔 정신착란에 빠진 남편에게 줄곧 학대받아 왔습니다. 또 몇 차례에 걸친 남편의 구타로 죽을 위기에 처했고——이 사건을 경시 디노 씨에게 고소하였습니다—— 남편 곁에서 극히 위험한 상태에 처해 있으며, 남편의 착란으로 더는 살 수가 없는 상황입니다. 이 일을 모든 이웃이 알고 있으며 그들이 이와 관련하여 얼마든지 증언해 줄 수 있습니다.

굽어살펴 주실 것을 바랍니다. 각하의 건강과 번영을 기원합니다.

　　— 니졸 주니에(상기 임차인의 하숙인), 과부 카레, M. 카레(주니에의 처),

　　　　마리 르누리(임차인), J. 앙투안 노레(신학사), 보누이유

더 나아가 청원의 진실함을 더하려 교구 사제의 증명이 붙기도 했다. 위 청원자의 경우도 다음과 같이 사제의 증명서를 첨부했다.[46]

신학 박사이며 파리 생제르베 교구 사제인 저는 다음과 같이 증명합니다. 제 교구의 재봉 장인인 장 테라상 데세사르는 비정상적 정신착란 상태로

Tableau de Paris, vol. 1, p. 201).

45 A. Farge and M. Foucault, *Le désordre des familles*, Paris: Gallimard, 1982, p. 112.
46 *Ibid.*, p. 112.

비행을 거듭하고 있습니다. 아내에 대한 학대와 이를 만류한 이웃에 대한 폭행으로 그는 빈축을 사고 있습니다.

1728년 10월 3일

생제르베 교구 사제

치안총감은 청원서를 음미해 해당자가 사는 교구의 경찰서장에게 조사를 명한다. 경찰서장은 형사를 파견하여 봉인영장의 서명자, 이웃, 사제 등을 방문 조사하여 진위 여부를 검증하고 그 결과를 치안총감에게 보고한다. 경찰서장의 보고에 따라 사안이 투옥할 만큼 중대할 경우 치안총감이 국무 장관에게 그 취지에 대한 상세한 보고서를 제출하고, 장관은 봉인영장의 교부를 승인하는 것이 그에 필요한 수속이었다. 그러나 루이 15세의 시대가 되자 이러한 절차가 간소해져 치안총감은 매우 간단한 각서를 제출할 뿐이었고, 또 국무 장관의 승인 없이도 봉인영장을 교부할 수 있었다. 봉인영장이 장관의 전제정치라고 불릴 정도로 그것은 쉽게 승인되어 남발되었다.

한편 투옥과 감금의 비용(식비·침구비·의복비 등)은 본인과 그 가족이 부담하였고, 수용시설에 따라 액수도 달랐다(150~1000리브르). 당시 노동자의 수입[47]을 생각하면 상당히 고가임에도 부유한 계층만 봉인영장을 요청한 것은 아니다. 쿼텔은 청원자 대부분이 자유업, 어상인 등 중류 부르주아와 소상인, 직인, 고용인 등 소부르주아였다고 한다. 파르주와 푸코가 열거한 사례를 직업과 계층별로 분류하면 〈표 2〉와 같다.

적은 사례이지만 이 표를 보면 봉인영장의 청원자 중 많은 수는 중간

---

47 당시 노동자의 임금은 하루 10수(0.5리브르) 남짓밖에 벌 수 없는 섬유산업의 여자노동자부터, 하루 5리브르 이상의 임금을 받는 인쇄공 및 판화공까지 직종과 시대에 따라 큰 폭의 차이가 있다(F. Braudel and E. Labrousse, *Histoire économique et sociale en France*, Paris: PUF, 1970, vol.2, pp.669~670).

가족 계층	건수
부르주아	6
상인	14
우두머리 직인	11
일용직, 행상	9
직인	18
사무원	5
하인	4
자유업	7
세탁업	2
수녀	1
무직	2
무명	14
합계	93

과 하층계급에 의한 것이다.[48] 많은 경우 해당자의 비행과 방탕을 이유로 가족이 가난해졌다고 호소했다. 청원이 수리되도록 상황을 과장했다고 짐작해 볼 수 있지만, "아이의 침대에 이르기까지 집안의 세간살이를 모조리 팔아치운" 아내,[49] 13년 동안 유부녀와 육체관계를 맺으며 생활비를 대지 않고 아내의 지참금 600리브르에 손대고 침대까지 팔아치운 남편[50] 등 수감을 요청하는 청원서는 결코 적지 않다. 봉인영장을 요청하게 된 원인은 내연관계라든지 과도한 음주나 폭행 등 다양하지만 그 결과는 대부분 빈곤으로 이어졌다. 봉인영장 발부가 늦어져 수감일이 연기되면 한층 더 빈곤해

---

48 프로방스 지방을 조사한 프랑수아 그자비에 에마뉘엘리(François-Xavier Emmanuelli)에 따르면, 이 지방의 봉인영장 청원자 중 직업을 알 수 있는 자 212사례(전체 청원자의 20퍼센트)를 보면, 도매상인 42사례, 자유업(변호사, 공증인, 의사 등) 26사례, 귀족(자칭 포함) 30사례, 법관 17사례, 부르주아 11사례, 직인과 제조업자 24사례 등이 많다. 이리하여 에마뉘엘리는 봉인영장에 의한 감금은 부유한 계층의 수단이었다고 말한다(Emmanuelli, "〈Ordre du Roi〉et lettres de cachet en Provence", pp.376~377).

49 Farge and Foucault, *Le désordre des familles*, p.60.

50 *Ibid.*, p.65.

져 수용비를 지불할 수 없으니 하루빨리 봉인영장을 발부해 달라고 요청하는 경우, 빈곤 때문에 수용비를 부담할 수 없다는 뜻을 내비치며 봉인영장을 요청하는 경우도 있었으며[51] 수용비가 들지 않는 '식민지 이송'을 원한 사례도 있다.

통상 가정 내 분쟁의 해당자가 분쟁의 해결을 ― 투옥·감금을 해결로 볼 경우를 ― 재판에서 요구하는 경우는 극히 드물었다. 재판이라는 무거운 형식이 가정 내 분쟁과 같은 미묘한 사건과 어울리지 않는다고 여겨진 것이 가장 큰 이유이다. 메르시에는 "우리나라의 법률 수속은 너무나 조악해서 가족 내 비밀의 영역까지 들어설 수가 없다"라고 쓴다.[52] 더욱이 정식 재판의 경우 그 과정이 길어지는 가운데 가족의 속사정이 낱낱이 드러나고, 판결문이 게시되는 데다 네거리에서 참수형이 집행되는 등 공개적 신체형 등을 겪으며 가족의 명예가 명백히 실추된다고 여겨진 점이 두 번째로 특히 중대한 이유이다. 가정 내 분쟁의 중요한 쟁점이 가족의 명예와 관련되었기 때문이다. 따라서 비밀리에 신속히 집행되는 봉인영장은 가족의 명예를 지킨다는 요구에 부합하였다. "각하, 리주 시의 정직한 가족은 한 악한 신민 때문에 매일 명예가 실추되는 위험에 처해 있으며, 이 명예가 각하에 의해 보호받기를 간원합니다"라든지,[53] "재판에 부쳐져 명예가 실추되는 것을 피하기 위하여" 봉인영장에 의한 감금을 요청하는[54] 청원서가 수없이 발견되는 것이 이를 잘 보여 준다. 봉인영장을 요청하는 사람들은 봉인영장이 과오를 범한 자를 재판 없이 감금해 가족 전체가 치욕당하는 일을

---

51 *Ibid.*, p.67, p.99 등. 이들 사례에서는, 수감비용은 연 100리브르로 기록되어 있다. 수감비용은 청원자와 당국의 쟁점이며, 교섭에 의하여 감액되는 일도 있던 모양이다(Funck-Brentano, *Les lettres de cachet à Paris*, pp.XXXV).

52 Mercier, *Le Tableau de Paris*, vol.7, p.250.

53 Quétel, *De par le Roi, Essai sur les lettres de cachet*, p.132.

54 Farge and Foucault, *Le désordre des familles*, p.292.

막고 가족의 명예를 지킨다고 믿었다. 또한 재판에 따른 판결이 죄의 공적인 낙인인 데 반해 봉인영장에 의한 감금은 개도 기회를 주는 것이라고 인식되었다. 봉인영장에 의한 감금은 당시 재판에서 기대할 수 없던 교정 역할을 했다.

가족의 명예를 지킨다는 당사자의 의도는 치안당국의 의도와도 맞아떨어졌다. 명예를 지키기 위해서는 과오를 범한 자를 재판에 부치기 전에 감금하여 중대한 범죄 행위를 예방해야 했다. 특히 자식의 감금을 요청하는 경우, 명확한 범죄가 일어나기 전 비행 단계에서 청원서를 넣는 사례가 꽤 많았다. 봉인영장에 의한 감금은 가족의 명예를 지키려는 데서 비롯되었지만, 범죄를 예방하는 배후의 사정도 있던 것이다. 다른 한편 작은 비행이 범죄로 번지는 것을 막고 위험인물을 격리해 질서와 안전을 지키는 것이 치안당국의 목적이기도 하였다. 치안총감직을 창설하기로 한 1667년 왕령에 따르면 "치안은 공공 및 개인의 안전을 보장하고, 저마다 자신의 신분에 따른 의무를 다하도록 함에 있다". 다음 세기에 한 저자는 다음과 같이 쓴다. "주권자는 현명한 치안당국을 통해 인민으로 하여금 질서와 복종을 익힌다. 그는 안녕과 평화, 시민 간 융화를 유지한다."[55] 그러므로 질서와 평화를 확보하기 위해 이미 일어난 범죄를 처벌하는 통상의 재판은 불충분하며, 중대 범죄가 일어나기에 앞서 작은 비행 단계부터 개입해 범죄가 싹틀 무렵부터 감시해야 했다. 극단적 사례이기는 하나, 소요가 잦은 지구를 위협하는 수단으로 봉인영장이 쓰인 경우도 있다.[56] 이처럼 거리의 안녕을 위해 감시와 단속을 업으로 삼는 치안당국과, 가족 내 분쟁을 재판에 부치지 않

---

55 *Ibid.,* p.169.
56 1756년 여성의 감금을 요청하는 가족의 호소에 대하여 그 조사를 행한 경시 보고서에는 다음과 같이 쓰여 있다. "이 처자의 행동은 언제나 매우 좋다고 누구든 말한다. 그러나 이 구역(quartier) 자체에 모범이 필요하다. 이 구역은 공포에 의해서만 제어할 수 있는 하층민으로 가득하다. 하층민의 처자 중 많은 수가 야기하는 방탕 때문에 국가는 얼마나 유용한 신민을 잃고 있단 말인가"(*Ibid.,* p.42).

〈표 3〉 감금이 요청된 자녀의 연령 구성

연령	건수
17세 미만	6
17~19세	13
20~22세	20
22~25세	26
26~28세	15
29~31세	7
31세 이상	6

출처: Farge and Foucault, *Le désordre des familles*, p.157.

고 가족의 명예를 지키는 식으로 처리하려는 가족의 의도가 서로 맞아떨어졌다.

봉인영장의 빈발은 가장권 강화 방책에도 불구하고 가족의 통치가 쉽지 않았음을 보여 준다. 제힘으로 가족을 통치할 수 없는 가장은 "모든 신민의 아버지"로서 국왕이라는 권력의 개입을 요청할 수밖에 없었던 것이다. 봉인영장에 의한 감금은 권력을 실로 즉물적으로 행사한 것임과 동시에 "모든 신민의 아버지"로서 왕의 힘을 상징적으로 드러낸 것이기도 하였다. 왕권이 국가 통치의 기초로서 가장에 의한 가족의 통치를 필요로 하고, 가장 역시 가족의 통치를 위하여 왕권의 개입을 요청함으로써 왕권과 가장권은 상호 의존 관계를 맺었다. 봉인영장은 이 관계의 매듭 지점과도 같았다.

그런데 아이가 자라 특히 결혼이 문제로 떠오를 무렵이면 흔히 가장권에 위기가 찾아온다. 아이가 부모로부터 현실적인 의존을 차츰 거두는 데 반해 친권의 감독은 여전하기 때문이다. 이 점에서 가장권 강화를 위해 결혼 전 부모의 동의를 의무로 하고, 부모의 징계권을 강화한 것이 도리어 가장권에 대한 저항을 키우게 되었다. 파르주와 푸코에 따르면, 자식의 감금을 요청한 사례가 아흔세 건 중 쉰아홉 건(63.4퍼센트), 프로방스 지방에서는 1745년부터 1789년까지 봉인영장을 거쳐 수감된 1040명 중 자식에 대한 감금 요청이 872건(아들 752명, 딸 120명)에 달했으며,[57] 연령별로 보면 20~25세가 절반을 차지하였고(표 3), 프로방스 지방에서도 20세부터 25세 사이의 사례가 거의 40퍼센트를 차지한 점[58]이 이를 잘 보여 준다.

유리 직인 자크 루이 메네트라Jacques-Louis Ménétra가 남긴 자서전 『내 생애의 일기』[59]를 보면, 아동이 성년으로 접어들면서 부자 갈등이 격심해지는 양태를 알 수 있다. 1738년 파리의 유리 장인의 아들로 태어난 자크 루이는 주폭을 일삼는 부친 밑에서 도제로 일하며 갈등을 빚던 끝에 보다 못한 조모에 의해 열여덟의 나이에 직인 편력을 떠난다. 그러다 도중에 돌아와 다시금 부친 밑에서 일하는데, 그 뒤에도 갈등이 고조되자 집을 떠날 마음으로 군 입대를 지원한다. 이 사실을 알게 된 부친은 격노하여 자크 루이를 구타한다. 자크 루이는 군대의 모표를 꺼내 모자에 붙이며 "아버지, 이제 저는 당신 슬하가 아닌 국왕 슬하에 있습니다"라고 되받는다.[60] 부권이 그 최종적 보루를 왕권에서 찾을 경우 자식 역시 "모든 신민의 아버지"인 왕권에 속한다고 선언함으로써 그는 부친의 자의적 권력으로부터 스스로를 해방하려 한 것이다.

결국 입대하지 못한 자크 루이는 직인 편력을 떠나 1763년 파리로 돌아온다. 그는 부친의 가게에서 한 달에 18리브르를 받고 일하기로 하지만 부친이 이를 어기고, 조모의 유산 상속 문제로 부자 간의 분쟁이 심화된다.

---

57 Emmanuelli, "〈Ordre du Roi〉et lettres de cachet en Provence", p.375.

58 Ibid., p.376.

59 다니엘 로슈(Daniel Roche)가 파리 시 역사도서관에서 초고를 발견하여, 1982년 몽탈바(Montalba) 사로부터 『내 생애의 일기: 18세기 유리 직공 자크 루이 메네트라』라는 표제로 출판된 이 작품은 1764년부터 과거를 상기하며 기회가 있을 때마다 써 내려간 것으로, 날짜는 거의 쓰여 있지 않다. 따라서 보통 의미의 일기는 아니며, 자서전이라고 봐야 하지만, 이 시대 파리 직인의 세계를 아는 데 도움이 되는 자료이다. 또한 메네트라가 루소와 만난 대목에 대해서는 이전에 쓴 짧은 글을 참조하기 바란다(阪上孝, 「窓ガラス職人とルソーの対話」, 『図書』 6月号, 岩波書店, 1985).

60 J.-L. Ménétra, *Journal de ma vie*, ed. D. Roche, Paris: Montalba, 1982, p.45.

1765년 자크 루이의 결혼을 둘러싸고 이 관계는 최종 국면을 맞는다. 부친이 자크 루이에게 공증인 앞에서 상속 포기 각서에 서명하지 않으면 결혼을 인정할 수 없다고 못 박자, 자크 루이는 이를 승낙한다. "이리하여 다른 누구보다 제 자식 하나를 혹독하게 다룬 아버지와의 분쟁은 모두 끝났다."[61]

부자 관계의 긴장은 아이가 성년이 되어 가는 시기, 특히 결혼을 둘러싸며 고조됐는데, 그것은 다시 말해 친권이 어느 연령대까지 미치는가의 문제이기도 했다. 이 문제는 계몽 지식인에 의해, 프랑스혁명과 민법전이 제정되는 과정에서 거론되었다. 그 가운데 봉인영장은 느슨해진 가족적 권위를 떠받치고, 뒤얽힌 가정 내 관계를 일도양단하는 "가공할 제우스의 번개"였다.[62]

2) 감금 요청 사유

다음으로 봉인영장의 요청 사유에 대해 알아보자. 쿼텔은 18세기 칸의 징세관구에 대한 봉인영장의 요청 사유를 〈표 4〉와 같이 분류한다.

'범죄'로 분류된 경우 대체로 형법상의 범죄가 아닌 가정 내 도둑질이나 폭력이라는 점에서 거의 모든 사례가 가정 내 질서와 관련된다. '방탕'[63]과 '걸맞지 않은 결혼'의 해당 수치는 여자가 남자를 크게 웃돈다. 전자는 성적인 의미로 쓰이며 종종 '매춘'으로 과장되어 표기되기도 했다. 특히 '미혼모'는 가족뿐 아니라 교구의 명예에 흠집을 내고 추문과 해악을 끼친다고 치부되어 손쉽게 봉인영장에 의한 수감 대상이 되었다. 가령 "몇 년간 방

---

61 Ménétra, *Journal de ma vie*, p.209.
62 Mercier, *Le Tableau de Paris*, vol.7, p.250.
63 방탕의 원어 'libertin', 'libertinage'는 불패의 정신과 방탕이라는 두 가지 의미가 있는데, 18세기가 되면 후자의 의미로 쓰이는 일이 잦아져, 봉인영장의 청원서에서 모두 이 의미로 쓰이고 있다.

사유	남자(%)	여자(%)
범죄	28.0	11.7
방탕	23.0	50.4
비행	12.9	2.8
불복종	5.0	–
횡령	3.0	1.2
걸맞지 않은 결혼의 위험	3.0	15.8
광기	25.1	18.1

출처: Quétel, *De par le Roi, Essai sur les lettres de cachet*, p.135; 木崎喜代治, 「《紹介》Claude Quétel, *De par le Roy: Essai sur les lettres de cachet*, Toulouse 1981」, 『経済論叢』134卷, 1·2号, 京都大学経済学会, 1983, 92頁.

자한 행실과 추문으로 교구의 명예를 더럽히며 불명예스럽고 비합법적으로 아이를 여러 번 낳은"[64] 여자에 대한 봉인영장의 요청은 확실히 수리되었다고 한다. 또한 '과도한 음주'는 독립된 이유로 꼽히지 않았지만, 파르주와 푸코가 수록한 사례로 추측해 보건대, 많든 적든 다른 이유 안에 포개져 있을 것이다. 마찬가지로 '광기' 역시 다분히 과장된 것으로, 엄밀히 따지자면 과음에 의한 주폭 등을 가리킨다고 볼 수 있다. 프로방스에서 봉인영장을 조사한 에마뉘엘리에 따르면, 동기가 파악된 452건을 주된 사유별로 분류하면 〈표 5〉와 같으며, 걸맞지 않은 결혼이 적은 점을 빼면 대부분 같다고 할 수 있다.

파르주와 푸코가 수록한 파리의 사례를 보면 각 청원서에는 과음·방탕·비행·폭력·광기 등 많은 이유가 열거되었으며, 당연하다면 당연한 일이지만, 가정의 위기는 원인이 단일하지 않고 복합적임을 알 수 있다.

부부 문제에서 비롯된 봉인영장의 청원은 서른네 건으로, 아내에 대한 감금 요청은 스무 건, 남편에 대한 감금 요청은 열네 건이다. 평균 결혼 후

---

64 Quétel, *De par le Roi, Essai sur les lettres de cachet*, p.142.

〈표 5〉 봉인영장 요청 사유(프로방스)

사유	건수(%)
방탕	152(33.6)
비행	76(16.8)
광기	77(17)
폭력행위	27(6)
범죄	62(13.7)
걸맞지 않은 결혼의 위험	10(2.2)

출처: Emmanuelli, "〈Ordre du Roi〉 et lettres de cachet en Provence."

12년이 지나 관계를 지속하기 힘들다는 판단에서 나온 호소로 볼 수 있다. 앞서 살폈듯 여러 동기 가운데 과음은 거의 모든 청원 사유에서 공통된다. 호소 가운데 3분의 2는 경제적 문제와 관련되며, 해당자의 여러 비행 때문에 가족이 가난에 허덕인다고 주장한다. "결혼하고 20년간 매일같이 술을 마시고 아내의 지참금까지 탕진한 남편",[65] "갓난아이 옷에 이르기까지 방 안의 온갖 살림살이를 팔아치운 아내",[66] "침대 매트까지 팔아치운 남편"[67] 등에 대해 수감을 호소하는 여러 청원서를 예로 들 수 있다. '지참금의 소비', '매트 처분'은 부부의 공동성을 파괴하는 행위로서 가장 용납되기 힘든 일로 치부됐다.[68] 폭력과 학대에서 비롯된 호소는 당연히 아내 측이 많았으며 청원 중 4분의 3을 차지했다. '방탕'débauche은 거의 모든 청원에서 공통된 핵심어였는데, 이는 청원서의 대필인이 가정 내 분쟁의 여러 원인을 포괄하여 썼기 때문으로 보인다.[69] 따라서 '방탕'의 내용은 애매하고 다의적이지만, 남편에 의한 청원에서는 도둑질, 음주, 살림살이 처분 등이나 간통의

---

65 Farge and Foucault, *Le désordre des familles*, p.47.
66 *Ibid.*, p.56.
67 *Ibid.*, p.47.
68 *Ibid.*, p.28.
69 *Ibid.*, p.308.

형태를 띠었다. 후자는 '방탕'이나 더욱 과장하여 '매춘'으로 표기되었다. 아내에 의한 호소의 경우 태업, 음주, 잦은 주점 출입, 외박, 외도 등이 그 구체적 내용이다. 부부간의 호소 중 많은 경우 청원자와 가족을 지키기 위해, 가족의 평화를 되찾기 위해, 혹은 이대로 방치할 경우 닥칠 불행을 피한다는 등의 이유가 거론되었다. 감금은 남편 혹은 아내와 가족으로부터 해당자의 격리, 즉 이혼의 대체수단이 된 것으로 보인다. 이는 부부간의 호소가 결혼 후 평균 12년이 지나 제출된 것과도 합치된다.

자식에 대한 감금 요청 건에 대하여 파르주와 푸코의 수록 사례를 보면, 청원자별로 부모가 스무 건, 부친이 열여덟 건, 모친이 열다섯 건, 조부모, 숙모 등이 다섯 건이고, 모친과 조부모, 숙모에 의한 청원은 모두 부친의 부재 때문으로 대부분 부친이나 부모에 의해 이뤄졌다. 아들에 대한 감금 요청은 서른여섯 건, 딸은 스물세 건이다. 아들의 경우 폭행·방탕·과음·도둑질(가정 내)의 경우가 많고, 딸의 경우 유부남과의 내연관계, 방랑과 성적 방종 등 성문제와 관련된 것이 압도적으로 많다. 아들에 대한 감금 요청의 경우에는 이에 더하여 도제 수련 과정에서의 불복종·태업·공금횡령이 많았다. "구두장이 도제로 들어갔지만 일은 배우지 않고 우두머리 직인에게 온갖 불만만 늘어놓는 아들",[70] "15개월 전 방물상에 도제로 보냈으나 불량배와 어울리는 손자",[71] "어느 가게에서나 일을 진득하게 배우지 않고 떠도는 방탕한 아들"[72] 등. 도제 수련 과정에서의 불성실은 도제로 보내는 데 든 비용과 우두머리 직인에게 끼친 손해, 정직하고 근면한 시민으로서 부모의 명예에 흠집을 낸 이유로 중요하게 다뤄졌다.

많은 청원서가 보여 주듯 이러한 이유는 모두 가족의 명예 문제로 귀착

---

70 *Ibid.*, p. 282.
71 *Ibid.*, p. 284.
72 *Ibid.*, p. 286.

되었다. 봉인영장에 의한 감금은 문제가 된 인물을 격리함으로써 가족 구성원에게 그러한 불명예를 차단할 수단으로 인식되어 많이 쓰였다. 재판은 그 과정상 판결과 처벌이 공개되기 때문에 사적 추문을 공적 추문으로 바꾸어 가족의 명예를 돌이킬 수 없도록 상처 입힌다. 이에 비하여 봉인영장은 은밀히——그러나 조사 과정에서 관계자와 이웃의 협조가 필요해 비밀이 완전히 지켜지는 것은 아니다——집행되므로 명예가 상대적으로 덜 훼손된다고 인식되었을 것이다. 또한 **나병** 환자를 어루만져 병을 고친 '기적을 행하는 왕'(마르크 블로크^{Marc Bloch})처럼 모든 신민의 아버지로서 왕이 가정 내 추문을 직접 전해듣고 그것을 사적인 사항으로 처리해 가족의 명예를 구하는 것으로 인식되었을 것이다. 범죄자를 공개 처형에 따라 처벌하는 왕은, 가정 내 추문을 은밀히 들음으로써 가족의 명예를 지키는 왕이기도 하였다. 실제로 봉인영장은 왕의 '특별 조처'나 '사면'으로 이해되었다. 또한 재판에 따른 형벌에 교정이라는 계기가 포함되지 않았기에 비행자의 부모는 봉인영장에 따른 감금을 택했을 것이다. 사람들은 왕의 봉인영장을 처벌이 아닌 교정의 수단으로 받아들였다.

한편 이들 청원서에는 "어머니의 깊은 사랑에도 불구하고……"라거나 "좋은 교육을 베푸는 데 부단히 노력했음에도 불구하고……"와 같은 표현이 상당히 빈번히 나온다. 즉 청원자는 아이를 부단히 배려한 '좋은 부모'라는 것이다. 그러나 파르주와 푸코는 이 표현을 사실로, 청원자의 진실한 감정 표현으로 볼 것이 아니라, 청원이 효력을 지니기 위해 그렇게 보여야 했던 바의 표현으로 본다.[73] 다시 말해 이는 당대의 좋은 부모 모델을 표현한 것이다. 이 점에서 "아이에게 좋은 교육을 베푸는 데 부단히 노력했음"이라는 기술이 1728년 마흔 건의 청원 중 여섯 건, 1758년 열아홉 건의 청원 중

---

73 Farge and Foucault, *Le désordre des familles*, p.172.

아홉 건이라는 점은 눈여겨볼 만하다. "자식 교육에 아낌없는 정성을 들이고 한없이 자상하게 의무를 다하도록 인도한" 포도주 행상, "딸이 좋은 교육을 받을 수 있도록 힘쓴" 하인, "돈은 없지만 어릴 때부터 가능한 한 교육에 힘써 온" 구두장이 장인, "오늘에 이르기까지 가능한 한 딸 교육에 힘쓴" 파리의 부르주아, "아이들에게 신에 대한 외경심을 가르치고, 자기 신분에 맞는 교육에 모든 주의를 기울여 온" 정원사 등등이다.[74]

배우자의 감금을 호소하는 경우가 해당자를 격리해 가족의 평화와 명예를 회복하려 한 것임에 비해, 자식의 감금을 호소한 경우는 감금이나 징역행으로 아이를 개도하려 한 경우가 꽤 많았다. 방탕벽을 고칠 때까지, 개선의 여지가 보일 때까지 등 자신의 지난날을 반성하고 정상적인 행실의 증거가 보일 때까지 감금 기한을 설정하기도 하고, 생활을 바꿀 장소를 주기 위해, 고독이 개도에 가장 효과가 있어서, 아들이 죄를 뉘우치고 개선하는 것이 유일한 목적이라는 등의 식이다.[75] 감금이 해당자가 가져올 재난과 불명예로부터 가족을 지키는 수단임과 동시에 해당자를 개도하고 규율화하는 수단이자 부모에 의한 좋은 교육의 보완물로 여겨진 것이다. 형벌이 구체제 안에서 육체에 죄를 낙인하는 신체형이었음에 비하여, 이제 그것은 정신에 가해지는 훈육과 도야의 계기로 등장했다.

그러나 봉인영장은 두말할 것 없이 부조리한 전제적 억압일 뿐이며, 감옥 역시 교정의 장일 수 없었다. 오노레 가브리엘 리케티 미라보는 빚과 여자문제 때문에 18세부터 31세까지 부친의 청원으로 몇 번이나 봉인영장에 따라 투옥되었다. 1777년부터 3년 반 가까이 뱅센 탑에 감금되는 동안 미라보가 수인 서른 명을 면담한 결과 실제 감금될 만한 죄인은 일곱 명에 불과

74 차례대로 *Ibid.*, p. 235, p. 241, p. 297, p. 305, p. 338.
75 *Ibid.*, p. 220, p. 222, p. 242 등.

하며, 노인 한 사람을 제외하면 모두 젊은이이며, 이 가운데 세 명은 신분이 다른 사람과 결혼했다는 이유로 수감되었고, 나머지 열아홉 명은 그저 '단순하고 경험 없는 자'일 뿐임을 알았다.[76] 미라보는 법과 법적 절차 없이 개인의 자유를 뺏는 봉인영장이 비합법적임은 물론, 봉인영장에 의하여 수감된 자 중 무고한 이들도 적지 않은 점을 보아도 봉인영장에 의한 감금은 자의적이며 용납될 수 없는 압제라고 말한다. 그들은 가족에게 치욕을 끼치지 않게 하기 위해 투옥되었으나, 이 같은 방식으로 지켜지는 가족의 명예란 대체 무엇일까? 처벌이 아닌 범죄야말로 치욕이 아닌가? 불명예는 언제부터 개인이 아닌 가족 전체에 미치는 것이 되었는가? 중국과 일본에서는 개인의 범죄로 가족이 처벌되어 왔지만, 프랑스에서는 그런 일이 없었다. 1763년 영국에서는 왕가의 피를 이은 귀족 남자가 하인을 살해한 죄로 교수형에 처해졌지만, 사람들은 미망인을 위로하고 아이를 거두어 그 이름을 가질 것을 부끄러워하지 않았다. 영국에서는 귀족도 공적으로 처벌 받고, 불명예가 죄를 범한 개인에게 한정되었다. 프랑스는 영국을 모범으로 따라야 할 것이다. 이처럼 미라보는 신분의 구별 없이 모든 범죄가 법에 따라 재판되는 것이야말로 정의이며, 불명예는 범죄와 그것을 일으킨 본인에게만 귀속된다고 주장함으로써 봉인영장을 규탄했다.[77] 법 앞에서의 평등과 명예를 개인주의적으로 이해하는 미라보의 주장은 점차 힘을 얻었다.

봉인영장으로 체포된 자는 파리의 경우 비세트르, 살페트리에르, 생라자르, 샤랑통 같은 시료원 겸 수감시설이나 바스티유, 뱅센 감옥에 수감되었다. 이들 시설에서 수인은 대부분 비위생적이고 비인간적이기 그지없는

76 H.-G. R. Mirabeau, "Des lettres de cachet et des prisons d'Etat"(1782), *Œuvres de Mirabeau*, vol.7, Paris: Didier, 1835, p.221.
77 Ibid., pp.289~291.

취급을 받았다.[78] 미라보는 비세트르를 방문한 영국 여행자의 말을 빌려 다음과 같이 썼다. "우리는 우리를 둘러싼 격자창과 격자 너머로 창백하고 섬뜩한 얼굴을 두려워하며 보았지만, 더 무시무시한 것을 아직 보지 못했다고 들었다. 우리가 발 딛고 선 땅의 20피에[pied, 영어의 '피트'에 해당하는 단위로 1피에는 약 32.5센티미터 ─ 옮긴이] 정도 아래 다양한 종류의 독방이 있고, 오늘 아침도 이 묘지의 공포 속에서 몇 주간 생매장되어 있던 불행한 여덟 사람이 이 구렁 저 끝에서 나왔다는 것이다."[79] 많은 수인이 다양한 이유로 감금되었기 때문에 거기에 수용된 젊은이는 악에 물들 뿐이었다.[80] "나는 모든 사람과 마찬가지로 비세트르가 시료원 겸 감옥임은 알고 있었다. 그러나 나는 시료원이 병을 창궐시키려 건설되고, 감옥이 범죄를 낳기 위하여 만들어진 줄은 몰랐다."[81] 치안총감조차 이들 수감시설이 '악덕의 학교'임을 인정할 수밖에 없었다. "나는 뼈저리게 알고 있었다. 다양한 연령대의 죄인이 모인 감옥에서 아이들은 범죄에 동원되고, 그 결과 온갖 비행에 휩쓸릴 뿐이다. …… 이 같은 진행을 막으려면 어린아이를 감옥에 보내서는 안 된다."[82]

3) 남용에서 폐지로

물론 봉인영장의 청원이 모두 받아들여진 것은 아니다. 그것은 수감비용을 부담할 수 없는 경우 원칙적으로 각하되었고, 해당자 사이의 이해관계에서

---

78 수감비용은 청원자 부담이었으므로, 가족이 부유한 경우에는 피수감자의 처우도 좋았다.

79 H.-G. R. Mirabeau, "Observations d'un voyageur anglais sur Bicêtre"(1788), *Œuvres de Mirabeau*, vol.3, pp.228~229.

80 같은 비판은 구걸자 및 부랑자 수용시설, 자선작업장에 대해서도 행해지고 있다(다음 장 참조).

81 Mirabeau, "Observations d'un voyageur anglais sur Bicêtre", p.224.

82 A. Farge, *Vivre dans la rue à Paris au XVIIIᵉ siècle*, Paris: Gallimard, 1979, p.239.

비롯된 허위 기술임이 이웃이나 친구의 증언으로 밝혀져 각하되는 경우도 있었다. 더구나 사정 청취 등으로 조사가 길어져 분쟁이 장기화되는 사례도 있고 청원이 몇 번이나 반복되는 경우도 있었다. 칸의 징세관구에서는 청원의 15~20퍼센트, 프로방스에서는 25~30퍼센트가 각하되었다고 한다.[83] 반대로 경찰 조사가 부정확하여 봉인영장이 잘못 발부되는 경우도 있는가 하면, 앞서 언급했듯 소요가 끊이지 않는 지구를 위협할 목적으로 발부되는 예도 왕왕 있었다.

봉인영장이 재판 없이 투옥하고 감금하는 제도였기에 사람들은 그것을 가정 내 분쟁의 해결 수단으로 받아들였다. 그러나 실로 이 점에서 봉인영장이 남용된 본질적 계기를 찾을 수 있으며, 봉인영장의 청원이 늘어 수속이 쉬워짐에 따라 그 자의적 성격과 남용이 공공연해졌다.

1767년 4월 리모주의 노점상 기욤 모누라가 봉인영장에 의하여 체포되었다. 그는 비세트르 감옥에 투옥되어 6주간이나 지하감옥에서 쇠사슬에 묶인 채 수감되었다. 징세청부국의 스파이가 그를 담배 밀수자로 고발했기 때문이다. 20개월 후 석방된 모누라는 조세법원에 무죄를 호소하였고, 조세법원은 사실을 조사하여 호소의 정당성을 인정함과 함께 체포장을 낸 징세청부국 직원에게 벌금 5만 리브르를 부과하였다. 그러나 징세청부인은 사건의 심리를 국왕재판소에 이관하여 조세법원의 판결을 뒤집었고, 모누라는 1770년 2월 다시금 체포되었다. 말제르브는 1770년 8월 14일 건언서를 제출하여 인간의 권리가 징세청부인의 자의적 권력으로 짓밟혔다고 규탄한다. 징세청부제도가 현재와 같다면 징세청부인의 압제로 인해 정의로운 질서와 인간의 자유가 희생된다. 본래 봉인영장은 국사와 관련된 중대 범죄를 처리하고 가족의 명예를 구제하기 위하여 내려지는 국왕의 명령인

---

83 Quétel, *De par le Roi, Essai sur les lettres de cachet*, p.128.

데, 이제는 하급 관료마저 자의적으로 남발할 수 있게 되었고, 징세청부인은 봉인영장을 무기 삼아 전제적 권력을 휘둘렀다. "이리하여 왕국의 어떤 시민도 그들의 자유가 복수심에 의해 희생당하지 않는다고 보장할 수 없게 되었습니다. 누구도 한 장관의 증오를 피할 수 있을 만큼 강력하지 않고, 징세청부국 한 관료가 증오할 만큼 약소하지도 않기 때문입니다."[84] 현재의 봉인영장 체제는 장관의 압제, 더 나아가 말단 관리의 압제일 뿐이라는 것이다.

치안당국 측에서도 부정확한 사실조사는 개선해야 할 문제였다. 1774년 10월 4일, 치안총감 르누아르는 봉인영장을 조사하는 담당자에게 여섯 항목의 지시를 내렸다. 담당자가 직접 청원자의 행실과 평판을 조사하여 원한이나 이해관계에서 비롯된 호소가 아닌지, 청원자의 인품과 교우관계를 밝히고, 수용비용을 확실히 지불한다고 약속받을 것 등이 그 요점이다. "이러한 일은 모두 가능한 한 여러분이 직접 수행해야 한다. 여러분의 피고용인이라든지 다른 이에게 마음대로 위임해서는 안 되며 [고용할 경우] 그들의 행동에 늘 주의와 경계의 시선을 보내야 한다. …… 여러분은 늘 진실하게 보고해야 하며, 그 어떤 동기나 자존심에 의해서도 맡은 바 직무가 성공한 것처럼 보이려 진실을 왜곡해서는 안 된다. 여러분의 활동 원리는 호의나 이해관계에 따르면 안 된다."[85] 이러한 지시는 봉인영장이 항간의 소문에 따라 충분한 조사 없이 나오거나 조사자의 감정과 욕구에 따라 인정되는 사례가 적지 않았음을 드러낸다.

이러한 남용을 막기 위하여 1784년 3월 궁내 장관 루이 오귀스트 르 토

84 Funck-Brentano, *Les lettres de cachet à Paris*, p.XLI; P. Grosclaude, *Malesherbes, témoin et interprète de son temps*, Paris: Librairie Fischbacher, 1961, pp.231~232; 木崎喜代治, 『マルジェルブ: フランス一八世紀の一貴族の肖像』, 岩波書店, 1986, 246~251頁.
85 Funck-Brentano, *Les lettres de cachet à Paris*, p.XXVI.

네리에 드 브르퇴이유Louis Auguste Le Tonnelier de Breteuil는 지방총감과 파리 치안총감에 대하여 봉인영장에 관한 '회람'을 보냈다. 그 취지는 봉인영장을 교부하는 일반 원칙과 수감 기한을 명확히 함으로써 남용을 방지하고 봉인영장에 의한 감금을 교정 수단으로 자리매김하려는 것이었다. '회람'은 우선 감금해야 할 인물을 세 범주로 분류한다. 첫 번째는 광인이며, 그들은 "그들의 자유가 사회적으로 유해하거나, 그들에게 무용한 은혜인 한, 계속 수감될 수밖에 없다". 둘째는 범죄로 공공질서를 어지럽히거나, 법에 따라 엄중히 처벌돼야 할 죄는 짓지 않았으나, "과거의 방탕·방종·낭비에 빠지는" 무리이다. 그러나 그들이 범죄를 일으키거나 범죄로 이어질 만큼 명확히 비행을 저지른 것이 아니라면 1~2년이 넘게 수감해서는 안 된다. "1~2년간 자유를 박탈하는 것만으로도 매우 강한 교정이 될 것"이기 때문이다. 이와 관련해서 특히 주의해야 할 점은 해당자의 가족과 부모가 과오를 지나치게 중대하게 받아들이고 엄격하게 대하기를 요구하는 데 있다. 그러므로 이와 같은 가족의 요구를 쉽게 받아들인다면 수감은 더 이상 "교정이 아니라 실제 처벌"이 될 것이다.[86] 방탕한 데다 가정에서 도둑질 등을 할 경우 수감 기간이 늘어나지만 2~3년을 넘겨서는 안 된다. 행실이 나쁜 아내 혹은 딸의 경우도 이 범주에 속해 단순한 과오일 경우 교정은 1~2년이면 충분하며 추문이 돌 만큼 방탕한 경우에만 수감 기간을 연장할 수 있다. 세 번째 범주는 폭력행위 및 공공질서의 안녕을 해치는 범죄자 무리이다. 이 경우 수감 기간을 일반적으로 정할 수 없고 범죄의 경중과 옥중에서의 개선 정도 등을 본다. 그뿐 아니라 모든 피수감자에 관해 그들의 옥중 생활 태도, 그들 내부에서 일어나는 변화를 살펴 석방을 고려해야 한다. 그리고 이를 위하여 간수의 증언을 전면적으로 믿거나 그에 따르기보다는 "특

---

86 Funck-Brentano, *Les lettres de cachet à Paris*, p.XLII. 강조는 인용자.

별히 관심을 가지고 몸소 감옥을 방문하여" "몸소 수인과 대면하고 질문하여 그와 관련된 모든 일을 확인"하는 일이 중요하다. "이와 같은 방문이 각 수감시설에 대해 1년에 한 차례 행해진다면 매우 좋은 결과를 가져오리라 확신한다."[87]

해당자가 미성년자인 경우 부모가 합심하여 수감을 요청하면 충분하다고 여겨졌다. 그러나 부모가 부정직하거나 지나치게 엄격할 수도 있으므로 부모와 함께 적어도 두세 명의 주요 친족의 서명이 불가결하다. 배우자에 대한 수감 요청은 최대한 신중하게 다뤄져야 했다. 이해관계 때문에 호소가 왜곡되는 일이 많기 때문이다. 더구나 친권의 지배에서 벗어난 성인이라면 치안당국의 주의를 끌 만한 범죄가 아닌 경우 아무리 가족이 합심하여 요청해도 봉인영장을 교부해서는 안 된다.

가족의 명예와 관련해서 곧잘 혼동되는 사례로, "가족을 단순히 불쾌하게 만드는 자와 실제로 불명예에 빠뜨리는 자를 충분히 구별"[88]하는 일은 반드시 필요했다. 신분이 높은 이들에게는 자매나 근친자의 품위 없는 습속이 불쾌하고 치욕적일 수 있을 것이다. 또한 '충실한 가족'이라면 자신의 마을이나 지역에서 가족의 한 사람이 남부끄러운 결혼을 하거나 재산을 탕진해 파산하거나 방탕하다면 불쾌하고 가만히 내버려둘 수가 없을 것이다. "그러나 이러한 모든 일은 그들의 자유를 박탈할 만큼 강한 이유라고 생각하지 않는다. 그들은 스스로에게 과오를 범하고 있을 뿐 그들이 들쓴 불명예는 그들에게만 뒤따르지, 그 부모에게는 결코 미치지 않으므로 권력의 개입을 요청할 어떤 권리도 없다고 생각된다."[89]

이상 꽤 자세히 소개한 것은 다음과 같은 점에서 '회람'이 중요한 의미

87 Ibid., p.XLIII.
88 Ibid., p.XLV.
89 Funck-Brentano, Les lettres de cachet à Paris, p.XLV.

를 띠기 때문이다. 우선 수감 사유와 기간의 한정이 중요한 것은 물론이지만, 봉인영장의 다발과 남용의 원인인 '가족의 불명예'에 대한 정의가 상세해진 데 대한 의미를 무시할 수 없다. 본인에게만 불명예를 안기는 행위는 사적인 공간으로서 가족의 문제이지 공권력이 개입할 일은 아니라 쓰여 있는데, 이는 명예에 대한 개인주의적 이해가 커진 것을 보여 준다. 한편 "범죄로 공공질서를 흐린" 경우는 법에 따라 엄격히 처벌할 대상이 되며, 이는 완전히 공적인 영역에 속한다. 이처럼 봉인영장이 결부한 사적 비행과 공공질서는 구별되고, 사적 영역과 공적 영역의 구별이 차츰 명확해졌다.

또 하나 중요한 것은, 수감이 처벌이 아닌 교정 수단으로 인식된 점이다. 앞서 서술하였듯이, 이 같은 경향은 이미 자식에 대한 수감 요청에서 보았지만, 그것을 왕권 측에서도 명확히 내세우고 있다. 이 문제는 성년이 되기 전 자식에 대한 부모의 징계권과 함께 이후 혁명정부에서 논의되기에 이른다.

브르퇴이유가 수감을 교정 수단으로 자리매김하고 봉인영장에 따라 수감을 요청하는 부모들도 그와 같이 보았지만, 앞서 기술했듯 감옥의 실정은 그와 전혀 달랐다. 치안총감마저 감옥의 현상을 고려한다면 "저연령의 아이를 감옥에 보내는 일은 피해야 한다"라고 말한다. "중죄를 범한 것이 아니라면 악덕의 학교로 보내기보다 부모 슬하로 되돌리는 편이 낫다. ······ 부친이 버린 아이, 부모가 그들의 의무와 자연이 명하는 배려를 저버린 아이의 비행에 책임을 물어야 할 대상은 부모라고 나는 생각한다."[90] 이리하여 가족이 다시금 문제가 된다. 아이의 비행을 책임져야 할 주체는 자식을 제대로 돌보지 않고 제대로 된 훈육을 방기한 부모라는 것이다. 가정은 아이에 대한 규율화의 장이 되고, 그 점에서 규율화와 정상화의 대상이

---

90 Farge, *Vivre dans la rue à Paris au XVIIIe siècle*, pp. 239~240.

된다. 19세기에 있어 '위험한 계급'을 도야하기 위한 전략은 가족의 규율화·정상화에 있다(5장 참조).

1788년 3월 13일, 고등법원은 "고결하며 충실한 인민의 이름으로" 봉인영장 자체의 폐지를 요청하는 건언서를 제출한다. 전해 11월 19일, 4억 2000만 리브르의 차관에 대한 왕령의 등록을 위하여 국왕이 임석臨席한 가운데 열린 고등법원 회의가 그 계기였다. 가부를 묻는 과정에서 루이 16세는 왕령의 등록을 명하고 항의하는 오를레앙 공 앞에서 퇴석하였다. 고등법원은 왕령을 등록하지 않기로 결의하지만, 정부는 그에 맞서 봉인영장에 따라 오를레앙 공을 추방하고, 두 법관을 투옥하였다. 고등법원은 오를레앙 공과 두 법관이 진리를 말하였을 뿐, 만일 그들에게 죄가 있다면 우리도 모두 같은 죄가 있다며 항의하며 석방을 요구하였고, 1788년 1월 9일 봉인영장을 금지하는 판결을 내기도 했다. 그러나 루이 16세는 그들의 석방을 허용하지 않고 "가족의 명예와 국가의 안녕을 위해 필요한, 법관 자신도 사용해 온 권력의 행사를 고등법원이 반대하는 것은 허용하지 않는다"라고 답한다.[91]

3월 13일 제출된 건언서는 봉인영장에 대하여 그것이 인간의 타고난 자유와 정의와 이성에 반한다는 점, 형벌은 재판에 의해서만 부과돼야 한다는 점, 개인의 안전이 보장되지 않는 한 공공의 안전도 없다는 점을 열거하고, 봉인영장이 사용되는 가장 큰 사유인 가족의 명예에 대하여 "몇몇 시민에게 이익이 된다는 이유로 거짓 명예에 대한 편견이 공공의 이익과 이성과 도덕 및 법을 넘어선다"라는 생각을 용납할 수 없다고 말한다. "고등법원은 폐하에 대하여 봉인영장의 폐지로 인한 공공의 자유를, 오를레앙

---

91 J. Flammermont, *Remontrances du Parlement de Paris au XVIIIe siècle*, 3 vols.(1888-1898), Genève: Mégariotis Reprints, 1978, vol.3, pp.702~713.

공과 우리에게서 앗아간 두 법관에 대한 합당한 결론으로서 인신의 자유를 끊임없이 요청할 것입니다. 폐하의 고등법원이 법과 이성의 이름으로 다시금 요구하는 것은 왕가의 한 사람도, 두 명의 법관도 아닙니다. 그것은 세 명의 프랑스인, 세 명의 인간입니다."[92] 건언서는 이렇게 끝을 맺는다. 루이 16세는 이 건언서에 대해서도 앞선 회답을 되풀이할 뿐, 전국삼부회 소집 등 중대 문제로 절박하던 때라 이를 차치하였다.

1789년 전국삼부회를 위하여 각지에서 대의원이 선출되고 진정서를 작성하기 위해 사람들이 모인 가운데, 많은 진정서가 법과 법적 절차 없이 처벌·투옥되지 않을 것을 요구했다. 예를 들어 루앙 시 무역상인의 진정서는 "민법 및 형벌 위반에 대한 처벌은 국가의 모든 신분에 걸쳐 구별 없이 동일하다. 범죄와 관련된 불명예는 범죄자 개인만의 것이며, 그 가족에게 미치지 않아야 한다"라고 요구한다.[93] 파리 시 제3신분의 진정서는 '권리 선언' 중 "어떤 시민도 합법적인 재판에 따르지 않을 경우 체포될 수 없고, 형벌도 받지 않는다"라고 기술하며,[94] "어떤 시민도 봉인영장과 행정 권력의 명령에 따라 체포되거나 가택수사를 받을 수 없음"을 요구했다.[95] 이러한 요구에 밀려 루이 16세는 1789년 6월 23일 "봉인영장의 이름으로 알려진 명령의 폐지"를 선언하였다.

1789년 10월 9일, 봉인영장에 의하여 오랫동안 수감되어 온 성직자가 자기 봉인영장의 취소를 요구하는 진정서를 보내 이것이 국회에서 읽히자 입헌국민의회는 새삼 봉인영장으로 수감된 자의 해방 문제를 제기한다. 10월 12일, 카스텔란이 「인간과 시민의 권리 선언」 제7조 '법과 법적 절차에

---

92 Flammermont, *Remontrances du Parlement de Paris au XVIIIe siècle*, vol.3, p.720.
93 河野健二, 『資料フランス革命』, 岩波書店, 1989, 72頁.
94 앞의 책, 79頁.
95 *Archives Parlementaires de 1787 à 1860*, première série(1787~1799), vol.5, p.282.

따르지 않고는 누구도 체포되거나 투옥되지 않는다'라는 조항을 실현하기 위하여 "봉인영장 혹은 행정 권력의 대리인의 명령에 따라 추방되고 수감된 모든 자의 석방"을 요구한다고 연설한다.[96] 베르트랑 바레르와 로베스피에르는 이 제안을 전면 찬성하는데, 먼저 수인의 명단과 수감 사유를 밝혀야 한다는 의견이 나와, 네 명으로 구성된 위원회[97]에서 이 문제를 검토하게 된다.

위원회는 치안총감과 지방총감을 포함해 각 지역의 관리에게 수인의 명단과 수감 사유를 회의에 알리게 한 뒤 심의를 거쳐 이듬해 2월 20일 카스텔란을 대표로 내세워 결과를 보고하였다. 카스텔란은 수인을 ① 공적으로 소추되지 않고 죄도 짓지 않은 자, ② 이성을 상실한 자, ③ 최종심에서 판결이 확정되어 감형 조치에 따라 수감된 자, ④ 체포장에 따라 수감된 자 등의 네 범주로 나누어 각각의 처우를 제안하였다. 특히 봉인영장에 따른 감금과 관련 깊은 범주 ①과 ②를 검토하면 다음과 같다. 범주 ①에 해당되는 수인은 정의를 위해 즉시 석방되어야 한다. 그러나 본인의 이익과 공공질서의 이익을 감안해 안타깝지만 6주의 유예기간을 두는 것이 적절하다.[98] 가족에게 석방자의 생계 수단을 준비할 기간이 필요하며, '죽음의 계절'인 겨울에 마땅한 일 없이 석방이 되면 본인에게도 이익이 되지 않기 때

---

96 *Ibid.*, vol.9, pp.412~413). 카스텔란은 봉인영장의 폐지를 제안하는 연설 시작 부분에서 다음과 같이 말한다. 개인의 자유를 보증하는 법률은 아직 실시되지 않고 있지만, 「인간과 시민의 권리 선언」이 채택된 현재, 모든 프랑스인은 자의적인 명령으로부터 보호되고, 프랑스는 모든 바스티유로부터 해방된 것으로 생각해 왔다. 이 점에서 나는 의원 제군과 같은 잘못을 범하고 있던 것이다. 그렇지 않다면, "공적으로 고발되지도 않고 법에 따라 재판받지도 않은 시민이, 전제가 사라진 지금도 장관의 전제 속에서 고통받고 있음을 용인하지 않았을 것이다"(*Ibid.*, vol.9, p.412).

97 프레토 드 생쥐스트, 카스텔란, 미라보, 자로몽 드 라 소쥐리(Salomon de la Saugerie)가 위원으로 선발되어 자로몽이 사퇴하였기에 바레르가 대신 위원이 되었다.

98 전년 가을, 파리시장 장 실뱅 바이(Jean Sylvain Bailly)는 겨울이 가깝다는 계절적 조건을 고려하면, 수인의 즉각 석방에는 신중할 필요가 있다는 의견을 비치고 있다. "이와 같은 때에 합법적 절차를 취하고 있지는 않으나, 대부분 늘 정당한 이유가 있어서 격리되어 있던 사람을, 숙고도 없이 거리로 내모는 것은 위험한 일이 아닐까요"(富永茂樹, 「バスティーユからビセートルへ」, 阪上孝 編, 『統治技術の近代』, 同文館, 1997, 63頁).

문이다. 범주 ② 중 광증이나 치매 아닌 자가 적잖이 포함된 것은 분명하다. 따라서 먼저 의사를 파견하여 그들의 실정을 조사한 뒤 향후의 처리를 결정해야 한다. 더욱이 그들이 "병을 치유하기는커녕 악화될 수밖에 없는 비인간적 대우를 받아 온" 것 역시 안타깝지만 분명한 사실이므로 그에 대한 처우를 개선해야 한다. 이렇게 말한 뒤 카스텔란은 합법적으로 형이 선고된 자, 체포장에 따라 신변이 구속된 자, 광기 때문에 수감된 자를 제외하고 봉인영장에 따라 수감된 모든 자에게 이 법령의 공포로부터 6주 후 석방(1조), 광기 때문에 수감된 자에게는 3개월 내 의사의 진단 후 석방이나 입원 등 처우 결정(2조) 등 9조로 된 법령을 제안한다.

법안은 2월 27일, 3월 13일과 16일 의회에서 심의되었다. 문제가 된 것은 카스텔란의 보고에서 이미 보았듯 개인의 자유와 공공의 질서를 어떻게 양립시킬지였다. 온갖 개혁에 반대하거나 소극적으로 발언해 온 장 시프랭 모리Jean-Sifrein Maury가 이 문제를 거론하며 역시 소극적 의견을 냈다. 공공 질서의 유지라는 관점에서 수인의 해방보다 법률의 정비를 서둘러야 하며, 봉인영장에 따라 수감된 자 중 중죄인도 있으므로 그들에 대한 재판기관이 먼저 설립되어야 한다는 것이다.[99] 위원 중 한 명인 프레토 드 생쥐스트 Fréteau de Saint-Just는 가족의 요청으로 수감된 자는 친족법정tribunal domestique이 설립될 때까지 수감되어야 한다는 수정안을 제시한다.[100] 이에 대하여 로베스피에르는 "무고한 한 사람을 처벌하기보다 100명의 죄인을 사면하는 편이 낫다"라는 격언을 인용하며 모든 수인의 석방을 주장한다. 알렉시 프랑수아 피존 뒤 가랑Alexis-François Pison du Galand은 재판으로 신체형을 선

---

99 *Archives Parlementaires de 1787 à 1860*, première série(1787~1799), vol.12, pp.160~161.
100 *Ibid.*, vol.11, p.731. 다른 맥락이지만, 미라보는 2월 7일 의회에서 봉인영장이 자의적 전제 수단이 되고 있음을 지적하면서 친족법정의 설립을 호소하고 있다. "제군, 친족법정의 설립을 서두르자. 범죄를 자의가 아니라 재판에 따라 막아 내자"(*Ibid.*, vol.11, p.488).

고 받은 자를 석방 대상에서 제외하는 수정안을 제출한다. 이들 논의 중 1조는, 재판으로 신체형을 선고 받은 자와 매우 중대한 일로 부모 등 친족이 감금을 요청한 자를 석방 대상에서 제외한다고 덧붙인 뒤 3월 13일 채택되었다. 최종적으로는 구걸과 부랑에 의한 수감자를 석방 대상에서 제외함(2조), 미성년자를 부모나 보호자에게 송환함(12조) 등 조항을 덧붙여 3월 16일 채택되었다.

　3월 16일의 법령에 따라 봉인영장은 폐지되지만, 이로써 문제가 해결된 것은 아니었다. 봉인영장이 폐지되었다고 가정에서의 분쟁이 사라지는 것은 아니기 때문이다. 거꾸로 봉인영장의 폐지는 가정의 질서를 새로운 지평에서 논의할 문제로 만들었다. 모든 신민의 아버지로서 왕이 내리는 '제우스의 번개', 즉 봉인영장을 대신하여 가정 내 분쟁을 조정하고 해결할 장치가 마련되어야 했고, 미성년자의 훈육과 아버지의 징계권 문제는 프랑스혁명에 의해 확립된 원리에 따라 해결되어야 했다. 이후에도 수감시설의 개선 문제는 주요하게 논의되었다.[101]

4. 어머니를 향한 시선과 부권의 제한

가족은 다음 세대의 신체를 키움과 동시에 아동의 사회화를 담당하는 장치인데, 18세기 프랑스의 가족은 이 두 방면에서 난관에 부딪혔다. 앞서 기술하였듯 고아와 입양아의 증가, 그에 따른 유아사망률의 비정상적 증가로 동시대 지식인과 관료, 의사들은 신체의 물리적 증식이라는 가족의 기능에 문제가 생긴 것을 절감하였다. 1장에서 기술했듯, 인구 감소에 대한 위기감으로 이러한 문제의식은 더욱 증폭되었고, 루소도 어머니가 아이를 직

---

101 다음 장 및 富永茂樹,「バスティーユからビセートルへ」 참조.

접 키우지 않는 데다 낳으려 하지 않게 된 것이 인구가 감소한 원인 중 하나라고 했다.[102] 이리하여 18세기 후반 들어 의사와 지식인, 관료 등이 '아동 보호'를 주제로 저작과 팸플릿을 연이어 써냈다. 에사르의 『유아의 신체교육 고찰 혹은 시민에게 더 나은 체질을 갖게 할 방침에 관한 실천적 고찰』(1760), 티소의 『건강에 관해 인민에게 충고함』(1761), 부르제의 『아동과 그 병에 관한 의학교육 소론』(1767), 로랑의 『아동 보호에 관하여』(1767), 뷔샹의 『가정의학』(1775), 프로스트 드 루예의 『아동 보호에 관한 각서』(1778) 등이 그 예이다. 이 저작들은 의학·도덕·종교 등 각 학문 중심으로 쓰였지만, 고아원과 유모와 상류계급 어머니의 육아 실태를 비판하고 개선할 것을 일관성 있게 주장했다. 고아원에 관하여 한편으로 수많은 고아를 양산하는 흐트러진 습속을, 다른 한편으로 고아원의 위생 상태와 그곳에 고용된 유모의 질 등이 문제시되었다. 고아원의 문제는 유모에 의한 육아 문제와 이어진다. 상류계급의 육아 문제로는 유아를 단단히 싸안는 산부복과 코르셋의 사용, 입주 유모의 악영향 등이 거론되었다.

　　유모에 의한 육아는 오랜 것으로, 이미 1350년 왕령에서 유모에 대한 임금과 알선업자의 수수료가 정해진 바 있다. 그러나 유모에 의한 육아가 상류계급뿐 아니라 폭넓은 계층에서 행해져 관련 규제가 문제시된 것은 18세기이다. 루이 14세 통치 말기, 유모의 임금을 책정하고 알선업자에게 유모의 신원과 도덕성을 기록한 등록부를 의무화하는 왕령(1715년 1월)이 내려졌다. 1727년 유아 운반자도 알선업자의 등록을 필하고, 해당 등록부에 유모의 신원과 인물을 보증하는 교구 사제의 증명서를 의무적으로 첨부하게 하였다. 1715년 왕령에 따라 유모는 두 유아를 동시에 맡을 수 없고, 1727년부터 이를 위반할 경우 벌금이 부과되었다. 1756년에는 유아 질식

---

102 J.-J. ルソー, 『エミール』(1762), 樋口謹一 訳, 『ルソー全集 6·7』, 白水社, 1980, 6卷 28頁.

사를 방지하기 위하여 유모가 아이 곁에서 함께 자는 것이 금지되었으며, 1773년 운반자에게도 유아를 바구니에 담아 가능한 한 쾌적하게, 마차를 이용해 옮기도록 하는 명령이 내려졌다.

이처럼 입양아의 생명을 보호하는 방책과 함께 양육비[103]를 지불하지 않는 부모로부터 유모를 보호하는 방책도 강구된다. 1737년부터 양육비의 지불을 거부하는 부모는 체포되었으며, 1753년부터 중개인이 유모에게 임금을 지불할 때 교구 사제가 동석하게 되었다.[104]

이러한 규제에도 불구하고 유모들은 양육비를 내지 않는 부모와 부당 수수료를 챙기는 알선업자에게 시달려야 했다. 한편 파리 시에서는 유모 수요가 끝없이 증가하는 데 비해 공급이 부족하여 그 대책으로 1769년 '파리 시 유모 알선소'Bureau des nourrices et recommanderesse à la ville de Paris가 설립되었다. 1770년부터 1776년까지 이곳에 약 1만 명의 유모가 가입해 파리의 유모 부족은 일단락되었다. 1781년 공포된 '유모법'은 이러한 규제가 집대성된 결과이다. 이 규제가 얼마나 유효하고 엄격히 적용되었는지 매우 의심스럽지만, 만일 효과를 보았다 해도 그것은 입양이라는 습속에 대한 사후적 대책에 지나지 않았다. 이에 반해 고아와 입양아 문제가 발생한 근본 원인을 규명해 개선해야 한다는 생각이 힘을 얻었다. 여기서도 결과를 산출한 원인을 규명하고 제거해 문제를 해결한다는 과학적 정신이 작동한 것이다. 고아 문제의 경우 루소의 사례처럼 주로 경제적인 이유로 아버지가 아동 유기를 주장하고 어머니는 그에 저항한다고 여겨졌다. 따라서 문제를 해결하는 주체는 전략상 어머니였으며, 모성애를 강조하고 모유 수유를 장려해 제반 조건을 정비하는 고아와 입양아 문제에 대한 근본적인 대책이

---

103 양육비는 한 달에 3리브르 정도에서 10리브르 정도까지 꽤 큰 차이가 있다(バダンテール, 『プラス・ラブ』, 73頁).

104 Faÿ-Sallois, *Les nourrices à Paris au XIXe siècle*, pp. 25~27.

세워졌다.

답답한 배내옷에서 유아를 해방하고, 어머니에 의한 육아를 확산하는 데 크게 기여한 것이 루소의 『에밀』이다. "아이의 거동을 억제하면 혈액과 체액의 순환을 저해해 발육을 가로막고 신체 조직을 그르칠 뿐이다. …… 이처럼 잔혹하기 그지없는 억제로 인해 체질과 기질은 당연히 영향을 받는다. 아이가 태어나 처음 느끼는 감정은 아픔과 괴로움이다. …… 당신이 그에게 주는 최초의 선물은 쇠사슬이며, 그들이 겪는 최초의 대우는 고문이다."[105] 이 부조리한 관습은 어머니가 자연으로부터 부과받은 의무를 경시하고 유모를 고용해 양육을 전가한 데서 비롯됐다. 즉 어머니에게 다시금 본래 의무를 다하도록 해야 한다. "어머니가 아이를 키운다면 자연히 습속이 개혁되고, 자연의 감정이 모든 이의 마음에 깃들어 다시금 국가의 인구가 증가한다. 이 최초의 지점, 이 지점만이 모든 것을 다시금 연결한다."[106]

루소의 이 말은 육아와 소아의학 저서에서 수없이 반복되고, 실천 면에서도 적잖은 영향을 미쳤다. 1792년 어느 저자는 "프랑스에서 마침내 이성의 목소리가 받아들여지기 시작했다. …… 비정상적이고 야만적인 배내옷의 폐지는 특히 『에밀』의 불멸의 저자 덕분"이라 썼다.[107] 1796년 또 다른 저자는 "유모를 사서 아이를 맡기는 습속에 대한 철학적 이의신청이 받아들여졌다. 아이에게 모유를 수유하는 어머니는 20년 전만 해도 낯설었지만 이제 드물지 않다. …… 이처럼 자연의 권유에 따름으로써 유아 사망이 현격히 감소했다".[108]

의학적 언설에서도 모유의 우월성과 육아 시 모성애의 불가결함이 강

---

105 ルソー, 『エミール』, 6卷 26~27頁.
106 앞의 책, 30頁.
107 M.-F. Morel, "Ville et campagne dans le discours médical", *Annales ESC*, vol.32, no. 5, 1977, p.1012.
108 Gélis, Laget, and Morel, *Entrer dans la vie*, p.218.

조된다. "모든 것을 최선으로 이끄는 자연은 아이에게 모유가 언제나 필요함을 정확히 보증한다."[109] 그뿐 아니다. 어머니의 세심한 보살핌과 모유 수유 덕에 아이는 좋은 습속을 익히고 더 나은 체질을 만들어 간다. 의사 로랑은 다음과 같이 말한다. "의사와 자연학자는 다음 점에서 의견이 일치한다. 즉 아이는 젖을 먹으며 어머니의 습속, 좋고 나쁜 성질, 체질과 병을 받아들인다. 타인인 유모 손에서 자라는 아이는 그 젖과 함께 체질, 성질과 습속을 받아들이므로 대부분 타락한다."[110] 모유를 수유하고 모성애로 가득한 눈빛을 아이에게 보내며 의사에 의해 계몽된 어머니, 이 모델이야말로 바람직한 어머니상이 되었다.

그리하여 '아동 보호'가 모자母子 축에 자리하게 된다. 이러한 관점 때문에 한편으로 자연이 위임한 의무를 잊은 채 유모나 하인에게 아이를 맡긴 부유층 어머니에게 비판이 쏟아진 한편, 빈곤 계층의 어머니에게는 육아 원조가 기획되었다. 1784년 피에르 보마르셰Pierre Beaumarchais는 『피가로의 결혼』 판권 일부를 빈곤계층의 어머니가 직접 아이를 키울 수 있는 시설을 설립하는 데 할애하였다. 가톨릭 신자 중 정식으로 결혼한 여성만 받아들인 이 시설에 1790년까지 486명이 원조를 받았다. 이를 모델로 2년 뒤 마리 앙투아네트가 후원하는 '모성자선협회'가 설립되어 1790년까지 입양아 991명이 어머니에게 돌려보내졌다. 모자 축이 주목받으면서 미혼모에 대한 시선도 변혁이 이루어졌다. 메르시에는 아동 유기 풍조의 대책으로 다음과 같이 말했다. "자식에게 젖을 물리며 모성적인 배려를 쏟아부어 자기 과오를 속죄하는 성실하고 용감한 미혼모를 더 이상 경멸해서는 안 된다. …… 프로이센에서는 모든 미혼모가 당당히 제 자식을 키운다. 이처럼 자

---

109 Morel, "Ville et campagne dans le discours médical", p. 1010.
110 Gélis, Laget, and Morel, *Entrer dans la vie*, p. 166.

연의 임무를 엄수하는 그녀를 모욕하는 자는 처벌될 것이다. 사람들은 미혼모를 여타 어머니와 다름없이 보는 데 익숙하다."[111] 이에 더하여 혁명정부는 고아enfants trouvés를 '조국의 아이'enfants de la patrie라고 부르며 고아원을 개선하는 한편, 가난한 어머니가 공적부조를 받기 위해 모유 수유를 조건으로 내세우려 하였다. 이 법령은 실행되지 않았지만 어머니의 모유 수유가 얼마나 중시되었는지를 잘 드러낸다. 이러한 관점에서 '이상적 어머니'와 가장 근접한 존재는 중류 부르주아 여성이라고 메르시에는 말한다. "매우 존경할 만한 여성 계급이 있다. 그것은 이류 부르주아 여성이다. 그녀들은 자식을 사랑하고 가사에 꼼꼼하며 검소하고 주의 깊어 모범적인 현명함과 몸가짐을 지니고 있다."[112]

아동 보호와 관련하여 어머니의 비중이 늘어난 데 비해 부권 중에서도 아버지의 징계권은 제한의 대상이 되었다. 봉인영장의 폐지에서 비롯된 징계권의 공백을 메우기 위해 의회는 1790년 8월 친족법정의 설치를 결정하는데, 이는 비행아에 대한 징계권을 아버지로부터 친족회의로 옮겨 와 부권을 제한하기 위함이었다. 즉 여섯에서 여덟 명의 근친자로 구성된 친족법정에 따라 아버지나 어머니에 의해 접수된 21세 미만 청소년을 1년 이내로 수감할 수 있으며(16조), 이 결정의 집행은 지역구 재판소의 재판장의 수리 여부에 따른다(17조). 이 법령안에 대하여 로베스피에르는 가족으로 구성된 친족법정에 공정한 판단을 바랄 수 없다며 반대하였고, 더욱이 봉인영장의 교부권을 부친 전권專權에서 가족 합의로 옮기는 데 지나지 않는다고 비판한 이도 있었다.[113] 확실히 이 법령은 징계권 자체를 문제 삼지 않으

111 Mercier, *Le Tableau de Paris*, vol.3, p.240.
112 *Ibid.*, vol.3, p.155.
113 P. Murat, "La puissance paternelle et la Révolution française: essai de régénération de l'autorité des pères", eds. I. Théry and B. Christian, *La famille, la loi, l'Etat, de la Révolution au code civil*, Paris: Imprimerie nationale, 1989, p.400.

나, 부친에 의한 행사를 친족 합의와 지역구 재판장의 개입으로 제한하고, 이에 더하여 징계권이 미치는 연령을 기존의 남자 30세, 여자 25세에서 21세(자크 기욤 투레Jacques-Guillaume Thouret의 원안에 따르면 20세)로 끌어내림으로써 부권을 제한하였다.[114]

그러나 프랑스혁명의 혁명가들은 더 나아가 부권 그 자체를 문제 삼았다. 그들에게 로마 이래 가부장권patria potestas은 부자 관계를 규정짓는 데 걸맞지 않은 관념이었다. 장 자크 레지스 드 캄바세레스Jean-Jacques-Régis de Cambacérès는 민법전 제3차 초안의 취지 설명 연설(1798년)에서 말한다. "사람들은 너무 긴 시간 동안 자연이 우리 마음에 새겨 넣은 [아이에 대한] 보호의 의무를 권력으로 보아 왔다. …… 이 관념이 변한 기원은 인간이 인간의 소유물임이 틀림없다는 오랜 편견에서 유래한다.[115] 프랑스혁명은 정치적·사회적 관계에서 편견을 타파했지만, 같은 혁명을 부자 관계에서도 수행해야 한다. 구체제 속에서 봉인영장에 의한 왕의 전제와 가장의 전제가 결합돼 있었다면, 자유와 평등이 실현된 사회에서는 가족 내 관계도 자유롭고 평등한 관계여야 한다. 피에르 프랑수아 고신Pierre-François Gossin은 친족법정의 설립에 관한 심의 중 이러한 관점에서 발언한다. "공생활公生活에서 인간을 자유롭고 행복하게 만들자마자 우리는 사생활에서도 자유와 행복을 보증해야 한다. 제군도 아시다시피 구체제 속에서 부모의 전제는 자주 장관의 전제와 같은 정도로 가공할 것이었다. 국가 감옥은 자주 가족 감옥이 되어 왔다. 따라서 「인간과 시민의 권리 선언」 이후에는 아내, 아버지, 자식, 친족 등의 권리 선언을 작성해야 한다."

---

114 단, 실제로 친족법정에서 부권과 관련된 법적 다툼은 그리 많이 거론되지 않았으며, 친족법정 그 자체도 1796년 3월에 폐지되었다.
115 J.-J.-R. de Cambacérès, "Discours préliminaire du troisième projet de Code civil"(1796), P. A. Fenet, *Recueil complet des travaux préparatoires du Code civil*, Paris, 1827, vol.1, p.150.

이리하여 부자 관계는 시민 간의 관계와 마찬가지로 기본적으로 자유롭고 평등한 관계가 돼야 한다고 평가된다. 단 아이가 육체적·정신적으로 모두 미숙하고 보호를 요하는 기간에 대하여 사정은 달라진다. 캄바세레스는 민법전의 제2차 초안의 제안 연설에서 말한다. "인간은 약하고 무력한 채 태어난다. …… 이 유년의 상태, 육체적·정신적으로 모두 약한 상태가 미성년이라 불리는 것이다. 이 상태에서 인간에게는 지주支柱와 원조가 필요하다. 아이는 생을 받아 처음 몇 년은 생을 준 자의 배려에 맡겨진다. 처음 보호자는 부모이다."[116] 이 기간의 부자 관계는 부친의 아이에 대한 보호, 양육의 의무와 아이 아버지에 대한 감사와 복종에 의하여 구성되어야 한다는 점이 그들의 주장이다.[117] 로베스피에르도 상속의 평등이 부친의 권위를 잃게 만든다는 주장에 반론하며 말한다. "효심이 자연, 마음 씀씀이, 자상함, 부친의 습속과 미덕 이외의 기초를 기반으로 한 것이라고 믿어서는 안 된다. 무엇보다 아름다운 미덕이 개인의 이해利害와 강한 욕망 속에 확립될 수 있다고 할 수 있는가? 보다 큰 재산의 몫을 손에 넣을 수 있다는 이유만으로 아버지를 존경하는 자는 곧장 상속의 순간을 참을성 있게 기다리고 곧바로 아버지를 증오할 것이다."[118] 모자 관계가 사랑의 관계로서 가족 형성의 기축이라고 생각된 것은 앞서 살펴보았지만, 부자 관계도 지배-복종의 관계가 아닌 유소년기의 보호-감사感謝를 핵심으로 하는 사랑의 관계라고 생각되었다. 가명家名과 재산의 계승 체계로서 가족은 후퇴하고, 애정의 체

---

116 J.-J.-R. de Cambacérès, "Rapport fait à la Convention nationale sur le deuxième projet de Code civil"(1794), P. A. Fenet, *Recueil complet des travaux préparatoires du Code civil*, Paris, 1827, vol.1, p.100.
117 그들이 부권 문제를 생각할 때 준거한 것은 루소였다. "자연법에 따라 부친이 아이의 지배자임은, 아이에게 부권의 도움이 필요한 시기뿐이다. 이 기간이 지나 아버지와 아이는 평등해지고, 그때 자식은 아버지로부터 완전히 독립하여 아버지를 존경은 해야 하지만, 복종하지 않아도 좋다……"(J.-J. ルソー, 『人間不平等起源論』(1754), 原好男 訳, 『ルソー全集 4』, 白水社, 1978, 251頁).
118 *Archives Parlementaires de 1787 à 1860*, première série(1787~1799), vol.24, p.563.

계로서 가족이 무대 전면에 등장한 것이다.

그렇다면 부모가 미성년인 아이에게 주어야 할 보호와 양육은 어떠해야 했는가? 피에르 투생 뒤랑 드 마이얀Pierre-Toussaint Durand de Maillane은 말한다. "프랑스 공화국에서 부모가 아이에 대하여 권력과 권위를 쥐는 것은 아이를 좋은 유덕한 시민으로 만들기 위한 것일 뿐이다."[119] 그들은 가족을 순수하게 애정에 기초한 조직으로 확립하려 하지만, 동시에 그것을 정치 및 사회로부터 구분된 사적 공간으로서가 아닌 '재생된' 국가에 걸맞은 시민 육성과 관련된 공간으로 자리매김하는 것이다. 이리하여 가족의 문제는 교육 문제와 결합된다. 그러나 공교육 논쟁에 대하여 검토할 때 보았듯, 혁명가들의 많은 수는 현재 가족이 아이의 사회화 혹은 교육과 관련된 역할을 하는 것을 불신의 눈으로 보고 있었다.[120] 아이 교육을 낡은 미신과 편견의 도가니인 가족의 손에 맡긴다면 막 재생하기 시작한 국가의 미래는 위험해질 것이라는 것이 혁명가들에게 많든 적든 공통된 생각이었다. 로베스피에르는 말한다. "조국은 아이를 키울 권리를 지닌다. 조국은 [아이라는] 이 수탁물을 가족의 오만과 각 저마다의 편견에 맡길 수는 없다. 그것들은 귀족 지배와 가정의 연방주의를 가꾸는 영원한 양식이기 때문이다. 우리는 교육이 모든 프랑스인에게 공통되고 평등하기를 바란다. 아동에게 우리 정부의 본성, 우리 공화국의 숭고한 운명처럼 위대한 성격을 새겨 넣자. 중요한 것은 신사Monsieur를 키우는 것이 아니라 시민Citoyen을 키우는 일이다."[121]

---

119 Murat, "La puissance paternelle et la Révolution française", p.394.
120 이 점에서도 그들이 준거한 것은 루소였다. "인간의 의무의 유일한 심판자를 각인의 이성에 맡길 수는 없으므로, 아이의 교육을 아버지의 지식이나 편견에 맡겨서는 안 되며, 아이의 교육은 아버지에게 있어서보다 국가에 있어 훨씬 중요하기 때문에 더더욱 그러한 것이다"(J.-J. ルソー, 『社会契約論』(1762), 作田啓一 訳, 『ルソー全集 5』, 白水社, 1979, 84頁).
121 M. Robespierre, "Rapport au 18 floréal an II"(1794), Œuvres de Robespierre, vol.10, Paris: PUF, 1967, p.458(河野健二, 『資料フランス革命』, 岩波書店, 1989에 발췌 번역).

가족을 애정에 기초한 관계로 순화하고, 아이의 교육을 전면적으로 국가의 손에 맡긴다는 급진적 혁명가들의 주장은 혁명의 급진화와 운명을 함께하였다. 몽테뉴파의 독재 속에서 절정을 맞이하고, 테르미도르 반동 이후 쇠퇴하는 것이다. 나폴레옹 법전 편찬 책임자인 장 에티엔 마리 포르탈리스Jean-Étienne-Marie Portalis는 혁명기의 급진적인 개혁을 격퇴한다. "법전은 시간과 함께 만들어지는 것"이며, "파괴할 필요가 없는 것은 보존하는 것이 유익"하기 때문이다.[122] 이리하여 프랑스의 법적 전통 중 많은 것이 부활한다. 가장권도, 그것이 미치는 연령을 제한하고, 상속권의 박탈을 교정 수단으로서 인정하지 않는다는 두 가지 조건을 붙여 부활한다.[123] 전자에 대하여 보자면, 16세 미만의 아이는 부친의 요청에 따라, 16~21세 아이는 재판장의 허가를 얻어 징치원懲治院에 수감할 수 있다고 정하였으며, 또 25세 미만의 아들과 21세 미만의 딸의 결혼에 부친의 동의가 필요하다고 정한 것이었다.

이처럼 가장권은 재건되었지만 앞선 제한이 보여 주듯이 재건된 가장은 이미 안전한 자권자自權者로서 가장이 아니다. 가족은 아이를 좋은 시민으로 육성하는 장이며, 가장권은 그 한에서만 인정된다는 혁명기의 주장은 그 이후로도 받아들여져 계속되었다. 포르탈리스는 말한다. "사람이 커다

---

122 J.-E.-M. Portalis, "Discours préliminaire sur le projet de code civil", *Ecrits et Discours juridiques et politiques*, Marseille: Presses universitaires d'Aix-Marseille, 1988, p.34.

123 그러나 가장권의 부활이 직선적으로 진행된 것은 아니었다. 카바니스는, 아버지의 권력은 자연스럽게 유래되고, 아이를 부모에게 묶는 감정은 존중해야 한다고 말한다. 그러나 '가족의 정신'에는 조금 강하게 말하자면, 자유를 제한하고, 공화국을 뒤흔들 수밖에 없는 요인이 포함되어 있다. "공화국을 간접적으로 공격하려 하면, 온갖 수단 중에서 이론의 여지 없이 가장 솜씨 좋은 수단은 가족의 관념과 습관에 과대한 에너지를 쏟는 일이다. 왜냐하면 몇 명인가 되는 저작가가 가부장제라는 미명으로 꾸며 온 이 손쓸 수 없는 압정이야말로 가족 정신의 최종항 혹은 최종적 결과이기 때문이다. …… 이리하여 우리 위원회는 가족 정신이 습속에 대하여 실제로 가져올 수 있는 선과 자유의 정신에 비하여 피할 수 없는 해악 사이에서 망설이지 않을 수 없었다"(P.-J.-G. Cabanis, "Opinion sur le projet d'organisation des écoles primaires, et en général sur l'instruction publique"(1798), eds. C. Lehec and J. Cazeneuve, Œuvres philosophiques de Cabanis, Paris: PUF, 1956, vol. 2, pp. 440~441).

란 조국에 애착을 갖는 것은 가족이라는 작은 조국을 통해서이다. 좋은 시민의 육성은 좋은 부친, 좋은 남편, 좋은 자식의 다름 아니다."[124] 가족은 시민에게 필요한 도덕과 규율을 익히기 위한 이데올로기 장치로 자리매김된 것이다. 가족의 이 기능은 다음 장에서 검토하게 되듯, 공적부조에 관하여 특히 중시될 것이다. 가정은 빈민의 도덕적 상태를 표현하는 장으로 관찰 받고, 규율화·도덕화의 대상이 된다. 그리하여 가정이 규율화 장치로서 역할을 하기 위하여 장소에 따라서는 부모와 아이의 관계는 역전되기도 한다. 아이는 부모의 도덕적 상태를 비추는 거울이며, 아이를 학교에 보내는 것은 그 자체로 부모의 규율화의 중요한 계기가 된다. 더욱이 아이는 학교에서 배운 것을 부모에게 전함으로써 부모를 교육하는 것이 된다. 이리하여 가장은 가정 내 질서의 절대적인 중심이기를 그친다. 그와 함께 가족은 '국가 모델'(보댕)에서 민중의 규율화를 위한 환절로 바뀐다.

18세기 후반부터 프랑스혁명에 걸친 시기는 이처럼 변화의 새로운 시기이자 가족 이데올로기 장치로서의 역할이 무대 전면에 등장하는 새로운 시기였다.

---

124 Portalis, "Discours préliminaire sur le projet de code civil", p.63.

5장 · 공적부조의 논리

1. 사회문제로서 빈곤

1789년 12월, 파리의 생테티엔에서 입헌의회로 무산계급의 보호 방책을 검토하는 위원회 설치를 요구하는 청원서가 도착하였다. 이 청원서가 곧장 받아들여지지는 않았지만, 혹독한 겨울이 오고, 빵 가격의 폭등, 경제위기의 심화라는 상황 속에서 많은 반향을 불러 1790년 1월 21일, 의회는 '구걸근절위원회'comité pour l'extinction de la mendicité를 설립하는 법령을 채택하였다. 1월 말 결성된 위원회는 라로슈푸코 리앙쿠르La Rochefoucauld-Liancourt를 위원장으로 하여 각 지방의 빈민 수의 조사와 시료원의 방문 조사 등에 착수함과 동시에 정력적으로 심의를 진행하여 6월 빈민에 대한 부조를 시행하기 위한 '작업계획'을 의회에 보고하였다.[1] '작업계획'은 "모든 인간은 생

---

1 위원회의 주된 멤버는 라로슈푸코 리앙쿠르, 기요맹(의사), 투레(의사), 몽리노(수아송 구걸수용소장), 바레르(의원), 프리우르(의원) 등으로, 고아, 병든 빈민, 건강한 빈민, 노인과 장애인, 교정원과 감옥, 관리와 기금, 전체 총괄의 7부회로 나뉘어 심의를 행하였다. 구걸근절위원회는 1791년 9월 말까지 70회의 회합을 거쳐 작업계획(1790년 6월)과 여섯 개의 보고를 의회에서 행하여 공적부조에 관한 법안을 제출하였다. 공적부조의 문제는 1791년 10월 입법의회 안에서 설립되는 '공적부조위원회'와 1792년 10월 입법공회 안

존에 대한 권리를 지닌다"라는 명제야말로 빈민 구제의 기본원리라고 말한다. 이 원리에 따르면 생계 수단이 없는 사람들에 대한 부조는 선의에 따른 시혜가 아니라 "사회에서 지울 수 없는 신성한 부채이다".[2] 빈곤은 개인적 현상이 아니라 사회현상이며, 대량의 빈민[3]에 대한 부조가 쉽지는 않았지만, 그것은 혁명에 의하여 생겨나 변해 온 사회에 부과된 의무이며, 따라서 빈민의 구제는 **공적부조**여야 한다는 것이 위원회의 기본적 입장이었다.

물론 빈곤은 어느 시대에나 존재하였고, 대량의 빈민의 존재가 사회질서를 위협한다는 인식도 이전부터 존재하였다. 앙시앵레짐 속에서 빈민은 다치거나 병드는 일, 노령, 육체적·정신적 장애 등 때문에 자력으로 생계를 이어 나갈 수 없는 '참된 빈민'과, 건강함에도 태만하거나 음주·방탕 등의 악덕 때문에 빈곤에 빠져 구걸하는 '거짓된 빈민'으로 구별되었다. '참된 빈민'은 기독교적 자선과 시혜의 대상, '거짓된 빈민'은 억압과 감금의 대상이었다. 기독교 입장에서 볼 때 '참된 빈민'에 대한 시혜는 시혜자의 영혼에 구제를 가져오는 선행이며, 부자와 빈자의 관계는 '상징적 교환'의 차원에 속하는 사항이었다. 이에 비하여 '거짓된 빈민'은 "무엇보다 두려워해야 할 역귀"이며, 1656년 그들을 수용할 목적으로 5개 시설로부터 비롯된 '파리 총 구빈원'이 세워진 이래, 구걸·부랑자의 증가와 함께 그들에 대한 억압,

---

에서 설립되는 동명의 위원회로 이어진다. 이들 위원회는 기술적 문제에 역점을 두거나(입법의회기), 더 급진적이거나(국민공회기) 하였는데, 그 기본적 입장은 구걸근절위원회의 그것을 계승하는 것이었다(M. Rebérioux, "Du Comité de mendicité au Rapport Barère: continuité et évolution", *Démocratie et pauvreté*, Paris: Quatre Monde/Albin Michel, 1991 참조).

2 C. Bloch and A. Tuetey, *Procès-verbaux et rapports du Comité de mendicité de la Constituante, 1790-1791*, Paris: Imprimerie nationale, 1911, p.310(河野健二, 『資料フランス革命』, 214~215頁).

3 위원회는 영국의 구빈세 통계 등을 단서로 부조가 필요한 빈민(위원회의 정의에 따르면, 5인 가족으로 연 수입이 45리브르 이하의 자) 수를 인구의 5퍼센트, 100만 명으로 견적을 냈다(*Ibid.*, pp.68~80). 그러나 1791년 각 지방의 조세대장 등에서 추계한 결과는 그 예상을 훨씬 넘는 것이었다. 즉 전국 85도 중 51도의 빈민 수는 196만 명, 실제 여덟에 한 명은 부조가 필요한 빈민인 것이다. 위원회는 이 숫자를 과대평가 혹은 일시적 원인에 의한 것이라 보고, 100만 명이라는 숫자를 계속 썼지만, 아무리 이 숫자를 쓴다 하더라도 빈곤이 대량의 사회현상임은 명백하였다.

감금의 방책도 강화일로를 걷는다. '피의 명령'이라 불리는 1724년 선언은, 처음으로 체포된 구걸·부랑자에 대하여 건강한 남자는 총 구빈원에 2개월 간의 강제수용, 장애인은 종신의 강제수용, 집단을 이루거나 폭력으로 시혜를 강요한 구걸은 5년간의 강제수용과 팔에 'V'(부랑자vagabond)의 각인을 찍을 것 등을 정하였다. 1764년 왕령은 한층 더 엄격해져 초범의 경우에도 16세 이상 70세 미만의 건강한 남자는 3년간의 갤리선 조역형, 16세 미만 및 70세 이상의 남자, 장애인, 여성은 3년간의 총 구빈원에 강제수용된다고 정하고 있다. 갤리선은 군사 및 자원물자 이송 선박으로, 이 징역형에 처한 수인은 다리에 쇠사슬을 차고 장시간 노를 저어야 하는 고역이 부과되었다.[4] 1767년 이 왕령에 기초하여 전국에 33개의 '구걸자 수용소'가 설립되어 1773년, 즉 튀르고가 재무총감에 취임하고 수용소를 폐지하기 전 해까지 7만 1760명의 구걸자와 부랑자가 수용되었다.[5] 혁명 전의 18세기는 구걸자와 부랑자의 대감금 시대였다.

자선도 감금도 빈곤대책으로서 전혀 효과가 없었다. 해를 거듭하여 증가를 계속하는 빈민에 대하여 자선은 무력할 수밖에 없었고, 다른 한편으로 비기독교화의 진행은 물질적으로도 정신적으로도 자선단체의 힘을 약화시켰다. 가장 근본적인 문제는 자선이 빈민의 경제적 자립을 돕지 않는다는 점에 있었다. "시혜는 보통 의심할 여지 없이 개인의 덕행일 것이다. 그러나 그것은 대부분 항상 공적인 죄이다. 시혜는 주는 자를 만족시킨다. …… 그것은 받아들이는 자를 타락시키고, 태만에 길들게 하고, 그들의 마

---

4 갤리선 조역형 수인의 실태에 대해서는 J. 마르테유를 참조. 같은 책에 부기된 해설에 따르면, 수인의 사망률은 과혹한 노동 때문에 매우 높아 절반 이상이 사망하였다(J.マルテーユ, 『ガレー船徒刑囚の回想』, 木崎喜代治 訳, 岩波文庫, 1996, 462~463頁).
5 O. H. Hufton, *The Proof of Eighteenth Century France 1750-1789*, Oxford: Oxford University Press, 1974, p.389.

음을 온갖 악덕에 열어젖히고, 온갖 범죄를 시도하게 만든다."[6] 자선이 무력
하기 때문에 구걸자와 부랑자에 대한 억압·감금이 강화되는 것인데, 이 역
시 빈곤대책으로서 효과가 없음은 명백하였다. 18세기 구걸자 단속령이 10
회 이상 나온 일 자체가 그 무효성을 보여 주고 있다. 게다가 감금은 생각하
기에 따라 사회에 유익한 노동력이 될 존재를 무익하고 비용이 드는 존재
로 만들어 버리는 문제를 안고 있었다.

　'구걸근절위원회'의 과제는 자선과 감금을 대신할 새로운 해결책을 제
출하는 것이었다. 이 과제에 응하기 위하여 빈곤을 사회의 근본적 문제로
파악하고, 빈민을 사회로부터 격리하거나 배제하기보다는, 시민으로서 사
회로 재포용하는 방책을 검토하는 일이 필요하였다. 이 검토를 통하여 빈
곤관의 전환, 즉 새로운 빈민상이 생겨났다. 그리하여 빈곤문제가 "사회가
자기에 관하여 생각하는 방법"[7]을 나타냈다면, 그것은 사회의 자기표상의
변화를 보여 주는 것이었다. 19세기에 들면 이 빈곤관에 기초하여 빈민의
사회적 재통합을 위한 기술, 사회적 기술이 전개된다. 사회의 자기표상의
변화와 그에 기초한 사회적 기술의 성립 —— 이것이 우리가 여기서 검토할
문제이다.

2. 자선의 비판

계몽 지식인들은 부자가 사적으로 행하는 종교적 자선을 이미 비판하고 있
었다.

---

6 P. J. G. Cabanis, "Observation sur les hopitaux"(1790), eds. C. Lehec and J. Cazeneuve, Œuvres
　philosophiques de Cabanis, Paris: PUF, 1956, vol.1, p.29.

7 G. Procacci, Gouverner la misère, La question sociale en France(1789-1848), Paris: Seuil, 1993,
　p.20.

튀르고는 빈민을 구빈시설에 수용하는 방식에 근본적 모순이 있다고 생각했다. 예를 들어 창부의 수용시설을 떠올려 보면, 그곳에 들어가기 위해서는 창부여야 한다. 따라서 이 시설은 매춘의 근절을 목표로 하고 있음에도 불구하고, 도리어 그 존재를 전제로 온존하고 증대시키기까지 하는 것이다. 부랑자·구걸자 등을 위한 수용시설에 대해서도 같은 말을 할 수 있다. "일부 스페인이나 이탈리아와 같이, 구제시설이 가장 많은 나라에서 빈곤은 무엇보다 예사이며, 다른 나라보다 일반적이다."[8] 이 종류의 대책은 빈민에게 일하며 살아가기보다 태만하게 살도록 만든다는 폐해를 수반하기 때문이다. 그리고 이러한 나쁜 습속은 피수용자 사이에 어쩔 수 없이 만연할 것이다. 요컨대 수용시설은 태만한 자의 온상지가 되며, 빈민을 부추긴다. 다른 한편 노동력 있는 빈민자를 '구걸자 수용소'에 가두는 일은 국부에 헛된 비용이 들어 비생산적임과 동시에, 사회가 유용하게 쓸 수 있는 노동인구를 감소시킨다. 감금이라는 방책은 이중의 의미로 국부의 감소를 가져온다. 구제시설로의 수용이라는 방식은, 수용되는 개인에게도, 사회 전체에 있어서도 한층 더 빈곤을 가져오는 것이리라. 빈곤이 빈곤을 낳는다는 악순환이 생겨나는 것이다.

두 번째 비판점은, 구제시설의 설립과 운영에 해당되는 기금의 낭비 문제이다. 현실상 많은 기금이 시설의 건물과 설비에 들어간다. 그러나 부조를 필요로 하는 빈곤의 정도는 가지각색으로 다르고, 시대와 함께 변화한다. "사회는 언제나 같은 것을 필요로 한다고 한정지을 수 없다. …… 새로운 필요가 생기고, 다른 필요는 감수되지 못하게 된다."[9] 빈민의 요구 역시 시대와 함께 변할 것이다. 그렇다면 설립 당초 무용하던 시설이 시간이 경

---

8 A.-R.-J. Turgot, "Fondations"(1757), ed. G. Schelle, *Œuvres du Turgot*, vol. 1, Paris: Felix Alcan, 1913, p.586(律田内匠 訳,『チュルゴ経済学著作集』, 岩波書店, 1962, 34頁).

9 Ibid., p.589(앞의 책, 37頁).

과하면서 무용하게 바뀔 것은 피하기 힘들다. 기금을 건물과 설비에 들이는 것은 허투루 기금을 쓴 것에 다름 아닌 것이다. 다른 한편으로 설립자의 의도는 머지않아 잊혀질 것이다. "만일 창립자가 자신의 열의를 시대에서 시대로, 그 영속적 효과를 위임받은 사람들에게 전할 수 있다고 생각하면 커다란 오산이다. 그들은 한동안 창설자의 집념에 따라 움직이겠지만, 긴 시간 초심을 잃지 않는 단체는 결코 없다."[10] 그러나 기금의 낭비를 막고 설립 정신을 지키기 위하여 감시자를 두어도 효과는 없다. 감시자에 대하여도 같은 일이 일어나기 때문이다. "감시자 자신이 감시되어야 한다. 이 터무니 없는 진행은 어디서 멈출까?"[11]

이러한 방책이 효과가 없는 것은 부조를 필요로 하는 빈곤의 원인으로까지 거슬러 올라가 고려하지 않았기 때문이다. "자주 일반적 원인에서 유래하는 재난에 대한 구제책이 각 개인에게 내밀어진다. 그러나 왕왕 결과를 방지하려는 대책이 원인의 영향력을 증대시킨다."[12] 그런데 원인에서 고찰하면 부조를 필요로 하는 빈민은 "연령·성별·질병 때문에 스스로 생활비를 벌지 못하는 상태"[13]에 놓인 자도 노동 가능한 자로 거칠게 나뉜다. 그리하여 전자만이 무료 부조를 받을 수 있고, 후자에 대하여는 금전 부조가 아닌 노동을 부여하는 것이 적절하다. 모든 빈민에게 무차별적으로 부조하는 것은 불가능할 뿐 아니라 "참된 빈민이 받아야 할 부조를 태만한 자에게 주"어 태만을 부추기게 되기 때문이다. 그런데 기독교적 자선은 빈자의 고뇌의 경감보다 베푸는 자의 양심의 만족에 중점을 두기 때문에 이 점을 배려하지 않는다. 따라서 도리어 나태를 부추기고 게으름뱅이가 만연케 되

---

10 Ibid., p.587(앞의 책, 35頁).

11 Ibid., p.587(앞의 책, 36頁).

12 Ibid., p.585(앞의 책, 34頁).

13 A.-R.-J. Turgot, "Instructions sur les moyens les plus convenables de soulager les pauvres"(1768), Œuvres du Turgot, vol.2, 1914, pp.12~13.

는, 목표와는 반대의 결과만을 가져올 뿐인 것이다.

그렇다면 부조를 받을 만한 '참된 빈민', 예를 들어 가난한 병자를 무료 치료원에 수용하는 것은 어떤가? 그들을 수용하는 무료 치료원에 대하여 뒤퐁 드 느무르는 말한다. 시료원은 다양한 종류의 병자가 들어차 있기 때문에 병의 악화, 복합 오염의 장이 된다. "모든 병자가 배출하는 장기瘴氣가 혼합되어 모두를 해친다. 감옥병과 괴혈병이라는 두 가지 가공할 병이 늘 다른 병자에게 해와 독을 미친다."[14] 시료원은 자선작업장과 마찬가지로 악을 전파하는 장이 되어 있다. 또 병자의 치료에 대해서는 세세한 관찰과 배려가 불가결한데, 큰 병원에서는 그것을 바랄 수도 없으므로 사망률은 극히 높아진다. 병원은 치료의 장소가 아니라 병의 만연과 악화의 장이 되어 있다.

이 일은 환자 사이의 문제만으로 그치지 않는다. "병원에서는 어떤 병도 순수하지 않다."[15] 따라서 병원 의사는 웬만큼 고도의 지식과 기량이 없는 한 "인공적 병"에서 비롯되는 "잘못된 경험의 위험"을 면할 수 없다. 병원은 의사의 육성과 훈련에 맞는 장이라 할 수 없다. 더욱이 병자의 가족에게도 문제는 중대하다. 병에 걸린 가난한 가장이 시료원에 수용되면 그 식솔들은 적빈 상태인 채로 남겨지게 된다. 빈곤은 심각해지기만 할 뿐 결코 경감되지 않는다. 이리하여 시료원은 병의 악화, 빈곤의 빈곤화라는 악순환을 가져온다. 기금의 허비, 낭비 문제가 있음은 여타 구제시설의 경우와 마찬가지이다.

이와 같은 결과는 시료원 수용이라는 방식이 자연에서 이탈하였기 때문이라고 뒤퐁 드 느무르는 말한다. 큰 노력도 없이 자신이 할 바를 타인에

---

14 P. S. Du Pont de Nemours, "Idées sur les secours à donner aux pauvres malades dans une grande ville"(1786), *Œuvres politiques et économiques*, vol. 4, Nendeln: KTO presse, 1979, p. 109.
15 Ibid., p. 109.

게 요구하는 것은 자연이 아니다. 그렇다면 병자도 일단 자조의 뜻을 가져야 하며, 그것으로 부족할 경우에만 가족과 친구 등의 가까운 이에게 도움을 요청해야 한다. "모든 이에게 크고 작은 연민을 자아내는 자연의 성향으로 인해 사람들은 서로 돕는다."[16] 가족과 친구가 도울 수 없을 경우에는 이웃에게, 그래도 부족할 때는 교구, 시와 읍과 면, 지방에 그리고 마지막으로는 국가에 부조를 요청하게 될 것이다. 그러나 자연은 부조를 가족에게 구하도록 요구하고 있는 것이다. 다른 한편으로 "원조는 멀리서 오면 올수록 소용없는 것이 되며, 원조를 부여하는 자에게는 한층 더 무겁게 느껴진다".[17] 이는 "인간과 사회의 구조에서 유래하며, 결코 피할 수 없는 일"이다. 따라서 "사회는 참된 자비를 행하기 위하여 가능한 최소한의 진력을 쏟아야 하며 …… 가족과 개인이 저마다 힘을 써야 한다".[18]

재택 간호는 그와 정반대의 효과를 띤다. "반대로 병자와 가족을 분리하지 않는다면, 병이 든 가장은 가족의 간호와 위안을 받으므로 병이 길어지거나 병세가 위중해지는 일은 적을 것이다. 게다가 자선에 의하여 병자에게 부여되는 보조금의 일부는 …… 가족에게 도움이 될 것이다. 병자를 위하여 국을 끓이고 남은 고기는 누군가가 먹게 되어 있으며, 탕약을 덥힘으로써 어떤 허비 없이도 아동에게 난방을 할 수 있다. 10일에 30수sou의 비용을 들여 병자를 시료원에 보내는 대신, 20수를 써서 병자를 그가 사랑하는 사람 곁에 두어 그들의 간병에 맡기도록 한다면, 아내와 자식은 빈곤에서 구제되는 것이다."[19]

재택 간호가 병자와 그 가족에게 바람직한 것은, 가정이 자연이며, 병이

---

16 Ibid., pp. 94~95.
17 Ibid., p. 96.
18 Ibid., p. 97.
19 Ibid., pp. 104~105.

발생하고 치유되는 자연스러운 장소이기 때문이다. "자연에 가까워질 때 언제나 많은 선이 포개진다. 자연에서 멀어질 때 그 선은 단순히 서로에게 손해를 끼칠 뿐이다"[20] 병 자체도 자택 간호일 경우 그 '자연스러운 현상'을 드러내 '순수한' 형태를 띤다. 따라서 가정에서 치료에 종사하는 의사는 병원의 의사와 비교하여 '참된 경험'을 많이 쌓을 기회에 둘러싸인다. 따라서 가정에서의 치료는 좋은 의사를 육성하는 데 걸맞은 장이기도 하다. 이리하여 가난한 병자에 대하여 주어야 할 부조는 병원 수용이 아니라 '재택 부조'secours à domicile라고 받아들여진 것이다.[21]

이전까지 구빈 대책은 이처럼 비판받아 왔는데, 그렇다면 진실로 유익한 부조는 어떠해야 하는가? 우선 첫 번째로 부조에 있어서는, 부조에 걸맞은 '참된 빈민'인지 판정해야 한다. 튀르고는 구체적으로 부조를 요구하는 가족에 대하여 그 구성원 수, 성별과 연령, 건강 상태, 특히 그들의 생계수단을 조사하여 일람표에 정리해야 한다고 말한다.[22] 이 일람표는 합리적 부조에 도움이 될 것이다. 두 번째로 노동력이 있는 빈민에 대한 부조는 금전이아니라 일을 제공함으로써 이루어져야 하지만, 무엇보다 기본적인 방책은 모든 사람에게 노동의 자유를 되돌려주는 것이다. "국가가 성원 한 사람 한 사람을 위하여 해야 할 바는, 그들의 근로를 방해하거나 그 보수로서 생산물의 향유를 막는 등의 여러 장애를 걷어내는 일이다. 만일 이들 장애가 존속한다면, 개개의 자선은 전체의 빈곤을 조금도 감소시키지 않을 것이다. 왜냐하면 원인이 그대로 남을 것이기 때문이다."[23] 긴급 조치로 자선작업장

---

20 Du Pont de Nemours, "Idées sur les secours à donner aux pauvres malades dans une grande ville"(1786), p.104.
21 뒤퐁 드 느무르는 가정이 없는 병자가 도시에서 증가하고 있음을 인정하여, 그들을 병원에 수용시킬 수밖에 없다고 보나, 그 경우도 병원을 가능한 한 작게 분할하는 것이 바람직하다고 말한다(Ibid., pp.115~124).
22 Turgot, "Instructions sur les moyens les plus convenables de soulager les pauvres", p.11.
23 Turgot, "Fondations", p.590(『チュルゴ経済学著作集』, 38頁).

의 설립이 필요한 경우도 있겠지만, 그 경우에도 다수의 피부조자를 수용시설에 다수 모으는 일은 피해야 한다. 병자를 커다란 시료원에 수용하는 것이 병을 전파하는 것과 마찬가지로 건전한 빈민을 대작업장에 모아 일을 시키는 것은 태만을 전염시킨다. 그러므로 어쩔 수 없이 대작업장에서 집단 노동을 시켜야만 할 경우에는, 이러한 전염을 예방하기 위한 방책이 필요하다. 이 점에 대해서는 후에 검토하겠다. 세 번째로 건전한 빈민에 대한 부조는, 그들의 경제적 자립을 가능하게 할 경우에만 유효하다. "가장 잘 수여된, 가장 유효한 부조는 그들에게 임금을 벌 수단을 주는 일이다."[24] 요컨대 부조의 목적과 유효성은 빈민을 기술과 습속 면에서 모두 노동하는 인간으로 만들 것, 그들을 노동-임금이라는 통상적 교환관계의 세계로 재통합하는 데서 찾아야 한다.

이리하여 노동은 부조의 기준과 동시에 목적이 된다. 계몽 지식인에게 노동은 물질적인 부와 진보의 기초임과 동시에 도덕적 가치이기도 하였다. 자기보존은 인간의 가장 기본적인 조건인데, 이는 노동을 통해서만 실현될 수 있다. "인간은 그 노고의 결실을 통하여 살아갈 권리밖에 갖지 않는다"(『백과전서』의 '노동'travail 항목). 유용노동은 자연에서 부를 끌어냄으로써 사회의 필요를 충족시키며 모든 도덕의 기초를 이룬다. "빈둥거리며 지내는 것은 어떤 것에 도움이 되어야 한다는 의무, 그중 자신이 그 일원인 사회에 유용한 존재가 되어야 한다는 인간과 시민의 의무에 반한다. 이 의무는 자연에 의하여 부과되었으므로 누구든 피할 수 없다"(『백과전서』의 '무위' oisiveté 항목).

노동이 모든 인간에게 공통된 의무라는 점에서, 노동할 권리도 모든 인간에게 공통된 권리이다. 그렇다면 노동을 제한하는 제도는 근본적으로 비

---

24 Turgot, "Instructions sur les moyens les plus convenables de soulager les pauvres", p.13.

합법이 된다. 튀르고가 1776년 '동업조합 폐지의 칙령'을 낸 것은 이러한 이유에서였다. "일할 권리는 모든 권리 중 제1권리, 가장 신성하고 영속적인 권리"이며, 그것을 동업조합의 배타적인 특권에 의하여 시민에게서 빼앗는 체제는 자연권을 범하는 것이라고 튀르고는 썼다.[25] 노동을 인간의 근본적인 조건으로 보는 것은 체제 비판의 원리이기도 했다.

사적 자선에 대한 비판과 빈민의 증대는 빈민에 대한 원조를 국가의 의무로 보는 생각을 불러일으킨다. 네케르는 빈곤이 사회 상태와 구분 불가능하게 결합되어 있다고 보아, 국가는 그 경감을 위하여 노력해야 한다고 기술한다. "이 다수의 은혜 받지 못한 계급을 위하여 질서와 정의가 허용하는 모든 일을 행하는 것은 정부의 의무이다. 정부는 낡은 관습의 엄격함을 완화해 법 그 자체에 반하더라도 보호가 필요한 이들을 도와 그들을 해방할 수단을 활용해야 한다."[26]

이리하여 계몽 지식인들은 참된 빈민과 건강한 빈민의 구별, 전자에 대한 재택 부조, 후자에 대한 노동에 의한 부조, 빈곤을 경제문제로 보고 부조를 경제적 교환으로 생각하는 관점, 종교적 자선이 아닌 국가에 의한 공적 부조라는 원칙을 제기하였다. 이들 원칙은 '구걸근절위원회'의 전제가 되었다.

3. '구걸근절위원회'

"어떠한 나라도 빈민[의 문제]을 헌법 안에서 고찰하지 않았다. 많은 나라는 빈민 부조에 착수하여 그 관리 원칙을 탐구하였다. 그러나 헌법에 부조

---

25 A.-R.-J. Turgot, "Edit de suppression" (1776), *Œuvres du Turgot*, vol. 5, 1923, p. 239.
26 J. Necker, "De l'administration des finances de la France" (1784), *Œuvres complètes de M. Necker*, Aalen: Scientia Verlag, 1970, vol. 5, pp. 378~379.

에 관한 법률이 존재하는 나라는 없었다. 사람들은 언제나 빈민에게 자선을 베풀려 하였지만, 사회에 대한 빈민의 권리와 빈민에 대한 사회의 권리를 주장하는 일은 없었다. 이 일이야말로 프랑스 헌법이 달성해야 할 위대한 의무이다."[27] 라로슈푸코 리앙쿠르는 '구걸절멸위원회' 1차 보고(1790년 6월 12일)에서 이처럼 자랑스럽게 연설하였다. 이전까지 자선과는 전혀 다른 성질의 부조를 고하는 연설이었다.

이 부조는 빈곤에 대한 부조를 권리——'생존의 권리'——로서 인정하는 점이 새로웠다. 또한 그것은 대가로서 부조를 받는 빈민이 사회에 대한 의무를 질 것, 다시 말해 사회도 빈민에 대하여 권리를 가짐을 의미하였다. 요컨대 '빈민에 대한 부조를 권리-의무의 상호성 속에 자리매김함으로써 이전까지 사회의 외부에 놓였던 빈민을 사회 안에 재흡수하는 일'이 부조의 목표이며, 그것이 「인간과 시민의 권리 선언」을 실질화하는 데 불가결하다고 위원회는 주장하였다. 이 점에서 영국과 다른 프랑스 빈곤문제의 독자성을 볼 수 있다. 프랑스에서도 빈곤은 기본적으로 경제문제지만, 동시에 혁명의 이념에 따라 빈민을 시민으로 사회에 포섭해야 하는 것이 근본 과제이기도 하였다. 빈곤은 당초부터 사회문제이며, 빈민의 사회적 권리문제였던 것이다. 노동권이 19세기 프랑스의 사회운동과 사회주의의 모토가 된 기초는 이미 혁명기에 배태되어 있었다고 할 수 있다.

그러나 이 생존의 권리란 어떤 것인가? 또 어떠한 방식으로 보장되어야 하는가? 이것이 구걸근절위원회가 검토해야 할 과제였다. 위원회는 이 문제를 고찰하기 위한 원칙을 노동에서 찾는다. 우선 빈곤이 생기는 근본 원인은 인구와 고용의 불균형, 고용에 대한 인구의 과잉에 있다.[28] 1장에서 기

---

27 Bloch and Tuetey, *Procès-verbaux et rapports du Comité de mendicité de la Constituante, 1790-1791*, p.327.

28 *Ibid.*, p.311 (河野健二, 『資料フランス革命』, 216頁).

술하였듯, 18세기 중엽 인구 감소가 지식인의 관심을 모았으나, 지금은 반대로 고용에 대한 과잉인구가 문제시되어, 그것이야말로 빈곤의 근본적 원인이라고 규정된 것이다. 그렇다면 빈곤문제의 근본적 해결은 고용의 증대에서 찾아야 한다. 그리고 이를 위하여 필요한 것은 농업과 상공업의 진흥, 특히 농업의 진흥[29]이다. 농업은 그 자체로 많은 고용을 제공함과 동시에, 상공업에서도 고용 확대의 기본 조건이기 때문이다. 혁명은 봉건제 폐지와 영업 자유의 확립에 의하여 그 기본적인 조건을 만들어 내었다. 더욱이 농업을 조성하는 법률과 상공업의 규제를 완화하는 법률이 정비된다면 상황은 한층 개선될 것이다.[30] 그러나 "습속과 생각하는 방식, 습관의 변화, 자본의 이동은 일순간 행해지는 것이 아니다".[31] 그 효과 역시 세월이 지나야 나타난다. 게다가 혁명이 수반하는 혼란으로 인하여 노동 말고는 생계수단이 없는 사람들의 상황은 한층 심각해지고 있다. 따라서 현시점에서는 빈곤에 대한 부조가 불가결한 것이다.

빈곤의 원인이 노동의 결여에 있다면, 빈민에 대한 부조도 일의 제공에 맞춰져야 한다. 생존은 모든 인간에게 공통된 권리이며, 사람들은 "나를 살게 하라"고 사회에 요구할 권리를 갖지만 마찬가지로 사회도 그에게 "그대의 노동을 주어라"고 요구할 권리를 지닌다.[32] 생존권은 타의 권리와 마찬가지로 상호적인 것이다. 노동 가능한 빈민에 대하여는 부조를 노동과 교환하여 그들을 유용한 노동력으로 재생시키는 일이야말로 부조라는 이름에 걸맞다는 것이 위원회의 기본적 생각이었다.[33] 이 점에서 보면, 이전까

---

29 이 관점에서 구걸근절위원회는 '작업계획'을 통하여 국유 및 자치단체 소유의 토지를 빈민에게 제공하도록 제창하였으나, 실현하지는 못하였다(*Ibid.*, pp.318~319).
30 동업조합에 의한 상공업의 제약은 아랄드법(1791년 3월)에 의하여 폐지된다.
31 *Ibid.*, p.315(河野健二, 『資料フランス革命』, 216頁).
32 *Ibid.*, p.327.
33 장애인, 병자, 노령자 등 노동할 수 없는 빈민에게는 무상의 재택부조를 해야 한다(*Ibid.*, pp.393~396). 카바니스는 재택부조를 원리상 찬성하면서도 그 실시의 난점을 지적한다. 재택부조는 "심도 있게 감시한

지 빈곤대책은 부조의 이름에 전혀 걸맞지 않았다. 위원회의 2차 보고는 말한다. "행정은 대체로 인민에게 일을 제공하는 데 무력했으므로, 고약한 거짓 구걸자를 구빈원에 들여보내거나 사회를 어지럽히는 이들을 모두 수감하도록 법률을 강화하는 방책밖에 내놓지 못했다. 행정은 구빈원에서 이뤄지는 부조가 불충분하며, 걸인 수용소가 대부분 무익하다는 것을 무시하였다."[34] 한편 노동은 사회의 존립 원리이므로, 부조의 원리를 노동에 둠은, 부조를 사회와 다른 원리에 기초한다고 보지 않는 것, 다시 말해 빈민을 통상적 경제관계의 외부에 놓인 존재이자 시혜와 억압의 대상으로 보지 않음을 의미한다. 이리하여 부조는 사회와 같은 원리에 기초하며, 빈민은 사회에 포섭된다. 카바니스는 다음과 같이 쓴다. "이 부조는 상호교환밖에 존재하지 않는다. 인간의 자연스러운 관계를 교란시키는 것은 더 이상 없으며, 한쪽을 다른 한쪽의 자비에 맡기는 일도 전혀 없다. 한쪽은 자신이 이룬 일, 혹은 이룰 것에 대한 가격을 받아들이고, 한쪽은 고상하게 지불하는 입장 혹은 풍요롭고 생산적인 원금에 대하여 선대하는 자본자의 입장에 있다."[35]

노동이 부조의 원리라면, 노동을 거부하는 빈민은 반사회적 존재로서 엄격하게 단속해야 한다. 구체제에서 구걸자와 부랑자는 추방되고 채찍질이나 감금 등의 형벌로 다스려졌지만, 신체제에서 상습적 구걸자는 구체제의 그것보다 더욱 죄가 깊다고 위원회 제6차 보고는 말한다. 그것은 국민의

다면, 오늘날까지 시도되어 온 거의 모든 부조보다 바람직하다". 그러나 이 감시가 어려운 점이 문제이다. 감시하는 사람의 선택, 그들을 활동시키고 조직하는 방법, 더욱이 그들 자신을 감시하는 방법 등에 중대한 난점이 있다. 이들 난점을 해결하지 않는다면, 재택부조는 많은 남용을 낳고, 국가의 부담을 증대시킬 것이다. 더욱이 공권력이 재택부조를 행할 경우, "그 경우를 위하여 의연히 존재하는 습관에 빠져 있는 개인의 무리에 작용되는 것이므로 웬만큼 심도 있게 운영되지 않으면 전제 및 부패를 초래해 사회질서에 위험을 끼칠 것이다"(P. J. G. Cabanis, "Quelques principes, et quelques vues sur les secours publics"(1803), Œuvres philosophiques de Cabanis, vol.2, pp.2~9). 다음 절에서 보게 되듯이 조제프 마리 드 제랑드(Joseph-Marie de Gérand)의 '가정방문원'은 이 난점의 해결을 목표로 하는 것이었다.

34 Bloch and Tuetey, Procès-verbaux et rapports du Comité de mendicité de la Constituante, 1790-1791, p.353.

35 Cabanis, "Observation sur les hopitaux"(1790), p.30.

일반의지인 법에 반하며, 태만으로 사회를 빈곤에 빠뜨리기 때문이다. "일하기를 거부하는 자는 어떤 부조에도 맞지 않을 뿐 아니라, 행정관에 의하여 엄격하게 감시받아야 한다."[36] 실제 위원회가 준비한 구걸자 단속 법안은 구체제의 그것에 가까운 내용이었다. 즉 그 지역에 주소가 있는 구걸자는 초범의 경우 해당 주소로 송환하고, 재범의 경우 해당 지역의 교정원에 3개월간 수용되며, 교정원에 세 번 수용되고도 다시 구걸로 체포된 경우에는 식민지에 보내지는 형식이다.[37]

돈이 아닌 일을 제공하는 것이 참된 부조라 해도, 그것은 어떤 식으로 부여되어야 하는가? 위원회는 이 문제를 제4차 보고(1790년 12월 1일)에서 다루었다. 구체적으로, 통상 시기에도 정부가 자선작업장 등을 설립해 무직자에게 개별적으로 일을 제공해야 하는가의 문제가 거론된 것이다. 이는 자선작업장에는 긴급 조치로 도움이 되기도 하지만 몇 가지 큰 난점이 있다. 먼저 이 방식을 채용하려면, 일을 절대로 구할 수 없는 빈민의 수를 정확히 알아야 하지만, 이는 불가능에 가까운 난제이다. 가정에서 떨어진 곳에서 일을 구한다 하여도 그곳이 내키지 않을 경우 직업이 없다 하면 그만이고, 사회에서의 엄격한 노동 대신 작업장에서의 더 편한 노동을 선호해 직업이 없다는 자도 나올 것이다.

이는 현실적인 난점이고, 더 근본적인 문제가 있다. 이 방법을 채용함으로써 국가는 사적 기업과 경쟁관계에 들어가 기업이 많은 노동력을 필요로

---

36 Cabanis, "Quelques principes, et quelques vues sur les secours publics", p.25.
37 위원회는 구체제의 구걸 대책을 답습하여 구걸, 부랑자의 출생지로의 송환을 원칙으로 삼았지만, 구빈원 및 자선작업장 등에 요하는 자금은 중앙정부의 집중적 관리와 배분이 필요하다고 생각하였다. 첫째로 빈민에 대한 부조는 국가의 이해에 관한 사항이기 때문이며, 둘째로 부조가 필요한 빈민 중 많은 지방자치단체는 당연히 가난한 자치체이며, 부조자금을 조달할 수 없기 때문이다. 가난한 자치단체에 부조 예산을 부담시키면 구빈원을 도입하게 되는데, 그것은 지주에게 타격을 주어 농업을 쇠퇴시키게 된다. 부조자금의 배분에 대해서는 도의 인구, 세액, 면적을 고려하여 결정하도록 제안되어 있다 (Bloch and Tuetey, *Procès-verbaux et rapports du Comité de mendicité de la Constituante, 1790-1791*, pp.357~383).

할 때 그 흐름을 막을 수 있다. "이 부조는 산업에, 참된 국민적 번영에 손해를 가할 수밖에 없다."[38] 또 하나 근본적인 문제는 이 방식이 부조를 받는 빈민의 노동의욕을 증진하고 유용한 노동력으로 재생시키는 데 유효하다고 볼 수 없다는 점이다. 예를 들어 빈민에게 일을 주기 위하여 자선작업장을 설립하였다고 하자. 빈민의 사회 복귀를 촉진하려면 자선작업장의 임금이 사회의 최저임금보다 낮아야 하겠지만,[39] 이러한 조치도 태만을 교정하는 데는 그다지 도움이 못 된다. "태만, 독립, 그 하루살이의 자유는 대중에게 큰 매력이 있다."[40] 따라서 자선작업장은 거기서 '편한 노동'을 좋아하는 게으름뱅이의 수용시설이 되어 버릴 것이다. 마지막으로 가장 위험하게도 이 방식은 "정부가 빈곤계급을 생계활동에서 해방시켜 주어야 한다는 위험한 사상"[41]을 조장할 수 있다. 그 결과 부조를 받는 빈민의 자조노력은 약해지고, 정부는 감당할 수 없는 짐을 떠안게 될 것이다. 요컨대 이 방식은 부조를 받는 자의 경제적 자립에 도움이 되지 않는다.

이 시대 공적부조를 생각하는 사람들에게 영국의 구빈법은 이 방식의 폐해를 사실로 드러내는 반면교사였다. 시혜 대신 일거리를 주기 위해 설립된 워크하우스는 곧 근면한 피부조자를 내쫓고 게으름뱅이 수용소가 되었다. 이 때문에 빈민 부조의 예산이 늘어도, 빈민의 수는 줄기는커녕 증대되었다. "그것은 매일, 노동계급을 걸인 계급으로 바꾸어 공중의 도덕과 행복의 기초를 무너뜨리고 있다."[42] 분명 임시변통으로 어쩔 수 없이 이 방책

---

38 *Ibid.*, p.428.
39 "국민으로부터 부조를 받는 사람은, 부조를 필요로 하지 않고 자기 힘으로 사는 경우보다 좋지 않은 조건 속에 놓여야 한다." 이는 부조가 정의의 활동이기 때문에 지켜야만 하는 원칙이라고 제1차 보고에 기술되어 있다(*Ibid.*, p.330). "이 열등 처우"의 원칙은 맬서스의 『인구론』에서도 거론되며, 영국의 개정구빈법(1834년)의 원칙이 된다.
40 Bloch and Tuetey, *Procès-verbaux et rapports du Comité de mendicité de la Constituante, 1790-1791*, p.428.
41 *Ibid.*, p.430.
42 Cabanis, "Quelques principes, et quelques vues sur les secours publics", p.16.

을 취하는 경우도 있을 것이다. 그 경우 부조를 받는 자가 태만에 빠지지 않도록 감시하는 일이 불가결하다. 구걸근절위원회의 작업계획 보고와 같은 시기에 카바니스는 다음과 같이 썼다. "단 한 명 결코 잠들지 않는 감시자가 있다. 그 활동이 멈추지 않는 유일한 용수철, 결코 녹슬지 않는 유일한 자극, 그것은 개인적 이익이다. 시야가 좁은 거짓 철학은 이 원리를 모든 악의 원리로 보아 왔다. 그러나 반대로 이 원리에 의해서만 모든 일은 제대로 돌아간다."[43] 그런데 개인적 이익의 원리가 제대로 작동되는 것은 "각자가 개인적 자극에만 따르고 스스로 자기 일의 목적에 전념하며 그 성과를 원하는 대로 처분할 수 있을 때만 가능하다."[44] 따라서 그를 "서로 도울 수 있는 정도로 가깝게 하되, 서로 타락시키는 일이 없도록 너무 몰아넣지 않는 것"[45]이 중요하다.

그러므로 자선작업장과 같이 정부가 건강한 빈민에게 개별적으로 일을 주는 일은 되도록 피해야 한다. 정부가 할 일은, 빈민 전체의 고용 확대를 위하여 농업 및 상공업을 장려하는 데 한정한다. "정부는 창출해야 할 노동 수단에 관해서는 일반적인 영향력에 따라야 한다. 그 개입은 간접적이어야 하기 때문이다. 정부는 일을 만들어 내는 원동력이어야 하지만, 그렇게 보이는 것을 피해야 한다."[46]

구걸근절위원회의 공적부조에 대한 사고방식에는 하나의 중대한 허점이 있었다. 위원회는 공적부조를 사회의 의무로 보고, 더욱이 노동에 의한 부조야말로 그 이름에 부합한다고 했지만, 국가가 그 일을 제공할 의무가 있다고는 하지 않았다. 빈민은 노동의 의무를 지지만, 노동의 권리는 갖지

43 Ibid., p.29. 강조는 원저자.
44 Ibid., p.29.
45 Ibid., p.29.
46 Bloch and Tuetey, *Procès-verbaux et rapports du Comité de mendicité de la Constituante, 1790-1791*, p.421.

않았다. 국가가 노동권을 인정하는 것은 국가가 경제활동에 개입하는 것이며, 구체제의 경제활동의 제한을 비판하고 그 극복을 목표 삼아 온 혁명정부의 원칙에 반하는 것이었다. 노동의 권리를 인정하는 것이 소유권의 절대성에 흠집을 내고, 자유주의 원칙에 반한다고 받아들여진 것이다. 이리하여 국가와 빈민 사이는 겉치레의 상호적 관계일 뿐, 참된 상호적 권리-의무관계가 아니게 된다. 19세기 사회주의운동은 바로 이 점을 겨냥하면서 노동권을 공격하였고, 사회주의운동의 슬로건으로 삼게 된다.[47]

4. 가정방문

19세기에 들어 도시 빈민문제는 한층 더 심각해졌다. 사적인 자선을 베풀거나 시설에 수용하는 일[48]이 무용하다는 것은 이미 명백해졌다. 그러나 동시에 국가가 그들에게 노동권을 보증하는 일 역시 피해야 했다. 그렇다면 빈민에 대하여 어떤 방책을 써야 하는가? 해답은 빈민의 생활개선, 생활의 규율화에 있었다.

왕정복고 직후인 1816년에 나온 '파리 가정에의 부조 배분을 위한 구빈사무소 설립에 관한 왕령'과 그 실시를 위한 '내무성 포령'은 이와 같은 방향에서 나온 것이었다. 왕령은 가정에 대한 부조의 관리조직으로서 구빈사무소 열두 곳의 설립을 명하고, 내무성 포령은 그 업무와 관리의 세부항목을 정하였다. 가정에 대한 부조가 공적부조의 중심으로 설정된 자체가 우선 주목되는데, 더욱이 포령에서 의사, 산파, 자선사업에 관여하는 수녀, 교

---

47 阪上孝, 『フランス社会主義』, 新評論, 1981.
48 물론 시설로의 격리와 수용은 일거에 폐지되지 않았다. 1810년 형법은 구걸과 부랑을 '공공의 평화에 대한 벌'로 정의하며, 1823년 법률에서는 16세 미만의 부랑자는 투옥하지 않지만 경찰의 감시 속에 놓인다고 규정하고 있다. 19세기 전반의 공적부조의 중심은 격리, 수용과 가정에서의 규율화라는 두 가지 노선 사이를 동요하면서도 후자의 방향으로 진행되었다.

사 등의 항상적인 협력이 요청된 점(18조), 가정방문 조사원직이 설정된 점(20조)에 주의하자. 18조는 직접적인 경제 원조뿐 아니라 건강·위생과 교육이 빈곤의 원인으로 중시된 점을 보여 준다. 20조 "방문조사원과 자선 수녀의 직무는 다음과 같다. 빈민의 요구를 수용할 때 각 구역의 구빈사무소에 전할 것, 부조를 요구하는 자에 대한 정보를 수집해 가져올 것, 부조받는 자의 주소 변경을 확인하기 위하여 적어도 3개월마다 그들의 가정을 방문하고, 가능하다면 그들의 품행, 부조가 쓰이는 방식 및 가정 상태를 알기 위하여 좀 더 빈번히 방문할 것"을 명하였다. 이리하여 새로운 공적부조는 빈곤가정을 대상으로, 그들을 부조와 동시에 규율화 대상으로 삼았다. 더욱이 포령은 피부조자를 분류하고 우선순위(21~27조)를 정하여 금전이 아닌 현물로 부조하도록 하였다(28조).[49]

한편 이와 같은 부조를 위하여 우선시된 것은 참된 빈곤과 거짓 빈곤의 구별이다. 둘의 혼동은 자금의 낭비일 뿐 아니라 피부조자의 훈육이라는 부조의 목적에 반하기 때문이다. 따라서 1820년 리옹의 아카데미는 '참된 빈곤을 인식하고, 지원하는 자와 받는 자 모두에게 유용한 방책에 대하여'라는 논문을 공모하였다. 제랑드의 「빈곤가정방문원」은 그 당선 논문이다.

제랑드 논문의 목적은 빈곤 원인의 경제학적 해명이 아니었다. 예를 들어 그는 실업의 사회적 원인에 대하여 "문명의 진보와 기술의 발전은, 노동 수단을 무한히 증가시키고 변화시킴으로써 젊은 사람들에게 노동의 일시적 정지마저 강제하게 됐다"[50]라고 분석함으로써, 현상적인 기술記述 수준을 벗어나지 못하였다. 제랑드가 목적한 바는 빈곤의 관찰 기술技術을 제시하는 것, 관찰된 사실을 기초로 빈곤의 원인을 특정하고, 각 원인에 따른 부

49 J.-M. de Gérando, *Le visiteur du pauvre*, Paris: Louis Colas, 1820, revised edition 1826, Paris: J.-M. Place, 1989, pp. 145~158.
50 Ibid., p. 23.

조를 확정하는 데에 있었다. 이 점에 관하여 제랑드는 일가견이 있는 전문가였다. 그러니까 앞서 그는 1799년 '인간관찰자협회'의 요청에 따라 '미개인의 관찰방법'을 써서 '그들의 일원과 같은 존재'가 되어 순차적 조사 항목에 따라 미개인을 체계적으로 관찰하고 그들의 말을 청취해야 한다고 설파하였다.[51] 그는 같은 방법으로 빈민을 관찰하여 부조를 유효하게 만들 방법을 제기한 것이다. 그것은 이론에 그치지 않고 사람들의 습관과 행동을 관찰하여 개선하려는 실천적인 언설이었다.

여기서 제랑드는 사회를 부자, 중산자, 빈자의 세 계층으로 나누어 중산자 간의 관계는 노동과 교환의 관계임에 비하여, 부자와 빈자는 '사랑을 주고-받는' 관계라고 말한다. 분명히 노동과 교환의 원리는 인간을 교환으로 연결해 과학기술의 진보를 가져온다. 그러나 그것만이 사회를 지배한다면 "계산과 물질적 이익이 거의 배타적으로 인간 사회를 지배하고, 세계의 질서는 근면한 에고이즘에 지나지 않을 것이다".[52] 거기서 참된 인간관계와 박애는 소멸할 것이다. 이에 비해 "준다는 것은 사랑하는 것이며, 받는 것은 사랑하기를 배우는 것이다".[53] 제랑드에 따르면, 부자와 빈자 사이의 '주고-받는' 관계는 미래에 실현되어야 할 더 완전한 도덕성을 보여 주는 것이다.

이처럼 제랑드는 부조의 원점을 자선에서, 등가교환과 다른 상징적 교환에서 찾아낸다. 그러나 제랑드에게 자선은 그것을 받는 측의 도덕화를 가져오는 것이어야 한다. "자기 마음의 만족을 위하여 선을 행하는 것은 반쪽 선행일 뿐이다. 나는 당신이 줌으로써 맛보게 될 기쁨을 존중한다. 그러나 그 기쁨이 목적이나 원리가 되어서는 안 된다."[54] 그러한 뜻에서 "그 이

---

51 阪上孝, 「観察の技術, 統治の技術」, 阪上孝 編, 『統治技術の近代』, 同文舘, 1997, 35~40頁.
52 Gérando, *Le visiteur du pauvre*, p. 2.
53 *Ibid.*, p. 9.
54 *Ibid.*, p. 34.

름에 가장 걸맞지 않은 자선은 돈만을 주는 것이다".[55] 반대로 참된 자선은 위안과 지침을 주는 것이며, 베풂은 그 도구에 지나지 않는다. 그것은 "감시하고, 미래로 시선을 뻗는다. 그것은 원인을 거슬러 올라, 선물에 배려와 위적慰籍, 충고 더 나아가 부친의 힐책을 더한다".[56] 빈곤의 원인으로 거슬러 올라가 그 바탕인 생활 전반을 소상히 조사하여, 미래로 시선을 뻗어 충고하고 조언할 것 ― 이것이 참된 자선의 모습이다.

이처럼 참된 빈곤과 거짓 빈곤을 구별하는 일이 중요하지만 그것은 어떻게 가능한가? 유일한 방법은 빈곤가정을 방문하고 관찰하는 것이다. "당신의 자택이 아니라 그 현장에서 …… 빈곤의 현실을 보고, 의미 있는 조사에 따라 연구해야 한다. 중요한 것은 일을 마치는 게 아니라 당신이 눈을 뜨는 일이다."[57] 한편 참된 빈곤에는 노동 불능, 노동에 의한 수입의 부족, 실업이라는 세 가지 원인이 있다. 노동 불능의 원인은 병이나 상처 등이 있는데, 그것이 일시적인지 영구적인지, 수입 부족이란 어느 정도인지, 실업도 일시적인 것인지 아니면 업종 부진에서 유래된 장기적인 것인지, 해고되었다면 원인이 무엇인지 등을 밝혀야 한다. 이를 위해 가정을 방문하여 상세히 관찰하고 "하루가 아니라 며칠에 걸쳐 다양한 시간에" 방문해야 한다. 그것만으로는 아직 충분하지 않다. 이웃에게 묻고, 의사에게 진단 받는 일이 필요하다. 더욱이 아이에게 묻는 일도 유익할 것이다. "부모가 진실을 말하지 않아도 아이가 무심코 입을 열기" 때문이다. 요컨대 과거와 현재에 걸쳐 "생활 전반을 알아야 한다".[58] 또 그들이 시혜 받을 때의 태도를 주의 깊게 관찰해야 한다. "노동할 수 있는 빈민이 당신이 준 일을 기쁘게 받아들여

---

55 Gérando, *Le visiteur du pauvre*, p.11.
56 *Ibid.*, pp.11~12.
57 *Ibid.*, pp.17~18.
58 *Ibid.*, pp.19~20.

열심히 하는지 여부를 관찰하라. 빈민이 스스로를 돕고, 당신을 돕기 위하여 자신에게 남아 있는 정신적·육체적 힘에 따라 스스로 일을 하는가? 부족한 분의 보충을 받아들이는 데 그칠 것인가? 만일 그러하다면 빈곤은 진짜라고 볼 수 있다."[59]

그러나 참된 빈곤만의 문제는 아니다. "오늘날 인위적 원인에 의한 현실의 빈곤이 있다. 불행한 사람은 실제로 고통에 시달리지만, 그것은 자기 과오 탓이다. 이는 가장 보통의 경우이며, 연구해야 할 가장 중요한 사례이기도 하다."[60] 이러한 빈곤의 원인은 무사려imprévoyance, 태만, 방종의 세 가지라고 제랑드는 말한다. 이는 생활 전반에 깊이 관련되어 있으므로, 그 부조는 최대한 신중해야 한다. "경솔한 원조는 비부조자를 안심하게 하고, 불행의 시련이 가져올 유익한 교훈의 성과를 엉망으로"[61] 만들기 때문이다. 그와 동시에 이러한 빈곤의 경우 물적부조보다 충고와 조언이 더 적절하며 필요하다.

이러한 빈곤을 어떻게 구분할 것인가? 그 원인을 어떻게 특정할 것인가? 이 경우도 마찬가지로 빈곤가정을 방문하고 관찰해야 한다. 빈곤의 세 가지 원인 각각에는 겉으로 보이는 특유의 징후가 있다. 도덕은 추상적인 덕목이 아니라 구체적인 생활습관, 행위에서 드러나는 것이다. 무사려는 "행동의 경솔함, 외적인 무질서"로 드러난다. "거처를 보고 그 상태를 조사하라. 가구, 시트류, 살림도구를 보라. 가구 등이 정돈되어 있는지, 얼마 되지 않더라도 가진 것을 고르고, 조합하고, 손질하고, 유지할 수 있는지 여부를 관찰하라."[62] 태만도 분명히 눈에 띄는 징후가 있다. "태도와 행동의 무기

---

59 *Ibid.*, p.30.
60 *Ibid.*, p.25.
61 *Ibid.*, p.26.
62 *Ibid.*, p.27.

력함, 의복과 온갖 것의 불결함"이 그것이다. 더욱이 "실의에서 오는 태만"은 "멜랑콜리한 음울함"이 보이며, "기질적인 태만"은 억척스럽게 손을 내미는 데서 드러난다. 이러한 외견상의 징후를 놓치지 않고 관찰하는 것이 방문조사원이 가장 먼저 할 일이다. "이들 뉘앙스를 모두 주의깊게 분별하고, 온갖 사실을 모아 비교하자. 그들의 어린 시절까지 거슬러 올라가자. 그가 줄곧 그러했는지, 언제, 어디에서 어떻게 치명적인 무기력 상태에 빠졌는지를 알자."[63]

제랑드는 방문조사원이 관찰, 조사 시 이용해야 할 조사표 양식을 작성하였다. 거기에는 빈곤가족의 성명, 성별, 연령, 직업, 자녀 수와 연령, 병의 상태, 집세, 가재(침대, 의복 등) 종류와 수량, 부채, 과거 받은 부조의 유무 등이, 또 '도덕과 선행'에 관한 항목으로 부모에 대해서는 무사려, 태만, 음주, 도박, 난폭함, 신앙 등이, 아이에 대해서는 노동, 통학, 행실, 친자 관계 등의 항목이 열거돼 있다.[64] 이들 항목에 따라 빈곤가정의 살림 상황과 변화도 포함하여 낱낱이 기입되는 것이다. 이리하여 부조를 받는 빈곤가정은 일단 그 개별성을 중심으로 파악되었다. 그러나 여기에 그치지 않고 오히려 중요한 것은 그 기술에 따라 피부조 가정의 분류표와 각각의 범주에 필요한 부조 일람표를 만드는 데 있다. 피부조 가정은 이 분류표 안에 위치를 부여받음으로써 일반성과 결부되는 것이다. 이리하여 이 부조는 빈곤가정을 개별성 중심으로 파악함으로써 도리어 일반 가정에 대한 일반적 규범을 제기하였다.

이와 같은 관찰에는 관청 사람보다 그 지역구의 독지가 쪽이 훨씬 걸맞다고 제랑드는 말한다. 관청 사람은 가정방문보다 관청에 출두시켜 조사하

---

63 Gérando, *Le visiteur du pauvre*, p.28.
64 *Ibid.*, pp.137~144.

기를 선호하며, 또 빈민에 대한 선입견에 빠져 있다. 관찰에 필요한 '새로운 눈'이 결여되어 있는 것이다. 게다가 빈민에게 그들은 외부인, 당국 사람이며, 관찰에 필요한 신뢰보다 경계심을 불러일으키는 존재이다. 이에 반하여 지역구의 독지가는 내부인이며, 이웃에게 노력 없이 무수한 사실을 입수할 수 있을 터이다. "사람들은 그를 당국 사람으로 보지 않아 속이려고 들지 않을 것이다. 위압적이지 않으니 사람들은 그에게 더 많은 것을 말할 것이다."[65] 그러므로 그는 빈곤 현상을 세부적이고 지속적으로 관찰함으로써 원인을 특정하고 적절하게 조언할 수 있다. 이리하여 그는 차가운 행정관이 아니라 피부조 가정에게 배려에 찬 시선을 보내는 '후견인'의 자격을 얻는다. 지역구 독지가가 새로운 부조의 담당자에 걸맞은 이유이다.

제랑드가 제기한 가정방문의 기술, 빈곤의 관찰기술은 통계적 수단과 함께 7월 왕정기에 박애단체 및 아카데미가 행한 사회조사의 기술적 기초가 된다. 그것은 비예르메의 『면화, 양모, 비단의 공장 노동자의 육체 및 심리 상태 보고서』(1840), 외젠 뷔레Eugène Buret의 『영국과 프랑스에서 근로계급의 빈곤에 대하여』(1840), 제롬 아돌프 블랑키Jérôme-Adolphe Blanqui의 『1848년 프랑스의 노동자계급에 대하여』 등의 방법적 전제가 되었다.

제랑드에게 전형적으로 드러나는 부조의 특질은 다음과 같다.

① 이 부조는 영혼의 구제를 위한 시혜자 측의 자선과 함께 부조를 권리로 보는 사고방식을 부정한다. 공적부조가 문제시된 이래 영국류의 구빈세와 '노동의 권리'droit au travail는 끊임없이 비판의 대상이 되어 왔다. 구빈세는 빈민을 부조에 길들여 자립심을 마비시킨다. 그것은 "매일 노동계급을 구걸계급으로 바꾸어 공중의 도덕과 행복의 기초를 붕괴한다".[66] 분명히

---

65 *Ibid.*, pp. 51~52.
66 Cabanis, "Quelques principes, et quelques vues sur les secours publics", p. 16.

건강한 빈민에 대해 노동을 부조하는 것은 적절하지만, 이를 권리로 보장하는 것은 불가능하며, 자유로운 노동시장의 원칙에 반한다. 더욱이 노동권의 보장은 구빈세와 마찬가지로 빈민의 자조 노력을 약화하는 한편 그들의 권리 요구를 고취함으로써 체제의 위기 요인을 조장한다. 다른 한편 이는 부자의 박애심에서 비롯된 개선 의욕을 죽이게 될 것이다. 어느 쪽이든 그것은 빈민의 도덕화라는 목적에 맞지 않는다. 빈민을 도덕화하기 위해서는 부조가 실로 필요하며 자립에 도움이 되는 사람들에게 이루어져야 한다. 영혼의 구제를 위해 행해지는 자선은 이와 같은 고려가 결여되어 있으며, 내키는 대로 개별적으로 부여된다. 반대로 구빈세와 노동권은 너무 일반적이다. 따라서 어느 쪽이든 빈민의 도덕화에 유효하지 않다. 그렇다면 빈민의 도덕화에 유효한 부조는 과도하게 일반적이지도 개별적이지도 않게, 개입 영역을 정확히 인식해야 한다. 빈민가정의 관찰이 중요한 이유이다.

② 빈곤을 관찰하고 부조를 행하는 곳은 길거리나 광장이 아니라 빈곤가정이 되어야 한다. 다시 말해, 자선은 길거리 빈민의 존재에서 촉발되어 일시적이고 간헐적으로 행해지기보다 빈곤가정에 대하여 지속적으로 시행되어야 한다. 가정이야말로 빈곤, 질병, 무질서 등의 진정한 원인이자 발생 장소로 여겨진 것이다. "빈자의 삶은 실로 자선심이 있는 인간이 빈곤의 광대하고 고통스러운 영역을 발견하는 중심점이다."[67] 이리하여 구걸자나 부랑자의 격리와 감금이라는 '앙시앵레짐의 전체주의적 유토피아' 대신, 빈곤가정을 규율화해 일탈과 사회적 위험을 방지하는 감시의 '모세관적 유토피아'(R. 카스텔)가 지배적으로 자리하게 된다. 그와 함께 가정의 의의도 바뀐다. 앙시앵레짐 속에서 가정은 국가의 기초 세포로 인식되고, 왕권은 가정의 더 나은 통치를 위하여 가장권 강화에 힘썼다. 가족은 왕권 지배의

---

67 J.-B. Duroselle, *Les débuts du catholicisme social en France, 1822-1871*, Paris: PUF, 1951, p.175.

근저를 떠받치는 권력장치였다. 그에 비하여 이제 가족은 규율화를 위한 이데올로기 장치가 된다.

이로 인하여 친자관계도 이전과 다른 양상을 띠게 되었다. 분명 아이에 대한 부모의 징계권은 부정되지 않았다. 실제로 나폴레옹 법전에 따라 21세 미만 자녀는 재판장의 동의가 있다면 부모의 요청대로 징치원에 수감할 수 있었다. 1830년부터 1855년까지 부모의 요청에 따라 징치원에 수감된 자의 수도 증가하였다.[68] 그러나 가정이 규율화 대상이 되자, 아이 다루는 법, 특히 교육이 부모의 도덕성의 기준, 가정의 규율화를 비추는 거울로 인식된다. "부모의 권리를 빼앗는 일은 가능한 피해야 하지만 …… 부모에게 아이를 맹목적으로 맡기는 일 역시 피해야 하며 이는 부단한 경험이 말해 준다."[69] 아이를 통학시키지 않는 부모에 대하여 부조를 중단한다는 강제적 수단은 바람직하지 않고 유효하지도 않다. 부모를 설득하여 자녀의 통학을 돕되, 아이가 부모에게 학습한 내용을 잘 말하게 해야 한다. 이 수법에 의하여 부모는 교육의 효과와 필요성을 인지하고, 아이에게 자부심을 가지며 아이를 모방하려 할 것이다. 요컨대 "아이를 통하여 부모에게 말하는"[70] 것이 중요하다. 가정의 규율화에 있어서는 부모와 아이의 위치가 역전되기도 하는 것이다. 이리하여 부권은 이미 가정 내 질서의 부동의 중심임을 그치고 학교가 커다란 자리를 차지하기 시작한다. 학교-가정이라는 조합이 민중의 규율화 장치의 중핵을 점하게 되는 것이다.

③ 이 부조를 떠받치는 것은 임상의의 시선이다. "고통의 극한을 조사하고, 시혜 정도를 꼼꼼히 재는 것은 힘든 일이다. 그러나 의사도 병을 고치

---

68 P. Meyer, *L'enfant et la raison d'État*, Paris: Seuil, 1977, pp. 56~58.
69 Gérando, *Le visiteur du pauvre*, pp. 76~77.
70 *Ibid.*, p. 77.

기 위하여 병을 조사한다."[71] 마치 임상의가 환자의 병력을 조사하고 증상을 관찰하여 병을 특정하고 적절한 조치를 취하듯, 방문조사원은 빈곤가정의 과거까지 거슬러 올라가 현황을 소상히 관찰하여 정확히 필요한 부조를 시행해야 한다. 빈곤은 무엇보다도 치료의, 더 나아가 가능하면 예방의 대상이며, 빈곤을 치료하기 위해서는 '적량대로' 부조하는 일이 필요하다. "빈민에게 현실적으로 필요한 정도를 넘어 부조하는 일은 거짓 빈곤을 부조하는 일과 같다."[72] 부조의 효과는 피부조 가정의 규율화 달성도에 따라 측정되어야 한다.

이 시선은 실로 즉물적이며, 무엇보다 육안으로 직접 관찰하려 한다. 책으로 얻게 된 빈민의 이미지, 부조 신청자가 관청에 출두하여 전하는 말, 상상력이 만들어 내는 그 밖의 여러 선입견들을 모두 배제하고 오로지 빈민가정의 모습을 소상히 관찰해야 한다.[73] 그리하여 살림살이, 가구와 그 정돈 상태, 청결함, 행동의 성숙함, 시혜를 받을 때 태도 등 보이는 모든 것을 빈곤의 징후로 해독해야 한다. 가시적인 것은 불가시한 것의, 즉 도덕적 원인의 지표이다.

④ 빈민의 도덕화를 위한 이 부조는 앞서 기술했듯, 개입 영역과 방법의 한정이 필요하지만, 그것은 이 부조의 원리가 보편적이지 못함을 의미하지 않는다. 오히려 그 원리는 노동하는 민중 전체와 관련된다. 왜냐하면 일하는 노동자의 삶도 경기나 건강 상태 등에 의하여 금세 '무너지기 쉬운 생활'이 되며, 그들의 기질도 부조를 요하는 빈민으로 전락하기 쉬운 도덕적 결

---

71 Gérando, *Le visiteur du pauvre*, p.34.
72 *Ibid.*, p.33.
73 이는 사실을 냉정히 파악하는 관찰자의 시선임과 동시에 '따뜻한 배려' 역시 넘쳐야 했다. "엄격한 심문에 의해서가 아닌, 신뢰의 토로에 의하여" 상세한 사실을 얻어야 한다(*Ibid.*, p.21). 민중은 많은 점에서 아이와 닮았으므로, 갑자기 도덕적 비난을 하여서는 안 된다. 우선 그들의 말에 귀를 기울이고, 그들의 신뢰를 얻는 일이 불가결하다. 민중은 곧 아이라는 관점은 온정주의의 공통된 토대이며, 19세기 전반의 사회개량 사상에서 널리 볼 수 있다.

함이 있기 때문이다. "보수가 공장보다 좋은 직인 일이나 다양한 직업에 있어서도 더 심한 무질서와 규율의 결여가 곧잘 나타난다. …… 자발적인 실업, 음주벽, 방탕 때문에 더 높은 임금이 소용없어지는 것이다."[74] 장래를 대비하는 분별의 결함은 빈민만이 아니라 널리 민중에 공통되므로, 이 부조의 기초 원리는 전체 민중에 대한 일반적인 규범을 제시하는 원리가 된다.

5. 감시와 규율

일거리를 찾아 도시로 유입하는 빈민이 증대하자 도시의 치안과 위생 상태는 심각하게 악화됐다. 7월 왕정기에 노동자계급의 상태를 개선하기 위하여 다양한 사회조사가 행해지면서 많은 저작이 나왔는데, 그중 다수가 가난한 노동자를 사회의 안녕을 위협하는 위험한 계급으로 보았다. 특히 문제가 된 것은 지방에서 일을 전전하는 가난한 비정주 노동자이다. "행실이 가장 나쁜 것은 부랑 노동자, 무연고자, 직인, 독신자, 가정에 정착하지 않은 무리이다."[75] 그 대표격은 파리에서 4000명에 이르는 "실로 방랑적이며 대부분 야만적인" 생활을 보내는 넝마주이로서, 오노레 앙투안 프레지에 Honoré-Antoine Frégier에 따르면 이들 태반이 위험한 계급으로 분류됐다.[76] 그들이 많이 거주하는 생자크, 파리에 유입된 부랑 노동자들의 여인숙이 늘어선 생토이레, 아르시, 시테, 생마르셀 등의 지역구는 "파리에서 가장 타락한 지대"이며, 치안과 위생 면에서 개선이 시급하다고 여겨졌다.

이같이 우려스러운 결과를 가져온 빈곤은 분명히 현재 공장제도와 결

---

74 T. Fix, *Observations sur l'état des classes ouvrières*, Paris: Édition Guillaumin, 1845, p.7.

75 L. R. Villermé, *Tableau de l'état physique et moral des ouvriers employés dans les manufactures de coton, de laine et de soie*(1840), Paris: EDHIS, 1979, vol.2, p.64.

76 H.-A. Frégier, *Des classes dangereuses de la populatiom dans les grandes villes, et des moyens des les rendre meilleurs*, 2 vols., Paris: J.-B. Baillière, 1840, vol.1, p.108.

부되지만, 주된 원인은 노동자의 무사려, 방종, 태만 등의 도덕적 해이에 있다. 비예르메는 말한다. "공장노동자에게는 절도, 검약, 장래 대비, 더 나은 몸가짐이 결여되어 있으며, 대체로 그들이 가난한 것은 그들의 과오 때문이다."[77] 프레지에도 말한다. "가난한 계급에게 가장 결여되어 있는 것은 상황에 대한 참된 자각과 적응력이며 노동의 선물인 얼마간의 수입을 유익하게 사용하는 현명함이다."[78] 이러한 도덕적 결함이 가장 현저하게 나타나는 것은 음주벽이며, 특히 선술집은 싸움과 파업 상담과 소요의 장이기도 하였다.[79] 따라서 이 습벽을 제어하는 것이 우선되었다.

다수의 노동자가 충분한 감시 없이 일하는 공장은 노동자의 도덕적 타락이 생겨나 전염되는 장이라는 것이 비예르메와 메르시에의 견해였다. 카바니스와 마찬가지로 그들도 사람들의 집합체에서 나쁜 기운이 널리 퍼진다고 보았다. "엄격하게 감시되지 않는 공장의 경우, 노동자는 일하기 전이나 9시와 2시의 휴식시간에 술집에 가는 데 만족하지 않는다. 4시와 귀가 도중 술집에 들른다."[80] 노동자를 감시해야 할 직공장도 이 악습에 일조한다. "더 나쁘게는 직공장 자신이 노동자의 비행을 부추긴다."[81] 공장에서 부모의 감시 없이 노동하는 아이에게 사태는 특히 심각하므로 아동노동의 제한과 교육은 미래 세대의 도덕화를 위해서 무엇보다 필요한 일이라고 판단되었다. 또한 남녀가 함께 일하는 공장은 성적 방종, 내연관계, 더욱이 매춘 등 일련의 도덕적 퇴폐의 온상이므로 남녀 분별은 '좋은 공장주'가 마음 써야 할 첫 번째 의무라는 것이 그들의 일치된 생각이었다. "남녀를 분별하는 일은 실로 쉬운데도 당신의 공장에서는 함께 일하는가. 이것이 불러일으키

77 Villermé, *Tableau de l'état physique et moral des ouvriers employés*, vol.2, p.351.
78 Frégier, *Des classes dangereuses de la populatiom dans les grandes villes*, vol.1, p.285.
79 喜安朗, 『パリの聖月曜日』, 平凡社, 1982, 8章.
80 Frégier, *Des classes dangereuses de la populatiom dans les grandes villes*, vol.1, p.80.
81 *Ibid.*, vol.1, p.78.

는 난잡한 이야기, 그로부터 생겨나는 악덕의 가르침, 정욕의 유혹…… 을 당신은 모르는가?"[82]

　　빚의 액수와 지불 양식도 노동자의 타락을 불러일으키는 요인이다. 프레지에는 말한다. "노동은 도덕화의 한 요인이지만, 수입의 낭비로 인하여 방종의 한 요인이 되기도 한다."[83] 고액의 빚이 노동자를 꼭 도덕적으로 만들지는 않는다. "가장 높은 보수를 받는 노동자가 가장 도덕적이지도 않다. …… 그들은 많이 벌수록 방탕한 취향을 한층 쉽게 만족시킬 수 있기 때문이다."[84] 특히 건축노동자의 경우를 보면, "가장 힘차고 솜씨 좋으며 높은 임금을 받는 자가 가장 방종한 것이 보통이다. 그들은 일에 대해서와 마찬가지로 쾌락에 대해서도 같은 정열을 갖고, 생활의 절반을 극히 혹독한 노동에 전념하는 대신 남은 절반을 혐오해야 할 요란법석에 빠져 지낸다".[85] 일반적으로 말하면, 성과급으로 임금을 받는 노동자는 자신이 좋을 때만 맹렬히 일하고, 남은 나날을 방탕과 태만으로 보내며, 이 '과도한 자유'가 노동자를 타락시킨다. "성과급 노동자의 소행은 일당 노동자보다도 나쁘다."[86] 임금이 통상 토요일에 지불되는 것도 타락의 한 요인이다. "얼마간의 돈이 있다면 노동자가 일요일이 주는 향락의 기회를 그냥 보내기는 힘들다."[87] 당시 노동자 사이에서 일반적이던 성월요일의 관습, 즉 일요일에 술을 퍼마셔 월요일에도 일을 쉬는 습속이 문제시되고 있다.

82　Villermé, *Tableau de l'état physique et moral des ouvriers employés*, vol. 2, pp. 23~24.

83　Frégier, *Des classes dangereuses de la populatiom dans les grandes villes*, vol. 1, p. 275.

84　Villermé, *Tableau de l'état physique et moral des ouvriers employés*, vol. 2, pp. 23~24.

85　*Ibid.*, vol. 2, p. 66.

86　성과급 임금은 직인적 기능을 요하는 일에 관련된 노동자에게 많이 적용되어 왔다. 이 임금 형태가 직인 노동자를 공장의 노동 규율에 복종시키는 데 장애가 된다는 것이 당시 사회개량가들의 일반적 인식이었다. 또한 직인노동자는 이 시대의 민중운동의 중심적인 담당자였으므로 사회질서의 유지 면에서도 그들의 규율화는 중요하였다(W. H. Sewell Jr., *Work and Revolution in France, The Language of Labor from the Old Regime to 1848*, Cambridge: Cambridge University Press, 1980).

87　Villermé, *Tableau de l'état physique et moral des ouvriers employés*, vol. 2, p. 67.

현재의 공장이 드러내는 이와 같은 상태는 생산 면에서도 중대한 문제였다. 공장제 생산에 적합한 규율을 확립해 노동자를 그에 순치시키는 것은 영국과 마찬가지로 프랑스 역시 당면 과제였고, 노동력 부족 탓에 한층 더 어려운 문제였다. 농촌에서 갓 올라와 집단적 노동에 익숙하지 않은 노동자와 직인職人적 노동의 리듬과 습관 속에서 살아온 노동자는 공장제 생산이 요구하는 규율과 리듬을 쉽게 받아들일 수 없었다. 처음부터 그들을 일에 정착시키는 일 자체가 큰 문제였다. 섬유공장의 중심지에서 일하는 노동자의 10퍼센트 이상이 8월 수확기에는 일을 놓았고, 온갖 산업부문에서 직업을 전전하고 지방에서 지방으로 떠돌아다니는 노동자가 나타났다. 또 '프랑스 순력巡歷'의 관습을 지켜 지방에서 지방으로 이동하는 숙련노동자도 적지 않았다. 피터 스턴스Peter Stearns에 따르면, 프랑스 노동자는 영국 노동자보다 직장 정착도가 낮았다.[88] 이러한 사태는 지속적 생산을 불가결로 하는 공장제 생산에 최우선 과제였다. 공장 내에서는 기술 습득과 동시에 음주나 자체 휴식, 무단결근, 성월요일의 습벽 등 공장 규율과 기계제 생산이 요구하는 리듬과 관련한 무수한 문제가 있었다.[89]

노사정위원회Conseil de prud'hommes는 일을 도중에 방기한 노동자 등에 대하여 벌금과 투옥이라는 엄중한 처분을 내렸지만, 사태를 해결하기에는 멀기만 하였다. 노동자수첩제도는 노동자가 전직이나 취직을 할 때 그 휴대를 의무사항을 만들어 직장에 정착시키려는 것이었지만, 실제 노동자수첩 없이 이동·전직하는 노동자도 많았으며, 그리 유효하지도 않았다. 이들 방책이 공장에 대한 외적 규제에 지나지 않았으며, 공장주 측에서도 많은

---

88 P. N. Stearns, *Pathos to Authority*, Urbana: University of Illinois Press, 1978, p. 47.
89 기계는 직인노동자가 가지던 업무 리듬에 대한 규제력을 자본가 측으로 이양한다는 정치적 역할을 띠었다. 직인노동자는 기계를 부수거나 불량품을 고의로 생산함으로써 이에 저항하였다.

수는 이러한 외부적 힘에 기대기를 선호하지 않았다.[90]

공장주는 가불, 고임금, 벌금이라는 방책으로 노동자의 정착과 규율화를 꾀하였다. 가불은 노예적 구속을 가져오는 것으로 노동자의 증오의 대상이며, 노동자의 정착과 규율 유지에 그다지 효력을 갖지 않았다. 고임금은 앞서 보았듯, 노동을 꼭 자극하지도 않았으며 노동자, 특히 숙련노동자는 필요액을 벌면 일하기를 그만두는 것이 보통이었다. 그들은 수입을 증대하려는 경제원칙의 동기만으로 움직이지는 않았다. 벌금은 공장에 따라서 상세하게 부과되었다. 센마리팀 주의 인도 사라시saraça 공장의 직장 규칙은 다음과 같다. 무단결근과 지각에 대해 10분 지각은 한 시간의 노동, 30분 지각의 경우 두 시간의 노동, 하루 결근에는 이틀의 노동이 부과된다. 일이 시작된 후의 외출은 25상팀centime의 벌금, 휴식시간 외에 도박이나 오락을 한 경우 25~50상팀의 벌금, 공장으로의 주류 반입, 음주 상태에서 일하는 것은 엄금, 위반자는 즉각 해고, 공장 내 금연, 위반한 경우 1프랑의 벌금 등등.[91] 이 세세한 규정은 공장에서 노동규율이 어떻게 침투되었는지 말한다. 그러나 벌금제도는 공장 내 감시시스템이 확립되어 있지 않은 한 그리 유효하지 않았고, 수입의 최대화를 그다지 고려하지 않는 노동자에게 효과적이지도 않았다. 게다가 그것은 규율이 느슨한 경쟁 기업에 노동자를 유출하는 것이기도 했다.[92]

이처럼 노동과정 자체에 더욱 밀착된 감시, 즉 공장주에 의한 직접 감시 혹은 직공장에 의한 감시시스템이 필요하다고 여겨져, 7월 왕정기에는 광산 및 섬유공장, 철강업에서 직공장에 의한 감시제도가 도입되었다. 직공장의 많은 수는 노동자 출신으로, 노동자에 대하여 자본가를 대표하고, 노동

90 Stearns, *Pathos to Authority*, pp.80~81.
91 J. Sandrin, *Enfants trouvés, enfants ouvriers, 17ᵉ-19ᵉ siècle*, Paris: Aubier, 1982, pp.177~178.
92 Stearns, *Pathos to Authority*, p.83.

자의 규율과 근면을 보장하는 의무에 대하여 별도로 보수를 받았다.[93] 이리하여 감시는 공장의 규율 유지뿐 아니라 노동자의 도덕화에도 불가결하다고 생각되었다. 프레지에는 다음과 같이 쓴다. "만일 노동자계급의 습속을 영속적으로 개선하고자 한다면, 직공장의 습속을 제대로 단련하는 일부터 시작해야 한다. 그들에게 절제, 절약, 규칙과 노동에 대한 사랑을 독려하고 다양한 종류의 클럽과 협동조합에서 멀어지게 독려해야 한다.[94]

비예르메나 프레지에는 노동자의 빈곤을 그들의 도덕적 결함에서 비롯된다고 보았다. 그것은 그들 자신의 책임이기보다는 "그들이 사는 환경, 특히 그들이 자란 환경의 결과"였다. 그러므로 노동자의 도덕화는 공장주에 의한 노동환경 개선의 노력이 불가결하다고 받아들여졌다. "기업주의 조력이 없다면 노동자의 습속과 사정을 개선하는 일은 불가능할 것이다."[95] 그러나 대부분의 공장주는 "노동자의 감정이나 사정에 무관심하며, 그들을 단순한 생산기계로밖에 보지 않는다".[96] 노동자의 습속의 타락은 그들 탓이기도 한 것이다. 대공장의 3대 악은 남녀의 혼합, 아동의 장시간 노동, 노동자에게 주어지는 가불이며, 이들을 개선하고 공장 내에서 노동자의 행위와 말에 충분히 눈을 돌리는 것은 고용주의 의무라는 것이 비예르메의 주장이었다.

비예르메의 주장은 인간적으로 보이지만, 그 기저에는 노동자는 스스로 개선될 수 없는 존재, 자립성을 결여한 존재라는 인식이 있다. 다시 말해 노동자는 아이 같은 존재이며, 위에서부터의 감시와 규율화의 대상이었다. 이에 대응하여 공장은 단순한 생산의 장이 아니라, 공장주의 감시에 의하

---

93 Stearns, *Pathos to Authority*, p.84.
94 Frégier, *Des classes dangereuses de la populatiom dans les grandes villes*, vol.1, p.275.
95 Villermé, *Tableau de l'état physique et moral des ouvriers employés*, vol.2, p.371.
96 *Ibid.*, vol.2, p.55.

여 노동자의 도덕적 개선을 이끄는 장이 되어야 했다. 비예르메의 주장은 그러한 접근의 정형화된 특징을 보여 준다고 할 수 있다. 이에 맞서 1830년 대부터 전투적인 노동자들이 노동자 협동조직을 형성하려 한 운동은 노동 자의 자율성을 강조한 점에서 대조적이었다.[97]

공장의 실상은 비예르메의 요청과 요원했지만, 1840년대에는 꽤 많은 경영자가 청결, 검소, 자조와 저축, 건전한 가정 등의 미덕을 칭찬하고 독려 하는 팸플릿을 만들어 노동자에게 배포하여, 직장 규칙을 정비하는 데 힘 썼다. 기업의 주선으로 저축금고 및 상호부조조합을 설립하거나, 아동노동 법(1841년)에 위반되지만 공장에서 일하는 아동을 위한 기업학교나 강좌를 개설하는 경우도 있었다. 이리하여 1840년대에는 상당한 기업가, 특히 영 국 노동자와의 기술적·도덕적 간극을 통감한 알자스 지방의 공업가가 이 러한 전형적 방책을 채용하였다.[98]

그러나 노동자의 도덕화든, 공장 규율의 준수든 공장 내의 방책만으로 는 실현되지 않았다. "민중의 습속이 그들의 도덕"[99]이므로 그들의 생활습 관과 주거공간을 개선해야 했다. 이리하여 한편에서는 민중의 생활 전반에 대한 감시와 규율화가 이루어져야 했다. 그것은 치안 면에서도 필요 불가 결하였다. 따라서 이를 위해 기업가, 자선단체, 교사, 위생기사 등 공동의 노 력이 요청된다. 우선은 민중의 불결하고 협소하며 과밀한 주거공간이 개선 되어야 했다. 이러한 주거공간이야말로 위험한 계급이 소굴을 이루는 지역 이며, 악덕의 전염원이기 때문이다. "손질이 안 되어 있고, 외관이 낡은 건 물에 둘러싸인 좁은 거리. 이러한 지역에는 위험한 계급이 사는 하숙집이 밀집해 있어 매춘부나 그들의 정부, 사기꾼, 도둑이 들어선다. 그들 주변에

---

97 阪上孝, 『フランス社会主義』; 谷川稔, 『フランス社会運動史』, 山川出版社, 1983.
98 Stearns, *Pathos to Authority*, pp.89~103.
99 Villermé, *Tableau de l'état physique et moral des ouvriers employés*, vol.2, p.48.

는 도박꾼, 부랑자, 생활수단이 없는 온갖 무리가 무리지어 모인다."[100] 또 좁고 불결한 주거는 "가족의 해체와 그로 인한 온갖 불행이 시작되는 장소"였다. "노동자 주거의 불결함이야말로 온갖 빈곤, 악덕, 재난의 출발점이다."[101] 청결은 도덕과 규율을 나타내는 지표인 것이다. 이리하여 청결하고 잘 관리된 노동자 도시의 건설이 구상되고, 제2제정기 조르주 외젠 오스만 Georges-Eugène Haussmann의 '파리 개조'가 수행된 것이다.

생활습관의 규제 면에서 그들이 거듭 강조한 것은 음주와 잦은 술집 출입, 특히 성월요일의 습벽이었다. 그 개선을 위하여 주세 인상과 금주협회 설립, 감시의 강화, 임금 지불일을 토요일에서 수요일로 바꾸는 등 직접적인 방책 말고도, 일요일에 건강하고 도덕적인 여가생활을 민중에게 제공하는 일이 제안되었다. 게다가 "노동자에게 잘 알려져 있고 존경받는 인물이 그들의 게임이라든지 오락에 참가하여 그들을 감독 지도하는"[102] 일이 중요하다고 여겨진다. 여가 영역도 감시와 규율의 장이 된 것이다.

그러나 민중의 도덕화라는 점에서 가장 기본으로 여겨진 것은 건전한 가정생활이었다. 가정생활이야말로 "노동자계급 사이에 질서와 절약의 습관을 다지는 보루"[103]이기 때문이다. 그러나 도시의 공장 노동자에게 가정생활은 없는 것이나 마찬가지였다. "좁고 불결한 주거는 이미 밤을 견디는 일시적인 피난처로밖에 생각되지 않았다."[104] 북부 프랑스의 공업도시, 가령 릴이나 루앙의 노동자가 남프랑스의 보르도나 마르세유의 노동자보다 비도덕적이라면, 그것은 가정생활의 형태, 그것을 떠받치는 주거에 커다란

100 Frégier, *Des classes dangereuses de la populatiom dans les grandes villes*, vol.1, p.135.
101 A. Blanqui, *Des Classes ouvrières en France pendant l'année 1848*, première partie(1849), Paris: EDHIS, 1979, p.74.
102 Villermé, *Tableau de l'état physique et moral des ouvriers employés*, vol.2, p.68.
103 Blanqui, *Des Classes ouvrières en France pendant l'année 1848*, p.74.
104 *Ibid.*, p.208.

차이가 있기 때문이다.[105]

그러므로 가정이 건전해야 했다. 가정으로가 이 시대의 모토가 된 것이다. 자녀 양육을 위해 건전한 가정이 반드시 추구되어야 했다. "때로 가정에서 잘못된 습속이 자리 잡히기도 하지만, 역시 가정이야말로 가장 좋은 학교이다."[106] 그러나 타락한 부모가 악덕의 표본이 될 뿐이라면 어찌할 것인가? 비예르메에게 타락한 성인 노동자의 도덕적 개선은 절망적이었다. "실제로 릴의 노동자처럼 타락한 이들에게 무엇을 기대할 수 있겠는가? ── 아무것도 없다. 그들은 나아질 수 없다. 아동을 중심에 놓고 봐야 한다. 아동을 끔찍한 환경에서 보호하지 못하는 방책은, 악을 방치하고 영속화한다. …… 불순한 분위기에서 자라 나쁜 표본을 보며 제대로 배우지 못한 아동은 반드시 부모를 모방하여 주정꾼에다 방종하고 우둔한 존재가 될 것이다."[107]

그렇다면 아이를 부모들의 악영향에서 떼어내, 자선단체와 학교의 후견인에게 보내야 한다. 친권을 부정하는 것은 아니라 하여도, "부모가 미치는 방종과 부도덕의 실례"로부터 아이를 떼어놓는 일이 필요하다. "가장이 아이로부터 교육의 혜택을 빼앗을 권리가 있다고 생각하는 것은 오산이다."[108] 이와 같은 부모에 맞서 아동의 통학을 공적부조의 기본 조건으로 내거는 강제적 수단을 취해야 한다고 프레지에는 말한다. 이리하여 의무교육의 필요성이 거론되고, 특히 도덕교육과 종교교육의 중요성이 강조된다. "아동에게 읽고 쓰기를 가르치는 것은 유익하고 현명한 일이 될 테지만, 그것은 [교육이] 도덕적 완성에 기여해서가 아니라 전적으로 파멸과 타락의

---

105 *Ibid.*, pp.32~33.
106 Frégier, *Des classes dangereuses de la populatiom dans les grandes villes*, vol.1, p.268.
107 Villermé, *Tableau de l'état physique et moral des ouvriers employés*, vol.2, pp.48~49.
108 Frégier, *Des classes dangereuses de la populatiom dans les grandes villes*, vol.2, p.47.

도구만을 주지 않는 한에서의 일이다."[109] 프랑스혁명기에 좋은 국민을 육성하기 위하여 훈육이 강조된 것에 비하여, 산업혁명의 한가운데인 이 시기는 좋은 노동자를 육성하기 위하여 훈육이 중시된 것이다.

빈곤가정의 아이와 도제를 보호하는 데 있어 가톨릭교회의 활약이 두드러졌다. 1833년 프레데리크 오자남Frédéric Ozanam이 설립한 '생뱅상드폴협회'Société de Saint-Vincent-de-Paul는 1843년 9825호의 빈곤가정을 방문하여 1264명의 도제를 후견하였다.[110]

요컨대 이들 가정에 대하여 가장권을 축소하고, 밖으로부터 개입하여 자조·검약·교육·청결 등 사회적 규범을 스며들게 하는 것이 중시되었다. 그중 주거, 부부관계, 친자관계, 노동(특히 어머니와 아이)을 중심으로 '근대적 가정'의 윤곽과 골격이 서서히 갖추어졌다. 아동노동에 관한 법률(1841년), 불결한 주거의 규제에 관한 법률(1850년), 도제계약에 관한 법률(1851년), 의무교육법(1881년), 아동보호법(1889년, 1898년) 등은 그 이정표이다. 그것은 근세 귀족과 부르주아 사이에서 생겨난 '아이에의 배려'를 중심으로 가족 감정(아리에스)에 따라 가족이 재편성되고 규격화되어 가는 과정이었다.

도시화와 공업화는 지역공동체와 직능적 공동체를 약화하고 해체하였다. 그것은 민중에게 의지할 만한 중간 집단의 상실을 의미했으며, 도시 공간을 관리·지배하는 측에서는 민중의 사회적 통합을 위한 무기의 상실을 의미하였다. 이리하여 민중 측의 생산협동조직 설립 및 생활공간 탈환을 위한 소란과, 지배계급 측의 민중의 규율화가 병행되었다. 그러나 민중은 대항 헤게모니를 형성할 만큼 강하지 못하였다. 부르주아 역시 생산력

---

109 Blanqui, *Des Classes ouvrières en France pendant l'année 1848*, p.206.
110 Duroselle, *Les débuts du catholicisme social en France, 1822-1871*, p.179.

의 취약성, 정치적 및 이데올로기적 응집력의 취약성 등 많은 난점이 있었으나, 2월 혁명기의 격동을 헤쳐 나와 민중의 저항을 억압·배제하면서 헤게모니를 쥐어 공장에서의 정형화, 생활공간과 가정의 위생화와 규율화, 학교교육이라는 일련의 실천으로 사회적 결합을 이끌어 냈다.

6장 · 도시의 질서

1. '위험한 계급'

산업혁명과 도시화가 진행됨에 따라 도시로의 인구 유입이 가속화되고, 19세기 중반 들어 파리를 필두로 도시의 상황이 눈에 띄게 심각해졌다. 일자리를 찾아 농촌에서 도시로 유입해 오는 사람들은 해가 갈수록 늘어났다. 19세기 초 54만 8000명이던 파리 인구는 1846년 두 배인 105만 4000명으로 불어났다. 그러나 안정된 직업과 주택 및 위생설비는 이러한 인구 증가를 감당하기에 극도로 부족했기 때문에 파리의 상태는 비참했다. 행정당국은 물론 경제학자, 의사, 박애주의자 등이 보기에 도시의 상황은 치안과 위생 면에서 모두 우려스러웠다. 앙리 르쿠튀리에Henri Lecouturier는 2월 혁명 직후 파리를 다음과 같이 묘사하고 있다. "거기에는 100만 명이나 되는 사람들이 북적대고 있으며, 악취 가득한 매연이 하늘의 태양을 온통 가리고 있다. 이처럼 엄청난 파리의 거리는 악취에 찌들어 영원히 꿉꿉하고 불결한 골목으로 미어 넘친다."[1]

　이러한 상황은 파리에 한정되지 않았다. 리옹·마르세유 등의 도시도,

공업화 속에서 급속히 성장한 릴·생테티엔·뮐루즈 등 신흥 공업도시도 비슷하거나 더 비참했다. 경제학자 블랑키가 1849년 '도덕, 정치과학 아카데미'에 제출한 노동자계급의 상태에 대한 보고서는 릴의 상황을 다음과 같이 기술하고 있다.

릴시 성벽의 좁은 범위 안에 비집고 들어선 다양한 공장에서 특수한 장애가 일어나 그로 인하여 노동자계급의 처우는 바닥을 쳤다. 모두가 알고 있듯 이전부터 계속된 습속에 기초하여 이 도시의 공업인구 중 상당 부분은 지하 움막에, 지하 2~3미터에서 그것이 속한 건물과 이어지지 않은 지하 움막에 살고 있다. 이 움막에는 밖을 오가는 계단 문이 아니면 공기도 볕도 들지 않는다. …… 릴시의 비참함을 보여 주는 중심 지구인 생소브르 지구에만 혈거가 있는 것은 아니지만, 거기에 가장 많으며, 온갖 것이 합쳐져 비위생이라는 한 점으로 수렴된 듯하다. 이곳은 어둡고 좁은 골목을 구분지은 일련의 구획이며, 이들 골목은 이름난 작은 중정까지 이어져 있다. 이 골목은 하수구이자 쓰레기장으로 쓰이며, 1년 내내 축축하다. …… 이 중정에 들어서면 창백한 납빛 얼굴을 한 허약한 아이, 등이 굽은 아이, 기형아 한 무리가 방문자 주변을 에워싸 구걸한다. 이처럼 불행한 이들은 하나같이 벌거벗었으며 그나마 나은 경우마저 넝마를 걸치고 있을 뿐이다.[2]

도시인구 증가의 큰 원인은 지방에서 도시로 일을 찾아 유입해 온 빈민의 증대에 있었다. 자크 베르티용Jacques Bertillon이 1833년 사망 통계에 기초

---

1 富永茂樹, 「オスマンとパリ改造事業」, 河野健二 編, 『フランス・ブルジョア社会の成立』, 岩波書店, 1977, 207頁.

2 A. Blanqui, *Des Classes ouvrières en France pendant l'année 1848*, première partie (1849), Paris: EDHIS, 1979, pp.98~99(河野健二, 『資料フランス初期社会主義』, 平凡社, 1979, 8~9頁).

하여 행한 계산에 따르면, 파리 주민 100명 중 파리 태생 쉰 명, 센 출신 두 명, 지방 출신 마흔한 명, 외국인 네 명의 비율이라고 한다.[3] 이 추측을 통해 보자면 파리 주민 중 절반 가까이가 파리가 아닌 곳에서 유입된 인구인데, 그들 중 많은 수는 일용직 노동자, 행상, 넝마주이 등 불안정한 일자리밖에 찾을 수 없어 주민의 최하층을 구성하였다. 그들이 지내는 빈민숙은 관청 주변에 밀집되어 있었는데, 그 행색이 말이 아니었다. "이들 집의 가장 두드러진 특징은 유별나게 불결하다는 점에 있다. 실로 역병의 발생원인 것이다. 침대를 갖춘 곳은 최고급에 속한다. 침대 대신 더러운 받침대만 놓인 곳도 있다. 방은 별도 들지 않고 공기도 통하지 않는 복도에 접해 있다. 각 층은 구정물통과 화장실 냄새로 숨이 막힐 지경이다. …… 주인은 소매치기, 도둑, 기둥서방, 불결한 매춘부, 그 외 떠돌이 남자와 여자들이다."[4] 당시 파리에는 당국이 공적부조가 필요한 적빈 상태에 있다고 공식 인정한 빈궁자만 1840년 6만 2350명, 3년 후 조사에서는 8만 6400명이 집계되었다. 루이 슈발리에Louis Chevalier는 파리 시료원의 1830년 사망 통계를 기준으로 당시 파리 주민의 약 반수에 해당되는 42만 명이 빈곤자라고 추정하였다.[5]

한편 빈곤은 범죄 및 소요와 뗄 수 없다는 점이 당시 부르주아 및 지식인 사이에서 널리 받아들여지던 견해였다. 센 도청의 관리 프레지에는 『대도시의 위험한 계급과 그 상태를 개선하는 방법에 대하여』(1840)에서 말한다. "가난하고 타락한 계급은 늘 온갖 종류의 범죄자의 최대 온상이었고 앞으로도 그러할 것이다. 그들이 바로 우리가 특히 위험한 계급이라는 이름으로 부르는 자들이다. 악덕은 악행을 수반하지 않더라도 그것이 개인의

---

3 A. Armengaud, *La population française au XIXe siècle*, Paris: PUF, 1971, p. 25.
4 H.-A. Frégier, *Des classes dangereuses de la populatiom dans les grandes villes, et des moyens des les rendre meilleurs*, 2 vols., Paris: J.-B. Baillière, 1840, vol. 1, p. 140.
5 L. Chevalier, *Classes laborieuses et classes dangereuses*, Paris: Plon, 1958, pp. 444~447.

빈곤과 결부되면 사회에서 공포의 씨앗이며, 위험한 존재가 되기 때문이다."[6] 이러한 관점에서 범죄에 대한 관심이 높아져 도덕통계라든지 범죄 관련 서적이 쓰였다. 치안총감 세바스티앵 루이 솔니에Sébastien Louis Saulnier는 1831년 '직업적 범죄자'로서 5270명이라는 수치를 들었고, 프레지에는 파리의 범죄자와 범죄 예비군, 즉 '위험한 계급'을 6만 3000명으로 추정하였다.[7] 다만 이러한 수치를 기록한 본인이 범죄자 수를 정확히 파악하기 불가능하다고 쓰고 있다. 게다가 사태는 더욱 악화되는 것처럼 보였다. "문명의 진보로 끊임없이 범죄자 수가 증가함에도 사회는 꿈쩍도 안 하며, 이처럼 불길한 영향에 맞서 아무것도 하지 않는다."[8] 파리는 물질적으로나 도덕적으로나 퇴폐로 전락해 가고 있다는 것이 공통된 인식이었다.

1830년부터 1848년까지 7월 왕정 18년간의 기록에 남아 있는 것만으로 1049건에 이르며, 6384명의 형사 소추자를 낸 노동쟁의, 공화파 비밀결사에 의한 무장봉기의 기도는 물론, 술집에서 취객이 일으키는 소란——이는 곧잘 정치적 색체를 띠었다——도 도시질서에서 중대 문제였다. 이처럼 7월 왕정기는 도시를 관리하는 측에게 문제가 산적된 시대였는데, 그 근저에는 그때까지 도시질서를 떠받쳐 온 시스템의 붕괴라는 사정이 있었다. 도식적으로 보면 다음과 같다. 프랑스혁명 이전의 도시질서를 떠받쳐 온 것은 동업조합이나 도시공동체 등의 단체였다.[9] 동업조직은 독자적 관행과 규제에 따라 조직뿐 아니라 지역의 질서 유지적 역할을 하였다. 도시는 시

---

6 Frégier, *Des classes dangereuses de la populatiom dans les grandes villes*, vol. 1, p. 7.

7 P. A. O'Brien, *Urban Growth and Public Order: The Development of a Modern Police in Paris, 1829-1854*, Ann Arbor: University Microfilms International, 1973, p. 24; Frégier, *Des classes dangereuses de la populatiom dans les grandes villes*, vol. 1, p. 58.

8 G. Beaumont and A. Tocqueville, *Note sur le système pénitentiaire et sur la mission confiée par le Monsieur le ministrère de l'Intérieur*, Paris: Imprimerie de H. Fournier, 1831, p. 21.

9 二宮宏之, 『全体を見る眼と歴史家たち』, 木鐸社, 1986; 柴田三千雄, 『近代世界と民衆運動』, 岩波書店, 1983.

벽에 둘러싸인 일체성 강한 공간을 만들고, 생업을 가진 시민의 자치가 도시질서의 근간을 이루었다. 이들 단체에 의한 질서 유지의 이면에는 거기에 속하지 않는 자, 질서를 교란하는 자의 배제가 있었다. 그러나 동업조합은 상품경제의 발전 속에서 힘을 잃어 프랑스혁명에 의하여 결정적인 타격을 입었다. 도시인구의 증가, 특히 일자리를 찾아 유입된 노동자 민중의 증대와 주민의 계층 분화로 인하여 도시의 내적 공동성은 희박해지고, 질서 유지 능력도 힘을 잃어 갔다. "가장 소행이 나쁜 자는 부랑 노동자, 무연고자, 직인, 독신자, 가정에 정착되지 않은 모든 무리이다."[10]

이리하여 19세기 전반에는 도시라는 인간의 집적체를 관리하고 그 질서를 일상적으로 유지하기 위한 장치의 공백 상태가 이어졌다. 이 공백을 메우는 일, 다시 말해 도시질서의 일상적 유지를 위해 새로운 장치를 창출하는 일은 도시를 관리하는 자에게 초미의 선결 과제였다. 다음 절을 통해 이와 같은 도시질서의 상황과 그 안에서 전개된 경찰조직의 양상을 검토하자. 그것은 부르주아 헤게모니의 확립 과정을 밝히는 데 도움이 될 것이다.

2. 7월 왕정기의 질서관

'영광의 3일간'이라 불린 7월 혁명(1830년)에 의하여 막 탄생된 7월 왕정에는 그 권력을 확보하고 치안을 유지하는 데 충분한 군대도 경찰도 없었다. 왕위에 오른 루이 필리프와 그 정부가 파리에서 기댈 곳이라고는 국민위병뿐이었다.

국민위병은 1789년 7월 16일, 즉 바스티유 공격 이틀 뒤 라파예트

---

10 L. R. Villermé, *Tableau de l'état physique et moral des ouvriers employés dans les manufactures de coton, de laine et de soie*,(1840), Paris: EDHIS, 1979, vol.2, p.64.

Lafayette가 창설한 무장집단이다. 7월 15일, 베르사유에서 파리에 도착한 국민의회 대표단은 파리가 무장한 사람들로 가득함을 알게 된다. 무장반란을 막고 사회질서를 유지하기 위해서는 이 무장집단을 재조직하고 장악해야 했다. 7월 31일, 파리 60지구 각각에 400명씩 할당되어 있던 국민위병이 선거로 뽑힌 사령관의 지휘 아래 놓였다. 지방에서 7월 말부터 8월 초에 걸쳐 무장한 군도가 마을을 습격한다는 소문('대공포')이 퍼지자, 각지에서 민병이 조직되고, 더욱이 이웃한 지역끼리 공동으로 대응할 수 있도록 민병 조직의 통합이 기획되었다. 민병 그 자체는 구체제에서 비롯된 것으로, 의례적인 역할 및 치안 유지 역할을 하고 있었다. 그러나 혁명은 민병의 성격을 크게 바꾸었다. 구체제에서 대장臺帳에 따라 추천으로 징모徵募되어, 일상생활에 방해가 된다며 자주 기피되던 민병은, 혁명과 함께 주민공동체를 지키는 자발적인 집단으로 바뀌었다. 민병은 육박해 온 위험에 대비하여 매우 다급하게 만들어졌지만, 그 성격과 기능은 지방에 따라 다양하였다. 이들 잡다한 무장집단에 규율을 부여하고 당국에 충실한 집단으로 재편하는 일은 혁명정부에게는 초미의 급선무였다. 이를 위하여 우선 국민위병의 징모 방식을 명확히 규정할 필요가 있었다. 1790년 6월의 법령은 국민위병에의 참가를 능동 시민과 그 자녀에 국한하고, 능동 시민의 자녀에게는 국민위병 등록을 의무화하였다. 당초 모든 계층에 널리 열려 있던 국민위병의 문호는 좁아져[11] 지원병으로서 성격의 종말을 고하였다. 이처럼 국민위병은 부유한 부르주아 계급을 중심으로 치안 유지를 위한 무장집단이라는 성격을 지니게 되는데, 그럼에도 여전히 국민의 자발적인 공동共同성과 화합의 상징이었다.

---

11 무기와 제복은 각자 부담했기 때문에 국민위병은 부유한 계층에 한정되었으며, 농민이나 생계를 위하여 매일 일해야 하는 시민이 국민위병이 되기란 현실상 어려웠다.

국민위병은 1827년 샤를 10세에 의하여 해산되지만, 파리 중소 부르주아가 주력이 되어 재건되었으며 '영광의 3일간'을 떠받쳤다. 루이 필리프는 연설 중 국민위병 병사들에게 '우리 벗'이라 부르고 10월 31일 8만 명의 국민위병을 사열한 뒤 사령관 라파예트에게 "이는 나에게 랭스에서의 대관식보다 가치가 있다"라고 말하였다.[12] 9월 12일부 치안총감 보고는 다음과 같다. "감정과 의무에 따라 질서 유지와 재산의 보전에 헌신하는 단체[국민위병]에 모든 것을 기대해야 한다."[13]

그러나 국민위병이 질서 유지의 주력이 되는 데는 몇 가지 근본적 문제가 있었다. 국민위병은 재산을 가진 시민이 스스로 도시질서를 지킨다는 이념과 국방을 대비한다는 이념을 동시에 갖는다. 국민위병은 전자의 관점에서 도시적·지역적 성격을 띠고, 후자의 관점에서 전국적 조직임이 요구되었다. 국가 위기 시에는 국방의식의 광범한 고양을 등에 업고 후자의 성격을 강하게 띠지만, 국가가 위기를 극복한 후에는 그것이 권력의 입장에서 꼭 환영할 일은 아니었다. 국민위병의 지휘자는 강력한 무장단체를 지배함으로써 국가의 지배자가 될지도 모르기 때문이다. 실상 7월 혁명 직후 라파예트를 지도자로 하여 공화정을 수립하려는 움직임이 공화파 사이에 있었다. 국민위병을 구성하는 것은 시민=병사이며, 그들은 법률에 충성하도록 의무화되어 있었지만, 그것이 반드시 정부를 향한 충성을 보증하는 것은 아니었으므로, 이러한 위험은 한층 더 크다고 생각되었다. 장 카지미르 페리에Jean Casimir-Perier는 1831년 3월 국민위병을 지역적인 틀 안에 밀어 넣는 법률을 통과시킴과 동시에 라파예트를 사임하게 만들어 이러한 움직임을 봉쇄하고자 하였다. 그러나 1832년 6월 공화파 장군으로 인기가 있

---

12 L. Girard, *La garde nationale, 1814-1871*, Paris: Plon, 1964, p.184.
13 *Ibid.*, p.168.

던 라마르크 장군의 장렬葬列에 과장된 수치임을 감안해도 1만 명의 국민위병이 참가하였다고 전해지며, 1839년 정치위기 시 많은 병사가 소집에 응하지 않는 등, 국민위병의 정치적 동향은 권력의 입장에서 문제인 채로 남았다.

국민위병 의식의 고양은 영원하지 못했지만, 그것은 그것대로 문제였다. 규율의 완화를 피할 수 없었기 때문이다. 국민위병의 병사가 시민이자 병사인 이상 엄격한 훈련과 규율이라는 점에서 애초부터 문제를 안고 있었으며, 질서의 안정과 함께 병역 의무는 시민=병사에게 무거운 짐이 되어 소집에 응하지 않는 자도 늘어났다. 1832년 9월 파리에는 4만 2000명의 국민위병이 있었지만, 그에 비하여 파리의 평상 경비에는 하루당 650명의 병사가 필요했다. 즉 병사 한 사람당 해마다 닷새 내지 엿새의 병역이 요구되었지만, 상당한 수가 소집에 응하지 않았기 때문에 그 필요를 충족시키기란 요원하였다. 물리력 면에서도 국민위병이 행하는 순찰은 시문市門의 술집에서 돌아오는 취객을 진정시키는 정도의 경우 도움이 되었지만, 그 이상의 사태에는 실로 불충분하다는 것이 당시의 일반적 평가였다.[14]

더 근본적으로 국민위병은 군대이기보다 사회력이기 때문에 사회체의 분열이 국민위병 내부에 반영될 수밖에 없었다. 국방을 향한 국민적 고양이 사그라들고 공업화의 진행이 사회 내부의 균열을 증대시킴에 따라 국민위병 내부에도 규율 완화와 함께 불일치가 생겨나 강고해졌다. 보통 시민은 국민위병이 되기를 점차 회피하게 되었으며, 이와 함께 국민위병은 화합의 장에서 지배적 당파의 도구이자 억압장치로 변질되었다. 이리하여 7월 왕정을 통하여 국민위병이 질서 유지에 대하여 차지하는 비중은 서서

---

14 J. Tulard, *La préfecture de police sous la monarchie de juillet*, Paris: Imprimerie Municipale, 1964, p. 89.

히, 하지만 착실히 감소되어 갔다. 블랑키의 계절회Société des Saisons의 봉기, 노동쟁의가 빈발한 1839~1840년의 정치위기 시 군대와 자치 단체 헌병대 garde municipal가 질서 유지의 주력으로 등장한 일은 국민위병의 비중 저하를 말해 주는 것이었다.

경찰은 질서 유지 장치로서 상당히 미숙한 상태였다. 7월 왕정기에 파리의 경찰은 비밀경찰을 제외하면 마흔여덟 명의 경찰서장, 스물다섯 명의 경감, 아흔네 명의 순경을 거느리는 데 불과하였다. 일상의 질서 유지에 직접 임하는 경찰은 1846년까지 300명 정도로 증가하였지만, 100만 도시가된 파리의 치안을 지키는 데 불충분하다는 점은 분명했다. 경찰 관련 예산은 1828년부터 1840년까지 700만 프랑에서 단지 750만 프랑으로 증가하는 데 그쳤다. 1840년의 정치위기를 맞아 1841년 경찰 관련 예산이 937만 프랑으로 늘었지만, 그 후에는 증가율이 주춤하였다.[15] 경관의 질 역시 "경관이 되려면 과거 도둑이어야 했다" 할 만큼 소행이 의심스러운 인물[16]이 많고, 그 질적 향상이 끊임없이 문제 되었다.[17] 7월 왕정기 경찰은 파리의 질서 유지를 맡기에 질과 양 모두 현저히 부족하였다.

이에 비하여 7월 혁명 직후 재편된 파리 시 헌병대의 비중은 착실히 증가해 갔다. 이는 당초 1000명 남짓의 보병부대와 400명의 기마부대로 이루어진 잘 훈련된 엘리트 부대였으며, "수도의 안녕과 시민 안전의 확보, 범

---

15 *Ibid.*, pp.68~69. 비밀경찰 관련 예산은 조제프 앙리 지스케(Joseph Henri Gisquet) 치안총감 시대 120만 프랑에 이르렀다고 하나, 물론 경찰예산에는 포함되지 않았다(M. Le Clère, *Histoire de la police*, Paris: PUF, 1947, p.77).

16 가장 유명한 것은 도형수에서 1812년 경찰청 보안부 특수반 주임이 되어, 발자크와 위고 소설의 모델이 된 프랑수아 비도크(François Vidocq)이다. 비도크는 "경찰과 비행성과의 직접적이고 제도적인 결합"(M. 후一코一, 『監獄の誕生』, 田村俶 訳, 新潮社, 1977, 280頁)이라는 당대 경찰의 한 측면을 체현한 인물이었다. 비도크는 당시 파리의 경찰과 범죄에 대하여 의미 있는 『회상록』을 남겼다.

17 A. Durantin, "L'agent de la rue de Jerusalem", *Les Français peint par eux-mêmes*, vol.2, Paris: Louis Curmer éditeur, 1840, p.322.

죄자 습격에 대한 공공질서의 방위"[18]를 사명으로 하였다. 헌병대는 육군성이 대원을 모집한다는 제도에서 보아도, "국내의 적과 직면하여 싸운다"라는 임무에서 보아도 무장된 병사 집단이었다. 사실 헌병대는 군대와 공동으로 민중의 소란을 진압하는 일이 많았으며, 그 방식이 거칠었기 때문에 민중에게 증오를 샀다. 그러나 민중반란의 직접적 억압 장치로 헌병대는 매우 강력했기 때문에 민중반란 시마다 그에 대응해 1839년에는 3000명, 1841년에는 3250명, 1848년에는 3900명으로 착실히 증가하였다.[19] 1841년 귀족원 보고는 다음과 같이 기술하고 있다. "파리와 같은 대도시의 치안은 …… 엘리트로 구성된 특별 부대에 의하여서만 잘 유지될 것이다. 이 부대는 이전부터 필요하였지만 당파들이 무력에 의한 공격에 기대게 된 이래 훨씬 더 필요해지고 있다. 무력에 의한 공격의 부활을 저지하기 위하여 헌병대가 증원되고, 잘 조직되는 일이 불가결하다."[20]

헌병대와 함께 소란을 진압하는 주역이 된 것은 군대였다. 라마르크 장군의 장례식 데모에 2만 4000명의 군대가 출동하여 그들을 진압하였다. 트랑스노냉가街의 학살(1834년)에서도 주역을 맡은 것은 25군단의 병사들이었다. 7월 왕정기를 거치며 파리에 주둔하는 군대는 착실히 증강되어 1848년에는 3만 7000명에 이르렀다. 이 시대 파리를 방문한 영국의 여행자는 다음과 같이 기술한다. "실제 파리는 군대의 수중에 있다고 하여도 좋다. …… 예를 들어 건물 안에서 소동이 일거나 길거리에서 소요가 벌어지면 경관이 최악의 결과를 막기 위하여 스스로 개입하는 대신 몇몇 병대兵隊를 부르는 식이다."[21] 마찬가지로 파리를 방문한 미국인도 "파리는 군법으로 다스려

---

18 O'Brien, *Urban Growth and Public Order*, p.77.
19 Tulard, *La préfecture de police sous la monarchie de juillet*, p.66.
20 O'Brien, *Urban Growth and Public Order*, pp.77~78.
21 J. Grant, *Paris and its People*, 2 vols., London: Saunders and Otley, 1844, vol.1, p.164.

지는 도시 외관을 드러내고 있다"라고 기술하며, 파리에 주둔하여 있는 병
사가 많음에 놀랐다.[22]

파리의 질서는 이처럼 전적으로 헌병대와 군대에 의한 소란의 물리적
억압에 의존하였다. 그것은 취약한 경찰력으로 다발하는 정치적 소란에 대
응할 수 없던 사정에 의한 것이지만, 동시에 당시 파리의 부르주아 중 많은
수가 가난한 민중에게 품는 불신감, 공포감의 표현이기도 하였다. 그들은
가난한 노동자 민중을 문명화되지 않은 야만인, 범죄와 소란의 모태인 '위
험한 계급'으로 보았다. 빈곤과 실업이 정치적 소란과 봉기로 전화되는 예
를 수없이 보아 왔기에 그 공포감은 굳어졌다. 1834년 리옹 견직물공의 봉
기 직후, 『주르날 데 데바』*Journal des débats*는 다음과 같이 쓰고 있다. "사회를
위협하는 야만족은 코카서스 지방에 있는 것도 아니요, 타타르 지방에 있
는 것도 아니다. 그들은 우리나라의 공업도시 변두리에 있다."[23]

이러한 방식대로 보면 질서 문제는 '위험한 계급' 내지 '야만족'과의 투
쟁에서 그들을 어떻게 진압하고 억압하는가, 혹은 배제하는가의 문제로 귀
착된다.[24] 프랑스를 두고 계급투쟁이 철저하게 이루어진 나라라고 할 때, 그
것은 계급대립이 성숙했기 때문이기보다 오히려 이와 같은 의미에서 생각
해야 하겠다. 다시 말해 사회적 질서의 고유한 차원과 전개가 미성숙하였
기 때문에, 마르크스의 표현을 빌리면 팽대한 국가에 비하여 시민사회가

---

22 G. de Bertier de Sauvigny, *La France et les Français vus par les voyageurs américains 1814-1848*, Paris: Flammarion, 1982, p.140.

23 R. Pernoud, *L'histoire de la bourgeoisie en France*, 2 vols., Paris: Seuil, 1981, vol.2, p.371.

24 데이비드 S. 란데스는 영국 부르주아와 프랑스 부르주아의 질서관의 차이에 대하여 다음과 같이 말한
다. "일반적으로 영국인은 사회질서를 자명한 것으로 받아들였다. 기업가는 노동자의 적의나 폭력의 가
능성에 대하여 어떤 환상도 갖지 않았다. 그러나 법질서가 지켜진다는 데 의심을 품는 일은 없었다. 프
랑스…… 의 제조업자들은 노동 불안과 실업이 언제 정치혁명으로 바뀔지 몰라 항상 긴장하였고, 그로
부터 노동자계급을 빈곤이라든지 범죄와 결부하거나 '근로계급'을 '위험한 계급'과 동일시하는 경향이
생긴 것이다(D. S. 란데스, 『西ヨーロッパ工業史: 産業革命とその後 1750~1968 1』, 石坂昭雄·富岡庄一 訳,
みすず書房, 1980, 209~210頁).

빈약하였기 때문에, 사회문제는 당장 정치문제로 전화하고, 궁극적으로는 물리력에 의한 반란의 진압으로 귀착되었다. 분명 민중봉기는 프랑스혁명 이후의 전통이며, 그때까지 배양되어 온 민중의 높은 정치의식과 권리의식에 기초한다고 할 수 있지만, 동시에 부르주아가 사회적 질서를 일상적으로 확보하는 데 충분한 역량과 장치를 갖지 못하였음을 보여 준 것이기도 하였다.

'야만족' 배제에 의한 질서 유지라는 생각을 상징하는 것은 파리를 둘러싼 성벽의 건설 계획이다. 성벽 건설의 표면적 이유는 국제 긴장의 고양이었지만, 이를 열심히 제창한 아돌프 티에르Adolphe Thiers가 의회에서 거듭 말했듯, 본디 '국내의 적'에서 파리를 지키기 위한 것이었다.[25] 실제로 성벽 건설이 최초로 제안된 해는 파업투쟁이 고양되던 1833년이었으며, 다시 제안되고 가결된 것은 파리에서 노동투쟁이 격발된 1840년의 이듬해인 1841년이었다. 파리를 둘러싼 성벽은 파리 부르주아의 민중관의 은유였다.

그러나 '위험한 계급'의 물리력에 의한 억압, 배제가 소란에 맞서는 요법으로 유효하였다 해도 도시질서의 일상적 유지와 관련해서는 그렇지 못했다. "하층계급에서 일어나는 일을 그리 헤아리지 않고 그들이 소란을 일으켜 유사시 그들을 분쇄하는 수단에 호소하던 시대는 지나갔다. 이 계급은 오늘날 생각하고, 논리를 대고, 말하고, 행동한다. 따라서 다음과 같은 법적 수단을 취하는 편이 더 현명하고 진중한 방책임에는 이론의 여지가 없다. 즉 하나는, 습속을 보호하고 방종의 새로운 진전을 예방하는 법적 수단, 또 하나는 이들 낙오자를 실제로 유용한 존재로 바꾸고, 능동적으로 활약

---

25 A. Thiers, *Discours parlementaires de M. Thiers*, vol.5, Paris: Calmon, 1870, p.397. 성벽 건설이 자유에 대한 억압이며, 브뤼메르 18일의 쿠데타보다 백 배 반동적이라고 주장하며 의회에서 성벽 건설 반대 논진을 친 것은 알퐁스 마리 루이 드 라마르틴(Alphonse Marie Louis de Lamartine)이다. 또 에티엔 카베(Étienne Cabet)는 공산주의 입장에서 성벽 건설에 대하여 인민 억압을 위한 파리의 '바스티유화'라고 비판하였다.

할 능력을 그들에게 주는 법적 수단이다."[26] 1825년 프랑수아 에마뉘엘 포데레François-Emmanuel Fodéré의 이 언설은 소란의 물리적 억압에 의한 질서 유지 대책의 무효를 선언하고, 가난한 노동 민중의 도덕화, 규율화가 중심이 된 질서 유지로의 이행을 역설하는 것이었다. 물론 바로 실현되지는 않았지만 민중의 일상생활을 감시하고 규율화하는 장치로서 경찰은 이 이행의 큰 축으로서 등장하였다.

3. 7월 왕정과 경찰

공화국 4년(1796년)의 법률은 경찰을 행정경찰과 사법경찰로 구분하였지만, 이 구분은 7월 왕정기에도 이어졌다. 전자는 사회의 전반적 감시와 공공질서의 유지를 임무로 하여 내무 장관의 지휘 아래 놓였고, 후자는 범죄의 추급과 범죄자 체포를 맡아 법무 장관 아래 놓였다. 다시 말해 전자는 감시와 예방에, 후자는 범죄의 처벌과 관련된다. 물론 이 구별은 법률상에 지나지 않으며, 실제로는 서로 포개져 있었다. 이에 더하여 행정경찰은 시읍면장의 관할하에 교통 단속 및 범죄, 소란의 경계 등 '일상적' 질서 유지를 담당하는 자치단체 경찰과, 국가 안전과 전국 공공질서의 유지에 해당되는 전국 경찰로 나뉘었다. 후자는 신문 검열, 집회와 결사의 감시 및 개입 등을 담당한다는 점에서 강한 정치적 성질을 띠며, 또 특정 정부와의 결부도 강했으므로 비판과 공격을 받는 일이 잦았다.

지방에서는 도지사가 경찰조직을 장악했지만, 파리에서 경찰기구를 장악한 직은 치안총감으로, 그 직무는 매우 광범위하였다. "치안총감은 정치권력의 대리인으로서 국왕과 그 정부의 안전을 확보한다. 사법관으로서 사

---

26 J. Donzelot, *La police des familles*, Paris: Minuit, 1977, p.61.

법상의 맡은 바 직무를 다하고, 중죄, 경죄 및 위경죄를 확증하여 범인을 법정에 인도한다. 지역 행정관으로서는 감옥, 광인에 대한 처치, 지역 내 코뮌의 치안, 구걸에 대한 부조의 책임을 진다. 시당국의 권력 수탁자로서는 시당국이 갖는 경찰권력 모두를 행사한다."[27] 7월 왕정 초기에 치안총감으로 근무하였던 알렉상드르 프랑수아 비비앙Alexandre-François Vivien은 이와 같이 쓰고 있다. 이 기술이 보여 주듯이 치안총감의 권한은 파리의 치안에 관련되는 사항 대부분을 망라하고 있어 파리의 행정을 분담하는 센 도지사와는 물론, 육군 장관과 제도상의 상사인 내무 장관 사이에서 알력이 발생하는 일도 적지 않았다. 치안총감은 장관은 아니었지만, 파리가 프랑스에서 점하는 지위에서 볼 때 장관과 동등하며, 정치도시 파리의 치안을 맡는다는 점에서 매우 정치적인 존재였다. 7월 왕정의 18년간 여덟 명의 치안총감이 교대했지만, 그중 여섯 명은 부임한 지 1년 반 사이에 교대하였다. 6대 치안총감 슐니에의 재직기간은 단 28일이었다. 이 어지러운 경질은 성립한 지 얼마 안 된 7월 왕정의 불안정성과 함께 치안총감의 직이 얼마나 정치적이었는지 말해 주고 있다.

치안총감이라는 직무의 정치성을 특히 강하게 만든 것은 7대 치안총감 지스케였다. "나의 임무는 본질적으로 정치적인 것이었다. …… 나는 어떤 분야의 일도 소홀히 하지 않았다고 확신하지만 여러 당파와 싸우며 결단을 내려야 할 중대문제에 몰려 시의 이해관계와 결부된 사항은 모두 실제로는 부차적일 수밖에 없었다."[28] 수상 카지미르 페리에에 의하여 치안총감이 된 지스케는 국왕과 정부의 안전을 위하여 공화파와 민중의 운동에 대하여 노골적인 적의를 드러내며 가차없이 탄압하였다. 지스케는 반정부파의 움직

27 A. Vivien, "Etudes Administratives II", *Revue des deux mondes*, vol. 32, 1842, p. 791.
28 J. H. Gisquet, *Mémoires de Gisquet*, 4 vols., Paris: Editions du Magasin Théatral, 1840, vol. 1, p. 241.

임을 파악하기 위하여 다수의 스파이를 잠입시키고 소란을 도발하여 트랑스노냉가의 학살에서 볼 수 있듯 온갖 반체제운동을 사정없이 단속하였다.

치안총감의 제1의 임무는 "위험이 어디에 있는지, 사회의 어떤 계급 중에 그 활동을 감시하고 습격을 예방해야 하는 적이 있는지 알기 위하여 사회와 사람들의 상태를 연구하는 일"[29]이라고 지스케는 말한다. 물론 지스케에게 "어떤 계급 중에 적이 있는지"는 자명한 일이었다. 지스케에 따르면 프랑스 사회에는 귀족·성직자·부르주아·노동자·무직자의 다섯 계급이 있다. 상위 세 계급은 현재 사회질서로부터 이익을 얻고 있으므로 질서 유지의 관점에서 문제가 없다. 노동자계급은 부르주아 정도는 아니지만 거의 부르주아와 같은 조건에 있고, 따라서 현재의 사회질서에 대한 그들의 태도는 그다지 적대적이지 않다. 그러나 그들은 일찍이 귀족의 특권 폐지가 제3신분에 이익을 가져왔듯이, 이번에는 자신들이 부르주아의 특권 폐지에 따른 수익자가 되고자 생각하고 있다. "노동자계급은 정부와 부르주아지에게 적극적으로 적대적이지는 않지만, 한 가지 변혁을 바라고 있다. 그들은 무제한의 자유의 이론을 실행으로 옮기고, 권력과 그 활동을 변덕스러운 인민주권에 복종시키는 변혁을 바라고 있다."[30] 노동자계급은 공화파 및 사회주의자와 결탁하여 질서의 적이 되는 위험을 잠재적으로 갖고 있다. 지스케는 그 예방을 위하여 반정부파의 신문 검열을 강화하고, 신문 판매상의 단속을 강화하였다.

지스케의 생각으로는 제5계급의 일정한 직업이 없는 무리야말로 사회질서의 본질적인 적이었다. 그들은 "숫자상으로는 인구의 최소 부분에 지나지 않는다. 그러나 그들의 태만과 빈곤의 원인이 되고 있는 기질을 고려

---

29 Gisquet, *Mémoires de Gisquet*, vol.2, p.14.
30 *Ibid.*, vol.1, p.250.

하여 그들 사이에서 나돌고 있는 사악한 정세를 고려한다면 여기에 모든 것을 전복할 야만스러운 힘이 숨어 있다".[31] 지스케는 빈곤과 범죄, 소란의 결탁을 중시하고 가난한 계급과 '위험한 계급'을 동일시하여 그 감시와 억압을 활동의 중심에 놓았다. 지스케의 경찰은 "하층계급에서 일어나는 일에 대한 큰 참작 없이 그들이 소란을 일으키면 분쇄"하는 장치에 다름 아니었다.

페리에의 급작스러운 사망과 추문으로 실각된 지스케를 대신하여 1836년 치안총감이 된 가브리엘 델레세르Gabriel Delessert는 갖가지 점에서 지스케와 대조적이었다. 그는 스위스의 대부르주아 출신이며, 형인 뱅자맹 델레세르Benjamin Delessert는 유명한 은행가며 박애주의자였다. 뱅자맹은 노동자의 도덕화에 관심을 기울여 노동자의 검약, 저축을 장려하기 위하여 '저축금고'를 창립하여 복권을 금지하고 종교교육의 보급에 힘을 썼다. 델레세르 일가는 이 시기 박애적 산업가의 한 전형이었다. 가브리엘도 내무 장관 보고서에서 저축금고 저금액의 동태를 사회 동향의 지표로 파악하며 관심을 보였다.[32]

치안총감의 직무 집행에서 델레세르는 지스케에 비하여 정치성이 훨씬 희박했다. 물론 블랑키가 거느리는 계절회의 무장봉기(1839년) 및 노동자의 대규모 파업(1840년)이 잇따른 상황 속에서 반정부파 및 민중운동의 움직임이 치안당국의 중대한 관심사에서 빠질 수는 없었다. 델레세르도 가난한 노동자를 범죄와 소란의 발생원으로 보고, '음주와 신문'이 그들을 악

<hr>

31 *Ibid.*, vol.1, p.251.
32 "저축금고의 예금 인출이 세간의 불안을 나타내고 있다"(1837년 3월 12일), "저축금고의 예금액 62만 8722프랑, 인출액 39만 4500프랑"(1838년 1월 16일), "파리 저축금고의 예금자 4773명, 그중 신규 가입자 656명, 예금액 6만 7335프랑"(1840년 6월 1일) 등의 기술에서 이를 볼 수 있다. 델레세르에게 저축금고 가입자와 예금액은 민중의 도덕화 지표였다(Tulard, *La préfecture de police sous la monarchie de juillet*, pp.144~145).

으로 물들이는 원천이라 생각하였다.[33] 그리고 '정직하고 현명한 노동자'로 부터 그들을 부추겨 소란으로 끌어들이는 '나쁜 노동자'를 떼어 내는 일을 중시하여, 법이 금하는 집회에 참가하는 자를 "정의와 법에 따라 엄중히 대처"할 것을 언명하였다.[34] 그러나 동시에 델레세르는 지스케 시대의 정치경찰, 특히 간첩과 도발자를 흔히 쓰는 것이 경찰의 평판을 현저히 상처 내는 일임을 인식하고 있었다.

이러한 관점에서 그는 일상적 질서의 유지, 식료 공급, 교통규제, 위생 상태 개선 등을 중시하였다. 1836년 제복경찰에 의한 낮밤 순찰을 실시함과 동시에 경관의 직무규정을 명확히 함으로써 경관의 질적 향상을 도모하였다. 이들 방책에 의하여 정치경찰에 대한 비판을 누그러뜨려 경찰은 특정 정부가 아닌 사회에 봉사하고 있다는 이미지를 정착시키려 한 것이다. 이 시도는 어느 정도 성공하였다. 제복경찰의 순찰은 시민에게 호평을 받았으며, 매일 오전 7시부터 오후 11시까지 근무하여, 말을 타고 거리를 순찰하는 델레세르의 부지런함과 도덕적 결백이 어우러져 경찰의 평판은 다소 회복하였다. 나폴레옹 3세의 심복 샤를 드 모르니Charles de Morny는 다음과 같이 쓰고 있다. "치안총감으로 취임한 델레세르는 고결하고 의연한 행동으로 이 힘든 지위를 가장 존경받는 관직으로 드높였다. 그는 파리의 거리를 모든 방향으로 순회하여 경관에게 규율을 지키게 하였다."[35] 델레세르 아래에서 경관의 성격과 활동이 근본적으로 바뀌었다고 할 수는 없지만, 그는 치안 유지를 위한 감시를 정치적일 뿐 아니라 사회적·일상적 차원으로 확대하여, 질서를 일상적으로 확보하는 방향으로 경찰조직을 움직이기 시작하였다고 말할 수 있다.

---

33 Ibid., p.149.
34 Pernoud, L'histoire de la bourgeoisie en France, vol.2, p.367.
35 Tulard, La préfecture de police sous la monarchie de juillet, p.47.

파리 경찰기구의 핵심을 담당한 것은 경찰서장과 경감으로, 그 아래 형사와 순경이 질서 유지를 직접 담당하였다. 각 거리지구에 한 사람씩 임명되는 마흔여덟 명의 서장은, 사법경찰과 행정경찰의 요직이었다. 서장은 이른바 작은 치안총감이었다. 그는 거리지구의 질서 유지 책임자로서 정치적 운동의 감시와 억압의 직접적 집행자였으므로, 민중의 공격 대상이 되는 일도 적지 않았다.

7월 왕정의 경찰기구에는 경찰서장의 질이 반드시 좋지만은 않은 문제가 있었다. "어떤 경찰서장은 그들이 감시해야 할 무리와 매우 친한 관계로 인격이 무너졌다. 다른 자들은 허명을 얻기 위하여 직무 집행을 느슨히 하는 데 두려움이 없었다."[36] 서장은 직무를 충실히 수행하기 위하여 담당하는 지구에 사무소와 주거를 갖추도록 되어 있었지만 이를 지키지 않는 자도 적지 않았다. 서장은 근무시간이 오전 8시부터 오후 5시까지였지만 꼭 지켜지지는 않았다. 1836년 6월 8일부 치안총감 앞으로 온 내무 장관의 통보를 보면 다음과 같다. "파리 경찰서장의 인사를 개선할 필요가 있음에 귀하의 주의를 촉구하는바, 경찰서장 몇몇 사람은 직무를 수행할 능력이 없다. 곤란한 상황에 있음에도 당국은 유감스럽게도 믿을 수 있는 인물로 구성되어 있지 않다."[37] 델레세르가 파리 순회를 통하여 의도한 바 하나는 서장을 감시하고 직무규율을 준수하게 하는 데 있었다. 더욱이 델레세르는 담당지구에 사무소와 주거를 두지 않은 서장에 대하여 벌금과 격하 처분을 함으로써 직무 태도 및 복종 등에 대하여 세세한 지시를 내리는 등 경찰의 기강을 바로잡는 데 힘썼다.[38] 경찰이 민중의 규율화 장치가 되기 이전 경찰 자체가 규율화되어야 했던 것이다.

36 *Ibid.,* p.56.
37 *Ibid.,* pp.57~58.
38 O'Brien, *Urban Growth and Public Order,* pp.209~212.

기구상의 문제도 무시할 수 없었다. 경찰서장은 예를 들어 비합법적인 집회가 열리고 있으면 우선 경고를 하고, 받아들여지지 않을 경우 헌병 및 군대의 출동을 요청하는데, 그들은 우선 육군성의 관할 안에 있어 지휘계통의 혼란에서 알력이 생기는 일도 적지 않았다. 다른 한편 경찰서장은 경감과 공동으로 직무에 임했지만, 둘 사이에서도 충돌이 일기 쉬웠다. 서장은 국왕에게 임명되는 칙임관으로 경감의 상사이지만, 지구의 감사나 범죄자 체포 등 직무 집행과 치안총감 보고 등에서는 치안총감 직속 경감의 역할이 컸기 때문이다. "경찰서장은 자격 면에서는 경감의 상위자이지만, 매일 경감의 간접적인 검열을 받는다."[39] 이 시대 파리의 경찰기구는 형식적으로 치안총감 관할 아래 있었지만, 실질적으로는 법무성, 육군성, 내무성의 혼성체이며, 그로부터 권한 다툼이나 대립이 생겨났다.

도시질서의 확보를 직접 관할하는 직은 1829년 치안총감 루이 마리 드 벨리메Louis-Marie de Belleyme가 창설한 제복경찰이었다. 벨리메는 도시질서의 유지야말로 경찰의 임무라고 하며 각 거리지구에 세 명의 제복경찰을 두었다. 그것은 로버트 필Robert Peel에 의한 런던시 경찰 개혁에 한 달 앞선 것이었으며, 제복경찰에 의한 도시질서 유지의 개시를 고하는 것이었다. 이 제도는 7월 혁명 직전 정치적 이유로 폐지되었으나 혁명 직후 재건되어, 그 수는 서서히 증가했다.

제복 착용의 의의는 다음 세 가지 지점에 있었다. 첫째로 경찰이 질서 유지를 위하여 끊임없이 감시하고 있음을 공중에게 주지시키고, 둘째로 경관의 직무 집행을 용이하게 하며, 셋째로 경관을 공중의 감시 속에 둠으로써 경관이 술집을 드나들거나 방종하는 것을 막아 경관의 규율화를 도모하는 일이다. 요컨대 제복의 의의는 '보여짐'에 있으며, 그 효과는 공중과 함

---

39 Vivien, "Etudes Administratives II", p.799.

께 경관에게도 향한다. 공중과 경관에게 모두 '보여짐'이라는 규율화 기제가 작동하는 것이다. 이 점에서 같은 감시라 해도 비밀경찰이 반정부파에 대하여 행하는 감시는 성질이 달랐다. 비밀경찰이 행하는 감시는 반정부파 등의 동향을 은밀히 파악하고 선수를 쓰는 데 목적을 두며, 감시 자체에 의미가 있는 것도, 감시 대상의 규율화를 노린 것도 아니다. 이에 비하여 제복경찰에 의한 감시는 감시 자체에 의미가 있어, 공중에 대해서도 경관에 대해서도 '시선'에 의한 강제를 가하는 것이 중요했다. 두 경우 모두 예방이 목적이지만, 비밀경찰에 의한 감시가 음모 등 사전의 감시와 적발에 의한 예방에 있음에 비하여, 제복경찰에 의한 감시는 '누군가 보고 있다'라는 의식을 심어 줌으로써 예방하는 것이다.

1831년 아흔네 명이던 제복경찰은 1839년 들어 282명, 2월 혁명 전에는 300명으로 늘었다.[40] 그 직무는 거리의 순찰, 범죄자 및 창부의 감시, 교통정리, 4000채에 이르는 여인숙의 숙박자 조사 및 장악 등이었다. "순경의 일은 시민을 보호하고 시민에게 봉사하는 것이다. 순경은 소방관이 화재의 발생을 감시하는 것처럼 도시의 평온을 지켜야 한다."[41] 1836년부터 시작된 제복경찰에 의한 순찰은 이 목적에 따른 것으로, 대체로 시민에게 환영받았다. "순경은 평온하게 살아가는 시민을 구하는 신이며, 범죄자에게는 공포의 대상이다. …… 순경은 제복을 입은 법률이다."[42] "야간 순찰이 유용하다는 것은 이론의 여지가 없다. 그것 없이 파리는 약탈과 살인의 희생물이

---

40 1830년 9월부터 1835년 11월까지 임용된 순경 아흔일곱 명의 전직은 군인 쉰일곱 명, 형사 스물한 명, '7월의 전사' 열두 명, 사무원 네 명으로 전직 군인이 60퍼센트를 점한다. 이에 비하여 1832년 런던 순경의 전직은 노동자 36.2퍼센트, 병사 12.6퍼센트이다(C. Emsley, *Policing and its Context, 1750-1870*, Oxford: Macmillan, 1983, p.65). 런던 순경과 파리 순경의 성격을 생각할 때 남다른 의미가 있다.

41 A. Durantin, "Le sergent de ville", *Les Français peint par eux-mêmes*, vol.5, Paris: Louis Curmer éditeur, 1842, p.280.

42 Ibid., p.280.

될 것이다."[43]

　그러나 백만 도시 파리에 300명 남짓되는 순경의 수는 너무나 부족했다. 게다가 순경이 정치운동의 탄압 도구로 쓰이는 일도 적지 않았으므로, 순경이 정치적으로 중립을 띤 사회질서의 수호자라는 이미지를 굳히기는 어려웠다. "치안총감의 최대 실수는 소란에 대하여 순경을 쓴 일이다. 이로 인하여 자치단체 경찰을 오해하게 만들고, 권력의 도구로 삼아 버렸다. …… 순경의 업무는 시민을 보호하고 시민에게 봉사하는 데 있으며, 이로 인하여 순경은 인기 있는 존재가 될 수 있었다. 순경이 역도로부터 적대시 당하지 않고 소란 속을 평온하게 통행할 수 있도록 해야 한다."[44]

　제복경찰이 도시질서를 일상적으로 확보하는 주역이 되기는 아직 멀었지만, 제복경찰에 의한 순찰은 도시질서를 확립하는 수단의 변화를 드러내는 지표였다.

4. 코시디에르와 '융화의 경찰'

1848년 2월 24일 오후 2시, 마르크 코시디에르Marc Caussidière와 조제프 소브리에Joseph Sobrier가 무장한 혁명파의 일단을 거느리고 파리 경찰청에 들이닥쳐 이제부터 자신들이 경찰을 지휘한다고 선언하였다. 치안총감 델레세르는 이미 도망쳐, 경찰청에 남아 있던 일단의 헌병과 경관은 저항 없이 간단히 무장해제당했다. 2월 혁명 전체가 그러하였듯이 경찰청의 탈취도 저항 없는 가운데 이루어졌다. "그날 하루종일 나는 단 한 사람의 경관이나

43　Durantin, "Le sergent de ville", p. 278.
44　Ibid., p. 280. 이즈음 파리를 방문한 미국인 여행객도 다음과 같이 기록하였다. "미국인이나 영국인에게 '경찰'이라는 말은 안전을 의미하며, 이 제도의 목적은 신변과 재산의 보호에 있다. 그러나 유럽의 전제적 국가에서 그러한 목적은 경찰의 부차적 업무에 지나지 않는다. 가장 중요한 직무는 정치적이다" (Bertier de Sauvigny, *La France et les Français vus par les voyageurs américains 1814-1848*, p. 143).

헌병도 보지 못했다. 국민위병도 모습을 감추었다. 민중만이 무기를 가지고 공공장소를 지키고, 불침번을 서고, 명령을 내리고, 처벌하였다."[45] 토크빌은 2월 24일 구권력의 소멸 상태를 이와 같이 회상하였다. 코시디에르가 사회적·민주적 공화국에 걸맞은 경찰의 창설에 착수한 것은 파리의 질서 유지 장치의 이와 같은 공백 상태 때문이었다.

그것은 분명히 새로운 경찰의 실험에 적절했지만, 이 공백 상태의 해소는 서둘러야 할 과제이기도 하였다. "많은 순찰대가 수도의 거리를 한밤중에 순회하고 도적의 악행을 막았다. 그러나 이와 같은 사태가 오래 지속되지 못했다. 시민은 지쳐 떨어졌으며, 그들의 자발적인 감시는 차츰 느슨해졌다. 정규 조직이 구성되어야 했다."[46] 시민의 자발적인 순찰의 힘만으로 장기적인 질서 유지를 바랄 수는 없었다.

이 정규의 힘을 어떻게 구상하여 조직할 것인가? 코시디에르의 구상은 지금까지 '억압의 경찰'을 대신하여 '융화의 경찰'을 창설할 것,[47] "일찍이 인민에게 공포의 장이던 경찰청"을 "영원한 정의의 성소"로 만드는 것이었다.[48] 그가 구상한 '융화의 경찰'은 가난한 민중과 위험한 계급을 동일시하고 그에 따른 민중의 억압을 걷어 내고 "민중의 참된 본능"을 향한 신뢰에 기초를 둔 점에서 이전까지 경찰과는 반대되었다. '융화의 경찰'의 주력으로서 코시디에르는 일찍이 정치범, 바리케이드 전사, 실업 중인 애국자를 중심으로 2400명의 인민방위군을 조직하여, 몽타냐르 부대, 2월 부대, 리옹 부대, 생쥐스트 부대의 4개 부대를 편성하였다. 코시디에르는 이 부대의 조

---

45 河野健二, 『資料フランス初期社會主義』, 310頁.

46 M. Caussidière, *Mémoires de Caussidière*, 2 vols., Paris: Michel Lévy Frères, 1849, vol. 1, p. 98.

47 "비참한 처지 때문에 불안해하는 사람들을 진정시키기 위하여 화해의 수단을 취할 것, 특권적 계급에게 고뇌하는 계급에 대한 우애를 상기시킬 것"이 '융화의 경찰'의 임무라고 코시디에르는 말한다(*Ibid.*, vol. 1, p. 261).

48 *Ibid.*, vol. 1, p. 187.

직화를 "무질서에 의하여 질서를 만드는 것"이라고 기술하고 있다.[49] 그들은 푸른 셔츠에 붉은 완장을 차고 긴 양검sabel을 휘두르며 거리지구를 순찰하였다. 그들은 일률적으로 하루 2.25프랑의 임금이 지급되었으며, 장교 등은 모두 선거로 선발되었다. 선전문구로 평등하고 민주적인 조직을 내세웠다. 코시디에르는 자랑스러운 듯이 기록한다. "나는 몽타냐르 부대 조직에 의하여 지적이고 공화국에 마음 깊이 헌신하는 동료, 질서를 어지럽히는 무리를 위압하는 실력 있는 현역부대에 둘러싸였다."[50]

몽타냐르 부대의 구성원은 민중 출신일 것과 정치적으로 공화정을 지지할 것이 요구되었지만, 실제 활동은 당시 부르주아가 두려워할 정도로 '사회주의'적이지도 정치적이지도 않았다. 코시디에르가 이 시점에서 무엇보다 중시한 것은 신변과 재산 보호이며, 파리의 일상적 질서 확보였다.[51] 경찰청을 탈취한 직후 코시디에르는 그가 이끄는 그룹을 향해 연설한다. "질서를 다잡고 공포에 떨고 있는 사람들을 안심시켜, 공화국은 부르주아지를 무너뜨리려 하는 것이 아님을 그들에게 설명하자."[52] 또 노동자의 횃불 데모에 대한 상인 단체의 저항을 받아들여 노동자에게 자숙을 구했다. 은행의 지불 정지에 대한 소문이 퍼져 민중이 은행가들의 저택을 포위하자 코시디에르는 로스차일드의 호소를 받아들여 은행가 거주지역에 대한 순찰을 강화하였다. "나는 당신의 가족의 안전에 기여할 수 있음을 기쁘게 생각합니다. 당신은 파리 민중에 관하여 무엇도 두려워할 필요가 없습니다. 그들은 가난하지만 정직합니다. 만일 악한 자가 노동자 복장을 하고 있었

49 Caussidière, *Mémoires de Caussidière*, vol.1, p.101.
50 *Ibid.*, vol.1, p.133.
51 마르크스는 『프랑스에서의 계급투쟁』에서 코시디에르 경찰의 부르주아적 성격을 비판하였다(K. マルクス, 『フランスにおける階級闘争』, 『マルクス・エンゲルス全集 7』, 大月書店, 1961, 20頁).
52 A. Rey and L. Féron, *Histoire du corps des gardiens de la paix*, Paris: Firmin-Didot, 1896, p.134.

다 해도 우리가 그들을 처리합니다."[53] 코시디에르는 로스차일드 앞에서 이와 같이 말하였다. 정치적이라는 점에서 코시디에르는 비밀경찰을 해체하고 스파이를 파면함과 동시에 경관에게 정치 개입을 훈계했다. 2월 27일 경찰서장들에 대한 훈시에서 그는 말한다. "제군의 첫 번째 임무가 어떤 형태로든 절도와 침탈을 막는 것임을 잊어서는 안 된다. …… 도적의 소굴을 감시하고, 정치는 방기하라. 정치는 제군을 난처하게 할 뿐이다."[54] 코시디에르는 3월 들어 급증한 정치적 클럽—그 수는 300개에 달하였다—이 만방에 퍼진 것을 2월 혁명의 위대한 성과로 보고, 그 동향에 개입하지 않는 한편, 3월 16일 국민위병 엘리트 부대의 해산 명령에 반대하며 일어난 '반혁명적' 데모에 대해서도 그가 조직한 몽타냐르 부대 일부를 비무장으로 시청 주변에 배치할 뿐 대부분 경찰청에 대기시켰다. "내가 두려워한 것은 정부에 대한 공격이 아니라 국민위병과 민중의 충돌이었다."[55] 코시디에르는 이 시기 파리에서 조직된 무장집단을 보유한 적지 않은 존재였지만, 정치적 움직임은 비개입의 입장을 고수했다.

코시디에르가 일상적 질서의 확보를 중시한 것은, 부르주아의 신뢰를 회복하여 고용이 증대하면 노동자들이 궁핍한 상황을 극복할 수 있다고 생각하였기 때문이다. '융화의 경찰'은 부르주아와 민중의 상호이해와 신뢰를 통한 일상적 질서의 유지에 공헌하며, 반부르주아적이지 않다는 것이 그의 주장이었다. 코시디에르는 5월 사건의 책임을 지고 사임될 상황에 몰리자 의회에서 다음과 같이 말하였다. "좋은 경찰은 국가 번영의 가장 효과적인 발판이다. …… 그것은 자본의 신뢰를 불러와 다른 어떠한 방책보다

---

53 Caussidière, *Mémoires de Caussidière*, vol.1, p.212.
54 *Ibid.*, vol.1, p.84.
55 *Ibid.*, vol.1, p.174.

강력하게 민중이 일을 되찾게 한다."[56]

'융화의 경찰'이라는 이름은 거창하지만, 코시디에르가 그 모델로 삼은 것은 로버트 필의 개혁 후 런던시 경찰이었다. 특히 정치적 개입 없이 '마법의 경찰봉' 이외에는 무기를 쥐지 않고 시내를 순찰해 시민의 신변과 재산을 보호할 제복경찰에서 그는 바람직한 경찰의 모습을 보았다. 코시디에르에 따르면, 프랑스는 물리적 억압이 아닌 질서 유지 장치의 건설 면에서 영국에 뒤지고 있었는데, 그 원인은 프랑스의 정치체제에 있다. "프랑스인의 특징은 지금까지 군주로 대표되어 온 법의 권위에 자발적으로는 따르지 않는 데 있다." 이에 반하여 인민주권하에서는 인민 자신이 법의 제정자이므로, 인민은 법의 권위에 자발적으로 따를 것이다. 따라서 "사회질서의 참된 대표자가 그들의 임무에 충실할 때 힘의 행사가 불필요한 날이 올 것이다".[57] 따라서 경찰은 물리력의 행사보다 예방과 보호를 본질적 임무로 삼게 되리라는 것이 코시디에르의 생각이었다.

몽타냐르 부대의 실제 활동에 대해서는 평가가 엇갈렸다. 코시디에르 경찰의 일원으로 파면된 아돌프 셰니에Adolphe Chenier, 오랜 세월 정치 스파이로 같이 해고된 드 라오드De Lahodde 등은 몽타냐르 부대가 무질서하고 부도덕한 집단이며, 경찰청이 그들의 술판과 야단법석의 장이 되었다고 비난한다.[58] 당초 코시디에르의 음모가스러운 정치적 경력과 출신 및 복장이 파리 부르주아의 불안감을 조장하였다. 그러나 밤낮으로 이어진 시내 순찰, 로스차일드 저택의 경비, 성주간聖週間에 신앙의 자유를 위해 시행

56 Caussidière, *Mémoires de Caussidière*, vol. 2, p. 160.
57 *Ibid.*, vol. 1, p. 268.
58 O'Brien, *Urban Growth and Public Order*, p. 138. 코시디에르 자신도 몽타냐르 부대의 흐트러진 규율을 인정하고 있다. "독립의 정신이 그들을 자주 무규율에 치닫게 하였다. 그러나 그들이 올바른 일에 따르지 않는 일은 결코 없었다"(Caussidière, *Mémoires de Caussidière*, vol. 1, pp. 101~102).

된 교회 문 앞 보초 등에 의해 평판은 차츰 호전된 것으로 보인다.[59] 보수계 신문『콘스티튜셔날』은 4월 9일 다음과 같이 쓰고 있다. "파리의 거리는 나날이 평온해지고 있다. 고수鼓手를 선두로 깃발을 든 행진은 이제 볼 수 없다. …… 행인이 많은 거리를 노점상이 막고 교통을 방해하는 일도 없다. 이 눈에 띄는 공공질서의 진전에 관하여 우리는 시민 코시디에르를 마음을 다하여 칭찬하자." 7월 왕정기의 경찰청 공안국장이던 루이 캉레Louis Canler도 코시디에르가 파리의 질서를 유지하는 데 거의 성공하였다고 말하고 있다.[60]

그러나 몽타냐르 부대가 중심이 된 부대만으로는 파리의 질서를 유지하기 힘든 점은 코시디에르 자신이 인정할 정도였다. 파리는 질서 유지를 위한 '제대로 조직된 부대'는 존재하지 않았고 "질서는 단지 공화주의적 우애의 힘만으로 유지되었다".[61] 임시정부도 파리의 도시질서를 유지하기 위한 경찰 확충에 노력하였다. 1848년 3월 22일, 다음과 같은 포고가 이어진다. "임시정부는 공공의 안전, 질서, 도로교통, 도로규제의 유지를 위하여 감시를 행하는 특별 기구를 새로운 기초 위에 조직하는 일이 무엇보다 중요하다고 보고 다음과 같이 보고한다. 제1조, 내무 장관과 파리시장의 책임으로, 파리 순찰대gardien de Paris의 명칭 아래 특별 기구가 창설된다. 제2조, 이 순찰대는 무기를 갖지 않는다."[62] 파리의 도시질서를 일상적으로 확보하기 위한 특별 조직이 필요하다는 공통된 인식이 있었다.

한편 이 포고에서 치안총감은 조직의 창설과 감독에서 배제되어 있다.

---

59 Rey and Féron, *Histoire du corps des gardiens de la paix*, p.143.
60 *Ibid.*, pp.146~149. 코시디에르도 자신이 재임하는 기간 범죄가 감소한 점을 자찬하고 있다. "거리는 평소의 평온함을 되찾았다. 거리는 밤에도 안전해졌다. 살인사건은 3개월 사이 매춘업소 출입구에서 한 건 일어났을 뿐이다. 절도는 거의 없어졌다. 당시 공표된 통계에 따르면 절도 건수는 이전에 비하여 눈에 띄게 감소하였다"(Caussidière, *Mémoires de Caussidière*, vol.1, p.189).
61 Caussidière, *Mémoires de Caussidière*, vol.1, p.229.
62 Rey and Féron, *Histoire du corps des gardiens de la paix*, p.146.

수도의 경찰력을 수중에 넣는다면 커다란 권력을 거머쥐는 것이므로 당연히 혁명정부 안에서 투쟁이 벌어졌고, 특히 그 직접적 관계자인 내무 장관, 치안총감, 센 도지사 및 파리시장의 권력투쟁의 불씨가 되었다. 코시디에르는 2월 24일 이후 경찰청을 지휘하고 있었지만, 3월 13일이 되어서야 겨우 치안총감의 지위를 임시정부로부터 정식으로 승인받은 사실이 보여 주듯, 불리한 입장에 있었다. 파리시장 아르망 마라스트Armand Marrast는 이 포고에 기초하여 즉시 순경의 징집을 시작하여, 코시디에르는 자치단체 경찰은 치안총감이 장악한다는 법률을 방패 삼아 내무 장관인 알렉상드르 르드뤼 롤랭Alexandre Ledru-Rollin에게 강하게 항의하였다. 르드뤼 롤랭은 코시디에르의 뜻을 인정하여 마라스트에게 순경 모집 중지를 요구하였으나 쉽게 받아들여지지 않아 코시디에르는 마라스트 지배하의 순경을 체포하고 처벌한다고 위협하였다.[63] 3월 29일 포고에서 코시디에르의 주장은 받아들여졌지만, 이 사건은 코시디에르의 지위와 파리 치안기구의 정치적 의미에 관하여 시사하는 바가 큰 사건이었다.

코시디에르의 치안총감으로서의 지위는 2월 24일 함께 경찰청을 탈취한 소브리에가 4월 16일 급진주의적 음모 혐의를 받고 체포되면서[64] 크게 흔들렸다. 코시디에르가 이 음모에 지지 혹은 가담하였다고 받아들여진 것이다. 5월 15일 폴란드의 독립을 지원하는 데모대의 국회 난입 사건이 코시디에르의 실각을 결정적으로 만들었다. 사건의 책임을 추궁받은 코시디에르는 자신이 정부의 결정기관에서 배제되어 있었으며, 난입 보고를 받고 100명의 부대를 파견하였으나 관료들이 반려했다고 항변하였으나 소용없었다. 다음 날인 16일 그는 사건의 책임을 지고 치안총감과 의원직에서 어

---

63 Caussidière, *Mémoires de Caussidière*, vol. 1, p. 229.
64 소브리에는 2월 27일 질병을 사유로 경찰청의 지휘에서 물러나, 리볼리가에 사무소를 차려 공화주의 운동에 종사하고 있었다.

쩔 수 없이 사임하였다.[65] 정부는 몽타냐르 부대의 해산을 명하고, 기동위병 garde mobile, 국민위병 및 군대를 통해 몽타냐르 부대의 무기를 몰수하였다. 코시디에르의 '융화의 경찰'은 두 달 반 만에 생을 마감하였다.

2월 혁명 직후부터 파리의 무장병력 부족을 통감하던 임시정부는, 그 결함을 메우기 위하여 기동위병을 조직하는 데 착수하였다. 이 조직은 주로 실업 상태의 젊은이를 징집하여 6월에는 1만 5000명까지 증강되었다. 5월 사건 이후 기동위병은 정부가 가장 신뢰하는 병력이 되어, 6월 반란을 진압하는 데 큰 역할을 하였다. 파리에 주둔하는 군대는 혁명 직후 1만 명 남짓하였으나, 6월에는 25만 명까지 증강되었다.[66] 5월 15일 사건 이후, 특히 6월 반란 이후, 파리의 질서를 유지하는 주력은 군대와 기동위병으로 넘어갔다. '융화의 경찰'이 군대와 유사군대에 의한 물리적 억압으로 바뀐 것이다.

코시디에르의 정치적 진의와는 별도로, 그가 창설한 몽타냐르 부대의 실제 활동은 당시 부르주아가 두려워할 정도로 정치적이지도, 반부르주아적이지도 않았다. 그러기는커녕 코시디에르는 그 활동이 정치적으로 비칠 것을 피하여 신변과 재산의 보호라는 일상적 질서 유지에 힘썼다. 그 활동 양식은 물리력의 행사보다 순찰에 의한 감시와 예방에 집중됐다. 이 점에서 '융화의 경찰'은 코시디에르 자신이 말하듯이 로버트 필이 행한 런던시 경찰개혁의 뒤를 잇는 것이라 할 수 있다. 그러나 수도의 질서와 그 유지 장치가 뛰어나 정치적 의미를 띠던 당시 상황에서 '융화의 경찰'도 어쩔 수 없이 정치적 맥락에 놓여 해체하게 되었다. 그러나 반정부적인 정치운동이나 민중봉기의 물리적 억압이 아닌, 신변과 재산의 보호라는 일상적 질서 유

---

65 Caussidière, *Mémoires de Caussidière*, vol.2, ch.2.
66 P. Amann, "Writing on the Second French Revolution", *Journal of Modern History*, vol.34, 1962, pp.409~429.

지를 위한 특별 장치의 필요성은 승인을 받아 살아남게 된다.

5. 군대에서 경찰로

파리만국박람회를 1년 앞둔 1854년, 나폴레옹 3세는 런던과 파리의 경찰을 비교·검토하여 파리 경찰의 개혁안을 작성하기 위한 특별위원회를 설치하였다. 내무 장관 비요 바렌은 9월 17일 제출한 보고서[67]에서 다음과 같이 썼다. 런던에는 인구비율로 보면 파리의 다섯 배에 해당되는 4764명의 순경이 배치되어 정해진 구역을 주야 순찰하고 있다. 그들의 직무는 범죄 예방에 있으며, 그들의 치밀한 감시망이 시민의 안전과 도시질서를 가장 효과적으로 보장하고 있다. 런던의 경찰에 비하면 파리의 경찰은 인원 면에서도 효율 면에서도 눈에 띄게 떨어진다. 적어도 경관을 현재의 세 배에 해당되는 약 3000명으로 증원하고, 구역을 정하여 순찰을 실시해야 한다. 도시 치안은 군대가 아닌 경찰이 맡아야 한다.

나폴레옹 3세는 이 보고에 따라 경찰개혁을 즉시 명했다. 파리의 경관은 이 법령에 따라 2년 사이에 3500명으로 증원되었다. 파리는 850곳의 순찰 구역에 분할되어 순경의 주야 순찰이 실시되었다. 48곳의 거리지구에는 경관이 상주하는 주재소가 설치되었다. 그와 동시에 복무규율도 엄격하게 규정되었다. 순경의 첫 번째 임무는 범죄 예방이며, 이를 위하여 순회구역의 주민과 외부 사람, 특히 의심이 가는 인물을 파악해야 한다. 창부에게 말을 거는 일이나 술집, 찻집에 드나드는 일, 팁을 받는 일은 금지되어 있다. 채용 기준도 엄격해졌다. 경관의 채용에는 특별위원회가 설치되어 과거의 경력,

---

67 이 보고서는 파리의 도시 개조와 치안 개선을 밀접하게 연결지어, 오스만의 파리 개선을 생각할 때 남다른 의미가 있다(Rey and Féron, *Histoire du corps des gardiens de la paix*, pp. 176~180).

일정한 신체적 조건, 인식 능력 등 지적 능력 시험에 합격해야 했다.[68] 경관에게는 "양호한 서비스를 제공하는 데 필요한 지성과 능력이 필수"[69]이기 때문이다. 여기서도 경찰이 시민의 도덕화, 규율화 역할을 달성할 수 있도록 먼저 경관의 규율화가 시도된 것이다.

치안 유지의 주력을 군대에서 경찰로 옮기고 런던식 경찰로 이행하는 데에는 불안과 반대도 적지 않았다. 1854년 10월 12일자 『라 파트리』*la Partrie*지는 이렇게 썼다. "런던의 경관이 특히 민간적 성격을 띠고 있다면 그것은 정갈한 습속이 특징인 주민의 필요에 부합하기 때문이다. 본질적으로 군대적 나라인 프랑스에서는 시경찰도 국민정신에서 그 성질을 받아 온다."[70] 이는 코시디에르가 영국에 비해 프랑스의 뒤처진 점이라고 생각한 바를 확인하는 것과 같았다.

이 개혁 이후, 제2제정의 20년간 경관의 총 숫자는 5000명에서 1만 2150명으로 2.5배 증가하였다. 이에 비하여 군대는 현역 병력 약 36만 명으로 큰 변화 없이, 1855년 1월 1일을 기하여 파리에서 철수하였고 주둔소는 치안총감 관할로 넘어가 대부분 구치소로 전용되었다.[71] 질서 유지에 직접 관여하는 헌병은 2만 4500명에서 2만 2000명으로 조금 감소하였다.

이리하여 제2제정 속에서 경찰이 국내 질서 유지를 맡는 주된 국가장치로 등장하게 된다.[72] 1854년 경찰개혁은 분명 이듬해 만국박람회를 염두에 둔 것이었다. 파리 방문객들은 만국박람회장에 진열된 프랑스 제품뿐 아니라, 거리에서 만나는 것으로 프랑스를 평가한다는 것이 나폴레옹 3세

68 H. C. Payne, *The Police State of Napoleon Bonaparte, 1851-1870*, Seattle: University of Washington Press, 1966, pp. 131~133.

69 Rey and Féron, *Histoire du corps des gardiens de la paix*, p. 188.

70 Emsley, *Policing and its Context, 1750-1870*, p. 97.

71 O'Brien, *Urban Growth and Public Order*, p. 311.

72 西川長夫, 『フランスの近代とボナパルティズム』, 岩波書店, 1984, 156~160頁.

와 그 측근의 생각이었다. "중요한 것은 이번 봄에 만국박람회를 통해 파리에 모여드는 많은 사람들이 그 유익한 제도[경찰]가 완벽히 가동되고 있음을 아는 데 있다."[73] 훌륭한 치안, 친절한 경관 등이 제2제정의 성립에 얽힌 어두운 이미지, 군사적 독립국가의 이미지를 불식할 최적의 무기라는 이유에서이다. 그러나 모든 것을 만국박람회로 귀착시키는 것은 너무 표상적일 것이다.

쿠데타로 성립된 루이 나폴레옹의 개인 독재라는 제2제정의 기본적 성격이 경찰기구를 확충하는 조건이었음은 부정할 수 없다. 개인 독재에 따라붙는 암살과 음모를 막기 위하여, 반정부파를 부단히 억압하며 감시·체포·감금하기 위하여 강력한 경찰이 필요했다. 다른 한편 제2제정은 인민투표와 보통선거를 체제의 주축으로 삼았기 때문에 신문의 논조와 선거 결과는 정부의 중대한 관심사가 될 수밖에 없었다. 검열 및 선거 간섭은 체제 유지의 중대한 수단이며, 그를 위하여 경찰의 확충이 요청된 것이다.

제2제정에 고유한 조건이 경찰의 확충을 야기했음은 부정할 수 없지만, '군대에서 경찰로'라는 질서 유지 장치의 중심의 이동은 조금 더 장기적인 관점에서 공업화와 도시화의 진행 속에서 바람직한 질서 유지 방식의 변화를 의미한다.

농업적 정주사회의 붕괴로 도시에는 비정주 인구가 유입되었다. 19세기 전반의 반세기 만에 두 배로 증가한 파리의 인구 절반은 지방에서 올라온 인구였다. 그들 중 많은 수는 생계를 위한 일자리를 얻지 못하고 열악한 조건 속에 놓였다. 도시 관리자 눈으로 보면, 그들은 범죄와 소란의 온상이며, 도시질서를 위협하는 '위험한 계급'이었다. 다른 한편 일찍이 도시질서를 떠받치던 시민의 자치적 조직은 도시로 유입하는 인구 증가와 함께 무

---

73 Rey and Féron, *Histoire du corps des gardiens de la paix*, p. 182.

력해졌다. 직인노동자를 규제하던 동업조합은 프랑스혁명으로 폐지되어 힘을 잃었으며, 새로이 유입되는 노동인구 중 많은 수는 그 규제력이 미치지 못하였다. 요컨대 도시질서 유지 시스템의 공백 상태가 생긴 것이다.

이러한 상황에 대한 가장 손쉬운 대책은 군대 내지 유사군대의 물리력에 의한 질서 유지이다. 그러나 그것은 소란이라는 결과를 억압할 수 있을지언정 그 모태인 일상생활을 규율화할 수는 없었다. 공업화가 노동력의 집적과 부단한 관리 규제를 필요로 하는 이상, 노동인구에 대한 일상생활의 규율화는 반드시 수행되어야 했다. 군대에서 경찰로의 중심 이동, 제복경찰의 순찰에 의한 도시질서의 일상적 확보의 중시는 바로 이 점을 표현하는 것이었다.

경찰에 의한 질서 유지도 물리력의 행사에 기초한 점에서 군대와의 동일성을 말하기는 쉽다. 그러나 여기서 주목하고자 하는 것은 동일성보다 군대와 경찰이 질서를 유지하는 기술적인 차이이다. 즉 경찰은 군대에 비하여 이데올로기에 더 많이 개입하고 이데올로기를 지배한다. 그것은 집회의 개입, 선거 간섭 등 정치에 직접 관여하는 면만이 아니다. 제복경찰에 의한 순찰, 지역 주민에게 침투해 그들을 파악하는 활동은, 주민의 일상적 이데올로기에 작동하여 그들에게 보이고 있다라는 의식을 정착시켜 그들의 규율화에 기여하였다. 군대에 의한 질서 유지가 민중 소란과 봉기라는 비일상성을 대상으로 하는 데 비하여 경찰, 특히 제복경찰의 순찰은 일상성을 대상으로 하며, 일상생활의 모세관적 관리를 목적으로 삼는다. 그것은 팬옵티콘적 효과가 거리에서 실현되도록 했다.

군대에 의한 질서 유지는 질서의 문제를 내전의 문제로 파악하고, 적을 물리력으로 진압하는 것이다. 그것은 권력에 있어 사활을 건 최후의 수단이며, 따라서 지배계급의 헤게모니가 아직 확립되지 않았음을 의미한다. 이에 비하여 경찰기구의 정비 및 확충은 민중의 일상생활을 관리 대상으로 삼는다. 그런 점에서 그것은 앞서 검토한 가족-학교라는 장치와 박애단체에 의한 민중의 규율화와 공통된 성격을 띤다고 할 수 있다. 이들 장치는 단순히 금지하고 억압하는 권력에서 사람들을 일상적으로 인도하며 관리하는 권력으로 비중이 이행하였음을 뜻한다. 그것은 부르주아 헤게모니가 일상생활 수준에서 확립되었음을 뜻하는 지표였다.

후기

이 책은 요 근래 15년 동안 쓴 글들을 기반으로 한 것이다.

과거에 쓴 논문을 서적으로 묶어 낼 때는 발표 당시의 논문을 최소한 수정하여 수록하는 방법과 다소 일관된 방향을 유지하기 위하여 대폭 가필하고 수정하는 방법이 있을 것이다. 이 책은 후자의 방법을 따라 원형이 거의 남지 않을 정도로 다시 썼다. 한번 매듭을 지은 논문이 쉽지만은 않았지만, 그 덕분에 다소라도 내용의 일관성을 유지할 수 있게 된 것은 아닐까 한다.

1장은 새로 쓴 원고로, 「관찰의 기술, 통치의 기법」을 부분적으로 이용했다. 2장은 「프랑스혁명에서 지식과 질서」를 대폭 가필하고 수정하였다. 3장의 기반이 된 것은 「여론 관념에 대하여」이지만, 왕권과 고등법원의 대립이 여론 관념의 탄생을 사유할 때 중요하다고 생각하여 그 부분을 중심으로 전면 수정하였다. 4장은 「왕권과 가족의 질서」를 기반으로, 봉인영장의 폐지와 혁명기 부권을 둘러싼 논의를 중심으로 다시 썼다. 5장은 「감시와 규율」에 의하되 계몽기의 빈곤을 둘러싼 담론과 '구걸근절위원회'의 논의를 중심으로 대폭 가필하고 수정하였다. 6장의 기반이 된 것은 「공업화와 도시의 질서」로, 비교적 원형에 가까운 상태로 수록하였다.[1]

나의 근무처인 교토대학 인문과학연구소는 공동연구를 하나의 축으로 삼고 있어, 3년 내지 4년마다 새로 꾸려지는 공동연구에 따라 나의 연구 대상도 움직였다. 그러니 요 15년 남짓되는 동안 연구 대상이 꽤 이동했다고 할 수 있다.

그러나 돌아보면 그동안 끊임없이 내가 염두에 둔 것은 '사회적 영역'의 생성과 그 인식의 전개라는 문제였다. 사회적 영역은 국가 및 종교로부터 구별되어 독립된 것으로 성립되지만, 동시에 한편에서는 통치 대상으로, 다른 한편에서는 올바른 정치 방식에 대한 비판의 근거로 생성된다. 또 사회적 영역의 인식은 사회적 사상의 관찰과 조사에 기초하여, 사회를 구성하는 사람들의 습속과 습관 속에서 작동되기 위한 것인 만큼 그에 걸맞은 실천적 장치계를 필요로 한다. 사회적 영역의 인식은 이론적일 뿐 아니라 실천적이기도 하다는 점이 특징이다. 인구, 국민, 여론, 공적부조라는 근대적 통치의 기본 개념은 그 같은 성격을 지니며 탄생하였다. 나의 연구는 대략 이러한 성격의 사회적 영역에 관한 지식을 검토하는 방향으로 진행되었다.

근대 사회사상사는 다양한 연구와 서술 방법이 있다. 루소라든지 애덤 스미스 등 대사상가의 사유 전개를 분석하여 역사적으로 조사하고 확인하는 것은 유력한 방법이며, 사상을 역사적으로 개괄하는 텍스트로 유익할 것이다. 그러나 사회사상사가 철학사상사나 정치사상사가 아닌 사회를 대상으로 하는 사상의 역사라고 한다면, 사회의 생성과 그 인식의 전개를 파악하는 것이 먼저 필요하다. 이 점은 사회사상사에만 국한되지 않는다. 근

---

1 1장부터 阪上孝, 「観察の技術, 統治の技術」, 阪上孝 編, 『統治技術の近代』, 同文舘, 1997; 「フランス革命における知識と秩序」, 『人文學報』 70号, 京都大学人文科学研究所, 1992; 「世論の概念について」, 『經濟論叢』 141巻 6号, 京都大学経済学会, 1988; 「王権と家族の秩序: 近代化と家族」, 『思想』 710号, 1983; 「監視と規律: 近代化と家族」, 『思想』 716号, 1984; 「工業化と都市の秩序」, 阪上孝 編, 『1848: 国家装置と民衆』, ミネルヴァ書房, 1985.

대가 사회적 영역의 성립과 불가분으로 묶여 있다면, 사회의 검토는 근대라는 시대의 의미를 파악할 때 불가결할 것이다. 이러한 관점에서 나는 이 책의 기반이 된 문장을 거의 전면적으로 다시 썼다. 여기에 묶인 글이 그러한 시도로 읽히고, 우리가 현재 살아가는 근대의 의미를 생각하도록 부분적으로나마 길을 열어 준다면 이 책에서 다소간 의미를 인정할 수 있겠다.

사회적 영역의 인식 문제를 사유하는 개념으로 알튀세르의 '국가의 이데올로기 장치'와 푸코가 '앎의 수준'이라 부른 것이 도움이 됐다. 이들 개념은 사회 속에서 사상사를 파악하여, 사회적 영역에 관한 지식의 상대적 독립성과 고유의 장치를 수반한 실천적 성격을 생각하는 데 유익하였다.

『사상』지를 편집하던 아이바 아츠시合庭惇 님께 이 책을 펴낼 상담을 하고 나서 꽤 긴 시간이 흘렀다. 원래대로라면 4, 5년 전에 완성했어야 했지만, 구상의 변화라든지 근무처에서 4년에 걸쳐 소장을 맡게 되어 여유가 없다는 이유 등으로 너무나 늦고 말았다.

이 책이 나오기까지 많은 분들에게 신세를 졌다. 내가 인문과학연구소에서 근무하게 된 이래 시종 변치 않는 지도와 연구만이 아닌 다양한 면에서 신세를 진 고 가와노 겐지河野健二 선생님께 말로 다 못할 정도로 은혜를 받았다. 선생님 생전에 이 책을 완성할 수 없어서 후회가 남는다. 인문과학연구소의 동료 도미나가 시게키富永茂樹 씨를 비롯하여 한 사람 한 사람 이름을 적을 수 없지만 오랜 시간에 걸쳐 공동연구하며 논의를 함께한 분들에게 이 책의 기반이 된 보고와 논문에 적절한 비평과 의견을 얻었다. 마음 깊이 감사드린다. 오늘날 힘든 출판 사정 속에서 이 책을 출판해 준 이와나미 서점, 「왕권과 가족의 질서」를 『사상』에 게재한 이후 이 책을 정리하는 데 힘써 주신 아이바 님, 담당자로서 집념으로 이 책을 편집하는 데 유익한 지적을 해주신 오시다 렌押田連 님께 마음 깊이 감사드린다.

참고문헌

Actes du colloques, Patriotisme et nationalisme en Europe à l'époque de la Révolution et de Napoléon, Paris: Societe des Etudes Robespierristes, 1970.

Archives Parlementaires de 1787 à 1860, première série (1787~1799), 94 vols., Paris: CNRS, 1867~1985.

Amann, P., "Writing on the Second French Revolution", *Journal of Modern History*, vol. 34, 1962.

Annales Économies-Sociétés-Civilisations, numéro spécial: famille et société, vol. 27, no. 4~5, 1972.

Antoine, M., *Louis XV*, Paris: Hachette, 1997.

Armengaud, A., *La population française au XIX*ᵉ *siècle*, Paris: PUF, 1971.

Baczko, B., *Une éducation pour la démocratie: Textes et projets de l'époque révolutionnaire*, Paris: Garnier Frères, 1982.

Bainter, E., *Les "Remontrances" de Malesherbes 1771-1775*, Paris: Flammarion, 1985.

Baecque, A., "L'homme nouveau est arrivé. La ⟨régénération⟩ du Français en 1789", *Dix-huitième siècle*, no. 20, Paris: PUF, 1988.

Baker, K. M., *Au tribunal de l'opinion*, trans. L. Evard, Paris: Payot, 1993.

_____, *Condorcet, From Natural Philosophy to Social Mathematics*, Chicago: University of Chicago Press, 1975.

Barère, B., "Rapport sur l'éducation révolutionnaire et républicaine" (1792), B. Baczko, *Une éducation pour la démocratie: Textes et projets de l'époque révolutionnaire*, Paris: Garnier Frères, 1982.

Bastide, P., *Sieyès et sa pensée*, Paris: Hachette, 1939.

Beaumont, G. and A. Tocqueville, *Note sur le système pénitentiaire et sur la mission confiée par le Monsieur le ministrère de l'Intérieur*, Paris: Imprimerie de H. Fournier, 1831.

Bergasse, N., "Discours sur la manière dont il convient de limiter le pouvoir législatif et le pouvoir exécutif dans une monarchie"(1789), *Archives Parlementaires de 1787 à 1860*, première série(1787~1799), Paris: CNRS, 1867~1985, vol.9.

Bergues, H. et al., *La prévention des naissances dans la famille,* Paris: PUF, 1960.

Bertaud, J.-P., *La vie quotidienne en France au temps de la Révolution*, Paris: Hachette, 1983.

Bertier de Sauvigny, G. de, *La France et les Français vus par les voyageurs américains 1814-1848,* Paris: Flammarion, 1982.

Blanqui, A., *Des Classes ouvrières en France pendant l'année 1848*, première partie(1849), Paris: EDHIS, 1979.

Bloch, C. and A. Tuetey, *Procès-verbaux et rapports du Comité de mendicité de la Constituante, 1790-1791*, Paris: Imprimerie nationale, 1911.

Bodin, J., *Six livres de la république*(1593), Paris: Fayard, 1986.

Bouquier, G., "Rapport sur le plan général d'instruction publique"(1793), B. Baczko, *Une éducation pour la démocratie: Textes et projets de l'époque révolutionnaire*, Paris: Garnier Frères, 1982.

Bourguet, M.-N., *Déchiffrer la France, La statistique départementale à l'époque napoléonienne*, Paris: éditions des archives contemporaines, 1988.

Braudel, F. and E. Labrousse, *Histoire économique et sociale en France*, Paris: PUF, 1970.

Brian, E., "Moyens de connaître les plumes", J.-B. Moheau, *Recherches et considérations sur la population de la France*, noted by E. Vilquin, Paris: INED/PUF, 1994.

Cabanis, P. J. G., "Observation sur les hopitaux"(1790), eds. C. Lehec and J. Cazeneuve, *Œuvres philosophiques de Cabanis*, vol.1, Paris: PUF, 1956.

_____, "Opinion sur le projet d'organisation des écoles primaires, et en général sur l'instruction publique"(1798), eds. C. Lehec and J. Cazeneuve, *Œuvres philosophiques de Cabanis*, vol.2, Paris: PUF, 1956.

_____, "Quelques considérations sur l'organisation sociale en général et particulièrement sur la nouvelle constitution"(1799), eds. C. Lehec and J. Cazeneuve, *Œuvres philosophiques de Cabanis*, vol.2, Paris: PUF, 1956.

_____, "Quelques principes, et quelques vues sur les secours publics"(1803), eds. C. Lehec and J. Cazeneuve, *Œuvres philosophiques de Cabanis*, vol.2, Paris: PUF, 1956.

Cambacérès, J.-J.-R. de, "Discours préliminaire du troisième projet de Code civil" (1796), P. A. Fenet, *Recueil complet des travaux préparatoires du Code civil*, vol.1, Paris, 1827.

_____, "Rapport fait à la Convention nationale sur le deuxième projet de Code civil"(1794), P. A. Fenet, *Recueil complet des travaux préparatoires du Code civil*, vol.1, Paris, 1827.

Castel, R., "Droit au secours et/ou libre accès au travail, les travaux du comité pour l'extinction de la mendicité de l'Assemblée constituante", eds. I. Théry and B. Christian, *La famille, la loi, l'Etat, de la Révolution au code civil*, Paris: Imprimerie nationale, 1989.

Caussidière, M., *Mémoires de Caussidière*, 2 vols., Paris: Michel Lévy Frères, 1849.

Challamel, J. B., ed. *Les clubs contre-révolutionnaires*(1895), New York: AMS Press, 1974.

Chaptal, J. A. C. de, "Circulaire du ministre de l'Intérieur aux préfets des départements"(1801), M.-N. Bourguet, *Déchiffrer la France, La statisque départementale à lépoque napoléonienne*, Paris: éditions des archives contemporaines, 1988.

Chartier, R., *Les Origines culturelles de la Révolution française*, Paris: Seuil, 1990.

Chevalier des Pommelles, J., *Tableau de la population de toutes les provinces de France*(1789), Paris: EDHIS, 1973.

Chevalier, L., *Classes laborieuses et classes dangereuses*, Paris: Plon, 1958.

Chevillet, G., *Les enfants assistés à travers l'histoire*, Paris: Berger, 1903.

Chisick, H., *The Limits of Reform in the Enlightenment*, Princeton: Princeton University Press, 1981.

Condorcet, M. J. A. N. de Caritat Marquis de, "Cinquième mémoire", eds. C. Coultel and C. Kinzler, *Cinq mémoires sur l'instruction*, Paris: edilig, 1989.

_____, "Eloge pour D'Alembert"(1783), published by A. O'Connor and F. Arago, *Œuvres de Condorcet*, vol.3(1847), Stuttgart-Bad Cannstatt: Friedrich Frommann Verlag, 1968.

_____, *Essai sur l'application de l'analyse à la probabilité des décisions rendues à la pluralité des voix, sur les élections*(1785), ed. Olivier de Bermon, Paris: Fayard, 1986.

_____, "Examen sur cet question: est-il utile diviser une assemblée nationale en plusieurs chambres?"(1789), published by A. O'Connor and F. Arago, *Œuvres de Condorcet*, vol.9, 1847.

_____, "Instruction sur l'exercice du droit de souveraineté"(1792), published by A. O'Connor and F. Arago, *Œuvres de Condorcet*, vol.10, 1847.

_____, "Journal d'instruction sociale"(1793), published by A. O'Connor and F. Arago, *Œuvres de Condorcet*, vol.12, 1847.

_____, "Plan de constitution, présenté à la convention nationale"(1793), published by A. O'Connor and F. Arago, *Œuvres de Condorcet*, vol.12, 1847.

_____, "Premier Mémoire", eds. C. Coultel and C. Kinzler, *Cinq mémoires sur l'instruction*, Paris: edilig, 1989.

_____, "Rapport sur l'organisation générale de l'instruction publique"(1792), B. Baczko, *Une éducation pour la démocratie: Textes et projets de l'époque révolutionnaire*, Paris: Garnier Frères, 1982.

_____, "Réflexions sur le commerce des blés"(1776), published by A. O'Connor and F. Arago, *Œuvres de Condorcet*, vol.11(1847), Stuttgart-Bad Cannstatt: Friedrich Frommann Verlag, 1968.

_____, "Troisième Mémoire", eds. C. Coultel and C. Kinzler, *Cinq mémoires sur l'instruction*, Paris: edilig, 1989.

Constant, B., "De la liberté des anciens comparée à celle des modernes, Discours prononçé à l'Athénée royal de Paris en 1819", ed. M. Gauchet, *De la liberté chez les modernes*, Paris: Livre de poche, 1980.

Daunou, P. C. F., "Rapport sur l'instruction publique"(1795), B. Baczko, *Une éducation pour la démocratie: Textes et projets de l'époque révolutionnaire*, Paris: Garnier Frères, 1982.

Delasselle, C., "Les enfants abandonnés à Paris au XVIIIe siècle", *Annales ESC*, vol.30, no.1, 1975.

Deparcieux, A., *Essai sur les probabilités de la durée de la vie humaine*(1746), Paris: EDHIS, 1973.

Depauwe, J., "Amour illégitime et société à Nantes au XVIIIe siècle", *Annales ESC*, vol.27, no.4~5, 1972.

Destutt de Tracy, A. L. C., *Observations sur le système actuel d'instruction publique*, Paris: Imprimerie nationale, 1801.

d'Holbach, P. H. D., *Système social*(1773), Paris: Fayard, 1994.

Diderot, D., "Plan d'une université pour le gouvernement de Russie"(1775), eds. J. Assézat and M. Tourneux, *Œuvres de Diderot*, vol.3, Paris: Garnier Frères, 1876.

Diderot, D. and J. R. d'Alembert eds., *Encyclopédie, ou dictionnaire raisonné des sciences, des arts et des métiers*, Paris, 1751~1772.

Dommanget, M., "Le prosélytisme révolutionnaire à Beauvais et dans l'Oise, l' enseignement populaire et civique", *Annales historiques de la Révolution française*, vol.7, no.5, 1930.

Donnant, D. F., *Théorie élementaire de la statistique*, Paris: Imprimerie de Valade, 1805.

Donzelot, J., *La police des familles*, Paris: Minuit, 1977.

Doyle, W., "The Parlements", K. M. Baker, *The Political Culture of the Old Regime*, Oxford: Pergamon Press, 1987.

Ducos, J.-F., "Sur l'instruction publique et spécialement sur les écoles primaires, 18 dec. 1792", ed. J. Guillaume, *Procès verbaux du Comité d'instruction publique de la Convention I* , Paris: Imprimerie nationale, 1891.

Dupâquier, J. and M. Dupâquier, *Histoire de la démographie*, Paris: Perrin, 1985.

Du Pont de Nemours, P. S., "Idées sur les secours à donner aux pauvres malades dans une grande ville"(1786), *Œuvres politiques et économiques*, vol.4, Nendeln: KTO presse, 1979.

Dupront, Alphonse, *Qu'est-ce que les Lumières*, Paris: Gallimard, 1996.

Durand de Mailllane, *Plan de Code civil et uniforme pour toute la République française*, lu au comité de législation le 8 juillet 1793, Paris: Imprimerie nationale, 1793.

Durantin, A., "L'agent de la rue de Jerusalem", *Les Français peint par eux-mêmes*, vol.2, Paris: Louis Curmer éditeur, 1840.

_____, "Le sergent de ville", *Les Français peint par eux-mêmes*, vol.5, Paris: Louis Curmer éditeur, 1842.

Duroselle, J.-B., *Les débuts du catholicisme social en France, 1822-1871*, Paris: PUF, 1951.

Duruy, A., *L'instruction publique et la Révolution*, Paris: Hachette, 1879.

Egret, J., *Louis XV et l'opposition parlementaire*, Paris: Armand Colin, 1970.

Emmanuelli, F.-X., "⟨Ordre du Roi⟩ et lettres de cachet en Provence", *Revue historique*, no.512, 1974.

Emsley, C., *Policing and its Context, 1750-1870*, Oxford: Macmillan, 1983.

Esmonin, E., *Études sur la France des 17ᵉ et 18ᵉ siècles*, Paris: PUF, 1964.

Expilly, L'abbe J.-J., *Tableau de la population de la France*(1780), Paris: EDHIS, 1973.

Faÿ-Sallois, F., *Les nourrices à Paris au XIXᵉ siècle*, Paris: Payot, 1980.

Farge, A., *Dire et mal dire, L'opinion publique au XVIIIᵉ siècle*, Paris: Seuil, 1992.

_____, *Vivre dans la rue à Paris au XVIIIᵉ siècle*, Paris: Gallimard, 1979.

Farge, A. and M. Foucault, *Le désordre des familles*, Paris: Gallimard, 1982.

Fix, T., *Observations sur l'état des classes ouvrières*, Paris: Édition Guillaumin, 1845.

Flammermont, J., *Remontrances du Parlement de Paris au XVIIIᵉ siècle* (1888-1898), 3 vols., Genève: Mégariotis Reprints, 1978.

Flandrin, J. L., *Les amours paysannes*, Paris: Gallimard, 1975.

Foucault, M., "Titres et travaux", *Dits et Ecrits*, vol. 1, Paris: Gallimard, 1994.

Frégier, H.-A., *Des classes dangereuses de la populatiom dans les grandes villes, et des moyens des les rendre meilleurs*, 2 vols., Paris: J.-B. Baillière, 1840.

Funck-Brentano, F., *Les lettres de cachet à Paris*, Paris: Imprimerie nationale, 1903.

Furet, F., *Penser la Révolution française*, Paris: Gallimard, 1978(大律眞作 訳, 『フランス革命を考える』, 岩波書店, 1989).

Gabourdin, G. and J. Dupâquier, "Les sources et les institutions", ed. J. Dupâquier, *Histoire de la population française II*, Paris: PUF, 1988.

Galliano, P., "La mortalité infantile dans la banlieue sud de Paris à la fin du XVIIIᵉ siècle", *Annales de démographie historique 1966*, Paris: Mouton, 1966.

Ganochaud, C., *L'opinion publique chez Jean-Jacques Rousseau*, Paris: Librairie Honoré Champion, 1980.

Garat, D. J., *Mémoires sur la Révolution ou exposé de ma conduite dans les affaires et dans les fonctions publiques*, Paris: Imprimerie de J. J. Smits, 1795.

Garden, M., "L'attraction de Lyon à la fin de l'Ancien Régime", *Annales de démographie historique 1970*, Paris: Mouton, 1970.

_____, *Lyon et lyonnais au XVIIIᵉ siècle*, Paris: Société d'édition ⟨Les belles lettres⟩, 1970.

Gauchet, M., *La Révolution des pouvoirs, La souveraineté, le peuple et la représentation 1789-1799*, Paris: Gallimard, 1995.

Gélis, J., M. Laget and M.-F. Morel, *Entrer dans la vie*, Paris: Gallimard, 1978.

Gérando, J.-M. de, *Le visiteur du pauvre*, Paris: Louis Colas, 1820, revised edition, 1826, Paris: J.-M. Place, 1989.

Girard, L., *La garde nationale, 1814-1871*, Paris: Plon, 1964.

Gisquet, J. H., *Mémoires de Gisquet,* 4 vols., Paris: Editions du Magasin Théatral, 1840.

Grant, J., *Paris and its People*, 2 vols., London: Saunders and Otley, 1844.

Graunt, J., "Natural and Political Observations mentioned in a following index, and made upon the Bill of Mortality"(1662), ed. C. H. Hull, *The Economic Writings of Sir William Petty*, Cambridge: Cambridge University Press, 1899, vol.2(久留間鮫造 訳, 『死亡表に関する自然的及政治的諸観察』, 栗田書店, 1941).

Grosclaude, P., *Malesherbes, témoin et interprète de son temps*, Paris: Librairie Fischbacher, 1961.

Gunn, J. A. W., *Beyond Liberty and Property*, Kingston, Ontario: McGill-Queen's University Press, 1983.

Hatin, E., *Histoire politique et littéraire de la presse en France*, vol.3., Paris: Poulet-Malassis et de Broise, 1859.

Herbert, C.-J., *Essai sur la police générale des grains, sur leurs prix et sur les effets de l'agriculture,* London, 1753.

Hufton, O. H., *The Poor of Eighteenth Century France 1750-1789*, Oxford: Oxford University Press, 1974.

Hull, C. H., ed. *The Economic Writings of Sir William Petty*, 2 vols., Cambridge: Cambridge University Press, 1899.

Jaume, L., *Le discours jacobin et la démocratie*, Paris: Fayard, 1989.

Joseph, I. and P. Fritsch, "Disciplines à domicile", *Recherches*, no.28, 1977.

Joynes, C., "The Gazette de Leyde: The Opposition Press and French Politics, 1750-1757", J. R. Censer and J. D. Popkin, *Press and Politics in Pre-Revolutionary France*, Berkeley: University of California Press, 1987.

Julia, D., *Les trois couleurs du tableau noir, la Rèvolution*, Paris: Belin, 1981.

Kaplan, S. L., *Bread, Politics and Political Economy in the Reign of Louis XV*, La Haye: Martinus Nijhoff, 1976.

Koselleck, R., *Le règne de la critique*, trans. H. Hildenbrand, Paris: Minuit, 1979.

Lakanal, J., "Rapport sur l'établissement des Écoles normales"(1794), B. Baczko, *Une éducation pour la démocratie: Textes et projets de l'époque révolutionnaire*, Paris: Garnier Frères, 1982.

Lally-Tollendal, T. G., "Premier discours sur la déclaration des droits de l'homme,

11 juillet 1789", F. Furet and R. Halévy, *Orateurs de la Révolution française I*, Paris: Gallimard, 1989.

Lavergne, A., *Les économistes français au XVIIIe siècle en France*(1870), Genève: Slatkin, 1970.

Lebrun, F., *La vie conjugale sous l'Ancien Régime*, Paris: Armand Colin, 1975.

Le Clère, M., *Histoire de la police*, Paris: PUF, 1947.

Le Mée, R., "Jean-Baptiste Moheau(1745-1794) et Recherche ... un auteur énigmatique ou mythique?", J.-B. Moheau, *Recherches et considérations sur la population de la France*, noted by E. Vilquin, Paris: INED/PUF, 1994.

Le Roy Ladurie, E., "Un phénomène bio-socioculturel: l'allaitement mercenaire en France au XVIIIe siècle", *Commucation*, no.31, 1979.

Leymarie, M., "Emigration et structure sociale en Haute-Auvergne à la fin du XVIIIe siècle", *Revue de la Haute-Auvergne*, vol.35, 1956.

Locke, J., "An Essay concerning Human Understanding", *The Works of John Locke*(1823), Aalen: Scientia Verlag, 1963, vol. 2(大槻春彦 訳,『人間知性論』, 全4冊, 岩波書庫, 1972~1977).

Malouet, P.-V., "Discours sur la déclaration des droits de l'homme, 1er août 1789", F. Furet and R. Halévy, *Orateurs de la Révolution française I*, Paris: Gallimard, 1989.

Malesherbes, C.-G. L. de, "Discours prononcé dans l'Académie française"(1775), *Œuvres inédites de Malesherbes*, Paris, 1808.

_____, "Remontrances de 1771"(1771), E. Badinter, *Les "Remontrances" de Malesherbes, 1771-1775*, Paris: Flammarion, 1985.

_____, "Remontrances de 1775"(1775), E. Badinter, *Les "Remontrances" de Malesherbes, 1771~1775*, Paris: Flammarion, 1985.

Mauco, G., *Les Migrations ouvrières en France au début du XIXe siècle, d'après les rapports des préfets de l'Empire de 1808 à 1813*, Paris: Lesot, 1932.

Ménétra, J.-L., *Journal de ma vie*, ed. D. Roche, Paris: Montalba, 1982.

Mercier de la Rivière, "L'ordre natural et essentiel des sociétés politiques"(1767), ed. E. Daire, *Collection des principaux économistes II: Physiocrates*(1846), Osnabrück: Otto Zeller, 1966.

Mercier, L. S., *Le Tableau de Paris*, 12 vols.(1782-1788), Genève: Slatkin, 1979(原宏 編訳,『一八世紀パリ生活誌』, 全2冊, 岩波書庫, 1989).

Messance, L., *Nouvells recherches sur la population*(1788), Paris: EDHIS, 1973.

_____, *Recherches sur la population*(1766), Paris: EDHIS, 1973.

Meyer, J., "Une enquête de l'Académie de médecine sur les épidémies (1774~1784)", *Annales ESC*, vol. 21, no. 3, Paris: Armand Colin, 1966.

Meyer, P., *L'enfant et la raison d'État*, Paris: Seuil, 1977.

Mirabeau, H.-G. R., "Des lettres de cachet et des prisons d'Etat" (1782), *Œuvres de Mirabeau*, vol. 7, Paris: Didier, 1835.

_____, "Discours sur la sanction royale aux décrets des 4 et 11 août" (1789), F. Furet and R. Halévy, *Orateurs de la Rèvolution française I.*, Paris: Gallimard, 1989.

_____, "Observations d'un voyageur anglais sur Bicêtre" (1788), *Œuvres de Mirabeau*, vol. 3, Paris: Didier, 1835.

_____, "Travail sur l'éducation publique" (1791), B. Baczko, *Une éducation pour la démocratie: Textes et projets de l'époque révolutionnaire*, Paris: Garnier Frères, 1982.

Mirabeau, V. R. de, *L'ami des hommes, ou traité de la population* (1756), Aalen: Scientia Verlag, 1970.

Moheau, J.-B., *Recherches et considérations sur la population de la France* (1778), noted by E. Vilquin, Paris: INED/PUF, 1994.

Monnier, R., *L'escape public démocratique*, Paris: Kimé, 1994.

Morel, M.-F., "Ville et campagne dans le discours médical", *Annales ESC*, vol. 32, no. 5, 1977.

Murat, P., "La puissance paternelle et la Révolution française: essai de régénération de l'autorité des pères", eds. I. Théry and B. Christian, *La famille, la loi, l'Etat, de la Révolution au code civil*, Paris: Imprimerie nationale, 1989.

Nathans, B., "Habermas's 'Public sphere' in the era of French Revolution", *French Historical Studies*, vol. 16, 1990.

Necker, J., "Administrations provinciales, Mémoire au roi, sur l'etablissement des Administrations provinciales" (1778), *Œuvres complètes de M. Necker*, vol. 3, Aalen: Scientia Verlag, 1970.

_____, "De l'administration des finances de la France" (1784), *Œuvres complètes de M. Necker*, vols. 4~5, Aalen: Scientia Verlag, 1970.

O'Brien, P. A., *Urban Growth and Public Order: The Development of a Modern Police in Paris, 1829-1854*, Ann Arbor: University Microfilms International, 1973.

Ozouf, M., *L'homme régénéré, essais sur la Révolution française*, Paris: Gallimard, 1989.

Paultre, C., *De la répressions de la mendicité et du vagabondage en France sous l'ancien régime*, Paris: Larose et Jenin, 1906.

Payne, H. C., *The Police State of Napoleon Bonaparte, 1851-1870*, Seattle: University of Washington Press, 1966.

Pernoud, R., *L'histoire de la bourgeoisie en France*, 2 vols., Paris: Seuil, 1981.

Perrot, J.-C., *L'age d'or de la statistique régionale française (an IV-1804)*, Paris: Société des Etudes Robespierristes, 1977.

_____, "Les économistes, les philosophes et la population", ed. J. Dupâquier, *Histoire de la population française*, vol. 2., Paris: PUF, 1988.

Popkin, J. D., "The Prerevolutionary Origins of Political Journalism", K. M. Baker, *The Political Culture of the Old Regime*, Oxford: Pergamon Press, 1987.

Portalis, J.-E.-M., "Discours préliminaire sur le projet de code civil", *Ecrits et Discours juridiques et politiques*, Marseille: Presses universitaires d'Aix-Marseille, 1988.

Poussou, J.-P., "Les mouvements migratoires en France et à partir de la France de la fin du au XVe siècle au début du XIXe siècle", *Annales de démographie historique 1970*, Paris: Mouton, 1970.

Procacci, G., *Gouverner la misère, La question sociale en France(1789-1848)*, Paris: Seuil, 1993.

Quesnay, F., "Du commerce" (1766), *François Quesnay et la physiocratie II*, Paris: INED, 1958.

_____, "Fermiers" (1756), *François Quesnay et la physiocratie II*, Paris: INED, 1958.

_____, "Grains" (1757), *François Quesnay et la physiocratie II*, Paris: INED, 1958.

_____, "Hommes" (1757), *François Quesnay et la physiocratie II*, Paris: INED, 1958.

Quétel, C., *De par le Roi, Essai sur les lettres de cachet*, Paris: Privat, 1981.

Rabaut Saint-Etienne, J.-P., "Projet d'éducation nationale" (1792), B. Baczko, *Une éducation pour la démocratie: Textes et projets de l'époque révolutionnaire*, Paris: Garnier Frères, 1982.

Rashed, R., *Condorcet, Mathématique et société*, Paris: Hermann, 1982.

Rebérioux, M., "Du Comité de mendicité au Rapport Barère: continuité et évolution", *Démocratie et pauvreté*, Paris: Quatre Monde/Albin Michel, 1991.

Réimpression de l'Ancien Moniteur, 32 vols., Paris: Henri Plon, 1858~1863.

Rétat, P., "Roi, peuple(s), nation à la fin de l'Ancien Régime", eds. S. Rémi-Giraud and P. Rétat, *Les mots de la nation*, Lyon: Presse Universitaire de Lyon, 1996.

Rey, A. and L. Féron, *Histoire du corps des gardiens de la paix*, Paris: Firmin-Didot, 1896.

Ripert, H., *Le marqui de Mirabeau*, Paris: A. Rousseau, 1901.

Robespierre, M., "Le défenseur de la Constitution"(1792), *Œuvres de Robespierre*, vol.4, Paris: Félix Alcan, 1939.

_____, "Pour des mesures de salut public, 8 mai 1793"(1793), *Œuvres de Robespierre*, vol.9, Paris: PUF, 1958.

_____, "Rapport au 18 floréal an II"(1794), *Œuvres de Robespierre*, vol.10, Paris: PUF, 1967(河野健二,『資料フランス革命』, 岩波書店, 1989에 발췌 번역).

_____, "Sur la Constitution, 10 mai 1793"(1793), *Œuvres de Robespierre*, vol.9, Paris: PUF, 1958.

_____, "Sur la nomination de Beaucharnais au ministère de la Guerre, 14 juin 1793"(1793), *Œuvres de Robespierre*, vol.9, Paris: PUF, 1958.

_____, "Sur la nouvelle déclaration des droits"(1793), *Œuvres de Robespierre*, vol.9, Paris: PUF, 1958.

_____, "Sur la rééligbilité des membres du corps legislatif"(1791), *Œuvres de Robespierre*, vol.7, Paris: PUF, 1956.

Roederer, P. L., "De la majorité nationale, de la manière dont elle se forme, et des moyens auxquels on peut la reconnaître, ou Théorie de l'opinion publique" (1797), L. Jaume, *Échec au libéralisme*, Paris: Kimé, 1990.

Romme, G., "Rapport sur l'instruction publique, considérée dans son ensemble" (1792), B. Baczko, *Une éducation pour la démocratie: Textes et projets de l'époque révolutionnaire*, Paris: Garnier Frères, 1982.

Romon, C., "Mendiants et policiers à Paris au XVIIIe siècle", *Annales ESC*, vol.37, Paris, 1982.

Rousseau, J.-J., "Dépèches de Venise", *Œuvres complètes de Jean-Jacques Rousseau*, vol.3, Paris: Gallimard, 1964.

Sagnac, P., *La législation civile de la Révolution française*, Paris: Fentemoing, 1899.

Sandrin, J., *Enfants trouvés, enfants ouvriers, 17e-19e siècle*, Paris: Aubier, 1982.

Sauvy, A., ed., *Les Principaux démographes français au XVIIIe siècle*, Paris, 1973.

Segalen, M., *Mari et femme dans la société paysanne*, Paris: Flammarion, 1980.

_____, *Sociologie de la famille*, Paris: Armand Colin, 1981.

Sewell, W. H. Jr., *Work and Revolution in France, The Language of Labor from the Old Regime to 1848*, Cambridge: Cambridge University Press, 1980.

Shorter, F., *The Making of the Modern Family*, New York: Basic Books, 1975.

Sieyès, E.-J., "Dire de l'abbé Sieyès, sur la question du veto royal, à la séance du 7 septembre 1789"(1789), *Œuvres de Sieyès*, vol.2, Paris: EDHIS, 1989.

_____, "Du nouvel établissement public de l'instruction en France"(1793), *Œuvres de Sieyès*, vol.3, Paris: EDHIS, 1989.

_____, *Emmanuel-Joseph Sieyès, Ecrits politiques*, ed. R. Zapperi, Paris: Editions des archives contemporaines, 1989.

_____, "Observations sur le rapport du Comité de Constitution"(1789), *Œuvres de Sieyès*, vol.2, Paris: EDHIS, 1989.

_____, "Opinion de Sieyès"(1795), *Œuvres de Sieyès*, vol.3, Paris: EDHIS, 1989.

_____, "Préliminaire de la Constitution Française"(1789), *Œuvres de Sieyès*, vol.2, Paris: EDHIS, 1989.

_____, "Qu-est ce que le Tiers Etat?"(1789), *Œuvres de Sieyès*, vol.1, Paris: EDHIS, 1989(河野健二,『資料フランス革命』, 岩波書店, 1989에 발췌 번역).

_____, "Vues sur les moyens d'exécution don't les représentants de la France pourront disposer en 1789"(1789), *Œuvres de Sieyès*, vol.1, Paris: EDHIS, 1989.

Stearns, P. N., *Pathos to Authority*, Urbana: University of Illinois Press, 1978.

Talleyrand-Périgord, C. M. de, "Rapport sur l'instruction publique"(1791), B. Baczko, *Une éducation pour la démocratie: Textes et projets de l'époque révolutionnaire*, Paris: Garnier Frères, 1982.

Thiers, A., *Discours parlementaires de M. Thiers*, vol.5, Paris: Calmon, 1870.

Tocqueville, A. de, *L'Ancien Régime et la Révolution*, 2 vols., Paris: Gallimard, 1953.

Tominaga, S., "L'impossible groupement intermédiaire: étéautomne 1791", *Zinbun: Annals of the Institute for Research in Humanities*, no.28, Institute for Research in Humanities, Kyoto University, 1994.

_____, "Voice and Silence in the Public Space: the French Revolution and the Problem of Secondary Group", *Cahiers d'épistémologie.*, no.9607, Montréal, 1996.

Tulard, J., *La préfecture de police sous la monarchie de juillet*, Paris: Imprimerie Municipale, 1964.

Turgot, A.-R.-J., "Arrêt du Conseil instituant une Commission des épidémie et épizootie"(1776), ed. G. Schelle, *Œuvres du Turgot*, vol.5, Paris: Felix Alcan,

1923.

_____, "Edit de suppression"(1776), ed. G. Schelle, *Œuvres du Turgot*, vol.5, Paris: Felix Alcan, 1923.

_____, "Fondations"(1757), ed. G. Schelle, *Œuvres du Turgot*, vol.1, Paris: Felix Alcan, 1913(律田內匠 訳,『チュルゴ経済学著作集』, 岩波書店, 1962).

_____, "Instructions sur les moyens les plus convenables de soulager les pauvres"(1768), ed. G. Schelle, *Œuvres du Turgot*, vol.2, Paris: Felix Alcan, 1914.

_____, "Sur la géographie politique"(1753), ed. G. Schelle, *Œuvres du Turgot*, vol.1, Paris: Felix Alcan, 1913.

_____, "Sur la municipalité"(1775), ed. G. Schelle, *Œuvres du Turgot*, vol.4, Paris: Felix Alcan, 1922.

Vauban, S. L. P., "Méthode générale et facile pour faire le dénombrement des peuples"(1686), E. Vilquin, "Vauban inventeur des recensements", J.-P. Bardet et al., *Annales de démographie historique 1975*, Paris: Mouton, 1975.

_____, "Dîme royale"(1707), ed. E. Daire, *Collection des principaux économistes I*(1845), Osnabrück: Otto Zeller, 1966.

Villermé, L. R., *Tableau de l'état physique et moral des ouvriers employés dans les manufactures de coton, de laine et de soie*, 2 vols.(1840), Paris: EDHIS, 1979.

Vilquin, E., "Vauban inventeur des recensements", J.-P. Bardet et al., *Annales de démographie historique 1975*, Paris: Mouton, 1975.

Vivien, A., "Etudes Administratives II", *Revue des deux mondes*, vol.32, 1842.

Vonglis, B., "L'Etat c'est bien lui", *Essai sur la monarchie absolue*, Paris: Editions Cujas, 1997.

Zapperi, R., *Emmannuel Joseph Sieyès, Ecrits politiques*, Paris: Editions des archieves contemporaines, 1997.

阿河雄二郎,「一八世紀パリの穀物定策」, 中村賢二郎 編,『歴史のなかの都市』, ミネルヴァ書房, 1986.

アリストテレス,『政治学』, 山本光雄 訳, 岩波書房, 1961.

アルチュセール,『国家と国家のイデオロギー装置』, 西川長夫 訳, 福村書店, 1975.

アンダーソン, B.,『想像の共同体: ナショナリズムの起源と流行』, 白石隆・白石さや 訳, リブロポート, 1987.

安藤隆穂,『フランス啓蒙思想の展開』, 名古屋大学出版会, 1989.

石井三記,「一八世紀フランスの「国制」像」, 樋口謹一 編,『空間の世紀』, 筑摩書房, 1988.

ヴィドック, F.,『ヴィドック回想録』, 三宅一郎 訳, 作品社, 1988.

ヴォルテール,『哲學辞典』, 高橋安光 訳, 法政大學出版局, 1988.

臼田昭,『ピープス氏の秘められた日記』, 岩波新書, 1982.

大澤真幸,「王の身体の二重性 1」,『みすず』366号, みすず書房, 1991.

河野健二,「科学者と政治」,『革命と近代ヨーロッパ』(歴史を読む 1), 岩波書店, 1996.

_____,『資料フランス革命』, 岩波書店, 1989.

_____,『資料フランス初期社会主義』, 平凡社, 1979.

_____,「フランス革命と経済思想」(1959),『フランス革命の思想と行動』(近代を問う 1), 岩波書店, 1995.

カンティロン, R.,『商業試論』, 津田内匠 訳, 名古屋大学出版会, 1992.

カントロヴィチ,『王の二つの身体: 中世政治神学研究』, 小林公 訳, 平凡社, 1992.

木崎喜代治,『マルジェルブ: フランス一八世紀の一貴族の肖像』, 岩波書店, 1986.

_____,「《紹介》 Claude Quétel, *De par le Roy: Essai sur les lettres de cachet*, Toulouse 1981」,『経済論叢』134巻, 1・2号, 京都大学経済学会, 1983.

_____,「18世紀におけるパルルマンと王権 1」,『経済論叢』134巻 5・6号, 京都大学経済学会, 1984.

_____,「18世紀におけるパルルマンと王権 2」,『経済論叢』135巻 5・6号, 京都大学経済学会, 1985.

_____,「18世紀におけるパルルマンと王権 3・完」,『経済論叢』136巻 2号, 京都大学経済学会, 1985.

喜安朗,『パリの聖月曜日』, 平凡社, 1982.

桑原武夫,「ナショナリズムの展開」, 桑原武夫 編,『フランス革命の研究』, 岩波書店, 1959.

古賀英三郎,『モンテスキュー』(人類の知的遺産 39), 講談社, 1982.

コンドルセ,『人類精神進歩史』, 全2冊, 渡辺誠 訳, 岩波文庫, 1951.

阪上孝,「観察の技術, 統治の技術」, 阪上孝 編,『統治技術の近代』, 同文館, 1997.

_____,「空間の政治経済学」, 樋口謹一 編,『空間の世紀』, 筑摩書房, 1988.

_____,『フランス社会主義』, 新評論, 1981.

_____,「窓ガラス職人とルソーの対話」,『図書』, 6月号, 岩波書店, 1985.

作田啓一,『ジャン-ジャック・ルソー』, 人文書院, 1980.

柴田三千雄,『近代世界と民衆運動』, 岩波書店, 1983.

スタロバンスキー, J.,『病のうちなる治療薬』, 小池健男・川那部保明 訳, 法政大学出

版局, 1993.

ダーントン, R., 『猫の大虐殺』, 海保眞夫・鷲見洋一 訳, 岩波書店, 1986.

高村学人, 「フランス革命期における反結社法の社会像」, 『早稲田法学会誌』48巻, 1998.

谷川稔, 『フランス社会運動史』, 山川出版社, 1983.

遅塚忠躬, 「アンシァン・レジーム」, 青山他 編, 『家族の歴史』(『講座家族』第1巻), 弘文堂, 1973.

津田内匠, 「フランス革命と産業主義」, 『経済研究所年報』3号, 成城大学経済研究所, 1990.

デフォー, D., 『疫病流行記』, 泉谷治 訳, 現代思潮社, 1967.

富永茂樹, 「オスマンとパリ改造事業」, 河野健二 編, 『フランス・ブルジョア社会の成立』, 岩波書店, 1977.

_____, 「バスティーユからビセートルへ」, 阪上孝 編, 『統治技術の近代』, 同文舘, 1997.

中川久定, 『ディドロ』(人類の知的遺産 41), 講談社, 1985.

西川長夫, 「フランス革命と国民統合」, 『思想』789号, 岩波書店, 1990.

_____, 『フランスの近代とボナパルティズム』, 岩波書店, 1984.

西川祐子, 「地球と人類の発見」, 樋口謹一 編, 『空間の世紀』, 筑摩書房, 1990.

二宮・樺山・福井 編訳, 『魔女とシャリヴァリ』, 新評論, 1982.

二宮宏之, 『全体を見る眼と歴史家たち』, 木鐸社, 1986.

ハーバーマス, J., 『公共性の構造転換』, 細谷貞雄 訳, 未來社, 1973.

バダンテール, E., 『プラス・ラブ』, 鈴木晶 訳, サンリオ, 1981.

フーコー, M., 『臨床医学の誕生』, 神谷美恵子 訳, みすず書房, 1969.

_____, 『性の歴史 1: 知への意志』, 田村俶 訳, 新潮社, 1986.

_____, 『監獄の誕生』, 田村俶 訳, 新潮社, 1977.

フュレ, F.・M. オズーフ, 『フランス革命事典』, 全2冊, 河野健二・阪上孝・富永茂樹 訳, みすず書房, 1995.

ホッブズ, T., 『リヴァイアサン』, 全4冊, 水田洋 訳, 岩波文庫, 1982~1992.

マクマナーズ, J., 『死と啓蒙』, 小西嘉幸他 訳, 平凡社, 1989.

松島鈞, 『フランス革命期における公教育制度の成立過程』, 亜紀書房, 1968.

マルクス, K., 『フランスにおける階級闘争』(『マルクス・エンゲルス全集 7』), 大月書店, 1961.

マルテーユ, J., 『ガレー船徒刑囚の回想』, 木崎喜代治 訳, 岩波文庫, 1996.

村上陽一郎, 『ペスト大流行』, 岩波新書, 1983.

森田伸子, 『子どもの時代』, 新曜社, 1986.

モンテスキュー,『ペルシャ人の手紙』(1721), 根岸国孝 訳, 筑摩書房, 1960.

＿＿＿＿,『法の精神』(1748), 全3冊, 野田良之 他訳, 岩波文庫, 1989.

ランデス, D. S.,『西ヨーロッパ工業史: 産業革命とその後 1750–1968 1』, 石坂昭雄・
　　富岡庄一 訳, みすず書房, 1980.

ルソー, J.-J.,『エミール』(1762), 樋口謹一 訳,『ルソー全集 6・7』, 白水社, 1980.

＿＿＿＿,『演劇に関するダランベール氏への手紙』(1758), 西川長夫 訳,『ルソー全集
　　8』, 白水社, 1979.

＿＿＿＿,『告白』(1770), 小林善彦 訳,『ルソー全集 1・2』, 白水社, 1979.

＿＿＿＿,『コルシカ憲法草案』(1765), 遅塚忠躬 訳,『ルソー全集 5』, 白水社, 1980.

＿＿＿＿,『社会契約論』(1762), 作田啓一 訳,『ルソー全集 5』, 白水社, 1979.

＿＿＿＿,『ジュネーブ草稿』, 作田啓一 訳,『ルソー全集 5』, 白水社, 1979.

＿＿＿＿,『政治経済論』(1755), 阪上孝 訳,『ルソー全集 5』, 白水社, 1979.

＿＿＿＿,『人間不平等起源論』(1754), 原好男 訳,『ルソー全集 4』, 白水社, 1978.

＿＿＿＿,『ポーランド統治論』(1771), 永見文雄 訳,『ルソー全集 5』, 白水社, 1980.

＿＿＿＿,『山からの手紙』(1764), 川合清隆 訳,『ルソー全集 8』, 白水社, 1979.

＿＿＿＿,『ルソー, ジャン＝ジャックを裁く』(1776), 小西嘉幸 訳,『ルソー全集 3』, 白水
　　社, 1980.

찾아보기